U0578973

权威·前沿·原创

皮书系列为
"十二五""十三五""十四五"时期国家重点出版物出版专项规划项目

BLUE BOOK

智 库 成 果 出 版 与 传 播 平 台

超大城市治理蓝皮书
BLUE BOOK OF MEGACITIES GOVERNANCE

超大城市治理发展报告
（2025）

DEVELOPMENT REPORT ON MEGACITIES GOVERNANCE
(2025)

组织编写／重庆城市治理与发展研究院
　　　　　西南政法大学城市治理与发展研究院

主　　编／林　维
副 主 编／周振超　张　震

社会科学文献出版社
SOCIAL SCIENCES ACADEMIC PRESS（CHINA）

图书在版编目（CIP）数据

超大城市治理发展报告. 2025 / 林维主编；周振超，
张震副主编. -- 北京：社会科学文献出版社，2025.4.
（超大城市治理蓝皮书）. -- ISBN 978-7-5228-5255-3

Ⅰ. F299. 23

中国国家版本馆 CIP 数据核字第 20250WK653 号

超大城市治理蓝皮书

超大城市治理发展报告（2025）

主　　编／林　维
副 主 编／周振超　张　震

出 版 人／冀祥德
组稿编辑／刘骁军
责任编辑／刘　芳　李天君　易　卉 等
责任印制／岳　阳

出　　版／社会科学文献出版社·法治分社（010）59367161
　　　　　地址：北京市北三环中路甲 29 号院华龙大厦　邮编：100029
　　　　　网址：www. ssap. com. cn
发　　行／社会科学文献出版社（010）59367028
印　　装／三河市东方印刷有限公司

规　　格／开　本：787mm×1092mm　1/16
　　　　　印　张：24.75　字　数：370 千字
版　　次／2025 年 4 月第 1 版　2025 年 4 月第 1 次印刷
书　　号／ISBN 978-7-5228-5255-3
定　　价／158.00 元

读者服务电话：4008918866

主编简介

林　维　汉族，浙江舟山人，中共党员，北京大学法学博士，二级教授，博士生导师，西南政法大学党委副书记、校长。主要研究方向为刑法学、犯罪学、未成年人法学、超大城市治理等。出版《间接正犯研究》《妨害对公司企业管理秩序罪的认定与处理》《刑法解释的权力分析》等专著，主编《金融犯罪的理论与实务》《共犯论研究》《最高法院如何掌控死刑：美国联邦最高法院死刑判例经典选编》《刑事司法大数据蓝皮书》《青少年犯罪学》《公务犯罪研究综述》《纪检监察案件审理》等，主译《英国刑法》《刑事证据》等；在《中国法学》《中外法学》《法学家》等期刊共发表论文百余篇，被《中国社会科学文摘》、《高等学校文科学术文摘》、人大复印报刊资料等全文转载 20 余篇，并在海外发表论文多篇。先后主持国家重大科技研发计划专项、国家社会科学基金重点项目以及教育部、司法部、最高人民法院、最高人民检察院、国务院学位办、共青团中央、中国法学会等国家级、省部级科研项目 10 余项，以及国家市场监管总局、中央网信办、国家卫健委、中直机关、中华全国律师协会等委托课题 10 余项。

摘　要

　　超大城市现代化治理是国家治理体系和治理能力现代化的重要命题。2024 年 4 月，习近平总书记在重庆考察时指出，要积极探索超大城市现代化治理新路子。以此为契机，探索超大城市现代化治理的方法论体系成为理论界和实务界共同关注的议题。本报告立足重庆超大城市现代化治理的基本探索，放眼全国超大城市的治理实践，构建起总报告、专题报告、案例报告与大事记相融合的叙事结构，对超大城市现代化治理的主要面向进行分析和梳理，力求形成一幅超大城市创新治理的创新场景。

　　本报告遵循了"总—分"的分析逻辑。在总报告层面，研究以超大特大城市为分析场域，以高效智慧治理新体系为建构目标，从治理能力、治理要素和数字应用等方面梳理了新体系建设的重要议题，进而从治理思维、治理格局、技术赋能和制度革新等维度提出了优化方略。在专题报告层面，以深描中国 10 个超大城市的治理进程为起点，进而聚焦城市创制性立法、城市更新与韧性治理、城乡融合发展、城市微观治理、15 分钟城市社区高品质生活服务圈、市民形象建构和城市低空经济发展等城市治理的重要命题，勾勒出以重庆为主线的实践逻辑和发展路线图。在案例报告层面，研究以重庆探索超大城市现代化治理的典型案例切入，从中心城区和周边城区的场域剖析微观实践，推介城市潮汐摊区建设、城市公园市场化改革、友好城市社区建设以及城市社区食堂发展等城市治理的创新性做法，进而展现超大城市现代化治理的基层探索。此外，在大事记层面，对 2024 年度全国超大城市治理的重要事项进行了梳理，涵盖制度建设、机制探索和平台建设等内容，

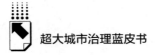

全面展现了超大城市现代化治理的进程和行动路线。

综上所述，超大城市现代化治理既包括城市治理的基本程式，又蕴含自主探索的空间和实践。本报告以展现超大城市现代化治理的创新探索为旨要，将以开拓性视角不断提炼超大城市治理的理论体系、话语体系和评价体系，服务于中国城市治理自主知识体系的建构，进而推动超大城市现代化治理的高质量发展。

关键词： 超大城市　高效智慧治理新体系　创制性立法　城市微观治理　城市更新　城乡融合发展　城市空间治理　城市友好型社区

目 录 ▷

Ⅰ 总报告

Ⅱ 专题报告

Ⅲ　案例报告

皮书数据库阅读**使用指南**

总报告

B.1

数智时代的超大特大城市治理新体系[*]

林维 王山[**]

摘 要： 在数智时代，智慧高效的超大特大城市治理新体系必然是依托高新技术、围绕人民需求、通过技术赋权与数据赋能，构建人机物互为一体的超大特大城市治理新格局。在实践中，需要处理好城市治理需求与治理能力平衡、治理要素与治理系统重塑、治理技术与数字应用匹配、治理效率与数字安全兼顾、治理任务与基层干部压力调试等问题。应围绕人民需求优化治理思维，以党建引领推动共治格局，以技术赋能更新城市服务，以闭环管理保障数字安全，以制度革新调适干部压力，构建超大特大城市治理新体系。

---

[*] 基金项目：重庆市教委哲学社会科学重大理论研究阐释专项课题重大项目"重庆探索超大城市高品质生活高效能治理研究"（项目编号：24SKZDZX08）。

[**] 林维，西南政法大学党委副书记、校长，二级教授，博士生导师，法学博士，主要研究方向为刑法学、犯罪学、未成年人法学、互联网法学、超大城市治理等；王山，西南政法大学政治与公共管理学院副教授，硕士生导师，主要研究方向为当代中国政府与政治、科技战略政策等。

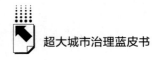
关键词： 城市治理　数字政府　治理需求与能力　城市治理体系　超大特大城市

城市治理是国家治理体系和治理能力现代化的重要内容。党的二十届三中全会通过的《中共中央关于进一步全面深化改革　推进中国式现代化的决定》明确提出，坚持人民城市人民建、人民城市为人民，推动形成超大特大城市智慧高效治理新体系。根据住房和城乡建设部的统计，截至 2023 年 10 月，全国共有上海、北京、深圳、重庆、广州、成都、天津、东莞、武汉、杭州 10 个超大城市。与其他城市相比，超大特大城市作为开放复杂的社会系统，具有人口高度聚集、空间规模宏大、要素结构复杂、利益诉求多元化等特点，城市内部"不平衡不充分的发展"问题日益突出。这些问题要求数智时代的超大特大城市治理既需要通过广泛运用大数据、人工智能等新兴数字技术实现城市治理信息资源整合，精准捕捉城市运行所出现的系列问题，并针对问题作出"快速回应"；又需要及时对城市管理体制和公共服务供给进行调适，以人民需求为核心构建超大特大城市智慧高效治理新体系。面对新形势和新任务，以北京市"接诉即办"改革、上海市"一网统管"改革、浙江省"城市大脑"建设等为代表的超大特大城市治理实践，为回答超大特大城市何以现代化治理提供参考。数智时代超大特大城市治理可以借助对城市运行状态的实时监控和精准分析实现城市治理空间的长期稳定运行，通过探索数智时代超大特大城市智慧高效治理新体系，从而开创高质量城市治理新局面。

一　数智时代超大特大城市治理新体系建设新进展

（一）超大特大城市智慧高效治理新体系建设的时代背景

如何感知人民群众的现实需求是新时代政府治理体系建设的重心。近年来，在人工智能、云计算、大数据、物联网等高新技术的驱动下，城市形态逐渐从工业城市、信息城市走向感知城市。一些城市通过归集"视觉、听觉、味觉、嗅觉、触觉"等各类感知数据，实现城市运行精确监测、感知数据精细治理、数据服务精准赋能，提供高标准、高质量、可用性高、精准性高的"数据要素"支持。如北京市大兴区亦庄镇借用全网协同、全数融通，依托大数据平台 1100 类数据资源，打造"亦城慧眼"场景，创新探索"大脑思考+小脑感知"的双脑协同策略，实现多模态大模型下超大特大城市治理问题深入分析和深度学习小模型下城市数据及时感知、监测、预警的双驾并驱。① 上海市浦东新区率先打造全国首个城市运行体征系统，首次提出了城市运行体征指数的概念，该指数通过将浦东城运中心已纳入监管的150 项城市运行体征数据分类、加权计算综合得出城市运行指数，较为客观、准确地反映城市运行总体态势，实现浦东全域感知。② 借助大数据统一共享平台的建设，上海市城市治理呈现出全程数字化、可视化、感知化的特点，并依托数据捕捉和语义、场景 AI 智能分析等功能，提高城市治理在公共管理、舆情控制、安防控制等诸多治理场景的智能预警和态势感知水平。③ 从这个角度讲，感知城市以政府科学管理为目标，以人民为中心，以智能技术为支撑，通过城市感知体系充分、全面地汇集城市中的碎片化信息，依托城市大脑，对城市大数据信息进行科学处理，识别人民群众的现实需求，为政府科学决策提供支撑，提高城市公共服务水平，形成城市感知人民与人民感知城市相融合的新型城市系统。

感知城市的到来为超大特大城市高效治理提供了技术支撑。作为政府治理城市的神经末梢，感知系统可以敏捷地感知城市发展中的动态，为更好地

---

① 参见黄巧维《全域感知全数融通全网协同全景智能 智慧亦庄获评全域数字化转型优秀案例》，北京经济技术开发区官网，https://kfqgw.beijing.gov.cn/zwgkkfq/ztzl/lqztkfq/lqzx/zxxx/202407/t20240705_ 3738955.html，最后访问日期：2025 年 3 月 31 日。

② 参见《浦东新区"城市大脑"4.0 上线运行，全力打造现代城市治理示范样板》，上海市人民政府官网，https://www.shanghai.gov.cn/nw15343/20221024/b8cdcfa756784adbb2c0bb2ad173c115.html，最后访问日期：2025 年 4 月 1 日。

③ 参见《上海市聚焦提升企业感受，持续打造国际一流营商环境行动方案》（沪府办发〔2025〕1 号），上海市人民政府官网，https://www.shanghai.gov.cn/gwk/search/content/d345b527ba91460cbbfa5bb140f6bd86，最后访问日期：2025 年 4 月 1 日。

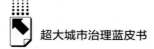

感知人民群众的现实需求和科学智慧决策提供了强有力的技术工具。感知城市改变了以往超大特大城市冷冰冰的建筑集群的面貌，推动了人民与城市的双向融合。人民群众可以更好地感知和享有超大特大城市发展中所创造的公共价值，提升获得感、幸福感、安全感。感知城市的建设和应用能够使政府智慧地感知城市的运行与发展，敏捷回应城市发展诉求和人民的现实需求。让城市具备感知能力不仅是数字城市走向智慧城市的关键，也是以人民需求治理为核心的超大特大城市高效治理体系走向智慧的载体。因此，需要科学规划建设大数据平台和网络系统，强化联合指挥和各方协同，切实提高执行力。

感知城市将人民城市为人民理念落到实处。作为与人民群众紧密相连的城市共同体和有机体，感知城市围绕"数据赋能"和"技术赋权"两个维度对超大特大城市治理体系进行了重塑，推动着超大特大城市传统治理体系朝着智慧化和高效化方向发展。智慧社会中具备感知的超大特大城市通过构建超大特大城市治理的感知底座，依托物联、视联、数联、智联汇聚城市运行中的多元数据信息，将关涉超大特大城市运行的各类数据、系统进行集成化一体式管理和运营，在保障数据要素的全方位流通的同时，实现共享数据价值创造的最大化，实现城市可感、人民可用、政府可治，实现超大特大城市物理空间与数字空间的无缝衔接，通过"一网统管"，让超大特大城市治理充满数据的"智慧"。如作为拥有 2138 万常住人口和超 200 万流动人口，23254 栋高层建筑和 2739 栋 100 米以上超高层建筑，机动车保有量达662.56 万辆的超大城市成都，通过打造约 7.8 万个 5G 基站实现全市 1791个政府信息系统高效智能运转和 1693 亿条数据实时共享交互。基于物联网、AI 算法等新型信息技术在城市设置 2380 多万个智慧感知终端，实现汇聚物联数据 120 亿条，推送感知数据 40 亿条，为感知中心实时收集监测多样化感知数据，智能挖掘分析数据信息，立足城市人民生活实现城市人民生活服务和政务服务各方面精准智慧感知。①

---

① 参见新华社《瞭望丨智慧蓉城 可感可触》，成都市人民政府官网，https：//www. chengdu. gov. cn/cdsrmzf/c169606/2024-03/04/content_ 2a6cdcbcdf6e4e148ddd4e65c1e8e9ec. shtml，最后访问日期：2025 年 4 月 1 日。

（二）超大特大城市智慧高效治理新体系建设的价值意蕴

在充满感知的时代，智慧高效的超大特大城市治理新体系必然是依托高新技术、围绕人民需求、通过技术赋权与数据赋能，构建人机物互为一体的超大特大城市治理新格局。

以人民为中心是智慧高效治理体系的核心议题。超大特大城市智慧高效治理体系建设需坚持以人民为中心的基本价值立场，推动城市治理理念、治理模式、治理手段的智慧化变革，精准、高效地回应人民群众的价值诉求，满足人民群众的美好生活需要。如北京市以人民为中心，针对城市人民诉求进行接诉即办改革，以市民诉求驱动超大特大城市治理能力提升，自开展接诉即办以来，累计受理群众和企业反映诉求 1.5 亿件，诉求解决率和满意率均达 97%[①]，切实做到了以人为本的智慧高效城市治理。同时，超大特大城市智慧高效治理体系的建设亦需要人民参与共建、共治，最终共享智慧高效的城市治理成果，形成"人民城市人民建、人民城市为人民"的生动局面。

公共价值的创造与管理是智慧高效治理体系建设的关键目标。超大特大城市智慧高效治理体系建设需多元治理主体共同参与，在此过程中需明确多元主体的公共价值追求并充分发挥其导向引领作用，通过多元治理主体间的资源共享、协同合作达成其城市治理的共同诉求。如贵州省德江县某社区由社区党组织牵头，联合物业、业委会成立"红色管家"联盟[②]；浙江省杭州市以党建引领打造"红色物业"模式[③]，打破单一主体治理模式，构建多元主体协同治理的格局。其中，数据共享是城市智慧高效治理中资源共享的重

---

① 参见《北京接诉即办：6 年共受理群众和企业反映 1.5 亿件》，北京市人民政府官网，https：//www. beijing. gov. cn/forum/xwbd/202412/t20241219_ 3969015. html，最后访问日期：2025 年 4 月 1 日。

② 参见《德江：以"红色物业"绘就基层治理"幸福底色"》，德江县人民政府官网，https：//www. dejiang. gov. cn/zfbm_ 5646712/zfhcxjsj/gzdt_ 5646818/202312/t20231214_ 83349418. html，最后访问日期：2025 年 4 月 1 日。

③ 参见《"红色物业"巡礼｜党建引领，让小区"活"起来、民心"暖"起来》，杭州市房产信息网，http：//fgj. hangzhou. gov. cn/art/2024/3/20/art_ 1620974_ 58877042. html，最后访问日期：2025 年 4 月 1 日。

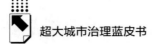

要方面，也是智慧治理的基础要求。构建数据共享与开放平台，可确保不同部门、不同系统之间的数据资源实现互联互通，为价值共创提供基础数据支撑。多元主体协同合作创新治理体制机制，可在实现多元共治的同时创造公共价值、高效平衡超大特大城市发展中的整体利益和长远利益。

技术赋权与数据赋能是智慧高效治理体系建设的重要抓手。一方面，技术赋权可有效提升超大特大城市共治共建共享水平和提高规划、建设、治理水平。城市大脑、城市运行和治理智能中枢和终端等数字平台的开发应用，使政府能够及时准确地公开信息、增强政府决策透明度和公信力，人民群众亦能更便捷高效地获取信息、表达意见、提出建议，充分行使其监督权、参与权。人民群众权利的行使，反过来也有利于政府更广泛、更高效地收集民意，为城市治理决策提供依据。另一方面，数据赋能可助力提升超大特大城市智慧高效治理水平。云计算、区块链、人工智能等以大数据为支撑的前沿技术，可通过揭示城市运行中的规律和趋势，使政府精准掌握城市运行的总体状况及局部细节，为预测预警等治理活动提供数据支撑，赋能城市治理架构和公共服务制度。如广州市白云区智慧城管系统依托 CV 大模型，借助白云区数据汇聚平台打造实现全区 15.4 万路各类社会面视频监控和智能巡逻车数据资料，以 91 种 AI 算法主动感知包括占道经营、乱扔垃圾等多类型城市管理问题 8 万余件。通过对城市的细节监测，实现城市治理问题"及时发现、实时响应、高效处置、无缝衔接"。①

同时，依托大数据建立智能决策支持系统可通过实时监测、精准分析、智能决策，打造全局"一屏掌控"、政令"一键智达"、执行"一贯到底"、监督"一览无余"的协同工作场景，提高治理主体的快速响应能力，提升智慧高效治理水平。

安全包容与法治是智慧高效治理体系建设的价值底线。首先，超大特大城市智慧高效治理体系建设要以安全可信为价值底线，确保城市数据安全。

---

① 参见《"广州白云智慧城管系统"入选 2024 数字政府创新成果与实践案例》，广州市城市管理和综合执法局官网，https://cg.gz.gov.cn/ztzl/cgkj/szcg/content/mpost_ 9840513.html，最后访问日期：2025 年 4 月 1 日。

要建立完善的数据安全保护机制，通过先进加密技术、区块链等手段，减少数据泄露、被篡改等风险，确保在突发事件或网络攻击下，系统仍能正常运行，提升智慧城市智慧治理系统的可靠性和稳定性，进而增强人民对智慧城市治理的信任感。其次，超大特大城市智慧高效治理体系建设应坚持数字包容底线，关注数字弱势群体需求，通过提供便捷的数字服务和技术支持，帮助其跨越数字鸿沟，共享智慧城市建设成果，促进社会公平。数字包容亦可促进城市政府精确瞄准不同群体个性化、差异化的服务需求，精准满足人民日益增长的美好生活需要。最后，超大特大城市智慧高效治理体系建设只有以依法治理为底线，在城市治理过程中严格遵守法律法规和规章制度、充分尊重和保护公民的合法权益不受侵犯、确保治理行为合法合规，才能保障城市治理的规范性、权威性、有序性。

（三）超大特大城市智慧高效治理体系建设的目标指向

以"大综合一体化"为统领，提升大城智治的一体化水平。系统理念是现代化城市治理的题中应有之义。作为一个开放且多元的复杂巨大系统工程，超大特大城市治理应立足当前发展阶段，尊重发展规律，坚持科学引领、统筹全局与综合施治相结合，形成结构优化、流程简化、协同高效的"大综合一体化"执法格局。在整体政府理念的指导下，聚焦城市重点难点治理问题，以全面促进"只进一次门，查办多项事"为目标，理顺不同部门与层级之间的工作职责与衔接机制，探索横向到边、纵向贯通的联合指挥与调度机制，建齐系统实施大城智治的"四梁八柱"。如重庆市汇聚全市32个与超大城市治理有关的市级部门主要负责人构建专班协同机制，通过联席会议、督促检查、效能评估等方式实现城市治理综合统筹调度的"最大合力"。① 统筹配置执法资源，推动平台底座一体化集成和数字资源一体化供给，在建设系统互通、组件复用和数据共享的超大数字网络的基础上，持续

---

① 参见《建立健全"大综合一体化"城市综合治理体制机制》，旗帜网，http：//www. qizhiwang. org. cn/n1/2025/0122/c459897-40406970. html，最后访问日期：2025 年 4 月 1 日。

完善执法统一指挥协调平台，明确不同主体在统筹、协调、指挥、考核执法监管计划、执法检查、执法力量、执法协作等环节的责任分工与协作流程，实现"一个口子执法"。

以"精度"促"温度"与"效度"，提升大城智治的精细化水平。城市治理应满足人民需求、契合人民利益、促成人民满意，把绣花般的耐心与巧思贯穿城市治理各环节，覆盖城市空间各个区域，涵盖城市治理各类主体。如深圳市南山区侨城坊社区以党建引领，通过智能设备、数字技术、模块化服务将智慧办事场景融入居民生活，让科技成为温暖的城市问题解决工具。① 以便民惠企为导向，围绕流程优化、材料简化、形式多样化为目标，有效延伸政府服务深度与广度，以"高效办成一件事"为抓手，通过需求研判、数据共享、智能识别、联办联审等创新路径，提高政务服务集成化、精细化与个性化水平，促进政务服务从有向优、从优向精转变。统筹发展和安全的辩证关系，以应对与破解"大城市病"为目标，构建风险全链路闭环数字管理体系，推动城市治理内容显化、功能细化与工具强化，提升治理敏感度与敏捷性，提高城市治理末梢的风险防护能力，编织多方位、多维度、高效能的城市韧性防线。

多元共创数字城市转型生态，提升大城智治的智能化水平。超大特大城市人口多、流量大、功能密、事项繁，传统治理模式难以满足复杂多样的治理需求，加快智慧城市建设步伐，提高政府对异质性社会形态的感知、分析与响应能力至关重要。持续加大城市运行感知系统的建设投入程度，在安全可控的前提下全面深化公共数据开放与共享，打造数字孪生城市并通过"城市大脑"汇聚数据力量，推动全域数字化与可视化转型，灵活切换平急状态，实现智能分析，敏捷调度，精准施策与协同处置。积极探索政企合作新模式，以授权运营、购买服务等形式推动政府、企业和个人等多元主体参与城市数字化转型，推动 AI 大模型等数字技术赋能保障性住房、城中村改

---

① 参见《南山区"AI 夜校"开课暨侨城坊党群服务中心启用仪式举行 科技赋能基层治理 智慧服务惠及民生》，深圳市人民政府官网，https：//www.sz.gov.cn/cn/xxgk/zfxxgj/gqdt/content/post_ 12071069.html，最后访问日期：2025 年 4 月 1 日。

造等传统城市治理难题，围绕智慧养老、智能出行、数字教育等应用场景，开发一大批社会有用、群众有感的数字公共服务产品，切实提升人民群众生活质量。

二 数智时代超大特大城市治理新体系建设困境

治理体系建设的时代背景、价值意蕴以及目标指向的确定，为超大特大城市治理描绘了总体的治理框架，有效地引领了数智时代背景下城市治理主体间的行为选择与资源配置，改变了城市公共服务的供给方式与服务理念，有利于更好地满足城市市民的基本生活与发展需求，提升政府的超大特大城市空间治理能力，从源头上减少社会矛盾纠纷，精准对接更加优质高效的公共服务。可以看到，超大特大城市属于一个高度复杂的社会系统，其城市空间涉及的社会强多元性、人口大流动性、风险多维性[①]、问题强跨域性给超大特大城市治理带来了巨大的风险挑战，使得数智时代超大特大城市治理新体系建设推进过程中遇到了一些需要被高度重视并解决的问题。

（一）数智时代中城市治理需求与治理能力的平衡

当前，经济社会的快速发展，使得城市治理需求发生巨大变化，而配套的城市治理能力如何跟上时代的步伐，提供更加精准、优质、全面的城市供给服务，还需进一步探索完善。

一是城市治理内涵随时代变化发展，"人民城市人民建、人民城市为人民"。党的二十大报告明确指出，要加快转变超大特大城市发展方式，加快推进市域社会治理现代化，提高市域社会治理能力。新时代将城市治理放在了社会治理中的重要位置，要求将以人民为中心作为转变超大特大城市发展方式的内核，以"精细化管理"指明超大特大城市现代化治理方向。

---

① 参见陈水生、罗丹《中国超大城市空间治理现代化：一个初步分析框架》，《理论与改革》2025 年第 2 期。

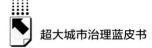
二是超大城市治理内部群体多样，粗放式治理难以跟上市民诉求变化的脚步。与其他城市不同，超大城市由于强大的经济吸引力和发展集群效应，吸引了不同群体的入驻。基于群体的生存和发展需求，城市空间中的各种群体均对城市公共服务供给提出了更为个性化、多样化的需求，对城市治理方式也提出了高灵活和高精准的要求。但超大城市居民和企业对城市的差异化和个性化需求使得各类群体容易产生城市需求分歧，并产生城市心理落差。加上城市治理方式转变是一个过程性任务，城市现有的传统治理模式方式单一、理念滞后，导致推进工作时"自顾不暇"，易忽视市民的需求和感受，难以回应民众的多样化利益诉求与适应超大城市治理现代化的高质量发展需求。

三是超大城市空间庞大，城市功能服务存在治理超载和治理乏力的问题。空间庞大、人口规模巨大、城市结构复杂是超大城市的典型特征，也是超大城市治理困境的根源，极易形成集聚效应、蝴蝶效应等社会风险特征[1]。这使得超大城市虽在公共服务和城市治理工作上投入了大量资源，但由于需求过于庞大和原本城市功能服务不足仍存在治理超载的现象。治理超载是指城市治理问题的速度、强度以及影响力超过治理主体的承载力所导致的治理超负荷状态，如超大城市中的大量外来人口带来的社会治安风险和公共服务供给需求。

四是超大城市治理问题高度复杂，城市治理深层次问题仍然存在。超大城市的复杂空间要素决定了其治理问题的强跨域性和跨界性，这种高度复杂的治理问题的解决对城市治理的整体性和系统性提出了要求。就各地超大城市数字化治理转型实践而言，仍存在条块分割下的碎片化治理现象。由于部分超大城市在治理模式上以科层制组织为基础，在治理问题出现时习惯按照科层制组织模式将城市问题根据专业归属下发至专属职能部门处理，这种治理任务的简单分解难以高质量解决涉及多个部门的复杂性公共治理问题[2]，

---

[1] 参见蒋俊杰《整体智治：我国超大城市治理的目标选择和体系构建》，《理论与改革》2022年第3期。

[2] 参见胡贵仁《模糊应对、数字赋能与敏捷治理——超大城市风险防控的逻辑转向及困境超越》，《城市问题》2022年第9期。

使得城市治理容易出现纵向关系上的"上行容易下行难"的数字壁垒和横向关系上的职能部门职责不清、部门协同乏力现象，最终导致城市治理中的"治理碎片""部门推诿"等问题。

（二）数智时代中治理要素与治理系统的重塑

治理要素是治理体系的基本组成部分，是组成完整治理系统的各个子系统。进入数智时代，超大特大城市治理系统实现从传统治理到数智治理的模式转变。相应地，核心治理要素也发生变化，以治理主体、治理流程、治理技术作为三大治理要素对超大特大城市空间进行治理结构、任务执行等系统性重塑。

一是超大特大城市治理多元主体参与格局有待进一步完善。首先，传统治理模式中城市治理主体较单一，社会多元主体参与不多或治理主体之间地位差异较大。作为城市空间的居住者，多元主体共同参与城市治理一方面有助于充分发挥各自优势，整合主体资源实现治理目标，形成多元主体共建共享共治的治理新局面；另一方面超大特大城市空间的群体多样性特征使得多元主体共同参与城市治理有助于在源头实现"止纷息诉"①，更好畅通市民诉求直达的渠道，加快城市的社会融合进程。其次，部分超大城市虽有多元主体共同参与模式，但治理主体的活力和积极性不足，尤其是针对一些复杂且涉及利益多的公共问题主动形成治理合力较难，纵向互动、横向合作不够。

二是平台化治理和闭环处理流程有待优化。数智时代强调政府通过构建数字城市运行和治理平台进行城市管理和治理，以统一平台搭建破除部门合作壁垒，实现跨界、跨级、跨部的数据共享和工作协同。在前期数字政府建设过程中，超大特大城市从省市到区县均实现统一数字治理平台的搭建，但是在具体城市治理过程中如何加强制度建设、提高部门协同优势等问题上还有待持续优化。除了搭建新的治理平台，数智时代超大特大城市治理还强调

---

① 参见王阳亮《数字时代超大城市治理的政策创新与系统变革》，《政治学研究》2024 年第 3 期。

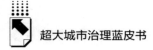
对市民诉求和矛盾纠纷从"接到（发现）诉求—快速响应—积极解决—回访评价"的"诉求全生命周期"闭环处理机制。面对变化迅速、诉求多样的城市治理任务，现有的处理机制多集中在问题的浅层解决，对待市民诉求和社会问题缺乏由浅入深的源头治理、从头到尾的全生命周期解决、从解决到服务的观念转变。

三是数据赋能城市治理能力有待提高。数据是数智时代的关键资源，是超大特大城市治理最重要的治理要素，也是数智时代成功构建超大特大城市治理新体系的重要工具。数据赋能城市治理能力在于依托数字技术对海量城市数据进行精准识别，通过数据精准捕捉城市治理问题内容、发生场景、发生频率等形成城市高频共性问题治理数据库。数据能有效赋能，在于数字技术的精准感知和智能系统的精细研判。在实践中发现，目前存在一些城市空间 AI 算法感知精准力不够的问题，导致智能系统对空间场景判断失误，并错误收集空间违规或市民失范数据从而影响整体数智平台的精准性和实际决策的投入成本。

（三）数智时代中治理技术与数字应用的匹配

面对艰巨的超大特大城市治理任务，现有的城市治理方式仍保持在传统碎片化、粗放式治理模式的基础上进行治理技术革新，尤其是数字技术在城市治理任务上的广泛应用。基于前期数字政府建设的积累，目前超大特大城市基本形成数字治理共识，但数字应用受限，停滞于基础的数据共享阶段，与城市实际治理需求契合度不够，甚至在多个城市治理领域出现数智治理瓶颈，主要表现为以下三个方面。

一是城市治理空间数字基础设施建设落后，城市更新任务艰巨。城市更新是转变超大特大城市发展方式的必经之路，是建设高质量智慧城市的关键环节。为更好建设数智时代超大特大城市治理体系，超大特大城市基本从"老改新""无建新"两条路径完善城市治理空间基础设施，推进超大城市更新工作。"老改新"是在城市空间原有基础设施基础上进行优化改进，不采取"一刀切"式"大动干戈"的城市更新措施，但在实际工作中常常陷入"部门难配合、群众难满意、资源易浪费、成果难维持"的更新困境。"无建新"指依据城市更新政策新建城市更新项目,常面临"资金难筹集、制度未明确"的难题。并且,随着城市和数字技术的快速发展,数字基础设施建设滞后成为以上两种城市更新路径的难点,尤其在信息基础设施建设、融合基础设施建设等方面的更新步伐相对缓慢。

二是数据价值使用率较低,数字应用场景有待拓展。城市发展是一个动态过程,城市治理问题也在不断变化中,这种快速变化要求城市数字治理技术的实时更新与优化。首先,在公共服务应用场景中,城市空间多依据城市数据库仅针对治理高频痛点问题进行场景应用,如水电气智慧报装、智慧交通路网等,呈现"有问题才拓展优化"的特点,缺乏对城市公共服务和治理问题的主动性预防和智慧服务供给。其次,目前已开发的数字应用与城市治理需求、市民诉求匹配度有待提高,存在数字应用公共服务失衡,尤其是超大特大城市中心与边缘的服务资源不均衡问题。

三是数字弱势群体困境明显,数字包容性与普及化有待提高。数字包容是超大特大城市智慧高效治理体系的建设底线,数字技术的下沉与普及为城市治理带来便利的同时,也在一定程度上形成了数字弱势群体的参与困境,从而影响城市智慧高效治理持续发展。数字弱势群体产生于与时俱进的城市治理技术在城市空间领域运用时,不同群体、不同个人所形成的认知、接受、应用阶梯差异。数字弱势群体困境一方面表现为群体内部或个人自身学习能力、操作能力等自我因素所导致的数字认同不足和设备滞后的现象[1],另一方面表现为政府面向数字弱势群体数字化公共服务供给方面精准度较低,数字服务权益保障较弱,导致其在智慧社会中无法高效便捷地享有数字公共服务。因此,需要通过嵌入数字技术、拓展数字应用场景提高超大特大城市的敏捷治理能力,增加超大特大城市治理的灵活性和高效性。

---

① 参见何铨、张湘笛《老年人数字鸿沟的影响因素及社会融合策略》,《浙江工业大学学报》(社会科学版)2017年第4期。

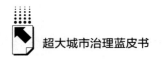

（四）数智时代中治理效率与数字安全的兼顾

安全可信是建设数智时代超大特大城市治理体系的价值底线，高效治理是建设数智时代超大特大城市治理体系的重要目标。当前，把握超大特大城市发展方向，需要将安全放在首位，避免出现顾"效率"失"安全"的治理问题，以保障超大特大城市高质量发展，更好地推进超大特大城市治理新体系建设工作，提高超大特大城市的现代化治理能力。

一是在数据收集阶段，"所有数据照单全收"现象频发。为避免重复多次收集数据和节约资源，相关部门在开展数据收集工作时容易出现过度"未雨绸缪"的心理，对相关的数据照单全收，使得市民和城市多种公共数据"该收的不该收的全部上交"，导致出现监管过度、数据侵权现象，公民在数据面前隐私难以得到保障。

二是在数据整合阶段，为了完成数据分析任务，数据平台的无差别海量收集使得城市治理数据库出现数据"真假参半"的现象，由于数据要素出错，基于数据组合的决策信息出现失误，从而影响城市治理系统的稳定性和精准性。

三是在数据共享阶段，为推进部门协同治理，政务系统和数字技术供应链掌握了大量政务核心数据，甚至一些城市为应对考核，外包城市治理数据导致城市智慧治理"形式主义"化以及部分公务人员利用职位之便通过数据共享平台大量盗取政务数据违法贩卖、泄露数据的问题，严重影响了城市治理的可靠性和安全性。因此，如何依据已有数据安全管理条例有效规范网络数据收集—应用全生命周期活动，在数据共享促进部门协同治理的同时实现核心数据的安全保护是一个值得长期监测的问题。

（五）数智时代中治理任务与基层干部压力的调适

数字技术与数字应用场景的拓展为超大特大城市治理带来便利，同时也伴随着更多的治理任务到达基层，使得数智时代基层治理面临诸多难题，对干部工作能力提出了全新的要求。在基层调研过程中发现，数智时代基层治理存在的难题主要有以下方面。

一是部分治理领域存在任务马车现象。一方面为提升市民的幸福感和获得感，数智时代超大特大城市要求提供更加精准、高效的公共服务和解决市民诉求，要求干部对待市民诉求"接诉即应"，这种新要求导致干部需要做到诉求"来者不拒"，极大加大了干部的工作任务总量。同时，在"来者不拒"的基础上，还需提供有效的解决方式并对相关处理流程及时反馈在数字平台以做到行政留痕，这种更加规范化的工作流程在前期开展中是众多干部的压力缘由。另一方面依托数字平台的搭建，超大特大城市基本完成线上线下相结合的诉求直达渠道，实现了政府与民众的直接面对面"交流"。但这也使得部分市民不断提出重复性诉求，造成大量行政资源反复投入。甚至出现只要不按照部分市民要求或意愿进行解决，诉求人就会反复多渠道提出同样诉求，使得干部在处理日常治理任务的同时还要及时、优先解决这类棘手的临时性紧急诉求。

二是部分任务采取量化考核方式加重治理内卷现象。为更好推动超大特大城市治理工作，部分地方依托数据平台采取任务量化 KPI 考核的方式推动任务的开展，但在实践中容易出现数字形式主义风险和治理内卷现象。依托统一数字平台进行干部干事数据汇聚，本是基于行政留痕、数据共享、减少报表等初衷而设计，但在具体操作过程中出现部分干部为避免上级督察评估和考核进行"数据造假"的情况，并形成上下"心知肚明"的数字形式主义。除此之外，由于数据平台的治理任务 KPI 完成情况是部门绩效考核的重要指标且在域部门完成情况平台直接可见，因此，当部门治理任务执行进度与其他部门相比较慢时，就会自动生成"锦标赛"[①] 压力。

三是干部数字治理能力和数字素养有待加强，平台操作心理负担较重。干部贯穿城市治理任务的全生命周期全过程，在数据收集—数据共享—数据处理等各环节均有其身影，这使得城市治理中的基层干部面临较大的数字应

---

① 参见杨雪冬、胡天宇《压力型体制：一个描绘和解释中国政府运行机制的概念》，《治理研究》2024 年第 2 期。

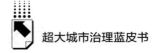
用能力考验和挑战。一方面，基层干部的数字思维有待培养，尤其是对数字化的认知和数据安全使用意识，在数字应用场景中应杜绝出现干部不知"平台是什么、要做什么、怎么做、有什么用"的现象，同时干部作为数据的直接操作者要时刻关注数据安全风险，避免出现数据源头泄露和失误的现象。另一方面，基层干部的数字技能还需进一步优化，尤其是在数字系统的具体操作过程中做到精准信息获取、系统信息分析、高效信息运用，防止出现数字系统平台"填了上一步不知下一步"的执行迷路。上述问题强调治理任务与治理压力之间的调适的重要性，治理任务过重容易导致治理超载现象，干部心理压力也会增加，这并不利于城市治理的高质量推进。

三　数智时代超大特大城市治理新体系建设路径

随着感知城市的迅速发展，构建超大特大城市智慧高效治理新体系不仅成为提升城市管理水平、增强城市竞争力的关键策略，也是国家治理体系和治理能力现代化的重要内容。要结合北京市、上海市、浙江省杭州市等地优秀实践，深入推进超大特大城市治理体系建设工作，坚持把以人民为中心作为超大特大城市治理体系建设核心，以技术赋权与数据赋能为重要抓手，坚持安全包容与法治的价值底线，以公共价值的创造与管理为关键目标，进一步发挥党建引领作用，形成超大城市治理合力，持续推进数智时代超大特大城市治理新体系建设，进一步提升超大特大城市智治的一体化、精细化、智能化水平。

（一）以人民需求优化治理思维，实现治理能力与治理需求的精准契合

坚持以人民为中心是数智时代超大特大城市治理新体系建设的基本价值立场，以民生福祉作为城市治理的出发点和落脚点，以人民需求提高城市治理温度，以人民诉求提高城市治理效率，以人民满意提高城市治理精度。

一是坚持"人民城市人民建、人民城市为人民"的城市治理理念。当超大特大城市智慧治理推进到一定阶段时，以人民为中心、数字技术为手段的主动智慧治理将取代"被动诉求解决"，成为数智时代超大特大城市治理现代化的发展方向。一方面，城市治理理念需转变为服务意识，从之前的"诉求找上门"尽心解决向数据赋能提前感知、预测可能存在的治理风险转变，在治理问题成形或造成一定影响前进行诉求源头上的前置预防。另一方面，需转变城市治理目标，依托数字技术实现"解决诉求"向"高质量解决诉求"转变，在做好风险防控的同时，提供更加精细、全面的治理方案。

二是依托数据赋能提供更加个性化、精细化服务以满足城市庞大空间的多样化治理需求。在城市空间使用上，充分借助物联网、大数据、AI 等手段对城市空间使用进行智慧摸底排查，对不合理的空间使用场地依据数据信息分析结果进行精准定位与个性化改造，实现有限城市空间的功能重塑。在具体诉求主体上，按照城市空间主体进行诉求分类收集，兼顾本地市民和外来民众的生存和发展需求，通过精细化网格管理等方式实现城市多元主体在居住空间和心理文化上的深度融合。

三是通过科技赋能改善超大特大城市治理超载困境。运用大数据等数字技术开展城市空间智慧管理，完善"城市大脑"运行体系，及时更新优化城市功能服务，提高现行城市功能的高效实用性。

四是通过技术嵌入实现组织再造，消除传统科层组织弊端，解决城市治理中的条块关系困顿影响下的碎片化治理现象。通过建立城市统一运行管理平台打破部门局限，将以科层组织为基础、条块分割明显的传统政府进行结构整合、流程重塑、功能重组。依据超大特大城市治理任务和治理需求，对现有城市组织结构进行优化调适，打造以扁平化、网格化、智能化为特点的新型城市治理组织结构，减少条块治理裂痕问题，适应超大特大城市智慧高效治理的现实需求，解决传统模式下的部门推诿扯皮、汇报延误的问题，打造"一键实现"问题捕捉、信息汇集、任务派发、事件处理、结果反馈的全流程式高效治理模式。

（二）以党建引领推动共治格局，实现超大城市治理系统要素合力

为应对传统城市管理模式所伴随的条块分割、信息滞后、响应迟缓等治理难题，数智时代超大特大城市治理将探索构建城市空间多元共治体系，以党建引领城市治理机制建设，及时更新城市组织结构、部门关系形式与权责体系等要素破解条块分割、治理碎片化等治理难题，围绕城市治理任务持续推动社会治理体制机制改革，有序推动多元主体参与城市空间治理，构建治理共参、决策共谋、发展共建、成果共享的城市治理新格局。

一是党建引领城市空间善治。以基层党支部作为治理主体根基，充分发挥党员先锋模范作用，通过干部深入街区工作，以党建促共建弥补社会发育不足的缺陷①，吸纳包括但不限于体制内职能部门干事人员、商户代表、居民骨干等主体搭建基层治理组织架构。依据治理任务类型为基层治理组织划分任务专区，安排"专人干事"，建立常态化协商机制，打造城市空间线上线下融合的互动协商治理生态体系。

二是构建城市空间多元共治体系。构建多元共治体系，是智慧高效治理体系建设中的核心要素。坚持党对超大特大城市治理新体系建设的全面领导，以党建引领基层治理为契机，聚焦超大特大城市空间治理杂症，深入运用整体系统思维统筹城市治理多元主体、要素资源等力量形成"红色联盟"，通过建设网格阵地实体站点打造城市治理"根据地"，形成在网上设立支部、网格上成立党小组、邻里靠党员居民骨干的"网格长—楼栋长—邻里长"的三级网格治理模式，实现城市治理网格化管理下"精准定位、一网通达、一单到达、一次处理、一次回告"的快达快处模式。政府应当发挥其主导作用，通过制定一系列政策、规划和标准，为多元主体参与城市治理提供明确的指导和框架，从而引导各方积极参与，形成良好的治理格局。在具体治理实践中鼓励创新治理项目孵化，根据城市治理难题建立多部

---

① 参见安园园、陈家喜《超大城市基层减负增效何以实现——基于党建引领街道—社区职责异构的解释》，《理论月刊》2023 年第 8 期。

门常态化协同工作机制，通过及时汇聚部门"把治理问题放在大桌上"，实现从发现问题到解决问题的快速闭环，真正做到"统筹到部、任务到岗、职责到人"。企业应当充分发挥其技术优势，提供智慧化的解决方案，利用先进的科技手段，推动城市治理的现代化进程，提高治理效率和水平。社会组织和广大市民也应当积极参与其中，通过志愿服务、社区自治等多种形式，提升城市治理的民主性和透明度，使广大市民能够更好地参与到城市治理中来，共同推动城市的繁荣和发展。通过这种多元共治的治理体系，可以实现政府、企业、社会组织和市民之间的良性互动，创造一个和谐、高效、智慧的城市治理新局面。

（三）以技术赋能更新城市服务，巩固感知城市数字基础架构

针对超大特大城市治理过程中存在的治理技术不够、数字应用受限等问题，需要进一步深化信息基础设施建设，完成城市更新任务，强化数据整合释放数据价值，实现数字应用场景拓展，以技术赋能完善超大特大城市治理方式，进一步丰富超大特大城市的"城市大脑"运行体系。

首先，加强城市信息基础设施更新和建设。一流的和谐、宜居和韧性现代化特大型城市离不开一流的基础设施。对于规模大、人口多的特大城市来说，进一步加强信息基础设施建设提升城市自身的感知能力尤为重要。积极提升网络承载能力，优化网络布局，巩固互联网骨干直联点建设成果，提升互联网接入速率，确保数据能够快速流通，从而为感知城市的运行提供有力保障。着力打造高水平云管平台，提供定制化专链路服务，优化基础算力平台，强化 AI、区块链等新兴技术应用，促进城市基础设施的智能化升级。加快实施城市老旧基础设施改造工程，围绕交通、能源、市政等领域，推动物联网、大数据、云计算等技术赋能城市精细化管理，助力实现绿色集约低碳发展阶段目标，补足城市智慧高效治理短板。

其次，强化数据整合共享，打破信息孤岛。需要建立高效的数据管理系统，包括数据采集、存储、清洗和分析等环节；也需要制定严格的数据标准和规范，确保不同部门之间的数据可以互相对接和交换。优化算法模型，提

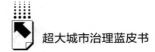

高智能化水平，准确预测应对城市问题，通过引入 AI 和大数据分析，识别异常情况，预警并采取措施。例如，作为我国辖区面积和人口规模最大的城市，重庆市建立健全贯通实战的三级数字化城市运行和治理中心。[①] 一是打造 1 个智能中枢，搭建起符合超大城市运行和治理的智能中枢。二是强化三级中心城市运行智能监测预警能力、高效协同闭环处置能力和数字化履职支撑能力等三项能力。三是持续完善 KPI 评价体系，让城市运行和治理更好地服务于经济社会发展、管控处置运行风险、服务企业群众。

最后，技术赋能拓展数字应用，打造城市空间多领域应用场景。开发智能交通、环保、安防等，如在智能交通方面可以推广使用智能信号灯、车辆自动驾驶等技术；在城市环境治理方面通过引入智能识别和监管技术进行智能垃圾分类设施建设、垃圾分类信息化平台搭建、积分激励与信用体系建设实现城市垃圾分类智能管理；而在安防方面则可借助人脸识别技术提升城市治安管理水平。例如，作为中国式现代化的先行者，浙江省借助夯实的信息技术基础构建"城市大脑"数智管理模式。[②] 一是通过标准化数据清洗、融合，打造数据高质量供给体系，形成以包含自然空间数据、人造空间数据、地下空间数据等数据资源为基底的时空大数据仓，为实现"一脑治城"提供强大、精准的数据资源。二是联通城市空间智能平台，形成城市 CIM 平台和空间智治平台，在数据资源体系的基础上进一步搭建应用支撑体系。三是依托数字应用、数据资源、算法模型、要素组件等打造数字孪生城市支撑服务专区，并在服务专区领域不断拓展"数字孪生+"数字应用场景，实现政务服务一网通办、城市运行一网统管、社会治理一网共治。

（四）以闭环管理保障数字安全，完善高效韧性安全运行体系

数字安全已经成为数智时代国家和社会安全的重要基础，是城市空间安

---

① 《4月1日起实施！重庆市数字化城市运行和治理平台这样建设运行管理》，重庆市人民政府官网，https：//www.cq.gov.cn/ywdt/zwhd/bmdt/202502/t20250226_ 14343913.html，最后访问日期：2025 年 3 月 31 日。

② 《浙江省"城市大脑"建设应用行动方案》，浙江省经济和信息化厅网站，https：//jxt.zj.gov.cn/art/2019/6/4/art_ 1229123405_ 627864.html，最后访问日期：2025 年 3 月 31 日。

全的重要组成部分。面对超大特大城市存在的严峻的数字安全挑战，相关政府部门已做了大量保护工作，出台了一系列制度规范数据安全使用，较为有效地保障了数字安全，但在落实上和具体执行细节方面有待完善。

一是应对数字安全风险进行全周期管理。推进超大特大城市从源头信息收集到末梢数字应用全生命周期的管理，做好事前预警、事中管控、事后追踪①的全周期闭环管理。完善安全保障体系，确保数据、网络和系统安全，采取加密、防火墙等措施，保障系统稳定运行。

二是依据数字使用标准和治理成效定期对数据收集、数字信息、数字平台、数字应用进行安全体检。借鉴城市体检指标设置，建立可感知、可量化的数字安全指标体系。② 一方面在源头端通过数字规制理清数据要素以及明确规范何种数据可以共享，如何共享等技术操作。在数据源头收集端口完善个人信息保护规范体系，设立统一平台进行基础数据收集和共享窗口开发，避免多个部门多次收集数据和使用数据越界。另一方面按照"安全数据+安全能力+安全协同+安全管理"的模式在应用端从城市治理高频公共事项入手在单个领域进行风险探测，通过对数字应用场景的各个基础信息设施摸底排查数字生态隐藏风险，比如场景使用服务器、数据中心等。完善数据的传输、应用、处理过程中可溯源、可追踪的保护链条，做到所有数据操作留痕留迹、有理有据。

（五）以制度革新调适干部压力，推动超大城市治理高质量发展

基层是落实治理任务的前线，基层干部是推动治理任务工作的最前沿力量，基层和基层干部在实现超大特大城市治理高质量发展中具有无可替代的重要作用。

一是推进城市治理标准化发展，针对市民诉求进行分类型"来者不

---

① 参见董慧、杜晓依《新时代超大城市治理现代化的"道"与"术"》，《甘肃社会科学》2024 年第 3 期。

② 参见黄耿志等《高质量发展转型背景下的中国城市更新：挑战与路径》，《自然资源学报》2025 年第 1 期。

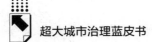

拒"。优化基层治理任务机制，落实任务各个环节的权责，避免出现任务自上到下的"层层加码"和任务转接现象。借助数字技术对市民诉求进行精准甄别，以切实解决市民诉求为目标进行任务分类，制定任务优先次序。一方面区分常态治理任务和突发性治理任务，优先解决紧急、重要的突发性治理任务。另一方面分类处理首次诉求任务和反复诉求，建立市民反复诉求处理机制。例如，作为我国首都和最早一批进行智慧城市建设的城市，为解决超大特大城市治理困境，北京市坚持以人民为中心的改革思想，借助科技赋能进行接诉即办改革。通过标签化处理将高频重复诉求问题单线归类汇总至数据分析平台和专家处，以"每月一题"方式进行面对面专题处理，实现从解决"一个问题"向解决"一类问题"的转变，提高超大特大城市针对"任务马车"时的精准施策能力。①

二是进行制度革新，完善干部干事容错机制，切实减轻干部压力。在制度层面完善干部在超大特大城市治理任务中的容错机制，给予干部干事包容性。② 一方面，通过制度文件明确干部容错的范围和标准，明确"容错不是无限度的犯错"，完善容错正负面清单，指明可容忍错误和不可容忍错误，严格界定"敢作为"与"乱作为"的界限。另一方面，在明确容错范围和标准的基础上进一步完善容错程序，杜绝"容错就是擦痕"的违规流程，以有错必纠、有错必改为原则建立健全干部纠错机制，定期评估容错机制的实际效果，确保容错机制的有效性和可行性。

三是完善基层治理任务考核评价机制。优化基层任务考核体系，对现有考核体系中明显"以量取胜"或"量占大头"的考核内容和指标进行正规程序审定后及时修正，对不同任务量的部门和干部进行基本考核目标下的差异化考核，切实减少干部"任务多得分少"的失落心理。转变考核目标，

---

① 《聚焦 27 个高频难点民生问题发力，抓共性推动"主动治理、未诉先办""每月一题"专攻"难啃的骨头"》，北京市人民政府官网，https://www.beijing.gov.cn/ywdt/gzdt/202104/t20210412_2351699.html，最后访问日期：2025 年 3 月 31 日。

② 参见文宏、王晟《迈向超大城市敏捷治理：基于全域数字化转型的视角》，《电子政务》2024 年第 12 期。

在发挥考核激励作用的基础上发挥考核的问题映照作用，以考核查问题。上级部门带头树立正确的政绩观，坚决杜绝"为政绩乱填数"的干事现象。

四是通过认知引领、系统培训等方式提高干部治理能力和数字素养。数字素养是数智时代超大特大城市治理对干部能力的基础要求，只有强化干部的数字治理能力和数字素养才能充分发挥数字技术在城市治理中的最大效能。在认知层面，强化干部的数字认知，增加干部的数字认知储备，消除干部对超大特大城市空间智慧高效治理模式的抵触心理。在执行层面，按照分层次、分类别、分阶段推进干部数字素养培训体系建设，由领导干部牵头组织学习数字技能素养，中层干部带头适应超大特大城市治理工作要求，基层干部积极参与数字技能培训。按照数智时代超大特大城市治理需求明晰治理人才队伍建设方向，重新定位干部的数字驾驭、技术运用、安全治理等能力。针对不同岗位、不同领域的干部进行"靶向"精准培训①，吸收一批专业超大特大城市治理人才队伍，实现基层干部数字素养水平的整体提升。

---

① 参见刘忠轶等《公安领导干部数字素养理论建构、驱动效应及提升路径》，《中国人民公安大学学报》（社会科学版）2024年第5期。

专题报告

B.2
中国超大城市治理进程与发展趋势

周振超　张锡林*

摘　要：　在转变城市治理模式的探索中，北京、上海、重庆、天津、成都、杭州、广州、深圳、武汉、东莞这 10 个超大城市的治理进程与趋势表现在以下几个方面。首先，通过党建引领，实现了超大城市基层治理的创新；其次，以人民城市理念为指导，构建了精细化与民生导向的城市管理体系；再次，秉持统筹协同的理念，促进了超大城市的协同发展；此外，实施智慧城市战略，推动了智慧城市建设与数字政府的转型；同时，构建韧性城市，保障了超大城市的安全、韧性与社会的平安，实现了超大城市的法治化治理；最后，积极推进城乡融合，促进了区域的协调发展。

关键词：　超大城市治理　人民城市　智慧城市　城市治理模式

---

* 周振超，重庆警察学院党委委员、副院长，教授，博士生导师，法学博士，主要研究方向为当代中国政府与政治研究；张锡林，西南政法大学政治学 2024 级硕士研究生，主要研究方向为超大城市治理。

改革开放以来，我国经历了世界历史上规模最大、速度最快的城镇化进程，城市建设成为现代化建设的重要引擎。城市是我国经济、政治、文化、社会等方面活动的中心，在党和国家工作全局中具有举足轻重的地位。[①] 截至 2023 年，在城镇化进程中逐渐形成了人口规模超过一千万的十个超大城市，超大城市因其人口和空间规模的交织产生了各种前所未见的治理新课题。党的二十大报告指出：要"坚持人民城市人民建、人民城市为人民，提高城市规划、建设、治理水平，加快转变超大特大城市发展方式，实施城市更新行动，加强城市基础设施建设，打造宜居、韧性、智慧城市。"[②] 党的二十届三中全会通过的《中共中央关于进一步全面深化改革　推进中国式现代化的决定》强调，"推动形成超大特大城市智慧高效治理新体系，建立都市圈同城化发展体制机制。"北京、上海、重庆、天津、成都、杭州、广州、深圳、武汉、东莞这 10 个超大城市在转变城市治理方式，积极探索超大城市治理新路径，取得了阶段性的实践成果。[③] 对我国超大城市治理的演进路径和发展趋势进行系统性的总结与归纳，对于推动超大城市治理现代化迈上新的台阶，具有重要的实践价值和理论意义。

一　以党建引领实现超大城市基层治理

习近平总书记强调，做好城市工作，必须加强和改善党的领导。[④] 这一重要论述阐明了加强和改善党的领导在城市治理中的重要地位、重要作用，明确了城市治理的首要前提和根本保证。十个超大城市在实践中加强党对超

[①] 参见中共中央党史和文献研究院编《习近平关于城市工作论述摘编》，中央文献出版社，2023，第 7 页。

[②] 习近平：《高举中国特色社会主义伟大旗帜　为全面建设社会主义现代化国家而团结奋斗》，《人民日报》2022 年 10 月 26 日，第 3 版。

[③] 对十大超大城市治理实践经验除专门注释外，所使用的资料均来自十大超大城市 2024～2025 年的政府工作报告。在正文论述中，引用政府工作报告的内容没有一一加以注释，特此说明。

[④] 参见中共中央党史和文献研究院编《习近平关于城市工作论述摘编》，中央文献出版社，2023，第 7 页。

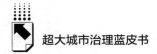

大城市治理工作的组织领导，推动党组织向最基层延伸，健全城市基层党组织工作体系，以党建引领实现超大城市基层治理。

第一，党建引领实现条块重塑。条块分割是阻碍我国超大城市迈向治理现代化的结构性难题。以党建引领实现条块关系重塑是各地解决条块分割的一个基本共识。例如，北京市党建引领"街乡吹哨、部门报到"改革中，充分发挥党的政治优势、组织优势，在不改变区级层面现有职能机构设置的条件下，推动治理重心向基层下移，实现基层治理的资源、力量、职能的统筹调度，形成破解难题的合力。①

在重庆市"141"基层智治体系实践中，运用党建组织手段和数字技术的智慧手段赋能基层治理，实现省域基层治理条块关系的整体性重构。"141"的第一个"1"指镇街基层治理指挥中心，指挥中心是街道运行的"中枢"，统筹调度基层的各种治理资源，在人事上，由镇街党（工）委书记任指挥长，党（工）委副书记任副指挥长，建立 24 小时值班机制，快速处置上报各类突发情况，提高基层治理的敏捷性；"4"指构建党的建设、经济发展等 4 个板块，将街道的职能科室按照治理事务进行综合性重构，每个板块按"固定岗位+特殊岗位"的原则设置，由镇街领导直接分工负责、调度到岗；最后一个"1"指基层治理网格，以网格为基层治理的组织末端下沉各类治理资源和服务。②

天津市实行"战区制、主官上、权下放"体制创新，实现基层条块重塑。以战区这一形象表达重新确定基层的治理格局。明确以街道为主战区，街道党（工）委书记为街道总指挥，强化街道综合处理权力，提高在一线的统筹调度能力和处置能力。强化街道作用，建立以街道为中心的"一线指挥部"，以基层网格为组织抓手，整合民政、城管等治理资源建立"全科网格"，充分赋能基层治理。明确条块结合、由块来统的基本原则，推动形

① 参见朱竞若、王昊男《北京深化"街乡吹哨、部门报到"改革，完善 12345 热线"接诉即办"机制 以党建引领超大城市基层治理》，《人民日报》2021 年 5 月 6 日，第 11 版。

② 参见陈国栋《我市加快构建"一中心四板块一网格"基层智治体系"党建扎桩·治理结网"提升基层治理效能》，《重庆日报》2023 年 12 月 12 日，第 1 版。

026

成党委主导、战区主管、部门主责、基层主抓的贯通"区—街道—社区"的综合运行体系。①

第二，党建引领建立一体化治理队伍。基层治理归根到底是人的治理，需要人来实现。因此，建立一支强大的治理队伍是提升基层治理效能的关键所在。一体化治理队伍指在基层治理中通过党的组织优势和政治优势打破各治理主体间的层级阻隔，实现各层级治理主体的一体化调度。例如，在北京市的"吹哨报道""接诉即办"改革中就建立贯穿"区—街道—社区"三个层级的治理主体协调机制，建立党员向社区报到机制，通过党委统一调度辖区内党员实现协同治理。对于已有的城市治理力量，按照"市级统筹、区级管理、街乡使用、部门指导"的使用原则统筹管理，切实增强基层治理力量。在上海市"多格合一"实践中，针对城市治理"跨部门、跨层级、跨地域、跨行业"的治理问题，形成各方联动联勤机制，以党建引领广泛动员社会力量共治，构建城市基层治理共同体。重庆市以社区作为主阵地，以社区学院为抓手，整合与统筹利用资金、场地、人才等资源，引导各单位以及社会力量参与共建共享，完善居民自治机制，打造全过程人民民主的基层单元，把社区建设成为人与人和谐共处的美好家园。②

第三，党建引领实现社会再组织化。网格化是实现超大城市基层社会整合的重要组织形式。从各地实践看，"将党建在网格上"是实现基层社会整合的主要手段。重庆市构建"网格长+专职网格员+兼职网格员+网格指导员+其他各类力量"的"1+3+N"模式，在全市 1.1 万个村（社区）全覆盖配备专职（兼职）网格员，配强城市基层的治理力量，完善"街道党工委—社区党组织—网格党支部—网格党小组—党员中心户"的工作组织架构，更好引导党员干部与群众学在一起、干在一起、乐在一起，整合各种资源，增强社区公共服务能力。

成都市推动党的领导和组织体系向基层末梢有效延伸，构建完善"微

---

① 参见孟若冰《创新基层治理的"天津之治"——我市加强党建引领推进"战区制、主官上、权下放"》，《天津日报》2021 年 7 月 1 日，第 42 版。

② 参见周振超《推进超大城市社区治理现代化》，《重庆日报》2025 年 1 月 13 日，第 12 版。

网实格"治理机制，一体推进网格划精划细、组织建优建强，打通基层治理"最后一米"。以划精网格为基础创新全域覆盖的基层治理体系。适应"大城善治"需要，精准划分各类网格。成都市以社区为单位设立社区总网格，在优化整合一般网格基础上，尊重历史沿革和群众意愿，以人口承载需求和高效治理为导向，按照服务管理30户至100户的标准划分微网格，同时以商务楼宇、各类园区、集贸市场、机关企事业单位为主体设置专属网格，基本实现了区级指令最快5分钟到户、3小时内完成入户宣传动员。适应"大城精治"需要，织密建强网格党组织。结合网格功能、党员分布全面开展"三建一管"工作，全面覆盖健全一般网格党组织，在微网格建立党小组或党的工作组，对不符合建立党组织条件的派驻党建指导员管理。健全"社区党委、一般网格（小区）党支部、微网格（楼栋）党小组"三级组织体系，实现网格党组织覆盖率和微网格党小组的动态工作覆盖率达到100%。适应"大城微治"需要，整合重构网格职能。按照"多网合一、一网统揽"的原则，推动综治、城管、民政、应急等各类网格整合进一般网格，配套建立网格职责清单制度，赋予网格长4大类25项工作职责，明确微网格员发现报告风险隐患、协助基层基础工作、参与应急响应等工作内容，同时建立任务下达准入制和报备制，确保"微网实格"职责清晰、运行有序。①

广州市"以网格党建推动基层治理现代化、精细化、精准化"，让党的组织"触角"不仅停留在镇街社区一层，更是延伸至网格小区、楼栋、单元。微小化的网格管理，把党的组织"根系"牢牢扎在居民群众家门口。广州市以网格为依托，推动下沉党员认领党员责任区，加入党群服务队共同发挥作用。在精准掌握下沉党员的工作单位、兴趣爱好、专业特长、个人意愿等信息的基础上，广州市依托公安、卫健、民政等部门专业力量，整合"广州街坊"群防共治团队，组建以党员为骨干、专兼结合、功能多样的党

---

① 参见成都市委社会工作部《成都市：党建引领"微网实格"提升超大城市精细化治理水平》，《乡镇论坛》2024年第17期。

群服务队伍。①

第四，党建引领重塑基层责任体系。配强基层治理主体的治理资源和组织力量并不意味着治理的实现。在实践中，还需要建立科学的责任体系驱动治理主体从"看"到"愿意做"。北京市明确街道党群工作、平安建设等6大板块98项职责。天津市建立齐抓共管"责任链"，建立政府部门"责任清单"、创制社会治理主体行为"负面清单"，明确各治理主体行为边界的"规则清单"。浙江省杭州市在"争星晋位、全域建强"实践中建立明晰的治理指标，② 聚焦"领航带动班子好"，从基层治理的五个方面设置星级创评的具体指标，定期定量考核，构建"评村社、抓镇街、促部门"责任机制，持续放大五星整体争创效应，推动基层形成全民担责争优的良好治理氛围。广州市探索"双签字""双评价"监督制度，赋予社区党组织对基层治理主体的评价监督权，推动党组织和党员发挥常态化和长效化的治理作用。

二 以人民城市理念为指引，构筑精细化城市与民生城市

习近平总书记强调，"城市是人民的，城市建设要贯彻以人民为中心的发展思想，让人民群众生活更幸福。"③ "推进城市治理，根本目的是提升人民群众获得感、幸福感、安全感。要着力解决人民群众最关心最直接最现实的利益问题，不断提高公共服务均衡化、优质化水平。"④ "城市的核心是人，城市工作做得好不好，老百姓满意不满意、生活方便不方便，是重要评

---

① 参见章程、何道岚《网格党建"小切口"推动基层治理"大变化"广州市织密织牢五级基层组织架构 探索超大城市党建引领基层治理现代化新路径》，《广州日报》2023年11月1日，第A11版。

② 参见窦皓、程建全《党建引领 协同发力 杭州着力提升基层治理效能》，《人民日报》2022年9月19日，第10版。

③ 中共中央党史和文献研究院编《习近平关于城市工作论述摘编》，中央文献出版社，2023，第37页。

④ 中共中央党史和文献研究院编《习近平关于城市工作论述摘编》，中央文献出版社，2023，第39页。

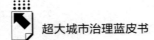
判标准。要坚持以人为本，不断完善城市功能，提高群众生活品质。"① 人民是城市的核心，是城市建设与发展的行动主体，其不断发展的需求和期望也构成了城市发展的永续动力。为了实现人民城市理念，各地大力构筑精细化城市与民生城市。

人民性是马克思主义的本质属性，这一属性亦是城市运行与治理的核心原则。坚持"人民城市人民建、人民城市为人民"的理念。通过聚焦经济发展、扩大就业机会等，不断增强城市居民的获得感、幸福感与安全感。充分发挥人民群众的主体作用，激发其参与城市建设的积极性与创造性，进而增强他们与城市共同发展的责任感与使命感。

（一）精细化城市

1. 城市更新

北京市以土地政策为切入口开展城市整体更新工作。第一，对于用来开发和利用的土地，进一步完善混合开发土地和产业用地等已使用土地的政策。第二，加强盘活利用城市各类闲置土地，更好发挥土地作用。第三，推进城市功能区整体更新，统筹推进群众居住、各类产业、公共服务设施、区域综合等各类城市功能的更新改造。

上海市平衡城市更新的成本与效率，探索建立可持续的城市更新模式，完善成本管控，以老旧建筑和商务楼宇为突破口，进一步更新老旧建筑改造标准，提升商务楼宇品质。

重庆市把提升品质作为城市更新的主要关注点。以品质提升示范项目推进城市更新升级，开展特色环境综合治理。进行风险区域专项整治，深化超大城市治理风险清单管理模式，开展道路塌陷、地下密闭空间等风险点的专项整治。大力推进"海绵城市"建设。迭代"城市治理全面融入社区"的服务机制，让人民群众在家门口就可以享受到优质的城市服务。

---

① 中共中央党史和文献研究院编《习近平关于城市工作论述摘编》，中央文献出版社，2023，第40页。

广州市以"城中村"整治作为城市更新的切入点。广州市抢抓新一轮城中村改造历史机遇，坚持"留改拆"并举、"拆治兴"并进，推动城中村改造纵深推进。坚持走区域统筹"城中村"改造的城市更新路子，推进中心城区、重点片区和重点区域内的城中村应改尽改工作。

2. 城市交通综合治理

第一，建立城市综合交通体系。北京市以城市轨道交通为主干，实现地铁、市郊铁路、公交等市域公共交通网络的多网融合。优化公交线网等公共交通设施，建立以社区为中心的公交微循环体系，深化扩展以学习、医疗等公共服务为重点的通学、通医、通游服务。在商圈、学校等与人民生活密切相关的重点区域周边进行非机动车停放治理，维护首都交通秩序。

广州市从全方位门户复合型国际航空枢纽的定位出发，推进空铁一体化建设。加强城市交通运行监测，加大交通秩序整治力度，提高交通精准调控水平，加快交通组织微循环、交通设施微改造，优化提升慢行系统，推动各类交通方式无缝接驳、便捷换乘，让各类交通参与者各行其道、有序通行。对作为城市主要交通工具的电动自行车，进一步落实电动自行车管理规定，加强规范化治理，加大监管执法力度，整治违法乱象，进一步优化设置非机动车道、集中充电点和停放场所，让电动自行车"有路走、有地停、有电充"。

第二，解决城市的交通拥堵问题。北京市实施市级疏堵工程项目，实现断头路打通，利用城市闲置空间、建设错时共享停车位，科技赋能交通治理，以信号灯联网整体控制，实现重点路口智能调控，让道路通行更加顺畅。深圳市以公交与轨道交通协同为切入口，强化地面公交与轨道交通线路协同，提升公交系统运营效率。

（二）民生城市

民生城市的构建从就业、健康、社会保障、住房四个关键词展开。

1. 就业

就业是最大的民生，各超大城市为进一步提高就业率积极探索。第一，

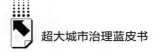
建立明晰的就业指标体系。北京市提出 2025 年实现城镇新增就业不少于 26 万人，归集发布不少于 10 万个高校毕业生就业岗位。上海市提出 2025 年城镇新增就业 60 万人以上。

第二，建立以就业为导向的综合政策体系。北京市高位驱动，出台促进高质量充分就业的相关政策意见，建立就业质量的综合评估机制，打造家门口的智慧就业服务平台。上海市强化就业优先政策，构建友好就业的城市发展方式，加强职业教育体系建设，健全终身职业技能培训制度，创新产训结合、以赛促训的职业技能培训模式。重庆市多措并举抓就业，促进经济增长。在重点领域和行业、基层和中小微企业实施就业支持计划，吸引更多高校毕业生留渝来渝。大力发展县域经济，以市场发展的客观要求建立健全重点行业和紧缺技术工种的专项培训体系。广州市建立技能生态区，建立健全家门口就业驿站、院校就业创业 e 站、零工市场等基层就业服务平台体系，拓宽就业渠道。

第三，关注弱势群体就业。北京市将农民工等农村就业群体纳入城镇职工保险体系。加强对快递员、外卖小哥等灵活就业和新就业群体的劳动权益保障。上海市提出加大对就业困难人员的帮扶力度，建设社区就业服务站点，帮助就业困难群体就近就业。重庆市开展低收入人口就业攻坚促增收行动，落实劳动者工资正常增长机制和农民工工资支付保障机制。

2. 健康

第一，均衡区域医疗服务，推动医疗资源向基层下移。北京市提出要实现医疗资源综合布局推动医疗资源向基层下沉，深化分级诊疗制度，建立城市医疗集团，将市属医院和其他三级公立医院的门诊预约号提前向基层投放。上海市以社区医院为切入口，完善医联体一体化运行，强化社区卫生服务中心全科诊疗、健康管理等医疗能力。广州市将层级下移，建立镇村卫生服务一体化的紧密型改革，推进基层疾控能力提升。深圳市深入开展基层卫生运动。武汉市和成都市把家庭作为基层医疗的重点，开展家庭医疗服务，落实家庭医生"一对一"签约服务制度。

第二，医疗制度体系改革。一方面，进行医疗服务定价改革。北京市完善医疗服务的定价和调整机制；上海市推动医药器械的审批制度改革，创新多元支付机制；重庆市建立以医疗服务为主导的收费机制，提高药品耗材的质量；天津市、深圳市都强调深化提升医保的支付方式和范围，以促进医疗服务改革。另一方面，进行医疗组织体系改革。北京市提出要强化市属医院的编制合理使用，建设医疗信息平台，增加大数据医疗的应用；深圳市提出完善医疗救助体系；武汉市和成都市都提出要建立模板医院和科室，以点带面提高医疗质量。

3. 社会保障

第一，积极应对人口老龄化趋势，建立市域综合性养老服务体系。上海市提高城市养老服务品质，加强养老与医疗体系的衔接联动和资源共享，完善家庭式养老。重庆市提高退休人员和城乡居民的养老金，以基层社区为中心提升养老行动，提高养老质量。完善老年人照护体系，推广互助式养老，建立农村养老体系，增强卫生院、社区医院和养老体系的联动。开展"银发经济"。广州市推进社区嵌入式的养老服务，以体制机制为抓手，构建综合性养老服务平台，构建区、镇街、社区（村）一体化的养老服务设施，形成完整的养老服务机制。成都市实施养老服务专项行动，建设综合型、友好型的养老服务体系，支持优质老年教育向基层延伸，推动互联网适老化改造。

第二，健全妇女儿童服务保障体系。北京市完善友好型生育政策，提供多样化托育选择，建立市区综合性托育中心。上海市建设儿童友好城市，提高社区托育的质量。重庆市支持生育，将辅助生殖技术纳入医保，推进生育津贴制度，推进托幼一体化，提高幼儿园质量，让群众放心托育。广州市加强对困境、流动、留守儿童的关爱服务，推动公建民营托育机构的镇街建立。成都市增加公共场所的母婴友好设施的建立，建设儿童友好空间和儿童友好社区。

第三，关注残疾人等弱势群体的社会保障。上海市、广州市关注职业伤害的社会保障问题，扩大新就业形态的职业伤害保障试点。以民生待遇为抓手，保障弱势群体的基本生活。北京市实施促进残疾人就业三年行动，持续建设无障碍环境，健全救助服务机制，兜底困难群众的基本生活水平。上海市统筹调整低保等民生待遇，开展社会救助，尤其是低收入群体的综合救助，完善残疾人的社会保障和关爱服务体系。重庆市建立多层次、全方位的社会保险制度，建立低收入人口的联合救助和社区慈善帮扶机制。天津市落实重特大疾病的救助制度，开展专项工程，全面提升基层的社会救助能力。最后，加强社会慈善和志愿服务力量对弱势群体进行社会保障。重庆市支持公益慈善事业发展，推进志愿重庆建设；深圳市大力发展公益慈善事业，加快建设市社会福利救助综合服务中心，加大对孤寡老人、残疾人等弱势群体的关爱帮扶。

4. 住房

各地基本以"市场性住房+保障性住房"共举的措施满足城市各主体的需要。

第一，完善房地产市场政策。北京市不断优化房地产政策，持续推进房地产市场回稳向好。上海市加快构建房地产发展新模式，支持房地产市场平稳健康发展。广州市以金融手段出发，改革房地产开发融资方式，满足企业合理融资需求。

第二，完善"保障+市场"的住房供应体系。北京市、广州市、深圳市、成都市都将"保障+市场"作为住房供应体系的重要方式。北京市以交通和就业导向，优先在交通、就业、生活等密集区域供应住宅用地。上海市坚持租购并举，建设筹措保障性租赁住房。推进大型居住社区配套设施建设。深圳市提出"高品质、便捷化、可负担、全智能"保障性住房建设供给新思路。优先帮助城市工薪收入群体、青年人等新市民解决住房问题。成都市从社会支付出发，扩大试点住房公积金按月支付房租的制度安排。

三　践行统筹协同理念，实现超大城市协同发展

习近平总书记强调，要"统筹空间、规模、产业三大结构，提高城市

工作全局性;① 统筹规划、建设、管理三大环节，提高城市工作的系统性;②统筹改革、科技、文化三大动力，提高城市发展持续性;③ 统筹生产、生活、生态三大布局，提高城市发展的宜居性;④ 统筹政府、社会、市民三大主体，提高各方推动城市发展的积极性"。⑤ 这些重要论述阐明了城市工作是一项涉及多个方面的系统工程，明确了做好城市治理的基本思路和科学方法。为践行统筹协同理念，实现超大城市协同治理，各地积极开展城市空间治理一体化和区域一体化实践。

（一）城市空间治理一体化

第一，以规划引领明确城市功能。北京市以首都的城市定位，通过首都规划体系和实施机制进一步提升优化首都城市功能，提升中央政务服务保障、国际交往中心、重大国事活动服务保障等综合能力。重庆市、武汉市和成都市等城市提出以规划做强城市极核功能。其基本思路在于一方面明确城市各城区的主要功能，建设高水平的城市中心城区，加强城市专门功能区建设。例如武汉市支持高新区科技创新策源和新兴产业高地建设，加强经开区新能源等产业建设，支持长江新区的港口建设。另一方面，建立各城市功能区的联动机制。成都市推动区县联动，高标准建立合作区规划，支持创新合作共建、飞地园区、托管建设等结对模式，实现区与区间基本功能、核心功能、特色功能的相互协调。

第二，以规划引领优化城市空间区域布局。重庆市深化"多规合一"

---

① 中共中央党史和文献研究院编《习近平关于城市工作论述摘编》，中央文献出版社，2023，第43页。

② 中共中央党史和文献研究院编《习近平关于城市工作论述摘编》，中央文献出版社，2023，第67页。

③ 中共中央党史和文献研究院编《习近平关于城市工作论述摘编》，中央文献出版社，2023，第95页。

④ 中共中央党史和文献研究院编《习近平关于城市工作论述摘编》，中央文献出版社，2023，第119页。

⑤ 中共中央党史和文献研究院编《习近平关于城市工作论述摘编》，中央文献出版社，2023，第145页。

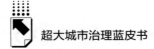

改革，全面系统优化城镇空间体系，加强专项空间规划统筹，完善区域经济布局和国土空间体系。广州市以规划引领构建城市数字孪生空间，坚持城市各产业发展的空间需求，推行岭南特色的城市设计，布局人文空间。深圳市推动全市域的均衡一体化空间布局，建立一套适合超大城市高密度、高流量治理特点的空间规划体系，强化区域间的错位发展和协同融合。杭州市聚焦城市性质，立足增强城市辨识度，优化战略性重点区域布局，围绕重点区域项目进行一体化发展，打造城市新地标。

（二）区域一体化

在实践中，区域一体化有京津冀一体化、长三角一体化、成渝一体化、粤港澳大湾区一体化、湖北都市圈一体化五个关键词。

京津冀一体化。第一，实现京津冀区域交通一体化。建立京津冀之间互联互通的综合交通网络。第二，实现京津冀区域公共服务一体化。推动公共服务资源共建共享，持续发布京津冀社保服务同事同标事项，实现公共服务资质资格统一规范办理，扩展社保卡应用范围，加强在公共服务等领域的协同联动。第三，京津冀区域产业一体化。建立京津冀区域内市场的资源配置和各类供需合作机制，深化创新、产业等协同协作，加强配套融合。完善跨区域协同培育机制，提升高校、企业等各类资源的互联互通，协同实现京津冀高质量发展。

长三角一体化。以上海市为区域中心推进长三角区域的科学基础研究、市场服务等重点合作事项的一体化，以上海大都市圈国土空间的总体规划，强化长三角跨区域协同发展。强化长三角对口帮扶机制，深化区域内对口支援、对口协作、对口合作，进一步提升对口帮扶合作综合效益，积极促进长三角地区经济高质量发展，

成渝一体化。深化成渝的双核共联共建。第一，推动成渝交通一体化，共建国际性综合交通枢纽。第二，推动成渝产业一体化，共建世界级先进制造业集群，共同争取航空航天等新质生产力布局，共同推进科技创新，联合打造信息安全产业和工业软件科技高地，共同争创建立国家汽车制造业示范

城市群。第三，推动成渝金融一体化，共建西部金融中心，开展成渝金融标准创新建设试点，协同发展特色金融。第四，推动成渝公共服务一体化，深化教育、医疗、社保、养老等服务融合共享。

粤港澳大湾区一体化。锚定大湾区区域发展定位，实现地区全方位对接融合和协同发展。强化湾区思维，全面加强区域重点规划、重大项目对接的体制建设。加强公共服务一体化，深化大湾区教育合作，打造区域融合医联体，新增各城市通办事项，探索打造政务服务无差别示范大厅，实现区域城市生活品质全面提升。加快跨城互联互通，实现市域国铁、城际、城轨"三网融合"。以广州市、深圳市、东莞市为主要城市共同打造一体化的大湾区营商环境。进一步激发市场主体活力。

湖北都市圈一体化。武汉市加强区域协同发展，促进武汉都市圈与襄阳都市圈、宜荆荆都市圈优势互补、联动发展。完善长江中游城市群四省会城市常态化会商机制，打造具有全国影响力的重要城市群。

四　践行智慧城市理念，推进智慧城市建设与数字政府转型

习近平总书记在重庆考察时强调，要"加快智慧城市建设步伐，构建城市运行和治理智能中枢，建立健全'大综合一体化'城市综合治理体制机制，让城市治理更智能、高效、精准"。[①]

第一，推动智慧城市基础设施建设。智慧城市基础设施是城市智慧化发展的基础。首先，强化算力设施建设。北京市提出要建成万卡智算集群，上海市建设数字基础设施，打造大规模智能算力集群，广州市实施云网强基，完善算力供给。成都市构建"超算+智算+云计算+边缘计算"的算力供给网络。其次，加强人工智能赋能城市治理。北京市、上海市、重庆市提出

---

① 《进一步全面深化改革开放 不断谱写中国式现代化重庆篇章》，《人民日报》2024 年 4 月 25 日，第 1 版。

"人工智能+"行动计划，在医疗、教育、制造、金融、城市治理等重点领域开发人工智能应用场景，加快拓展 AI 赋能综合场景治理，加快人工智能与实体经济融合发展。

第二，以数智赋能推进超大城市政府转型。从数字化到智能化再到智慧化，让城市更聪明一些、更智慧一些，进而构建整体协同、敏捷高效、智能精准、开放透明、公平普惠的数字政府。在实践中有北京市和上海市"一网通办"改革、杭州市"城市大脑 2.0"、成都市"智慧蓉城"等代表性案例。这些数字政府改革的共同特征在于：首先，聚焦"全局智治"。打造数字化应用标杆，建成覆盖全层级、全空间、全领域的数字智慧指挥中心，强化指挥中心对城市治理过程的运行监测、分析研判、协同流转、应急指挥、督办考核等功能。健全城市治理中心指挥调度体系和运行机制，统一调度各种治理资源实现全局智治。其次，实现"部门合治"。以数智技术赋能，有效消除政府内部纵向层级间与横向部门间的信息阻隔，重塑政府部门的组织边界，破解由职能专业分工带来的碎片化治理困境，实现政府治理过程的信息整合。注重体制机制变革，将政府内部层级与职能的治理任务和安排等治理信息纳入同一个数字化平台，推动纵向层级一体运行，推进政府内部融合，实现双向互通、高效协同的精细化运行治理。最后，实现"整体共治"。加强政府与社会的融合，建设"政—社"数字信息平台，将社会信息及时、全面地纳入数字化平台之中，健全更畅通的信息流转机制、更清晰的信息共享机制和更有效的信息管理机制。在健全平台、打通系统的基础上，明确政府部门职责体系，调整城市治理的深层次结构，进一步提升实战能力。以数智技术优化矛盾纠纷化解、公共服务供给、产业发展等治理活动的流程，串联全要素、实现全流程闭环，提升城市治理的组织韧性与社会韧性。

以数智赋能实现超大城市人民幸福。推动形成超大城市智慧高效治理新体系，归根到底是为了建设让人民生活幸福的城市。其一，数智技术赋能宜居生活。一方面，整合治理资源，提升生活品质。积极建设现代社区，充分发挥数字技术优势，推动交通、医疗等数字生活场景落地，打造高品质生活服务圈、商圈和热点景区。另一方面，加强政社沟通，满足人民所需。如重庆市通过渝快办、线上留言板、社区 App 等多样化的数字平台，加强政府与人民的信息交流和沟通，使政府更高效、更全面、更深入地了解人民需要。其二，数智技术赋能环境治理。利用数字技术强化环境治理的精确识别、深入分析和目标定位，进一步提升水环境治理效能，改善大气环境质量，并推动废弃物的循环经济处理。大力发展城市仿真与模拟技术，科学规划生态空间建设，利用数字技术建设城市绿地和公园。其三，数智技术赋能价值共建。通过数智技术的应用使人民在线上空间中实现自治，强化情感纽带，破解现代社会的"陌生人"困境，增强家园情怀与互助意识。将线下实体文物"搬到"线上，以文化浸润营造良好社会氛围，保护和传承城市的历史文化，凝聚城市记忆、社区记忆。以数字技术为手段，集成情感网络，创建和谐友善、富有"人情味"的人民幸福城市。①

五 构筑韧性城市，保障超大城市安全、韧性、社会平安

习近平总书记在主持召开深入推进长三角一体化发展座谈会时强调，"要坚持人民城市人民建，提升城市现代化治理水平，加快推进韧性城市建设，健全城市安全预防体系，强化城市基本运行保障体系，提高防灾减灾救灾能力。"② 这一重要论述阐明了超大城市安全的重要性，明确了超大城市发展和安全的基本底线。从实践上看，安全、韧性与社会平安是构筑韧性城市的三个主要内容。

（一）超大城市安全

第一，保障超大城市重点场所和领域安全。各超大城市都定期排查人员

---

① 参见周振超、张锡林《数智赋能推动形成超大城市智慧高效治理新体系》，《重庆日报》2024 年 11 月 18 日，第 10 版。
② 《推动长三角一体化发展取得新的重大突破 在中国式现代化中更好发挥引领示范作用》，《人民日报》2023 年 12 月 1 日，第 1 版。

密集场所、火灾隐患场所、道路交通、高层建筑、厂房仓库、自建房等重点场所的风险隐患，保证食品药品、饮用水、危化品、管道、燃气、建筑施工、电气、电动自行车、消防、特种设备等重点领域的安全。除这些传统安全外，还存在一些其他的安全领域。天津市强调要化解金融风险，用好化债政策和各类债务融资工具，有序化解各种债务。广州市强调耕地安全，保证农田质量，农民收入，提高粮食和重要农产品的供给能力。武汉市强调房地产安全，维护房地产市场稳定。

第二，建立超大城市安全制度体系。健全安全风险评估和隐患闭环整改机制，动态清零重大事故隐患。细化安全生产责任，强化基层应急能力建设。建立健全大应急管理框架管理体制和应急指挥机制，建设应急救灾体系。加强城管、应急、监管、司法、征信等职能部门的协同机制，更好应对城市突发风险。

（二）超大城市韧性

第一，建立韧性城市体系。完善城市运行感知、监测、预警体系，增强对台风、暴雨等极端天气的应对和城市适应、更新和快速恢复的能力。推进地下综合管廊建设，对燃气、供热、供水等管网进行一体治理。推动防洪工程建设，统筹抓好骨干河道堤防提质升级和防洪排涝工程项目建设，加快消除历史严重易涝积水点。

第二，数智赋能超大城市韧性建设。全面推进超大城市韧性建设是一项复杂的系统工程，需要将战略治理、规划治理、认知治理和价值治理等议题进行统合，在重大风险灾害治理上形成合力，以数智技术赋能超大城市治理的风险识别和治理。一方面，建设全域数字化城市治理运作体系，收集、整合并分析全社会的海量数据，对城市运行进行预测、模拟、分析，让城市治理更清晰、更透明。推进风险点全量落图、实时监测，识别风险灾害发生的重点区域和领域，提前部署将灾害风险遏制于萌芽状态。另一方面，以数智技术赋能风险治理。以数智技术为引擎，全面提升治理质效；以组织调适为抓手，深入推进风险治理流程的重塑与再造；通过治理工具的灵活转换，提升风险治理的感知与响应能力。以数智技术为依托，强化城市规划、建设、治理全链条协同，推动城市治理从条块分割向整体协同转变，健全城市运行安全和风险隐患闭环管控体系，加快构建燃气、供水、污水、垃圾等数字孪生系统，完善"全灾种、大安全"应急管理体系，持续提升城市韧性。

（三）超大城市社会平安

第一，实现高水平社会治安。完善社会治安整体防控体系，构建平安工作格局，维护重点地区、重点活动的安全规范。守牢意识形态主阵地，做好民族、宗教、侨务等工作。加强对重点区域和场所治安巡防巡控，建立立体化社会治安巡防体系，深入推进严打暴恐、电信网络诈骗等突出违法犯罪，壮大群防群治力量。深化平安校园、平安医院建设，有效防范应对社会安全事件。

第二，深化维护社会和谐稳定。健全完善大调解工作机制，全面排查化解矛盾纠纷，坚持和发展新时代"枫桥经验"。健全覆盖城乡的公共法律服务体系。推进信访工作法治化、信访问题源头治理。完善重大决策社会稳定风险评估机制，推进警调、诉调、访调三调对接机制。

六 贯彻依法治国方针，实现超大城市依法治理

习近平总书记强调，要"全面贯彻依法治国基本方略，依法规划、建设、治理城市""促进城市治理体系和治理能力现代化"。[①] 这一重要论述阐明了法治是城市治理的重要依托，明确了法治化对推进城市治理现代化的保障作用。

第一，政府依法行政。全面推进科学立法，加强政府立法审查，完善行政立法全生命周期管理机制，完善重大行政决策程序。加强知识产权、

---

① 中共中央党史和文献研究院编《习近平关于城市工作论述摘编》，中央文献出版社，2023，第 84 页。

数字经济等重点领域立法，确保行政行为于法有据，持续提高政府法治素养。持续推进政务公开深化行政执法改革。第二，加强行政监督，政府依法接受人大及其常委会监督，接受政协民主监督，支持群团组织更好发挥作用。主动接受社会和舆论监督。强化审计财政监督。政府工作人员要自觉接受法律监督、监察监督和人民监督。第三，加强政府政务诚信建设，完善社会信用体系。进一步用法治给行政权力划定界限和规矩，让依法行政深入人心。

七　加快推进城乡融合，实现区域协调发展

习近平总书记强调，"推动城乡融合、区域协调发展。要把推进新型城镇化和乡村全面振兴有机结合起来，促进各类要素双向流动，推动以县城为重要载体的新型城镇化建设，形成城乡融合发展新格局。"[①] 这一重要论述阐明了城市布局、形态、结构的建设方向，明确了融合发展、协调发展的治理原则。耕地红线、农村建设、城乡资源配置是主要内容。

（一）保证耕地红线

北京市建设高标准农田 15 万亩，持续提升粮食单产，蔬菜产量稳定在 200 万吨左右，果园提质增效 28 万亩。上海市抓好主要农产品稳产保供，建设 4 万亩高标准农田。扎实落实"点状供地"政策。大力发展新型农业，新建 2.7 万亩粮食生产无人农场。重庆市实施千万亩高标准农田改造提升行动。统筹耕地数量、质量、生态"三位一体"改革，守住粮食安全底线和耕地保护红线。

（二）加快农村建设

第一，持续优化农村人居环境，实施农村基础设施改造工程，大力

---

① 《中央经济工作会议在北京举行》，《人民日报》2023 年 12 月 13 日，第 1 版。

发展农村旅游、生态、文化产业，建设更高水平宜居宜业和美乡村。第二，建设现代化农村治理体系。持续推进乡村振兴，北京市推动一二三产业有效融合，上海市健全农村人居环境长效管护制度。重庆市完善农业社会化服务体系，组建三级为农服务中心，建强农村基层党组织。第三，实现数字赋能乡村建设，支持智慧农业发展，持续推进互联网下乡，加快数字乡村建设。

B.3
城市治理创制性立法的重庆探索

张震 廖吕有 高瑞*

摘　要：　城市治理创制性立法是促进城市更好发展的重要途径。城市治理创制性立法要坚持创新性原则、城市性原则、治理性原则和法治性原则，要创制系统之"法"、精准之"法"、精细之"法"、敏捷之"法"、数字之"法"和民生之"法"。重庆市较好地践行了城市治理创制性立法，其在"技术+组织"双轮驱动城市治理、非物质文化遗产的地区联合立法和新兴科技规制等方面进行了良好的创制性立法探索，其经验值得推广和借鉴。城市治理创制性立法成功的关键在于坚持党的领导，深入践行"人民城市"理念，并保证对社会需求的敏捷回应。

关键词：　创制性立法　城市治理　依法治市　人民城市　重庆治理模式

至2024年底，我国常住人口城镇化率为67.00%。① 城市集聚了大部分人口、绝大部分经济和产业，城市治理关乎我国未来发展和人民幸福生活。与此同时，城市因人口稠密、经济活跃、社会复杂等因素，产生了许多新兴问题，严重影响城市的治理效果，并阻碍城市发展。在此背景下，城市治理

---

* 张震，法学博士，西南政法大学科研处处长，教授，博士生导师，博士后合作导师，提出本文思路、观点，并负责主要部分写作。主要研究方向为宪法学、人权法学、监察法学、环境法理论；廖吕有，法学博士，西南政法大学行政法学学院博士后，负责本文部分内容写作，主要研究方向为信用规制、教育法；高瑞，法学博士，负责本文部分内容写作，主要研究方向为数字政府、个人信息保护。
① 《中华人民共和国2024年国民经济和社会发展统计公报》，国家统计局官网，https：//www.stats.gov.cn/sj/zxfb/202502/t20250228_1958817.html，最后访问日期：2025年3月15日。

创制性立法成为一个重要事项。① 通过城市治理创制性立法，为城市治理现代化提供法治保障，攻克治理顽疾，提升人民生活水平，落实"人民城市"理念。在城市治理创制性立法中，重庆是一个重要样本，重庆拥有"大城市、大农村、大山区、大库区"的全面样貌，城市结构较为复杂。习近平总书记在重庆考察时指出，"重庆是我国辖区面积和人口规模最大的城市，要深入践行人民城市理念，积极探索超大城市现代化治理新路子"。② 因此，重庆在城市治理创制性立法方面的探索，值得作为经验进行分享。

一　城市治理创制性立法的基本原则和基本内容

立法工作需要在一定的原则指导下进行。城市治理创制性立法具有突破性、试探性、创新性等特征，因此，城市治理创制性立法应当秉持创新性原则、城市性原则、治理性原则和法治性原则，其彰显了创制性立法在城市治理场景中的特别作用，引导创制性立法在城市治理中的方向。在内容上，城市治理创制性立法要创制系统之"法"、精准之"法"、精细之"法"、敏捷之"法"、数字之"法"、民生之"法"。

（一）城市治理创制性立法的基本原则

城市治理创制性立法的基本原则主要有四个。

第一，创新性原则。数字时代的来临，超大城市治理也面临着"新""旧"问题的交织。经济、社会等传统城市治理问题依然存在。同时，在政府主导的超大城市治理中，也正在经历数字化转型的过程，数字技术和海量的数据为城市发展进行了赋能，但是，在政府收集、保管和利用数据时，也带来了数字风险。首先，公民信息被不当采集。在数字时代，政府对城市进

---

① 参见张震《超大城市治理的创制性立法保障》，《郑州大学学报（哲学社会科学版）》2024年第 6 期。

② 《习近平在重庆考察时强调 进一步全面深化改革开放 不断谱写中国式现代化重庆篇章 蔡奇陪同考察》，《人民日报》2024 年 4 月 25 日，第 1 版。

行数字化管理时，不可避免地会收集公民的个人信息。在缺乏规范约束时，政府收集个人信息的场景会超出"履行法定职责需要"的场景。其次，数据泄露风险。行政机关汇集了大量的个人信息，但是不同行政机关的网络安全系统运行能力参差不齐。部分行政机关并未建设符合网络安全等级制度的系统，导致个人信息数据存在泄露的风险。再者，算法黑箱和算法偏见问题。数字技术改变治理逻辑的关键点之一是"机器"取代人进行决策。但是，通过算法决策也存在一定的问题。算法通常以"黑箱"的方式运行，对于决策的公平性和合理性，公众无法进行监督。面对"新""旧"问题，需要积极寻找新的理论、新的思维、新的工具予以突破，需要积极探索超大城市治理的新路子。

第二，城市性原则。城市与乡村多方面的区别决定了城市治理创制性立法需要匹配城市性场景特征。首先，在经济结构方面，城市以第二和第三产业为主，乡村以第一产业为主，故城市治理创制性立法需要促进第二和第三产业的发展，契合其需求。其次，在社会关系方面，城市因其活跃的经济、社会活动，吸收众多外来人口，形成一个陌生人社会；相反，乡村是一个熟人社会，具有静态性。因此，创制性立法需要关注诉讼、仲裁等纠纷解决方式。再次，在环境方面，城市侧重于人文环境的营造，而乡村则主要以自然环境为主导，因此，创制性立法应当重视对社会环境的保护，并注重城市面貌的更新。最后，在文化方面，由于城市经济快速发展和人口流动性大等因素，城市文化展现出多元且前卫的特点。不同的人群和社区拥有各自独特的文化和价值观，同时也较早地接触到新兴事物，对新潮事物有着更强烈的追求。相比之下，乡村往往传承着传统文化，变化相对缓慢。因此，创制性立法需要持审慎包容态度，呵护新事物的发展。

第三，治理性原则。治理是城市的核心要求，也是创制性立法的核心要素。治理性原则事实上是城市治理创制性立法在实践方面的工作要求。城市治理创制性立法应当提高城市治理的效能，为人民创建更完善的生活环境。城市治理创制性立法的治理性原则是人民群众的利益在超大城市治理方面的反映，只有提高超大城市的治理效能才能真正保障人民的利益。

法治与治理相得益彰，良好的立法使城市治理有法可依，进而以良法促善治，政府可以高效执法，市民自觉守法。而治理中的难题，为创制性立法提供了方向和努力目标，确定立法的重点、难点问题，实现精准高效的立法。

第四，法治性原则。立法是法治的起点，而在城市治理中进行的创制性立法活动，其核心在于法治性。坚持城市治理创制性立法的法治性原则，是落实"人民城市"理念和落实全过程人民民主的必然要求。不重视法治性原则，容易将城市治理退化为城市管理，忽视市民的合法诉求，对市民的城市治理主体地位尊重不足，对城市治理的权力未加以有效约束，城市治理的效能和城市治理水平也难以提高。尤其是在数字社会中，城市治理大规模应用数字技术，容易侵害市民权利，如个人信息权、知情权、批评建议权等。只有坚持法治，才能保障市民在城市治理中的参与权，保证良法善治。

（二）城市治理创制性立法的基本内容

1. 创制系统之"法"

城市无论在规模上，还是在程度上，都是一个无可争议的复杂巨大系统。复杂的城市结构催生了多样的城市系统风险，面对各领域、各类型风险的相互交织，城市立法任务显得尤为艰巨且复杂，因此，应当秉持全局观念，系统思考，从城市的各个要素、整体结构及功能布局等方面着手，建立起一个系统性、整体性和协调性相融合的城市法治框架。

2. 创制精准之"法"

创制性立法应当有的放矢，坚持以问题为导向，聚焦城市治理痛点难点。针对当前普遍存在的民生问题与发展短板——如公共交通运力不足、市容秩序管理薄弱、公共服务资源紧缺等民生领域问题，以及区域产业协同度低、基础设施承载超限、资源配置结构性失衡等发展性矛盾，应建立精准化、差异化的立法机制。通过构建系统完备的法治框架，既为城市精细化管理提供制度支撑，也为破解区域发展不协调问题确立规范指引，实现社会治

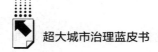
理效能与法治建设水平同步提升。

3. 创制精细之"法"

超大城市治理是一门复杂的科学，更是精细的艺术。其立法工作既需要具备大视野，彰显战略前瞻性；也需要把握小细节，提升施策精准度。要运用"绣花"般的细致理念，细化治理步骤、治理职责，细分治理对象、治理工具，通过将精细化理念深度嵌入法治化进程，为超大城市运行和公共服务提供精细化的法治保障。

4. 创制敏捷之"法"

敏捷治理是城市治理的一种新型模式。推进敏捷治理是城市治理体系和治理能力现代化的必然要求，也是对现代城市存在的治理难题的积极回应。对于城市治理中存在的问题，敏捷治理要求城市治理能够实现回应性、迅捷性、灵敏性、精益性，以更加积极的态度应对城市治理中的问题。①

5. 创制数字之"法"

数字技术对城市治理产生革新性影响，是推动城市治理体系和治理能力现代化的必由之路。在数字时代，法治化与数字化需相辅相成，不仅要以数字化赋能法治化，更要以法治化规范数字化。在数字中国建设的浪潮中，构建数字法治城市，既要依托新技术推动法治进程，也要建立健全相应的法律框架，将法治精神融入数字建设的每一个环节，致力于打造更高层次的数字法治环境。城市治理从数字化迈向智能化，再进阶至智慧化，并非单纯的技术叠加，而需依靠法律的规范与引导，确保数字技术的应用符合社会秩序和尊重公民权利。

6. 创制民生之"法"

习近平总书记在重庆市考察时指出，"中国式现代化，民生为大。党和政府的一切工作，都是为了老百姓过上更加幸福的生活"。② 城市治理创制

---

① 参见孙志建、耿佳皓《公共管理敏捷革命：中国城市治理数字化转型的交叉案例研究》，《电子政务》2023 年第 2 期。

② 《习近平在重庆考察时强调 进一步全面深化改革开放 不断谱写中国式现代化重庆篇章》，《人民日报》2024 年 4 月 25 日，第 1 版。

性立法最终的立脚点是民生，需要结合城市自身特点、治理难点、风险重点等，秉持全局观念，活用系统思维，全面统筹规划。聚焦城市的政治、经济、文化、社会、生态建设以及规划、建设、管理等各个层面，特别是与民生紧密相关的领域，通过立法来强化保障，提高人民群众的认同感、获得感和幸福感。

二　重庆探索城市治理创制性立法的范例

重庆在城市治理创制性立法探索方面积累了丰富经验，产出了较多优秀的立法范例。其中，具有代表性、特色性的案例有三，分别是作为"技术+组织"双轮驱动城市治理的创制性立法探索的《重庆市数字化城市运行和治理中心建设运行管理暂行办法》（以下简称《办法》）；作为非物质文化遗产的地区联合立法探索的《重庆市川剧保护传承条例》《四川省川剧保护传承条例》；作为新兴科技规制的创制性立法探索的《重庆市自动驾驶道路测试管理办法（试行）》。重庆的创制性立法很好地体现了城市特色，恰当地回应了城市治理需求。

（一）"技术+组织"双轮驱动城市治理的创制性立法探索

城市治理是国家治理体系和治理能力现代化的重要组成部分。随着城市规模的不断扩大和城市问题的日益复杂，传统的治理模式已难以适应新的发展需求。重庆作为我国特大城市之一，积极探索城市治理的创新路径，通过"技术+组织"的双轮驱动模式，推动城市治理的现代化。

1. 技术驱动：数字化转型与城市治理创新

在数字化转型的大背景下，技术手段在城市治理中的作用日益凸显。《办法》的出台，正是重庆在数字化转型中的一项重要创制性立法。面对重庆城市规模不断扩大，城市运行和治理的复杂性日益增加，传统的管理方式难以满足高效、精准的治理问题，通过数字化手段，重庆构建出一个智能化、协同化的城市运行和治理平台，提升城市治理的效率和水平。

该《办法》主要围绕数字化城市运行和治理中心的建设、运行和管理展开。首先，明确了数字化城市运行和治理中心的定位和功能，即作为城市运行和治理的"大脑"，统筹协调各部门的资源和信息，实现城市运行的智能化管理。其次，规定了数字化平台的建设标准和运行机制，强调数据的共享和互联互通，确保城市运行数据的实时性和准确性。最后，明确了数字化城市运行和治理中心的管理职责，包括数据安全、系统维护和运行评估等。

在《办法》的实施过程中，重庆通过数字化城市运行和治理中心的建设，技术赋能为实现城市运行的全面感知和智能响应提供支撑力量。例如，《办法》构建的"一网统管"平台将执法数据归集，通过 AI 算法实现违法线索自动识别、案件自动分派、执法人员智能匹配等，体现出信息技术革命正在重构组织形态与权力关系，重庆实践表明组织创新需要数字基础设施的同步支撑。在城市管理方面，通过数字化平台实时监控城市交通、环境、安全等关键指标，及时发现和处理问题，提升了城市管理的效率和精准度。在应急响应方面，数字化平台能够快速整合各部门的资源，形成协同应急机制，有效应对突发事件。

2. 组织驱动：大综合一体化行政执法改革

超大城市治理需要突破传统科层制框架，实现组织形态与制度体系的适应性变革。与技术手段相辅相成的是组织体系的优化和创新。《重庆市大综合一体化行政执法条例》的出台，标志着重庆在行政执法领域的重大改革。该条例通过整合执法资源，优化执法流程，构建出一个高效、协同的大综合一体化行政执法体系。

该条例主要围绕行政执法的整合、协同和监督展开。首先，明确了大综合一体化行政执法的范围和原则，强调以问题为导向，整合各部门的执法力量，形成统一的执法体系。其次，规定了行政执法的协同机制，包括信息共享、联合执法和案件移送等，确保执法工作的高效协同。最后，明确了行政执法的监督机制，包括执法全过程记录、执法结果公开和执法责任追究等，确保执法行为的规范性和透明度。

在实施中，重庆通过系统化立法保障改革稳定性，并采取大综合一体化行政执法改革，显著提升了行政执法的效率和公信力。例如，《重庆市大综合一体化行政执法条例》在组织整合方面设置三年过渡期，通过渐进式改革路径实现体制平稳转型，该条例第15条确立的"首违不罚"制度和第28条规定的信用修复机制均体现法治框架下的制度弹性，这种立法智慧既保持改革锐度又控制社会风险，为超大城市治理创新提供了可复制的制度范式。在城市管理执法中，通过整合城管、公安、环保等部门的执法力量，形成了统一的执法队伍，减少了多头执法和执法冲突的问题。在执法监督方面，通过全过程记录和公开透明的执法程序，增强了执法行为的公信力，得到了市民的广泛认可。[1]

3. 双轮驱动：技术与组织协同创新

重庆在城市治理创制性立法中的实践表明，技术与组织的协同创新是实现城市治理现代化的关键。《办法》和《重庆市大综合一体化行政执法条例》的出台，正是技术与组织协同创新的体现。通过数字化手段与行政执法改革的结合，重庆构建了一个智能化、协同化的城市治理体系。

在具体实施中，数字化城市运行和治理中心为大综合一体化行政执法提供了技术支持，通过实时数据的采集和分析，为执法决策提供了科学依据。同时，大综合一体化行政执法改革为数字化平台的运行提供了组织保障，确保了数字化平台的高效运转和实际效果。这种技术与组织的协同创新，不仅提升了城市治理的效率，也增强了城市治理的精准性和公信力。

重庆在城市治理创制性立法中的实践，充分体现了"技术+组织"双轮驱动的创新理念。[2] 首先，重庆通过数字化转型和行政执法改革，构建了一个智能化、协同化的城市治理体系，为其他城市提供了技术与组织协同创新

---

[1] 《解决"看得见、管不着"难题 重庆探路"大综合一体化"行政执法改革》，《重庆日报》2025年3月10日，第4版。

[2] 参见赵静等《敏捷思维引领城市治理转型：对多城市治理实践的分析》，《中国行政管理》2021年第8期。

的范例。其次，重庆在立法过程中注重问题导向和实践导向，确保了创制性立法的科学性和可操作性，为其他城市提供了立法创新的思路。最后，重庆通过创制性立法推动城市治理现代化，为其他城市提供了制度创新的示范。重庆的经验表明，技术与组织的协同创新是实现城市治理现代化的关键，也为其他城市提供了宝贵的借鉴。

（二）非物质文化遗产的地区联合立法探索

在成渝地区双城经济圈建设背景下，重庆与四川两地以"条例+条例"的模式分别出台了《重庆市川剧保护传承条例》《四川省川剧保护传承条例》。川剧作为巴蜀文化的代表性艺术形式，其保护传承涉及川渝两地文化生态的共生性。《重庆市川剧保护传承条例》与《四川省川剧保护传承条例》的出台，为非物质文化遗产跨省协同保护提供了制度框架，也为非物质文化遗产的保护和传承构建了具有示范意义的跨省域立法协同机制。其创新性与实践价值主要体现在以下几个方面。

一是突破行政壁垒的区域协同立法模式。成渝地区双城经济圈建设战略的推进，为川渝两地打破行政壁垒、构建文化保护共同体提供了政策支撑。川渝两地在川剧保护传承领域的协同立法，首次实现了跨省级行政区对同一门类且共有的非物质文化遗产项目保护传承的联合立法，克服了以往传统地方立法受限于行政边界的难点，确保川剧保护传承的标准与规范在两地间的一致性，避免了因地域差异导致的保护力度不均等问题。这种协同立法模式打破了传统非遗保护的行政分割，通过法律文本的互认与执行机制的对接，为跨区域治理提供了制度性解决方案。

二是利用文化同源性提供制度适配基础。川剧艺术体系具有天然的跨区域属性，作为巴蜀文化的重要载体，其艺术形态融合了四川高腔、重庆灯戏、昆曲、胡琴、弹戏五种声腔，形成跨越行政边界的文化共同体，这种文化肌理的互嵌性构成协同立法的内在逻辑。通过共同制定川剧保护传承条例，明确梁山灯戏、秀山花灯、酉阳阳戏等地方特色剧种参照重庆条例执行，这种"核心+延伸"的立体保护体系，即以川剧为核心保护对象，通过

"参照执行"条款将梁山灯戏等地方剧种纳入保护范围，既维护了川剧文化生态的整体性，又兼顾了巴渝文化的多样性，为地方特色剧种提供了法律保障与规范化管理依据，有助于确保这些剧种的纯正性和独特性，促进其长期的发展与繁荣。

三是创造多维配合的治理机制，以文化治理赋能城市发展。《重庆市川剧保护传承条例》与《四川省川剧保护传承条例》在核心条款上呈现高度趋同性：均确立政府主体责任、保护经费纳入财政预算、统筹安排资金、构建传承人职称评审管理体系等，这种趋同性为建立"基础条款统一+特色条款互认"的协同模式与多维配合的治理机制奠定基础。《重庆市川剧保护传承条例》的出台与《成渝地区双城经济圈建设规划纲要》《巴蜀文化旅游走廊建设规划》呼应，推动川剧文化价值向城市发展动能转化，如"巴蜀文旅走廊线路"推动文旅融合，川剧展演推进历史建筑活化利用等。这种将非遗保护嵌入城市发展脉络的做法，使传统文化成为城市治理的柔性纽带。

川渝协同立法开创了我国非遗保护跨省域制度创新的先例，其经验可沿三个维度延伸：横向层面为昆曲、粤剧等剧种提供参照；纵向维度探索国家级非遗的跨区域立法模式；制度深度上试验文化权益的省际分配机制。随着《成渝地区双城经济圈建设规划纲要》的深化实施，川剧保护协同体有望为传统文化现代转型提供制度样本。

（三）新兴科技规制的创制性立法探索

党的十九大报告强调："推进科学立法、民主立法、依法立法，以良法促进发展、保障善治。"这一论断不仅明确了面对世界百年未有之大变局，我国在立法进程中进行科学动态调整的基本原则，更进一步强调了在习近平法治思想指导下习近平立法理论的核心要求。[①] 重庆地区深入学习贯彻习近平法治思想中的立法理论，面对新兴科技领域守正创新、不断提升创制性立

---

① 参见王晓燕《习近平法治思想的科学立法观阐释》，《理论探索》2024 年第 6 期。

法的工作质效，持续打造"西部领先、全国进位和重庆辨识度"的创制性立法标志性成果。① 2022 年 1 月，重庆聚焦自动驾驶和车联网创新应用这一新领域发展的新业态新模式，在吸取 2020 出台的《重庆市自动驾驶道路测试管理办法（试行）》实践所得经验基础上，遵循《智能网联汽车道路测试与示范应用管理规范（试行）》等政策文件确定的立法要求，出台《重庆市智能网联汽车道路测试与应用管理试行办法》（以下简称《试行办法》），从填补自动驾驶道路测试与示范应用管理这一新科技领域法律法规空白的角度，通过地方创制性立法，为智能网联汽车这一新兴科技领域高质量发展提供坚实法治支撑。②

创制"适应性"科学之法，聚焦提高立法质效。《试行办法》抓住智能网联汽车这一"小切口"，在不违反立法权限的前提下进行创制性立法。首先，其以政府规章的形式对"智能网联汽车""示范运用""示范运营"等概念进行了明确定义，精准概括适用范围以强化制度措施的针对性、可操作性；其次，其在总则部分第三条明确进行智能网联汽车道路测试与应用管理中应当遵循的六项原则，给这些新兴科技领域的高质量确立了基本政策框架，为后续的具体政策规定提供科学指引；最后，其以专章形式系统创制智能网联汽车道路测试与应用监督管理体系，科学处理立法成果的前瞻性与现实性，避免陷入"一放就乱，一管就死"的境地。《试行办法》通过立法技术既有效回应新兴科技发展的现实需要，也通过法治智慧维护新兴科技领域道德、伦理、安全等方面的平衡，为智能网联汽车的发展提供坚实的法治支撑。

创制"灵活性"民主之法，推动完善工作机制。"民心是最大的政治，

---

① 《市人大常委会加强创制性立法工作部署会议召开 欧顺清出席》，重庆市人大官网，https：//www.cqrd.gov.cn/web/article/1323662068991078400/web/content _ 1323662068991078400.html，最后访问日期：2025 年 3 月 11 日。

② 《〈重庆市智能网联汽车道路测试与应用管理试行办法〉政策解读》，重庆市人民政府网，https：//admin.cq.gov.cn/zwgk/zfxxgkml/zcjd_ 120614/bmjd/202202/t20220218_ 10412514.html，最后访问日期：2025 年 3 月 11 日。

决定事业兴衰成败。"① 一方面，《试行办法》以增进人民福祉作为根本出发点，通过创制性立法强化对智能网联汽车各类创新主体的支持服务，激发各类创新主体的创新活力，推动重庆地区新兴科技持续焕发生机与活力，以高质量立法为科技创新"减负""赋能"，服务新时代国家高质量发展大局；另一方面，《试行办法》提出建立智能网联汽车专家咨询委员会制度、智能网联汽车测试与应用联合工作机制以及智能网联汽车道路测试与应用管理监督管理机制，不断健全新兴科技领域与社会公众的沟通机制、群众意见反馈机制和群众利益保护机制，在发展新质生产力的同时，最大限度保护公民基本权利与商业秘密，正确反映和统筹兼顾各方群众利益，实现立法最大公约数。

创制"探索性"创新之法，协同激发创新活力。"越是强调法治，越是要提高立法质量。"② 面对新兴科技发展中的"质量齐升"压力，重庆通过创制性立法"以质带量"，踏出了一条具有地域特色的新兴科技领域立法规制之路。《试行办法》在总结 2018 年、2020 年重庆地区出台的有关智能网联汽车的立法经验的基础之上，采用总则分则模式对智能网联汽车的测试与应用进行规制与监督管理，充分发挥地方立法领风气之先的示范作用，极大提升了智能网联汽车领域立法规制的质量与水平。此外，《试行办法》明确了重庆智能网联汽车政策先行区在区域划定、管理内容与监督机制方面的有关规定，以"政策先行区"为抓手助推重庆成为智能网联汽车"高质量发展先行区"。同时，《试行办法》在完善智能网联汽车道路测试有关规定的基础上，以专章形式提出智能网联汽车示范运营和示范应用方面的立法规制，强化示范效应和模式创新，探索新一代立法促进智能化科技发展落地的新路径新机制。这不仅为智能网联汽车发展提供"西南经验"，更使得智能网联汽车管理服务更智能、更精准、更有效。

重庆探索新兴科技规制的创制性立法过程中严格贯彻科学立法、民主立

---

① 张晓松等：《"我们对东北振兴充满信心"——习近平总书记考察辽宁纪实》，《光明日报》2022 年 8 月 20 日，第 1 版。

② 习近平：《论坚持全面依法治国》，中央文献出版社，2020，第 20 页。

法、依法立法，牢牢抓住科技创新这个"牛鼻子"，坚定不移、久久为功。以《试行办法》为代表的一系列新兴科技领域规制的创制性立法通过较高的立法技术，以制度建设为主线为科技创新成果的转化、流通提供全链条保护，以"管用有效"为目标为提高立法成果的创新性、实效性做出了一系列示范性引领性立法安排。重庆新兴科技规制的创制性立法探索不仅展示了城市治理中敏捷治理的重要意义，也进一步明确打造创造性城市的过程中如何充分通过立法营造良好创新氛围、激发创新活力。

三 重庆探索城市治理创制性立法的经验总结

在探索城市治理创制性立法的道路上，重庆总结了三点关键经验。第一，必须坚持党的领导，党的坚强领导是攻克难关的保障；第二，要深入践行"人民城市"理念，以人民的利益为创制性立法的核心；第三，保证对社会需求的敏捷回应，凸显创制性立法的敏捷性、必要性、正当性。

（一）坚持党的领导

党的领导是重庆探索城市治理的根本保证。中国共产党是中国特色社会主义事业的领导核心，也是治理城市工作中的领导核心，在城市治理中起着谋大局、定方向的关键作用。重庆城市治理具有超大城市治理的普遍难题，超大城市具有人口密度更高、经济活动更加活跃、经济结构更加复杂、政治地位更高、文化影响更强、重大风险源更多的特征。[①] 因此重庆探索城市治理的过程中，必须坚持中国共产党的领导，发挥中国特色社会主义的制度优势，将坚持党的领导与探索城市治理相结合，将党的领导贯穿重庆探索城市治理的全过程，将制度优势转化为城市治理效能，为探索城市治理提供正确的前进方向，提供坚实的政治保障。

---

① 参见张震《超大城市治理的创制性立法保障》，《郑州大学学报》（哲学社会科学版）2024年第6期。

党的领导是重庆探索城市治理中科学立法的根本保证。实现超大城市治理的现代化离不开超大城市的法治现代化，良法是善治的前提，要实现超大城市的法治现代化，其中立法环节最为重要。党领导立法是科学立法的应有之义，我国宪法和法律均是在党的领导下，通过法定程序将党的意志上升为国家法律。因此在重庆探索城市治理的立法环节中，必须在党的领导下，总结过去探索城市的治理经验，结合当下城市治理实践难题，为重庆探索城市治理创制性立法工作提供科学道路，精细化重庆城市治理立法工作内容，提高立法工作质量，创制科学之法。

党的领导是重庆探索城市治理中民主立法的根本保证。在探索城市治理创制性立法过程中，不仅要求所立之法科学、可实施，更要求在立法环节所立之法符合人民大众的根本利益。中国共产党是中国工人阶级的先锋队，是中国人民和中华民族的先锋队。习近平总书记指出："要更好推进以人为核心的城镇化，使城市更健康、更安全、更宜居，成为人民群众高品质生活的空间。"① 党始终坚持城市治理和发展以人民为中心，并将以人民为中心的发展思想贯彻融入重庆探索城市治理的立法工作，党和重庆市政府始终关心城市治理中人民所需、人民所关切之事，并将其融入立法工作，使创制的法律法规蕴含人民的深切期望，回应人民需求。此外还要发挥基层党组织的先锋模范作用，带领人民群众参与立法，为重庆探索城市治理的立法工作建言献策，提高立法内容的民主性。

党的领导是重庆探索城市治理中立法程序正当的根本保证。在重庆市探索城市治理创制性立法的过程中，不仅需要衡量立法内容的科学性、民主性以回应超大城市治理特有立法需求，还需要保证立法程序的正当性，由专门的立法机构，依据法定的立法程序，制定符合重庆城市治理的法律法规。在立法过程中，党领导人民制定和遵守法律，各级立法组织中的党委（党组）始终发挥统筹全局协调各方的作用，坚持以人民为中心，确保重庆城市治理创制性立法活动依照法定程序合理运行。党全面领导重庆探索城市治理创制

---

① 习近平：《国家中长期经济社会发展战略若干重大问题》，《求是》2020 年第 21 期。

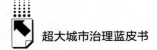

性立法工作，汲取超大城市治理中立法工作的经验和教训，创新立法工作内容，保障立法工作程序合法运行，开创重庆探索城市治理创制性立法的新篇章。

（二）深入践行"人民城市"理念

习近平总书记指出："人民城市人民建、人民城市为人民"。① 这一理念强调城市是人民的城市，城市建设和发展必须依靠人民、为了人民。2024年习近平总书记在重庆考察时强调："希望各级党委和政府都能为解决民生问题投入更多的财力物力，每年办一些民生实事，不断增强人民群众的获得感幸福感安全感。"② 重庆在城市治理创制性立法中，始终将"人民城市"理念贯穿立法实践的全过程，通过制度创新和机制保障，推动城市治理从传统模式向现代化转型，为超大城市治理提供了宝贵经验。

首先，坚持"人民城市人民建"，贯彻全过程人民民主的实践。"人民城市人民建"是"人民城市"理念的重要内涵之一。新时代我国城市之所以能取得历史性成就，其根本在于人民群众的创造性贡献。人民群众蕴含着无穷的智慧和力量，是城市建设和发展的主力军，也是推动城市发展的核心动力。面向未来，建设好人民城市，政府要充分调动人民群众的积极性和创造性，向民众问计、问需、问效，凝聚起推动城市发展的强大合力，真正实现城市的共治、共管、共建和共享。③

人民代表大会制度是实现全过程人民民主的重要制度载体。④ 重庆在城市治理创制性立法的过程中，注重发挥人民代表大会制度的作用，将其作为实现人民民主的重要平台，确保立法工作始终与人民群众的需求紧密相连。

---

① 习近平：《在浦东开发开放 30 周年庆祝大会上的讲话》，新华网，https：//www.xinhuanet. com/politics/leaders/2020-11/12/c_ 1126732554. htm，最后访问日期：2025 年 3月 24 日。
② 《习近平在重庆考察时强调 进一步全面深化改革开放 不断谱写中国式现代化重庆篇章》，《光明日报》2024 年 4 月 25 日，第 1 版。
③ 参见刘洋、黄栋梁《深入践行人民城市理念》，《红旗文稿》2025 年第 1 期。
④ 参见席文启《在党的领导下不断扩大人民有序政治参与》，《新视野》2024 年第 3 期。

以人民代表大会制度为重要依托，全面调动城市居民自治组织在立法进程中的沟通协调力量，通过设立基层立法联络点、组织立法听证会和立法论证会等具体措施，广泛收集并听取人大代表、基层群众及各相关方对地方性法规草案和立法工作的意见与建议，确保超大城市立法能够准确体现人民意志、全面表达人民诉求、有效保障人民权益，真正践行"民之生计"的立法理念。①

其次，坚持"人民城市为人民"，回应人民期待与落实民生政策。重庆在城市治理创制性立法中，注重从人民群众最关心、最直接、最现实的问题入手，结合超大城市治理的特点和难点，通过立法回应民生热点。城市的根本属性是人民性。城市化的根本目的是改善人民的生活。数千年来，人们怀着对"美好生活"的向往不断涌入城市，城市化本质上是人们从乡村生活方式向城市生活方式转变的过程。这种转变之所以发生，是因为城市通常代表着更优质的生活条件和更多样的选择机会。② 通过有效的制度设计回应人民对美好生活的期待，正是城市治理的关键所在，也是重庆在创制性立法中始终坚持的方向。

重庆在城市治理创制性立法中，注重通过立法保障民生政策的落实，确保人民群众能够切实享受到政策红利。制度化民生政策在城市治理中具有重要意义，尤其在重庆的"人民城市"理念实践中。通过立法保障养老、医疗、教育等民生领域，重庆为居民提供稳定、可预期的福利支持，增强居民对城市的归属感和认同感。当居民的基本需求得到满足时，社会矛盾自然减少，社会治理效能也会显著提升。这种以民生保障为基础的治理模式，为城市的和谐稳定创造了良好条件，推动城市治理向更高水平迈进。③

---

① 参见张震《超大城市治理的创制性立法保障》，《郑州大学学报》（哲学社会科学版）2024年第6期。
② 参见胡薇《人民城市：中国式现代化城市发展的内在逻辑转向》，《东岳论丛》2024年第10期。
③ 参见张文显《新时代中国社会治理的理论、制度和实践创新》，《法商研究》2020年第2期。

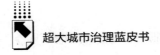

（三）保证对社会需求的敏捷回应

敏捷治理是以"用户导向、快速反应、灵活应变、协作迭代"为核心的新型治理理念，强调在复杂多变的城市环境中，政府及早发现并回应多元需求。① 在城市治理中，敏捷治理的关键在于能及时保证回应社会需求，回应群众的期待。重庆作为超大城市，具有规模庞大、结构复杂、行政层次繁杂等特征，对公众诉求的响应速度能否及时满足社会需求的动态变化是其治理所面临的重大挑战。重庆在积极探索城市治理创制性立法的过程中，主动践行敏捷治理理念，致力于构建一套能够迅捷、灵敏、灵活的治理机制，以有效回应社会需求的动态变化。这一实践不仅体现了重庆在城市治理中的创新精神，也为超大城市治理提供了重要的经验借鉴。

重庆在创制性立法中坚持迅捷回应，及时回应人民的需求，解决人民生活中存在的重点和难点问题。为了维护社会和谐稳定，推进社会治理体系和治理能力现代化，建设更高水平的平安重庆，重庆市人大常委会通过了《重庆市矛盾纠纷多元化解促进条例》（以下简称《条例》），自2024年5月起施行。《条例》通过立法明确各部门各单位矛盾纠纷预防化解职责，为人民群众提供和解、调解、行政裁决、行政复议、仲裁、诉讼等多种法治路径化解社会矛盾，确保社会矛盾能够及时、有效地得到解决。迅捷的立法回应机制，体现了重庆在城市治理中对社会需求的快速响应能力，还通过制度化的安排，使政府能够在面对复杂社会问题时"迅捷"地采取有效行动，防止小问题演变为大问题，从而提升了城市治理的整体效能与社会稳定性。

重庆在创制性立法中坚持灵敏回应，"灵敏"是要求政府既要能够及时捕捉到人民反映强烈的社会问题，也要能够深入细致地发现治理过程中的细微问题。如家庭暴力是破坏家庭和谐的首要因素，已成为人民群众普遍关切

---

① 参见赵静等《敏捷思维引领城市治理转型：对多城市治理实践的分析》，《中国行政管理》2021年第8期。

的核心议题。① 2024 年 7 月 31 日，为贯彻实施《中华人民共和国反家庭暴力法》，重庆市结合本地的实际情况，通过了《重庆市实施〈中华人民共和国反家庭暴力法〉办法》，明确列举了家暴行为，除常见的殴打、冻饿、残害、侮辱、谩骂等，限制正常社会交往、实施非正常经济控制、采取网络手段实施家庭暴力行为均属家庭暴力，扩大了保护范围。重庆在创制性立法过程中，除关注宏观问题外，亦重视细微问题，及时回应民众所需，保障少数弱势群体的权益，达成敏捷理念中"灵敏回应"的目标。

重庆在创制性立法中坚持灵活回应，在实践中不断优化治理策略，以应对复杂多变的社会需求。以《重庆市实施〈中华人民共和国反家庭暴力法〉办法》为例，其明确规定公安机关、村（居）民委员会、基层妇联组织应当在告诫书送达后定期查访，查看加害人的家暴行为是否改正，并要求首次查访应当在告诫书送达之日起 7 日内完成。对家庭暴力的受害者和加害人持续的关注，不只是停留在纸面，而是通过有效的制度保障要求相关机关和人员付诸实践，灵活地根据实际情况调整应对措施，进一步提升了城市治理的灵活性与实效性。

四　结语

城市治理创制性立法是促进城市更好发展的重要途径，但是创制性立法应当坚持一定的原则，主要是创新性原则、城市性原则、治理性原则和法治性原则，实现创制系统之"法"、精准之"法"、精细之"法"、敏捷之"法"、数字之"法"和民生之"法"。重庆市较好地践行了城市治理创制性立法，在"技术+组织"双轮驱动城市治理、非物质文化遗产的地区联合立法和新兴科技规制等方面进行了创制性立法探索，相关经验值得推广和借

---

① 参见王育红《人身安全保护令制度司法适用困境与破解——以中国裁判文书网 195 份裁定书为分析样本》，《河北法学》2025 年第 2 期。

鉴。城市治理创制性立法成功的关键在于坚持党的领导，深入践行"人民城市"理念，并保证对社会需求的敏捷回应。未来，城市治理创制性立法应当进一步发挥其在探索超大特大城市现代化治理新路子方面的重要作用，推动人民城市的建设。

B.4
城市政务"高效办成一件事"的
基本情况与实施效果[*]

——基于 2014~2024 年的文献与案例的可视化分析

郭春甫 王学渊 马原[**]

摘 要: "高效办成一件事"改革是城市政务服务数字化转型,建设高效能服务型政府的重要治理方式。运用 CiteSpace 和 NVivo 分析工具对"高效办成一件事"改革近 11 年的既有文献进行可视化分析,把握"一件事改革"关注的热点和研究的内容。系统梳理"高效办成一件事"改革的现状特征和研究趋势发现,"高效办成一件事"改革在改革领域、地区分布、主体层级、实现方式等方面取得了良好进展,但在实践中还面临执行标准不统一、业务协同不力、数据共享壁垒等现实困境。需要从强化一体化执行标准、凝聚多跨协同合力、推进系统融合和数据共享等方面进一步优化完善。

关键词: 高效办成一件事 城市政务服务 数字化转型 高质量发展 城市政务协同与优化

"高效办成一件事"改革的推进是时代发展的必然要求,是提升政务服

* 基金项目:重庆市社会科学规划项目"西部超大城市社区风险的测量与敏捷干预研究"(2024NDYB029),西南政法大学校级专项项目"超大城市一件事改革的整体协同创新研究"(2024XZZXWT-24)。

** 郭春甫,西南政法大学教授,重庆城市治理与发展研究院副院长,主要研究方向为政治学理论、现代政府治理和政府间关系、基层治理;王学渊,西南政法大学政治学专业 2022 级硕士研究生,主要研究方向为基层监督治理;马原,西南政法大学政治学专业 2023 级硕士研究生,主要研究方向为基层治理。

务水平、优化营商环境的关键之举。"高效办成一件事改革"是以企业和群众需求为出发点，通过跨部门、跨事项、跨区域、跨服务的统筹，对政务服务进行要素整合、系统重构和管理优化①，是以"一件事"的形式实现政务服务集成式的数字化转型。随着大数据、区块链、人工智能、元宇宙等新技术的发展应用，政务服务面临数字化转型和整体性变革的机遇与挑战。② 近年来，为加快转变政府职能、深化"放管服"改革，各地政府持续推动政务服务优化升级。2016 年浙江省提出"最多跑一次"改革③，推动政务服务效率提升。2017 年江苏省实施"不见面审批"④，依靠全程电子化业务，最大限度地优化审批流程、推进信息共享、减少审批环节；2018 年上海市启动"一网通办"建设⑤，实现了办事方式多元化、办事流程最优化等目标；2019 年北京市实施"接诉即办"⑥，通过把群众诉求作为工作的出发点和落脚点，建立起了快速响应、高效处理的机制；此外还有湖北省武汉市"马上办、网上办、一次办"、广东省佛山市"一门式一网式"政府服务模式改革等典型经验做法。这些地方实践，一方面展示了改革的成效与潜力，另一方面也揭示了传统政务服务模式下各部门之间协同不足、信息共享不畅等问题，为"一件事改革"中如何更好地优化办事流程、提供精准服务提供了经验。

2018 年，中共中央办公厅、国务院办公厅发布《关于深入推进审批服务便民化的指导意见》，首次提及"一件事"。党的二十届三中全会审议通过了《中共中央关于进一步全面深化改革　推进中国式现代化的决定》，强调改革的全面性和系统性，提出了 300 多项重要改革举措，其中明确提到"促进政务服务标

---

① 参见刘鹏、李杰钊《高效办成一件事：系统论视角下中国式效能政府建设现代化道路研究》，《北京行政学院学报》2024 年第 5 期。

② 参见李哲等《"高效办成一件事"：数字时代整体性服务的模式变革》，《电子政务》2024 年第 10 期。

③ 参见马亮《如何理解和解释"最多跑一次"改革？——〈"最多跑一次"改革：浙江经验，中国方案〉》，《公共行政评论》2019 年第 4 期。

④ 参见俞军《"不见面审批模式"的探索——基于对江苏省 1518 户企业的调查》，《中国行政管理》2017 年第 11 期。

⑤ 参见赵勇、曹宇薇《"智慧政府"建设的路径选择——以上海"一网通办"改革为例》，《上海行政学院学报》2020 年第 5 期。

⑥ 参见王亚华、毛恩慧《城市基层治理创新的制度分析与理论启示——以北京市"接诉即办"为例》，《电子政务》2021 年第 11 期。

准化、规范化、便利化。"各地以推进"高效办成一件事"为牵引，坚持目标导向和问题导向相结合，加强整体设计，推动模式创新，着力提升政务服务效能，为"一件事改革"等政务服务改革提供了顶层设计和方向指引。2024 年 1 月，国务院发布《国务院关于进一步优化政务服务提升行政效能 推动"高效办成一件事"的指导意见》，要求深入推动政务服务提质增效，在更多领域更大范围实现"高效办成一件事"，进一步提升企业和群众获得感。① 2025 年 1 月，国务院办公厅发布《"高效办成一件事"2025 年度第一批重点事项清单》并指出，国务院有关部门要加强行业指导和数据共享支撑，推动涉及本行业本领域"一件事"标准统一、业务协同，及时解决各地区面临的难点堵点问题，在更多领域更大范围实现"高效办成一件事"。② 这意味着"高效办成一件事"改革已经成为当下和未来推进我国政府行政体制改革的重要战略举措。

协同理论③、流程再造④理论等理论被广泛应用于政府公共服务领域，为"一件事改革"研究提供了理论基础。例如，在"一件事改革"中，需要多个部门以及社会各方的协同配合，才能实现"一件事"的高效办理；"一件事改革"就是对传统政务服务流程进行优化和再造，打破部门之间的信息壁垒，实现流程的简化和协同。

基于"高效办成一件事"改革实践的理论和实践背景，本报告运用文献计量和 NVivo 质性研究方法，对"高效办成一件事"改革的现状进行全面系统的梳理，以此来把握"一件事改革"实践的总体特征，分析"一件事改革"面临的现实梗阻与推进路径，并预判其未来发展趋势，为推进政务服务数字化转型，提升政务服务能力和水平，推进现代化建设提供一定的思路。

---

① 《国务院关于进一步优化政务服务提升行政效能 推动"高效办成一件事"的指导意见》（国发〔2024〕3 号），中国政府网，https://www.gov.cn/zhengce/zhengceku/202401/content_ 6926256. htm，最后访问日期：2025 年 2 月 23 日。
② 国务院办公厅关于印发《"高效办成一件事"2025 年度第一批重点事项清单》的通知（国办函〔2025〕3 号），中国政府网，https://www.gov.cn/gongbao/2025/issue_ 11826/202501/content_ 7001291. html，最后访问日期：2025 年 2 月 23 日。
③ 《完善制度标准流程协同高效办成信用修复一件事》，《中国行政管理》2024 年第 5 期。
④ 参见徐俊青等《"鱼形"机制赋能流程再造——沂南县推行"全生命周期一件事"改革的探索与启示》，《机构与行政》2020 年第 7 期。

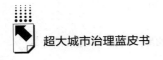

一 研究方法及数据来源

（一）研究方法

本文采用 CiteSpace 6.3 R1 文献分析工具对所筛选的 50 篇文献、60 余篇新闻报道进行计量与可视化分析。CiteSpace 作为一种比较经典的文献可视化分析工具，能够通过知识图谱对特定研究领域的既有研究成果的分布结构与研究热点进行较为全面的呈现，对于研究某一研究的发展现状具有重要的参考价值。为进一步把握"一件事改革"的实践现状，本文主要使用知识图谱中的聚类视图和时间线进行分析，运用 NVivo 质性分析工具、案例文本编码分析，拟从"高效办成一件事"改革的实践背景、地区分布、实践主体、改革领域、实现方式、现实困境以及推进路径这七个方面全面把握"一件事改革"的实践现状，从而进一步展望"一件事改革"的未来趋势，更好地促进"高效办成一件事"改革实践的落地见效。

（二）数据来源

本文的研究数据主要来源于知网总库近十一年期刊文献和全国范围内已公开报道的"高效办成一件事"改革的实践案例。其一是来源于中国知网（CNKI）数据库近十年与"高效办成一件事"改革相关的期刊文献。在中国学术期刊网络出版总库中采用高级检索方式，以"主题＝一件事改革"或者"关键词＝一件事改革"或者"题名＝一件事改革"为指令进行文献检索。检索时间跨度为 2014~2024 年，初始检索共获得 421 篇文献，去除重复文献、报道等文献，最终获得 80 篇有效论文。本文将 80 篇研究文献和"高效办成一件事"改革相关的 74 个实践案例作为可视化分析的全部数据来源，进一步充实本文所研究的"一件事改革"现状核心问题的论据，梳理"高效办成一件事"改革的特征和现状。

二 "高效办成一件事"改革的现状描述

本文对"高效办成一件事"改革研究现状的计量与可视化分析主要从以下几个方面展开：文献的年代分布特征和关键词聚类分析。通过对上述内容的分析，可以从宏观上把握国内"高效办成一件事"改革研究的治理特征和发展路径。

（一）"高效办成一件事"改革的文献研究现状

文献年代发表量直观地呈现了学界对某一主题的研究热度，是反映研究动态的重要指标。本文梳理 2014~2024 这 11 年间中国知网数据库期刊发文总量的年代分布统计数据发现，学界对于"高效办成一件事"改革的研究分布趋势如图 1 所示。

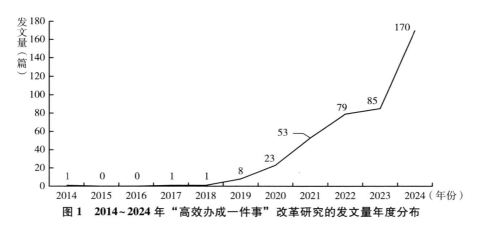

图 1　2014~2024 年"高效办成一件事"改革研究的发文量年度分布

资料来源：数据来源于中国知网相关文献，本文作者根据相关文献整理，https：//www.cnki.net/，最后访问日期：2025 年 2 月 8 日。

统计分析发现近十年间发文总量共计 421 篇，整体呈现学界对于"高效办成一件事"的关注度较低的趋势，随着"高效办成一件事"改革实践的发展，学术界的研究也不断深化，对"高效办成一件事"的关注度逐渐提高，研究成果的数量整体上呈现不断上升的趋势。国内第一篇真正关于"一件事改革"的研究出自吴楠于 2017 年发表的《推进"一件事"审批模式：深化"最多跑一次"改革的实践与启示》① 一文，该文提到了有关审批制度方面的改革，第一次提到"一件事改革"这个概念，代表着对"一件事改革"研究的起步。在 2014～2018 年间，知网发文量共计 3 篇。这反映了学界对于"一件事改革"的关注度还比较低，并未专门阐释与界定此概念，对于"一件事改革"的研究还处于尚未开始探索的阶段。2019～2022年发文量 163 篇，这一时期有关"一件事改革"的研究处于发展阶段，随着互联网的发展，中共中央办公厅、国务院办公厅印发《关于深入推进审批服务便民化的指导意见》，第一次提到了"一件事"的概念，这一时期有关"一件事改革"的理论研究才刚刚起步，研究更多的出于全国各地的实践状况。2023～2024 年间，文献发表数量达到 255 篇，是"一件事改革"研究成果数量高速增长的阶段，这一时期"一件事改革"研究受到学界高度重视，学者的研究内容逐渐从政务服务研究转向对各个民生领域的研究，积极探索我国各个领域的"一件事改革"路径。整体来看，学界关于"一件事改革"的研究趋向多元化发展，但对于"一件事改革"的研究尚未成熟，在该领域还有较大的探索和研究空间。

（二）高效办成一件事改革研究的热点聚类分析

利用 citespace6.3 R1 分析工具对文献的关键词进行聚类分析，以整体把握"高效办成一件事"改革研究领域的热点话题。以 2014～2024 年为时间区间，并按照一年为一段进行时间切片，以关键词为节点类型，对"一件事改革"主题研究进行关键词聚类、可视化分析（见图 2）。关键词图谱中节点的大小反映了该词出现的频率，字体和节点越大，表明该关键词出现的频率越高，也反映出学界对于该关键词的关注度越高。在可视化结果中一网通办、政务服务、一件事、数字政府占据中心位置，与电子政务、数字治理、营商环境、一体化、整体智治、行政效能、协同治理等关键词的联系较

---

① 桑士达：《推进"一件事"审批模式：深化"最多跑一次"改革的实践与启示》，《宁波日报》2017 年 7 月 27 日，第 9 版。

为紧密，而这些关键词也反映了"高效办成一件事"改革研究领域的重点研究主题。其中，一件事、政务服务、数字政府、服务等关键词的节点最大，这些关键词出现的频次均较高，说明越是学界关注的热点。

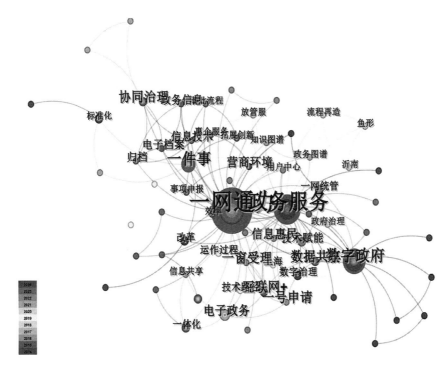

图 2　2014~2024"高效办成一件事"改革关键词共现与聚类图谱

资料来源：依据中国知网的 80 篇论文文献整理分析得到，https：//www.cnki.net，最后访问日期：2025 年 2 月 8 日。

一是"高效办成一件事"改革的领域，集中体现在政务服务改革、数字政府建设方面，主要包括各个行政机关和服务机构中的具体行政事项，学者们更加关注通过一件事办理实现企业营商环境、医疗卫生服务、住房保障、教育入学等便民惠企领域的优化，通过整合和优化流程，创新服务模式，整合数据资源，建设数字政府。二是"一件事改革"实现路径，主要包括以下几个方面：通过搭建"一网通办"平台、整体智治、互联网+、区块链、数字治理等现代化技术来实现。对一件事实现路径研究是"一件事改革"研究的核心内容,"一件事改革"的路径既有创新又有经验推广。三是"一件事改革"的功能表现,主要是通过流程再造、智能审批、标准化运作,来优化审批服务,破解办事成本,降低制度性交易成本,提升政务服务效率,优化行政资源配置,推动政府治理现代化。四是"一件事改革"的最终目标,是"高效办成一件事",对政府机构改革,建立高效能、数字化、服务型政府。总体而言,这些目标旨在通过改革,使政务服务更加高效、便捷,从而提升公众的获得感和满意度。

综上所述,近11年来我国对"高效办成一件事"改革的研究不断增多,部分研究也将视角拓展到国外的行政体制优化和改革上,学习其他国家的成功经验,为我国"高效办成一件事"改革发展提供了经验和启发。但已有研究对"高效办成一件事"改革的理论研究相对薄弱,缺乏完整、系统的理论框架。多是基于实践案例进行经验总结,缺乏对改革背后的理论基础的挖掘。虽然各地都在积极推进"高效办成一件事"改革,但不同地区的改革在模式、成效、面临问题等方面存在差异。当前研究对不同地区、不同领域改革案例的横向比较研究较少,缺乏对各地特色与共性的分析汇总,不利于总结出具有普遍性的改革经验和推广路径(见表1)。本文针对以上研究中的不足,开展跨地区、跨领域的比较研究,选取不同经济发展水平、行政体制特点地区以及不同行业领域的"高效办成一件事"改革案例,对比分析改革举措、实施效果、面临挑战等,总结成功经验与失败教训,为不同地区、领域推进改革提供参考。

表1 "高效办成一件事"改革研究热点聚类表

聚类名称	关键词
一件事	标准化、整体智治、审批流程、拓展创新
一网通办	政府创新、平台建设、政务服务一体化、一网统管、技术赋能
政务服务	大数据、区块链、政务图谱、流程再造、营商环境、集成改革、增值化、运作过程、技术路径
数字政府	数字治理、治理效能、效能政府、政府治理、政府行为

资料来源:依据中国知网的80篇论文文献整理分析得出,https://www.cnki.net,最后访问日期:2025年2月8日。

三 高效办成一件事改革的基本情况

本文使用 NVivo 软件，对"高效办成一件事"改革领域的地方实践案例进行文本综合分析，旨在研判"高效办成一件事"改革的地方实践现状，进而展望该领域改革的未来发展趋势。为综合分析"高效办成一件事"改革现状，本文从"高效办成一件事"的改革背景、地区分布、实践主体、改革领域、实践成效、改革阻力以及实践进路这七个方面来梳理其特征和现状。

（一）高效办成一件事改革的背景

结合全国范围内"一件事改革"的实践案例，梳理促成"高效办成一件事"改革的背景发现，政策推动、实践需求、现有基础以及政府重视均成为促成"高效办成一件事"改革实践发展的重要推动力。

1. 政策推动

"高效办成一件事"是国家为进一步提升和优化政务服务进行的改革实践，从中央到地方各个层级为推动政务服务数字化转型提出了相关政策要求和指导意见。从 2018 年中共中央办公厅、国务院办公厅发布的《关于深入推进审批服务便民化的指导意见》首次提出"一件事"，到 2022 年《国务院办公厅关于加快推进"一件事一次办"打造政务服务升级版的指导意见》，再到 2024 年发布的《关于进一步优化政务服务提升行政效能推动"高效办成一件事"的指导意见》等系列政策，使得全国政务服务高频事项政务服务清单内容不断细化、便民利企的服务方式不断多元化、办事流程不断优化，为进一步强化各地数字赋能政务服务模式创新转型，促进"高效办成一件事"的政务服务成果转化提供了方向指南和基本遵循。

2. 实践需求

政务服务作为政府连接民众与企业的桥梁，其效能与质量的提升直接关系到政府职能的转变、行政效率的优化、营商环境的改善以及群众满意度的增强。随着经济社会的发展，企业和群众对政务服务的需求日益多样化、个

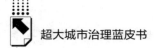

性化，在办理具体服务事项过程中，囿于行政审批一般涉及的部门众多、办公地点分散、信息不对称、程序烦琐等原因，导致行政效率低下，耗费时间成本过高。因此，推动"高效办成一件事"改革，通过跨层级、跨部门业务融合和资源整合，进一步优化行政审批程序，提升行政效能，为企业发展和群众办事提供更加高效、便捷的服务。

3. 现有基础

地方成功的改革经验和已有的基础支撑为"一件事改革"地区实践奠定了坚实的基础。随着政务服务领域的改革实践，全国各地涌现出了一系列丰富多元且富有创新性的模式，这些宝贵的经验和已有的建设成果为部分地区"一件事改革"探索之路提供了经验参考。如中央至地方各级政务服务平台的搭建，实现政务服务事项的在线办理和查询等功能，为"一件事改革"提供了有力的技术支撑。各级政府建立较为完善的政务服务体系，包括政务服务中心、便民服务站等，为改革提供了良好的物理载体。部分地区和部门初步建成数据共享与交换机制，推动了政务数据的跨部门、跨层级共享，为改革提供了必要的数据基础。

4. 政府重视

"高效办成一件事"改革作为优化政务服务的重要举措，引起各级政府的高度重视，通过强有力的改革信号的释放，各地为进一步落实政务服务改革的要求，统筹协调资源，成立跨层级、跨地区、跨部门的改革试点工作领导小组或工作专班，形成强有力的组织领导体系。通过建立定期的联席会议制度，细化多元主体的职责清单，厘清服务事项之间的关联逻辑，通过多元主体的协同与联动凝聚强大合力，为推动"高效办成一件事"改革落地提供政治势能和重要支撑。

（二）高效办成一件事改革的地区分布

"高效办成一件事"改革的探索实践呈现从东部沿海向内陆逐渐推进发展的特征（见图3）。具体来看，东部沿海地区如浙江省、江苏省、上海市、山东省等省市在改革实践中走在全国前列，并形成了浙江省"最多跑一次"、上海市的"一网通办"等政务服务改革典范。中部地区如河南省、湖北省、湖南省等中部省份在改革实践中积极推进"一事联办"和"一件事一次办"等改革以提升政务服务效率。西部地区如重庆市、广西壮族自治区、贵州省、陕西省等省（区、市）在改革实践中逐步推进，并在实践中打造了重庆市的"渝快办"、陕西省的"秦务员"平台等政务服务改革的亮点。东北地区如辽宁省、黑龙江省等省份持续改革，在数字化政务服务平台推广应用和"一网通办"改革等方面进行积极探索实践。整体而言，全国范围内"高效办成一件事"改革成为政务服务转型的普遍趋势，但是改革的实践程度和水平在地区分布上呈现出一定的差异，改革的深度和广度还存在较大的提升空间。

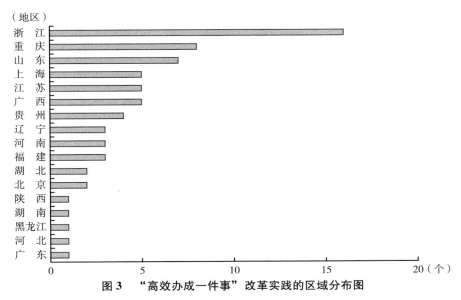

图3 "高效办成一件事"改革实践的区域分布图

资料来源：依据中国知网的74篇"高效办成一件事"改革相关实践案例梳理得到，https：//www.cnki.net，最后访问日期2025年2月8日。

（三）高效办成一件事改革实践的主体层级分布

梳理"一件事改革"的实践主体发现，从省市到基层政府都进行了不同程度的改革实践，整体呈现"省级统筹、地市级主导、区县级支撑、乡镇街道延伸"的层级分布特征（见图4）。其中省级政府在改革中主要负责统筹规划和政策指导，推动全省范围内的政务服务改革。地市级在改革实践中占比最高，是推动政务服务改革的核心力量。地市级政府通常具备较强的资源整合能力和政策执行力，能够有效协调各区县和乡镇街道的改革工作。区县级是改革实践的重要支撑。区县级政府直接面对基层群众，负责具体实施和落实改革措施，是政务服务改革的执行主体。乡镇街道改革占比最低，表明政务服务改革暂未向基层"最后一公里"延伸。乡镇街道作为行政层级的最基本的单元，直接服务群众，未来需要将乡镇街道纳入"一件事改革"的范围中，确保改革措施在基层得到有效落实。

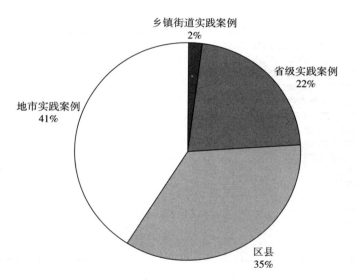

图4　"高效办成一件事"改革实施主体的层级分布

资料来源：来源于对中国知网的74个"高效办成一件事"改革相关实践案例的分析，https：//www.cnki.net，最后访问日期：2025年2月8日。

（四）高效办成一件事改革的领域分布情况

政务服务"高效办成一件事"改革的具体领域广泛，涵盖了人民群众和企业生活的多个方面（见图5），主要体现在个人发展、企业经营、安居、

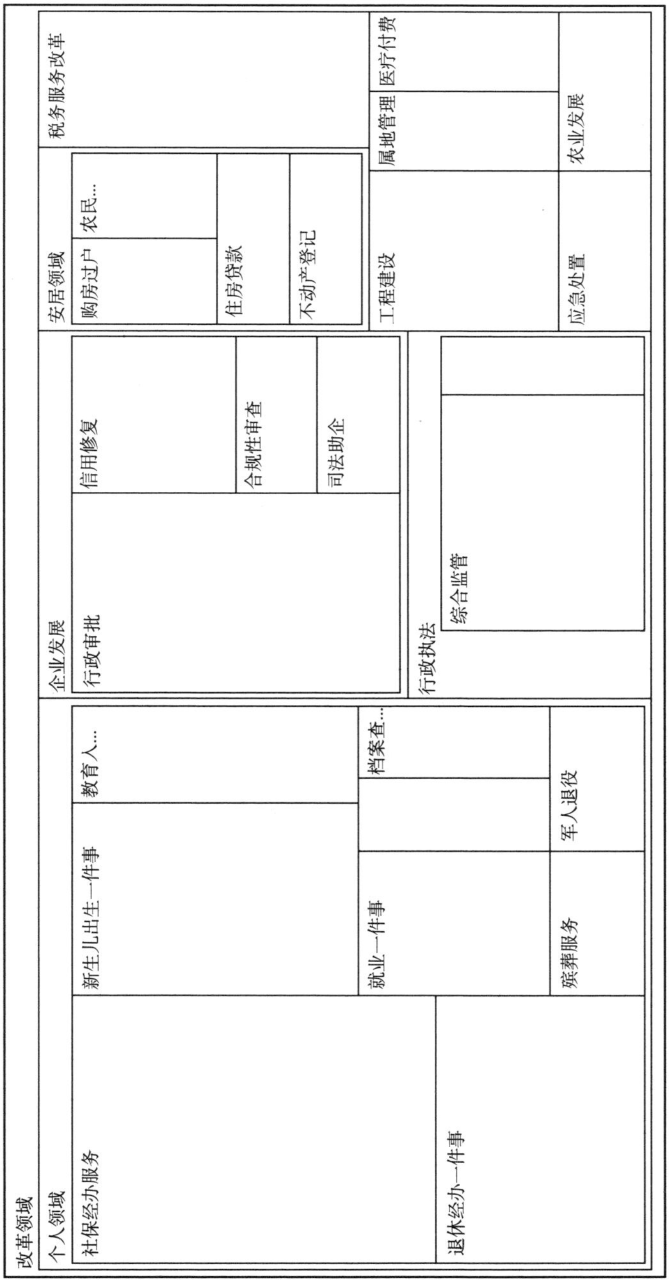

图 5 "高效办成一件事"城市政务改革领域分布状况

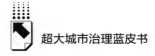

行政执法等多个领域。具体来看，个人事项主要包括新生儿出生、教育入学、就业创业服务、社会保障、退休服务以及殡葬服务等具体内容，贯穿个人生命周期发展的始终。企业经营发展内容主要包含了行政审批、司法助企、信用修复等方面。安居领域包含了与群众住房相关的具体事项，具体包含自建房审批服务、住房贷款、不动产登记等事项。此外，一件事政务改革还包含了行政执法、税务服务、应急处置、工程建设、属地管理、农业发展等诸多实践领域，通过精简办事流程、优化审批服务流程等具体措施，为群众办理事项和企业经营发展提供更加便捷高效的服务体验。

（五）高效办成一件事改革的实现方式

1. 服务事项的标准化指引

通过部门统筹，结合多方意见，制定"一件事改革"工作方案、服务指南、办事流程，促进"一件事改革"的标准化、规范化运行。一方面，规范跨部门、跨层级的办事标准和工作指南，推动行政审批和办理流程的优化，整合线上跨层级、跨系统的受理端口，明确主体职责、权限和时限，统一政务服务标准，实现无差别高效办理。另一方面，通过统筹安排，按照政务服务不同领域的事项内容，依据不同类型对具体服务事项、责任主体、办理条件、申请材料、办理流程等形成明确的事项清单和操作细则，确保各类服务事项有明确的流程和标准，帮助企业和群众对于具体事项的办理有明确清晰的认识。

2. 服务方式的互动联通

通过多跨协同和线上线下业务融合，转变政务服务方式，推动政务服务事项的联动办理。一是构建多跨协同的工作机制，在强化组织领导和机制保障的基础上，成立多跨协同的领导工作小组和工作专班，梳理细化服务事项和场景，建立"高效办成一件事"的工作体系、协同推进机制和数据共享机制，推动形成多跨协同合力，实现跨界联动和关联事项的集成办理。二是通过线上线下业务融合，推动服务事项一体联动办理。通过线上政务服务系统的后台运行和线下一体化办理窗口的前台服务，实现线上线下、前台后台的全程无缝衔接，推动"一网通办""一窗办理"，实现事项办理的一站式服务，进一步提升政务服务效率，提升政务服务体验。

3. 服务流程的优化再造

通过精简事项申请材料、压缩审批环节、服务事项全流程办理、查询和反馈实现服务流程的优化再造。一是简化服务事项的申请材料，对申请表的表单要素进行拆分重组和合并精简，实现申请材料从多张表单向一表申请的转变，避免事项信息重复填写以及材料重复提交的繁琐问题。二是压缩部门内部或者不同部门之间的办理环节，全面厘清不同事项不同情形所需的环节和材料，最大限度合并关联事项，通过充分的数据共享、信息互通和流程优化，实现办理环节由串联式审批向并联式审批转变，降低企业和群众的办事成本。三是重塑办事流程。通过数字化赋能，确定服务事项应用场景之后，形成从事项办理前的信息发布到办理过程中的流程优化和办理后的结果反馈、监督评价的服务模式，实现事项办理从"申请—受理—交办—处理—反馈"的全流程闭环，切实提升政务服务效率和水平，提升企业和群众的办事服务体验。

4. 服务场景的个性化引导

线上通过"一件事"流程图依据政务服务具体事项进行不同类型的模块和场景划分，结合企业和群众服务需求紧密结合并一一对照，提供个性化的办事引导服务，确保服务需求的精准对接。线下依托政务服务大厅开设综合服务窗口，通过统一的事项咨询和受理，推动实现"一窗办结"。此外，为确保线下大厅自助办理业务的有效推行，还积极开展线上智能提问和线下一对一咨询的帮办代办服务，主动了解群众或者企业的办事需求并提供定制化服务或者方案指南，实现传统无差别化政务服务向个性化服务模式的转变，大力推动需求事项的及时高效办结。

四 高效办成一件事改革的现实困境

"高效办成一件事"改革在优化行政审批服务和改善营商环境方面取得了一定成效，进一步提升了群众和企业等不同群体政务服务体验，推动政府向

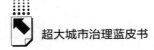

高效型、智慧型、服务型目标迈进。但是，在政务服务"高效办成一件事"改革实践持续深化推进的过程中，仍然面临着多跨协同下执行标准不统一、业务协同不力以及数据共享壁垒等现实困境，影响着政务服务改革的整体效能。

（一）执行标准不统一

一是数字化水平不均，信息化应用程度低。地区经济水平发展不平衡，政务服务数字化平台建设标准不统一，服务内容不一致。国家对于优化政务服务平台建设进行了统一标准规定，但是政务服务平台的建设、运行和管理，对于地方人力、财力、物力形成较大考验，只有少部分发达地区如上海、杭州等地以信息化支撑促进"一件事"政务服务应用和系统的良好运行。二是政务服务体系不健全导致跨层级间的行政审批缺乏统一的标准。基层政务服务大多聚焦便企便民的服务体验进行个性化的创新，与上级的服务标准和运作流程存在一定的差异，因此在某种程度上因缺乏统筹使得政务服务整体性改革难以发挥有效作用。

（二）业务协同不力

一是行政权力划分不清晰，不同部门间职能重叠、责任不清晰，交叉审批和重复审批现象严重。"高效办成一件事"改革通过政务服务场景的数字化场景转化，将多个部门主体资源和业务资源进行融合，在政务服务过程中因部门间的沟通壁垒，多个主体之间业务交叉和职责权限划分不清晰，业务上交叉审批、重复审批的问题和责任担当上的相互推诿难题较为普遍。二是不同业务平台和多端口渠道尚未实现统筹，政务服务系统分散，在群众或者企业办理具体事项时，不同业务部门的办理入口为事项办理带来诸多不便，甚至出现同一事项咨询和答复上不同部门系统之间答复相斥的情况。业务交叉融合导致的行政职权划分不清晰以及跨部门多端口服务渠道的分散化导致不同部门之间的互联互通和业务协同难。

（三）数据共享壁垒

数据信息资源的流通共享是"高效办成一件事"改革的重要支撑，而在具体实践中，囿于行政层级、部门壁垒和区域限制，政府部门间存在一定的数据共享壁垒。一是纵向数据流通难。随着信息技术在政务服务领域的发展，上下级之间信息渠道增多，仍存在纵向单向低效沟通的难题①。基层服务事项的审批通常需要争取上级领导部门的同意或者数据支撑，往往在一定的时限内不能及时有效实现纵向层级间的数据联通，在此过程中行政科层壁垒导致数据传递和流通难，政务服务行政效率低下。二是横向跨部门跨业务系统的数据共享难。"高效办成一件事"改革虽然从政策或机制层面明确了政务服务要素整合和协同优化的相关要求，但是在具体实践过程中，出于对部门利益、主体信任、数据安全风险等因素的考量，各类业务系统大多独立运行，没有互联互通，导致数据资源的整合共享难以有效实现。

五 高效办成一件事改革的推进路径

"高效办成一件事"改革旨在通过系统集成服务推动政务服务的数字化转型和服务效能的跃升，对于数字政府加速推进、政府治理能力和水平提升、利企便民政务服务体验提升具有关键性作用。面对"高效办成一件事"改革实践中存在的现实阻梗，还需要从执行标准的一体化建设、凝聚改革合力以及数据要素利用等方面不断地探索优化，推动政务服务向高效率、一体化的目标转型，推动建设人民满意的服务型政府。

（一）强化一体化执行标准

一是依托一体化政务服务平台，对已有的分散的业务系统、移动端APP、自助端等多元化办理渠道进行规整统筹，形成统一的服务入口和用户界面。通过标准化建设，统一事项办理条件、审批流程、时限要求和服务规范，共建共用数据资源，实现政务服务"大系统、大数据、大平台"的迭

---

① 参见黄璜等《数字化赋能治理协同：数字政府建设的"下一步行动"》，《电子政务》2022年第4期。

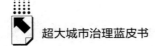
代转型升级，实现"一网通办、一窗受理、一次办结"，推动政务服务一体化转型，进一步完善"高效办成一件事"改革的基础平台支撑，夯实政务服务的数据资源底座。

二是从机制建设层面为"高效办成一件事"改革提供重要保障。强化政务服务体系建设，增加不同层级特别是省、市、县政务服务部门互动沟通渠道和方式，优化调整服务事项清单标准，提升政务服务事项标准化要素的一致性①。省级部门充分听取市级、区级关于事项办理的优化调整意见，重点根据基层政务服务部门的意见反馈，调整政务服务标准化规则设定。通过上下联动多方意见统筹，真正聚焦企业和群众业务办理需求，推动服务事项标准化改革，助推政务服务一体化协同目标的实现。

（二）凝聚多跨协同合力

一是要强化协同意识，培养主体信任。领导层面要主动破除部门本位主义观念，以服务企业和群众办事需求的公共利益为价值取向②，更好地发挥领导和统筹作用，全面理清部门职责和业务清单，健全跨层级和跨业务系统之间的联动协调机制，通过定期的集成培训和协同办公，强化不同主体间的沟通交流和线上业务协同意识，依托数字思维和数字认知，为"高效办成一件事"改革的业务和技术协同凝聚主体共识。业务层面通过优化流程，建立标准化接口，理顺不同业务系统之间的关系，实现不同业务系统的无缝对接，解决跨系统的协同难题。

二是要进一步精简优化业务流程。通过行政审批权的标准化统筹管理，倒逼权力结构由分散向整合的优化调整，理清权力结构和服务事项③，强化审批服务流程的系统集成。通过在线的数据共享精简政务服务申请材料，推

---

① 参见许飞、孔繁斌《政务服务标准化改革的协作治理难题与优化——基于"SMBI"框架的分析》，《公共管理与政策评论》2025 年第 1 期。

② 参见贾欣《新发展格局下政务服务改革的创新与优化——以西安市"一件事一次办"集成改革为例》，《领导科学论坛》2024 年第 3 期。

③ 参见皇甫鑫、丁沙沙《数据共享、系统性创新与地方政府效能提升——基于浙江省"最多跑一次改革"案例》，《中共福建省委党校学报》2019 年第 4 期。

进审批材料电子化、流程自动化、服务智能化服务。健全共性材料的"一次采集、多方复用"的内循环机制，实现申请资料在业务部门之间的自动流转和共享调用，用数据跑路代替群众跑腿。通过业务流程再造和数字化赋能，打造"一网通办"的政务服务新模式，提升政务服务效率和服务质量。

（三）推进系统融合和数据共享

一是要统筹推进多个业务系统的融合，实现纵横之间业务系统统一和有机衔接。借助大数据、人工智能等信息技术，建立一套科学、完整、高效的政府数据治理体系，通过强化政务数据的归集分析和比对，进一步完善各类基础数据库建设。通过多端口业务和技术的统筹，充分利用数据共享模型、流程再造系统等，实现政务系统的系统集成，促进政务服务平台的一体化运行。

二是要强化数据共享与安全防护。在多跨协同下数据信息资源的交换共享基础上，对政务数据的获取和使用形成规范化文件，明确共享数据信息的安全级别和使用边界，实现对数据资源的分级分类和全过程追踪溯源管理，推动数据共用共享的标准化和规范化建设。通过建立健全配套的数据安全和隐私保护制度，落实跨系统、跨层级的数据主体责任。同时，引入第三方监督力量，强化数据使用安全风险的监测和评估，全方位压实数据共享和数据使用者的安全认知和主体责任，确保数据充分有效利用下的安全防护。

六　结论

"高效办成一件事"改革是新时代提升政务服务水平、优化营商环境的关键之举。本文通过系统梳理"一件事改革"的文献研究和实践案例，初步呈现"高效办成一件事"改革的现状特征、现实困境以及优化路径。研究发现，"高效办成一件事"改革的理论研究与实践发展经历了从起步探索到稳步推进再到发展深化的阶段。在改革领域方面，呈现多元化特征。聚焦群众个人生命周期各类事项和企业发展各类事项，优化行政审批服务。在改

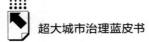

革区域分布方面，呈现从东部沿海向内陆逐渐推进发展的特征。在改革主体层级方面，呈现省级统筹、地市级主导、区县级支撑并向基层延伸的分布特征。"高效办成一件事"改革致力于通过服务事项的清单化梳理、服务方式的协同、服务场景的丰富和个性化引导、服务流程的优化再造等方式，实现传统政务服务向"一网通办""一窗办理"等一站式政务服务模式转变，打造高效能、数字化、服务型政府。

当前，在"高效办成一件事"改革不断推进的实践过程中，仍面临如执行标准不统一、业务协同不力、数据共享壁垒等现实困境。基于此，本文从以下几个方面提出改革实践的推进路径。首先，通过一体化政务服务平台统筹建设和优化机制建设，统一政务服务"高效办成一件事"改革的执行标准，强化"高效办成一件事"改革的载体支撑和规范化标准化建设。其次，通过凝聚多跨协同的主体共识和业务流程的优化再造，促进政务服务改革跨部门、跨层级、跨区域的有机协同。最后，通过系统融合和数据共享与风险防控机制的建设，破除数据共享壁垒，推动数据资源的有效利用，节约需求主体的办事成本，提高政务服务效率和水平。

"高效办成一件事"改革涉及的服务事项众多，是一项复杂且艰巨的系统性工程。现阶段"高效办成一件事"改革实践不断深化拓展，已广泛延伸至各个领域，并形成了诸多领域的特色改革经验。而现有理论研究大多从经验层面对"高效办成一件事"改革进行探讨，基于地方经验实证层面的研究较为匮乏、理论层面研究的广度和深度仍存在改进深化的空间。因此，有关"高效办成一件事"进一步的研究可以从以下几个方面进行拓展和深入。一是拓展研究的视角和领域，聚焦改革实践中的多元化场景，从不同的改革场景和跨学科视角为深入推进"高效办成一件事"改革发展提供新的思路和建议。二是拓宽理论研究的深度，探讨不同领域改革的协同机制，加强对改革效果量化评估的研究，通过跨地区、跨领域对比，为"高效办成一件事"改革在更多场景下的深化提供理论支持与实践参考，有助于进一步提升政务服务的现代化水平。

B.5
低碳经济模式下城市更新与韧性
治理安全体系的建构与探索

祁泉淞*

摘　要： 随着全球气候变化和资源稀缺性问题的日益严峻，低碳经济发展已成为可持续城市发展的重要战略方向。然而，在面对自然灾害和经济波动等风险时，城市的韧性直接关系到其稳定发展和社会福利的保障。本报告聚焦在低碳经济模式下提升城市韧性并有效应对风险挑战，评估 B 区域城市的韧性水平和风险状况，构建城市韧性提升与风险应对模型，有效预测城市韧性水平，并为风险应对提供决策支持。同时，基于低碳经济的发展要求，提出针对性的对策建议，以优化低碳经济模式下城市的韧性提升和风险应对能力。

关键词： 低碳经济　耦合协调　韧性提升　安全体系

一　城市更新与韧性治理

在全球气候变化的严峻挑战下，低碳经济的发展已成为世界各国城市发展的核心战略方向。随着极端天气事件的频发和经济环境的日益复杂，城市韧性成为衡量城市可持续发展的重要指标，其重要性愈发凸显。[①]

（一）城市韧性治理能力及其重要性

城市韧性治理能力不仅关系城市基础设施的稳定性，还涉及城市经

---

* 祁泉淞，管理学博士，西南政法大学政治与公共管理学院教授，研究方向为公共危机管理、大数据与公共风险治理等。

① 肖文涛、王鹭：《韧性城市：现代城市安全发展的战略选择》，《东南学术》2019 年第 2 期。

济、社会、环境等方面的平衡与协调，因此，提升城市韧性治理能力对于确保城市的稳定发展具有重要意义。一个具有韧性的城市能够迅速组织救援工作，恢复生产和生活秩序，并减少灾害造成的损失。[1] 同时，韧性城市能够在经济波动中保持稳定，通过灵活的经济政策和产业结构调整抵抗外部冲击，维持稳定的经济增长。此外，城市韧性也是保障社会福利的关键因素，能够在面对风险和挑战时更好地保障居民的基本生活需求，维护社会稳定。

在气候变化、自然灾害频发以及各类突发公共事件的冲击下，城市作为人口与经济活动的密集区域，面临着前所未有的挑战。韧性治理强调城市系统的适应力、恢复力与转型力，通过科学规划、智能管理、多元协作等手段，增强城市抵御风险、快速恢复的能力。[2] 它不仅关乎城市的安全稳定，更关乎居民的生活质量与城市的可持续发展。加强城市韧性治理，是构建安全、宜居、繁荣城市的必由之路，对于保障人民生命财产安全、促进经济社会持续健康发展具有重大意义。

（二）城市更新与韧性治理的关系

城市更新是推动城市发展的重要手段，其可通过改造和提升城市基础设施、优化城市空间布局、提升城市环境质量等方式，实现城市的可持续发展。城市更新与韧性治理之间存在密切的关系。一方面，城市更新可以提升城市基础设施的稳定性和抗灾能力，从而增强城市的韧性。改造老旧建筑、提升城市排水系统等措施，可以减少自然灾害对城市基础设施的破坏，提高城市的抗灾能力。另一方面，城市更新还可以促进城市经济的转型升级和社会结构的优化，增强城市的经济韧性和社会韧性。引入新兴产业、提升城市公共服务水平等措施，可以促进城市经济的持续增长和社会的和谐发展。

---

[1] 朱正威、刘莹莹：《韧性治理：风险与应急管理的新路径》，《行政论坛》2020 年第 5 期。

[2] 林雪、张海波：《城市系统的软实力：地方政府韧性能力概念框架的构建》，《行政论坛》2020 年第 5 期。

在城市更新的过程中，应注重融入韧性思维，将提升城市韧性作为城市更新的重要目标。同时，城市韧性研究的发展与相关理论为韧性治理的评估和提升提供了理论支持和实践指导。应进一步加强城市更新与韧性治理的协同发展，推动城市的可持续发展。

城市韧性的概念是智慧城市内涵的延伸，而智慧城市建设的发展状况是提升城市韧性的重要基础。[1] 在此基础上，城市韧性的概念应逐渐融入智慧城市的建设中，成为推动城市可持续发展的重要力量。城市韧性研究相关类别的分析结果表明，环境科学、绿色发展等学科在城市韧性研究关键词中占据较高比例，相关研究更侧重于城市应对自然灾害的风险抵抗力。此外，城市韧性研究涉及多个学科，并相互交叉拓展至政治、经济、社会等方面。因此，需要构建城市韧性水平预测模型，并结合城市韧性影响因素的耦合协同分析，确定城市韧性发展的障碍因素和驱动因素，提升城市韧性、降低城市风险并优化城市发展策略。

二 城市韧性评估模型建构

（一）城市韧性指标体系

影响城市韧性的因素具有多样性和多维度性，所选指标应全面反映城市系统的多样性，涵盖经济、社会、生态等多个维度，确保评价的全面性和综合性。[2] 同时，所选指标应具有代表性和权威性，准确反映城市韧性的核心要素，并具有稳定可靠的数据来源，以确保评价结果的客观性和准确性。此外，城市韧性评估是一个动态连续的评价过程。因此，不仅需要考虑数据的可用性和连续性，以便长期跟踪城市韧性的发展和变化，还需要考虑数据的

① Caragliu A., Del Bo C. F., "Smart Innovative Cities: The Impact of Smart City Policies on Urban Innovation," *Technological Forecasting and Social Change*, 2019, 142: 373-383.

② Oliveira B. M., Boumans R., Fath B. D., et al., "Prototype of Social-Ecological System's Resilience Analysis Using a Dynamic Index," *Ecological Indicators*, 2022, 141: 109-113.

可访问性和可操作性，以便有效计算和处理。另外，指标的选择应遵循客观性原则，避免主观臆断和偏见，确保评价结果的客观性和公正性。基于以上原则，可选取社会、经济、生态和基础设施四个维度，并计算相应的权重（见图1）。同时在选取基础设施的二级指标时，充分考虑对 B 区域能源系统的影响。

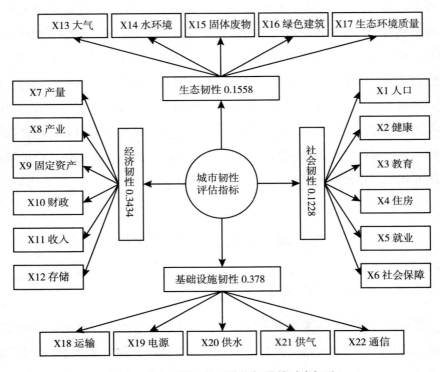

图 1　城市韧性评估所选指标及其对应权重

（二）城市韧性评估模型

从理论角度来看，城市韧性评估需要关注城市系统的多样性和复杂性，在进行城市韧性评估时，需要综合考虑各子系统的韧性表现及其相互关系。城市韧性评估还需要关注城市系统的动态性和演化性。城市系统是一个不断演化和变化的系统，面临环境、社会和经济等各方面的风险和挑战。城市韧性评估中，城市基础设施、城市区域功能划分和灾害影响差异是重要的评价数据基础，其有助于识别城市中的潜在安全隐患或损害，分析城市在灾害发生时的受影响程度和恢复能力，从而评估城市的韧性水平。因此，建立城市韧性评估模型需要以动态性来评估城市韧性，其核心在于城市韧性特征与灾害风险因素的动态博弈，城市韧性通过稳健性、冗余性、可恢复性等特征，以及社会、经济、生态、基础设施等多维协同，形成以风险态势与应对阶段构成的闭环反馈，展示基于多种模型下的城市韧性演化动态路径（见图2）。

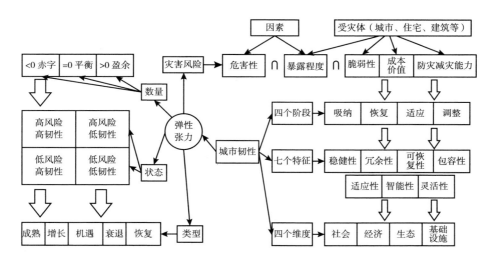

图2　城市韧性评估示意

（三）耦合协调模型与障碍模型

城市韧性指标评价体系通过对社会、经济、生态及基础设施四大韧性评估维度以及外部环境、资源转移与协同作用三个要素实现逻辑耦合，在多维度评估中以韧性优化为导向，嵌入协同治理框架，实现城市韧性与协同治理过程的整合（见图3）。

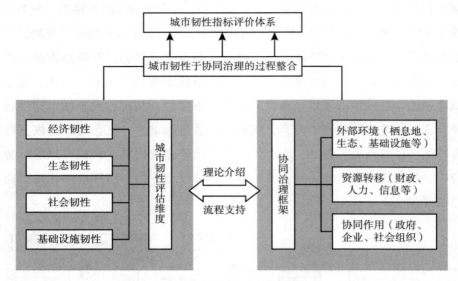

图 3　城市韧性与协同治理过程的整合机制

三　城市韧性评估模型应用实验结果

（一）城市韧性评估结果

为提高城市韧性评估模型的准确性，并考虑城市韧性的空间影响，选取两个不同区域范围的城市进行韧性评估实验。A 区域的城市作为数据训练样本，B 区域的城市作为数据测试样本。2023 年 A 区域内的九个城市预测韧性值与实际韧性值的比较结果表明，在经济韧性方面，受外部环境影响，多数城市模型的预测结果与实际结果存在较大差距，实际经济韧性低于预测韧性。同时，社会韧性也受到影响，多数城市的实际结果低于预测结果。其他两个维度的韧性不易受外部环境影响，短期内不会发生显著变化，因此预测结果与实际结果的差异相对较小。从城市综合韧性的结果来看，即使受到外部环境因素的影响，该区域内城市韧性的预测结果与实际结果之间的一致性较高，误差在合理范围内。因此，测试表明该模型能够有效且合理地评估城市韧性（见图 4）。

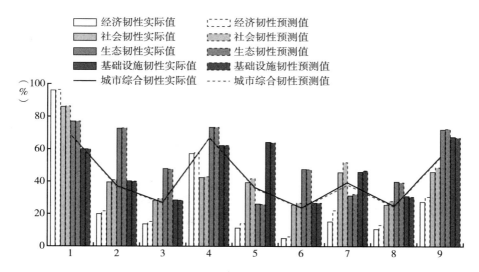

图 4　2023 年 A 区域城市预测韧性值与实际韧性值的比较

B 区域范围内的分区是数据测试样本，包括 11 个按顺序编号的分区。如图 5（a）所示，城市 5 在 B 区域的弹性张力最好，其次是城市 2、8 和 10，在弹性张力方面表现最差的城市是 11。图 5（b）显示，城市 5 为成熟型，城市 2、8 和 10 为增长型，城市 1、6、7 和 9 为机遇型，城市 3、4 和 11 为恢复型。从两者的结果来看，城市 5 的韧性最高，而城市 2、8 和 10 在韧性方面具有巨大的发展潜力。城市 1 的韧性张力略弱，限制了城市韧性的发展，城市 9 和 11 缺乏高质量和高水平的发展动力，导致两者的弹性表现不佳。

模型对 2011~2023 年 B 区域综合城市韧性的评估结果表明，该区域从长期来看，综合城市韧性呈上升趋势，短期内略有下降（见图 5）。总体而言，该区域综合城市韧性持续增强。

为进一步分析 B 区域城市的韧性水平，通过城市韧性评估模型对该地区 11 个城市 2011~2023 年的城市韧性变化进行了统计分析（见图 6 和图

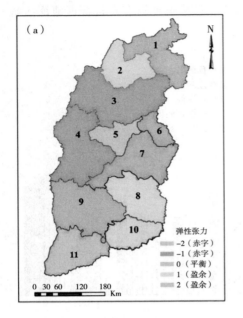

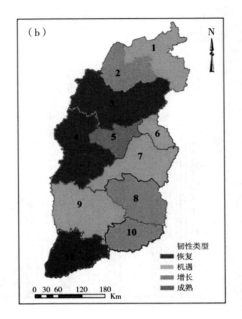

图5　2011~2023 年 B 区域城市弹性张力等级和类型评价结果

7）。从图6（a）可以看出，城市10 的经济韧性变化最大，其次是城市5、6、7和11 的经济韧性发生了显著变化，而城市9的经济韧性变化最小。在图6（b）中，城市4、6 和7的社会弹性变化最大，其次是城市5 和8，城市2 和10 的变化最小。因此，B 区域中部和南部地区城市的经济韧性显著提高，社会韧性的增长正在从中部地区向北部和南部蔓延，社会韧性的变化大于经济韧性的变化。

在图7中，生态韧性和基础设施韧性的变化具有高度的一致性。城市3、6 和7在这两个方面的变化相对显著，而城市1和10 在这两方面的变化相对较少，主要原因是生态韧性为基础设施韧性提供了基本条件，而基础设施韧性在生态韧性中起着支撑作用，两者相互作用。同时，在一段时间内，生态韧性和基础设施韧性的变化受外部环境的影响相对较小，因此，整体变化幅度不大。

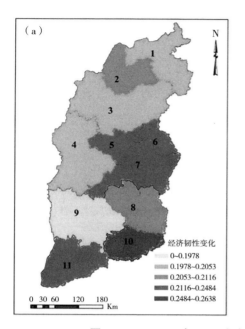
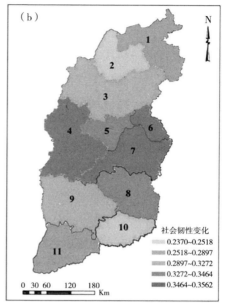

图6 2011~2023年B区域城市经济韧性和社会韧性变化

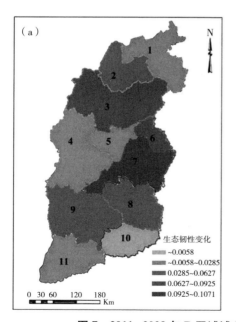
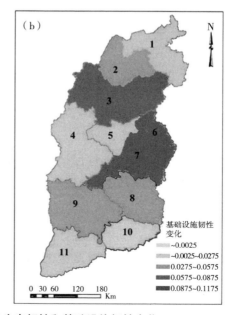

图7 2011~2023年B区域城市生态韧性和基础设施韧性变化

2011~2023 年 B 区域城市韧性类型变化的结果表明，B 区域城市的整体韧性在不断提高。2011 年，仍有少数城市的韧性较低，到 2022、2023 年，所有城市的韧性都达到了相对较高的水平（见图 8）。一方面，经济和技术的发展推动了其他三个维度韧性的提高；另一方面，新型能源的开发和利用在减轻城市生态环境负担的同时，提高了生态韧性，从而增强了其他三个维度的韧性。

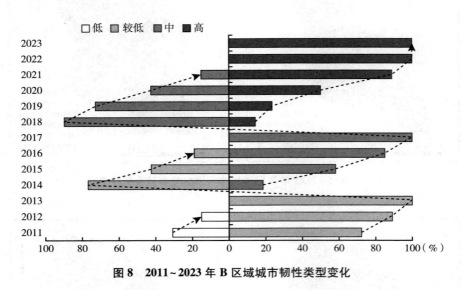

图 8　2011~2023 年 B 区域城市韧性类型变化

2011~2023 年 B 区域城市各子系统的耦合与协调情况见图 9。图 9（a）的结果显示，从 2011~2023 年，B 区域城市四个维度的弹性耦合显著增加。并且耦合质量保持在相对较高的水平。同时，城市四个维度的韧性子系统之间的相互影响和相关性逐渐增强，无序性逐渐降低，协同效应不断提高。图 9（b）显示了 B 区域 11 个城市的韧性子系统的耦合与协调。总之，各城市的弹性子系统之间的耦合与协作均不断改善。城市 3、7 和 10 的弹性子系统的耦合协调度提高最多，而其他城市之间的耦合协调程度相对稳定。但 2023 年，城市 2、4、8、10 的耦合协调度相对较低。

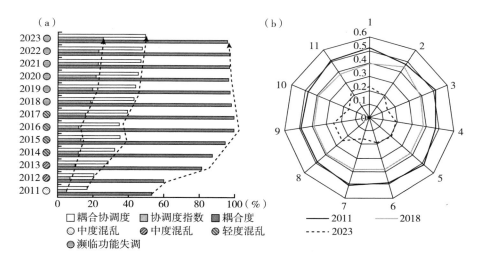

图 9　2011~2023 年 B 区域城市子系统耦合与协调情况

（二）提升城市韧性障碍因素分析结果

提升城市的韧性和抗风险能力，有必要根据城市的实际情况对障碍因素进行分析。B 区域城市提高经济韧性的障碍演变的结果表明，在经济实力障碍方面，2023 年 B 区域城市的障碍值高于 2018 年的相应值，大多数城市的障碍值高于 2011 年的相应值，其中，2023 年城市 6、8、9 的障碍值最高，城市 3、5 的障碍值最低。在经济活力障碍方面，2023 年 1、6、9 城市的障碍值最高，也高于 2011 年和 2018 年各自的障碍值，2023 年，城市 3 的障碍值达到了最低点。在经济潜力障碍方面，与 2011 年和 2018 年的相应值相比，大多数城市 2023 年的障碍值较低，特别是城市 5、6、9 和 10 的障碍值大幅降低（见图 10）。表明经济增长效益持续下降，城市需要重新调整相应的资源和能源分配，同时，城市系统的多元化发展不断对社会发展和行政水平提出更高要求，技术创新水平和人口集聚水平对增强城市韧性具有积极促进作用。

B 区域城市社会韧性提升障碍的演变情况见图 11。图 11（a）的结果显

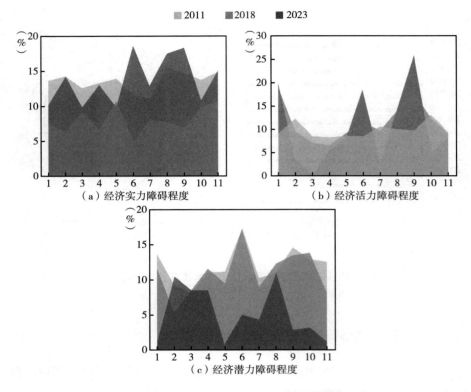

图10　2011~2023年B区域城市经济韧性提升障碍的演化结果

示，除城市3和9外，其他城市发展过程中社会韧性的提升障碍显著减少。
2023年，城市10和11的障碍值高于2018年的相应值，表明此两城市的社
会状况均有显著改善。图11（b）的结果显示，B区域所有城市的社会服务
障碍值均趋于0，明显低于2011年和2018年的相应值。表明该地区的城市
近年来一直致力于提高社会服务质量。

　　在技术创新水平发展方面，城市中心区域和周边区域的促进作用较为明
显，而东部区域的促进作用相对较弱。在社会保障水平抑制方面，其与技术
创新水平的作用具有高度一致性，即对城市中心区域及其周边区域的抑制作
用较为明显。

　　B区域城市基础设施韧性和生态韧性的提升障碍演变结果见图12。

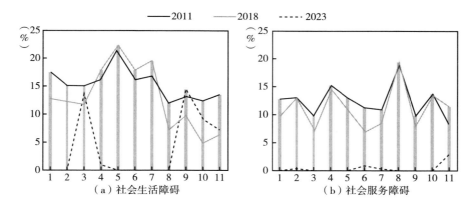

图 11 2011~2023 年 B 区域城市社会韧性提升障碍的演变结果

图 12（a）的结果表明，就基础设施建设的韧性障碍而言，城市 6、7 和 9
的障碍值相对较低。2011~2023 年，其他城市的障碍值在较小范围内波动，
下降幅度相对较小，表明该地区的城市基础设施建设成效存在差异。图 12
（b）显示，随着经济发展和人口增长，城市生态压力逐渐增加，大多数城
市的相应障碍值显著上升，只有 6、9 和 11 城市的障碍值保持相对稳定，表
明经济和社会活动对城市生态恢复力有重大影响，城市面临生态压力。

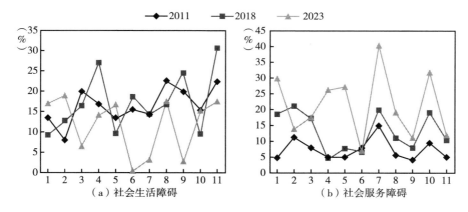

图 12 2011~2023 年 B 区域城市基础设施韧性和生态韧性提升障碍的演化结果

B区域城市能源资源提升障碍的演变和改善措施见图13。图13（a）的结果显示，B区域所有城市的能源资源障碍值都显著增加。障碍值逐年上升，表明在能源资源方面，存在城市利用效率低、资源配置不合理等问题，需要进一步优化能源资源配置结构。图13（b）的结果显示，改善措施的障碍值基本上每年都在下降，2023年只有城市6的障碍值显著增加。表明大多数城市改善措施得到了广泛认可。

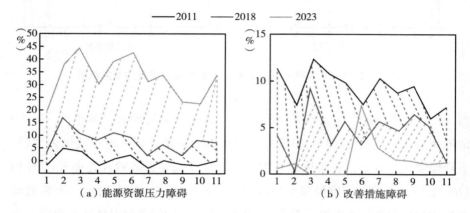

图13　2011~2023年B区域城市能源资源提升障碍演变结果及改善措施

四　结论

前文的数据分析结果可以看出，B区域多数城市的韧性不断提升，但改善的效果存在差异。一方面，不同城市自身的能源资源、经济发展、生态环境等条件存在差异，某些城市的能源资源有限，无法提供长期持续的支撑。另一方面，某些城市在经济发展的同时牺牲了生态环境，导致生态韧性下降，无法为其他三个维度的韧性提供基本支持。此外，城市韧性具有空间集聚效应，意味着城市之间存在相互关联影响，然而，该区域城市之间的耦合和协调性较差，导致各城市间的积极影响微乎其微，大多数城市之间的耦合与协调关系处于不平衡的边缘，增加了提高城市韧性的难度。从障碍分析结果来看，能源资源和生态负担是大多数城市提高抗灾能力的重要障碍。城市之间的生态和能源不能形成良性循环。

（一）提升城市能源韧性：优化能源结构，促进可再生能源广泛应用与多元化供应体系建设

在增强城市韧性的宏观战略中，优化能源结构、增强能源韧性是至关重要的一环。随着全球气候变化和能源安全问题的日益凸显，城市能源系统的转型与升级已成为不可回避的议题。为此，应建立以促进可再生能源的广泛应用、减少对化石燃料的依赖、降低碳排放为主要手段的多元化的能源供应体系，确保能源供应的稳定性。

大力推动可再生能源的广泛应用。充分利用太阳能、风能、地热能等可再生能源，通过政策引导、技术创新和市场机制，促进可再生能源在城市能源消费中的占比逐步提升。制定可再生能源发展目标，提供财政补贴和税收优惠，鼓励企业和居民使用可再生能源设备；同时，加强可再生能源技术研发和示范推广，提高可再生能源的利用效率和经济性。

建立多元化的能源供应体系是确保能源供应稳定性的关键。构建包括可再生能源、传统能源以及储能系统在内的多元化能源供应体系，以应对能源市场波动和突发事件对能源供应的影响。加强能源基础设施建设，提高能源传输和分配能力；发展分布式能源和微电网，提高能源系统的灵活性和可靠性；减少对化石燃料的依赖，逐步减少煤炭、石油等化石燃料的使用，通过能源替代和节能降耗等措施，降低化石燃料在能源消费中的比重；加强能源储备和应急管理能力建设，确保在能源供应紧张或中断时能够迅速响应。

（二）加强城市生态韧性：增加绿地面积、维持生物多样性及增强生态系统的连通性

在城市化进程加速的背景下，为增强城市生态韧性，提升城市居民的生活质量，应加强生态保护和恢复工作，特别是保护和恢复城市生态系统，增加城市绿地面积，维持生物多样性，并通过一系列具体措施提高城市生态系

统的固碳能力，增强生态系统的连通性和稳定性。

加强对湿地的保护，防止湿地被填埋或污染，恢复受损的湿地生态系统。通过建立湿地保护区、实施湿地恢复项目等措施，维护湿地的生态平衡，提高湿地的固碳和净化水质的能力。建立生态廊道和绿地网络是增强城市生态系统连通性和稳定性的关键措施。应规划并建设一系列生态廊道，将公园、绿地、湿地等生态元素有机连接起来，形成完整的绿地网络。同时，加大植树造林力度，以扩大城市绿地面积。政府及相关部门应制定详细的植树造林计划，选择适应城市环境的树种，确保树木的成活率和生长状况。

加大对生态保护和恢复的投入，制定相关政策和法规，为生态保护和恢复提供法律保障。同时，加强生态教育和宣传，提高公众的环保意识和参与度。此外，积极引入市场机制，鼓励企业和社会资本参与生态保护和恢复项目，形成政府主导、社会参与的生态保护格局。

（三）持续完善城市应急管理制度：构建健全应急管理体系，提升灾害应对能力

在城市化快速发展的背景下，为有效应对城市灾害和突发事件挑战，应持续完善应急管理制度，建立健全城市应急管理体系，明确各级政府和相关部门在应急管理中的职责和任务，以增强应对灾害和突发事件的能力。通过完善应急管理法律法规和政策文件，为应急管理工作提供法律保障和政策支持。同时，建立有效的应急管理协同机制，加强部门间的信息共享和协同作战，确保在灾害和突发事件发生时能够迅速、有效地进行应对。

提高应急救援队伍的快速反应能力和协同作战能力，加强城市多风险综合应急预案的制定和演练，根据实际情况和可能面临的灾害类型，制定详细、可行的多风险综合性应急预案，提高保障多风险叠加的应对处置能力，制定涵盖各类风险的综合应急预案，明确应急响应的流程、责任分工、资源调配和救援措施，建立预案的动态更新机制，定期组织应急演练，确保预案的有效性和实用性。加强应急管理和技术的研发与应用，为城市应急管理工作提供有力的技术支撑。

B.6
重庆城乡融合高质量发展的
市域实践与变革

刘迎君*

摘　要：　县域是推动超大城市城乡融合发展、统筹推进新型城镇化和乡村全面振兴的主战场。近年来，重庆市加快推进以县域为重要载体的城镇化建设，引导产业、人口和资源要素向具有比较优势的区县城和中心镇集聚。"小县大城"试点聚焦以产兴城，实现以城聚人，不断增强区县城集聚辐射能力；"强镇带村"试点衔接城头村尾，推动乡村振兴，引导具备区位优势和产业基础的小城镇因地制宜培育发展为特色专业功能镇；"强村富民"综合改革以发展壮大新型农村集体经济为重点，系统集成推进"一统七改"，加快实现"村强"带"民富"。重庆统筹推进小县大城、强镇带村、强村富民贯通联动改革的市域范例，为探索超大城市城乡融合发展的实践路径提供了有益借鉴。

关键词：　超大城市　城乡融合发展　小县大城　强镇带村　强村富民重庆

　　城乡融合发展是中国式现代化的必然要求。党的二十届三中全会提出"全面提高城乡规划、建设、治理融合水平，促进城乡共同繁荣发展"。改革开放以来，我国以中心城市为导向的城市化非均衡发展路径，使超大城市

---

　*　刘迎君，政治学博士，西南政法大学政治与公共管理学院讲师，研究方向为城乡治理与基层政治研究。

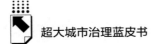

扩张成为造就中国经济增长奇迹的"重要引擎",然而依靠超大城市的"极化-扩散"效应以及"涓滴效应"并未带动城乡共同繁荣和共同富裕,城乡融合发展亟待寻求"大国大城"之外的全新思路和实践路径。① 同时,大都市圈资源承载压力过高、人口密度过大、交通拥堵严重等"城市病"日趋凸显,倒逼超大城市必须转变开发建设方式,不断推动城市瘦身健体、内涵发展、差异发展和城乡融合发展,进而形成多中心、组团式、网络化的功能体系。②

　　县域作为我国经济社会活动的重要空间载体,不仅是连接广袤农村和超大城市的桥梁,也是推动超大城市城乡融合发展、统筹推进新型城镇化与乡村全面振兴的主战场。③ 县域在地理空间上处于城乡衔接地带,更易发展成为围绕超大城市高密度人口核心区的、能够承接超大城市人口疏解转移的城市功能新区,这一特殊的区位优势使其能够便捷融入超大城市产业链和价值链,承接超大城市产业转移并实现就业机会创造,在赋予农业转移人口就近城镇化发展权利的同时,也可以吸纳向往低密度人口生活的城市居民。④ 将县域单元发展成为推进工业化城镇化的重要空间、城镇体系的重要一环、城乡融合发展的关键纽带,能够在一定程度上避免超大城市扩张所带来的极化效应和虹吸效应,疏解大都市人口资源过载压力,为城乡融合提供适度的缓冲空间,从而实现县域内的城乡要素跨界配置和产业协同发展。⑤

　　重庆作为我国中西部地区唯一的直辖市,既有超大城市突出属性,又集

① 罗必良、耿鹏鹏:《理解县域内的城乡融合发展》,《南京农业大学学报》(社会科学版)2023年第3期。
② 谢瑞武:《处理"六大关系",营造"六个场景"——超大特大城市背景下现代乡村规划建设的成都实践》,《城市规划》2023年第3期。
③ 涂圣伟:《县域城乡融合发展的内在逻辑、基本导向与推进路径》,《江西社会科学》2024年第8期。
④ 贾晋、高远卓:《超大城市城乡融合高质量发展的规律与趋势》,《成都日报》2024年1月17日,第7版。
⑤ 曹萍、古智猛:《以县域为重要切入点进一步推进城乡融合发展:生成逻辑、核心要义与实践指向》,《社会科学研究》2024年第6期。

大农村、大山区、大库区鲜明特征于一身，处理好"城"与"乡"的关系，推动城乡融合发展，是党中央赋予重庆的重大使命。① 2024 年 4 月，习近平总书记在重庆考察时强调，"积极探索超大城市现代化治理新路子"，"要大力推进城乡融合发展。积极推进以县（区）城为重要载体的新型城镇化建设"。② 近年来，重庆市充分发挥直辖市行政管理体制优势，加快推进以县域为重要载体的城镇化建设，引导产业、人口和资源要素向有比较优势的区县城和中心镇集聚，加快构建大城市带大农村大山区大库区体系，深化推进小县大城、强镇带村、强村富民贯通联动改革（见表1），加快打造城乡融合乡村振兴示范区，积极探索超大城市城乡融合发展的市域实践范例。

表 1　小县大城、强镇带村、强村富民贯通联动改革试点

改革试点领域	试点思路	试点单位	试点指标（部分）
小县大城	把区县城作为增长极，通过打破城乡界限，主动引导产业、人口和要素向县域集聚，做大做强县城这个核心引擎，促进县域经济发展活力、承载能力和综合实力全面提升	铜梁区、开州区、梁平区、丰都县、云阳县、秀山县、城口县 7 个区县	以云阳县为例，到 2027 年全县经济总量达到 850 亿元，60% 的常住人口在城区居住，70% 的工业企业向园区集中，90% 的税收在城区产出，工业总产值突破 1000 亿元
强镇带村	支持具有区位优势和独特资源的小城镇，坚持宜农则农、宜工则工、宜商则商、宜游则游原则，找准做强镇域经济、带动乡村发展的有效路径	涪陵区新妙镇、长寿区云台镇、合川区铜溪镇、南川区水江镇、綦江区三角镇、大足区龙水镇、荣昌区吴家镇、云阳县江口镇、奉节县兴隆镇、石柱县冷水镇、酉阳县板溪镇等 14 个乡镇	以荣昌区吴家镇为例，到 2025 年全镇农业总产值年均增速 5% 以上，农村常住居民人均可支配收入年均增长 8%，村级集体经济组织年经营性收入 10 万元以上村占比达到 100%

① 谭莉莉、张美玲：《超大城市现代化治理的理论向度、核心内涵与实践路径——以重庆为例》，《重庆行政》2024 年第 6 期。
② 《习近平在重庆考察时强调：进一步全面深化改革开放　不断谱写中国式现代化重庆篇章》，中国政府网，https://www.gov.cn/yaowen/liebiao/202404/content_6947266.htm，最后访问日期：2025 年 2 月 23 日。

改革试点领域	试点思路	试点单位	试点指标(部分)
强村富民	以强化农村基层党建为统领,以发展壮大新型农村集体经济为重点,系统集成推进村级规划管理机制、农业"标准地"、"强村公司"、激活农村建设用地、"三变"和"三位一体"、畅通城乡要素流动、渝农数字赋能7项改革,加快推动"村强"带"民富"	万州区长岭镇安溪村、梁平区金带街道石燕村、长寿区邻封镇邻封村等120个村(涉农社区)	到2027年,全市农村集体经济组织年经营性收入达60亿元以上;年经营性收入高于50万元的村占比达30%以上;农村居民人均可支配收入超过2.7万元,城乡居民收入比缩小到2.3以内

资料来源:主要根据《重庆市推进强村富民综合改革实施方案》、《重庆市"小县大城""强镇带村"试点工作方案》、《重庆市荣昌区吴家镇"强镇带村"试点实施方案(2023~2025)》和《云阳县"小县大城"试点实施方案》等方案内容整理而成。

一 "小县大城"聚焦以产兴城,
实现以城聚人

"小县大城"试点旨在通过增强区县城集聚辐射能力以带动城乡融合,重点是主动引导产业、人口及其他要素向具有比较优势的区县城集聚,瞄准人口集中度、产业首位度、市民满意度三维目标,全力打造生态宜居、功能完备、产城融合的西部地区"小县大城"新样板。

(一)改革思路

一是聚焦人口集中度,以小县域建设大城区,实现以城聚人。围绕农业转移人口向县城和周边重点乡镇搬迁集聚,统筹谋划山水公园城市建设、新市民安居保障、市政基础设施提档升级等行动,不断提升区县城功能品质。二是聚焦产业首位度,以小资源撬动大产业,实现以产兴城。围绕产业发展、新市民就业创业等要素,在市域绿色工业基地打造、农文旅融合发展、

高质量创业就业等方面一体布局。三是聚焦市民满意度，以小场景服务大民生，实现留人促产。重点实现公共服务资源以服务人口和服务半径为标准科学配置，推动医疗、教育、养老、托育等公共服务设施全面覆盖常住人口，形成一刻钟便民生活圈。

（二）市域实践

本部分选取地处渝东南的秀山县，渝东北的开州区、云阳县 3 个市级"小县大城"试点区县，针对性介绍它们在推动以城聚人、以产兴城、留人促产等方面的实践探索及初步成效，从而勾勒超大城市城乡融合背景下"小县大城"发展模式的基本图景。

1. 以城聚人增强县域人口集聚能力

秀山县是重庆东南门户，位于渝、鄂、湘、黔四省（市）毗邻地区，处在西部陆海新通道东线主动脉上，有"一脚踏三省"之称，是渝东南唯一入选"小县大城"试点的区县。秀山县明确提出将人口增长转化为促进经济发展的重要支撑，以人口吸引政策综合改革作为市级"小县大城"试点工作的重中之重，力求不断提升县域人口集聚能力，加快建设渝鄂湘黔毗邻地区中心城市。通过实施劳有厚得、学有优教、住有宜居、心有久安四维立体引才聚人计划，出台 26 条具体措施，打出了针对个人的创业补贴、购房补贴、免费人才公寓、人才驿站和高端人才办公场所，针对企业的吸纳就业补贴、小微企业担保贷款，针对公共服务的放宽落户条件和城区优质教育入学条件、提升医疗服务水平等一系列政策组合拳，从而全方位提升城市聚集力和城市吸引力（见表 2）。人口吸引政策综合改革推动秀山县以城聚人取得初步成效，2024 年 6 月方案实施以来，累计吸引了外地群众来秀山就业创业达到 2.3 万人，2024 年前三季度共办理农业转移人口落户城镇 4300余人，在秀山购房置业财政补助已发放 1800 万元。①

---

① 《26 条具体措施　补助 1800 万元　秀山实实在在吸引人口集聚》，重庆网络广播电视台视界网，https://www.cbg.cn/show/705-4353253.html，最后访问日期：2025 年 2 月 22 日。

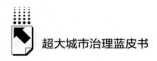

表 2　秀山县人口吸引政策综合改革内容摘编

聚才计划	涉及领域	代表性举措
劳有厚得	支持自主创业	县财政统筹安排 2000 万元新设立"创业贷"担保基金;对正常经营 1 年以上 3 年以下的首次创办的小微企业、个体工商户,以家庭为单位给予 8000 元/户的创业补贴
	促进稳岗就业	以优质企业培育为抓手,每年新增就业岗位 3000 个以上;对高新区制造业企业的县外务工人员,连续工作满 12 个月以上的,按 3000 元/人的标准给予一次性稳岗补贴
	青年高层次人才引进	全县统筹提供 80 个以上创业工位,供在秀创业青年人才最长免费使用 1 年;支持企业引进高素质研发人才;实施引工奖励
学有优教	基础教育优质均衡	统筹优化教育资源布局,扩大城区教育容量,将小学生城区入学占比提高到 60% 以上、中学生城区入学占比提高到 95% 以上
	职业教育融合发展	规划建设 1 所职业技工学校和 1 所高等职业学院,围绕电商、物流、电子、机修、文旅等产业需求,推动职业教育发展与就业紧密挂钩
	满足新市民入学需求	将城区待开发区域纳入学区范围,对学龄儿童进行地域预测,保障学生入学需求
住有宜居	完善多层次住房保障	建成保障性租赁住房 3000 套;推进改善型住房建设;建设智慧物业管理服务平台
	实施人才安居补贴	对县外籍在秀置业给予 1 万元/套一次性安家补贴;支持县外符合条件居民开展公积金住房贷款业务;对符合条件人才发放安居补贴
	开发旅游地产	加快川河盖国家级旅游度假区创建,打造区域性康养度假旅游目的地,以旅游带动人气
心有久安	构建区域快速交通路网	加快推进黔江至吉首高铁、秀山至印江高速公路等项目建设,逐步实现一小时到达周边区县数量 10 个以上,促进人流物流要素高效集聚
	持续提升城市功能品质	优化公园开敞空间、城市生态绿道布局,加强城市品牌塑造与宣传
	完善基本公共服务能级	加快县级医院等级创建工作;支持"养老服务+老年人用品产品+文化+旅游+餐饮"等服务业态;逐步建立普惠托育机构运营补贴制度

　　资料来源:《中共秀山土家族苗族自治县委全面深化改革委员会关于印发〈秀山自治县吸引人口集聚若干措施（试行）〉的通知》,秀山土家族苗族自治县人民政府网站,http://www.cqxs.gov.cn/zwgk_207/zfxxgkml/zcwj_176365/qtwj/202406/t20240621_13313059.html,最后访问日期:2025 年 2 月 22 日。

2. 以产兴城提升县域产城融合水平

开州区地处川渝东北、三峡腹心、秦巴腹地，该区坚持立足"以产兴城、以城聚产"发展思路，将产业发展作为城镇化建设的根基，通过增强产业带动就业能力，吸引农村人口就地就近城镇化。开州区以产业发展"强基"工程为牵引，通过完善园区基础设施—深化产业园区改革—聚力承接东部产业转移—着力打造产业发展平台—加快构建现代化产业体系这一发展思路（见表3），不断提升县域产城融合水平。截至2024年10月，开州—开江产业园已获批成为首批成渝地区双城经济圈产业合作示范园区，千能实业、川环科技、长安跨越等30家企业互链配套，合作产值突破15亿元；重庆智能家居产业园引进四川省达州市企业14家，吸纳600余名达州籍员工就近就业。[①]

表3　开州区产业发展"强基"工程内容摘编

涉及领域	代表性举措
完善园区基础设施	适度布局标准厂房、废水集中处理、固废处置等设施，完善园区物流体系
深化产业园区改革	推动生产要素、市场主体、配套服务集成集聚；主动争取对口协同区县建设"科创飞地""产业飞地"；探索转入转出地投入共担和利益分享机制
聚力承接东部产业转移	推进从东部地区引进一批与本地主导产业相关的优质企业；积极主动对接国家产业链、供应链薄弱环节和其他关键领域争取产业备份，抢抓国家战略腹地建设机遇；争取上级在企业上市、融资、要素保障方面给予支持
着力打造产业发展平台	积极申报建设县城产业转型升级示范园区产业平台
加快构建现代化产业体系	加快构建"1234"现代制造业体系，做强做实蔬菜、柑橘、道地中药材、茶叶、粮油等仓储加工物流销售一体化全产业链产业；大力培育发展电子信息、食品及农产品加工、文旅融合、生态康养等就业容量大的产业

资料来源：《重庆市开州区人民政府办公室关于印发重庆市开州区"小县大城"试点工作方案的通知》，重庆市开州区人民政府网站，http://www.cqkz.gov.cn/zwgk_238/zfxxgkml/zcwj/qtwj/202408/t20240816_13512396_wap.html，最后访问日期：2025年2月22日。

---

① 《重庆市开州区：奋力建设渝东北、川东北重要增长极》，《人民日报》2024年10月31日，第11版。

3. 留人促产打造宜居宜业新县城

作为重庆唯一的"小县大城""强镇带村"双试点区县，云阳坚持把城和乡放在一张地图上整体谋划布局，积极探索超大城市现代化治理新路子，以加快打造山水公园智慧城市，为发展思路实现留人促产。一方面，借助数字化手段提升城市智慧化管理水平，加快打造宜居宜业宜游的精致城市。云阳县深化 AI 算法与城市治理深度融合，打造"算法驱动、数智协同"的新型城市治理体系，推动城市管理"一张网"、风险监测"一张图"、行政执法"一体化"并行，赋能城市治理资源动态优化配置，城市智管率达 85%以上。另一方面，云阳县积极推动"四镇四街"一体化、新市民安居保障等"十大行动"，完成老旧小区改造 79 个 206 万平方米、管网整治 120 公里，新增城市绿地面积 30 万平方米，改造提升城市公园 4 个，人均公园绿地面积达 12.5 平方米，获批全国县域充换电设施补短板试点县。① 目前，云阳县 50 平方公里、50 万人口的"双 50"城市框架基本建成，"山水生态美、公园颜值高、智慧赋能足、城市治理好"的县域发展样本为超大城市城乡融合发展打开了广阔空间。

二 "强镇带村"衔接城头村尾，推动乡村振兴

在超大城市城乡融合新发展阶段，镇域作为城乡交汇点和区域重要连续体的作用日益凸显，镇域发展共同体是城乡融合发展的重要路径。② "强镇带村"试点旨在充分发挥小城镇衔接城头村尾的功能定位，引导具备发展潜力的小城镇，立足资源环境承载能力、区位条件、产业基础、自身优势等，因地制宜将自己培育发展成为以文化旅游、农产品加工、商贸物流等为特色的专业功能镇。尤其是对经济实力较强、人口集聚态势显著、发展前景

---

① 《探索城乡融合发展新路径 加快"一地三区两城"建设 云阳以"双试点"为牵引 协同打造精致城市与和美乡村》，《重庆日报》2025 年 2 月 12 日，第 6 版。

② 潘鸿雁、刘欣雨：《镇域发展共同体：城乡等值理论下超大城市城乡融合发展模式探讨》，《中国矿业大学学报》（社会科学版）2024 年第 5 期。

较好的小城镇，支持其纳入区县城规划建设范围，打造人口和产业集聚的区县域副中心。

（一）改革思路

"强镇带村"试点一方面突出特色、协调联动。坚持以特色产业为切口推动一二三产业融合发展，同步完善城镇配套设施，推动镇村发展的协同性和整体性。另一方面，充分尊重农民意愿，充分考虑资源环境承载能力、财政实力等现实条件，防止一拥而上、贪大求全，坚守耕地保护红线，粮食安全、生态保护底线。具体而言，一是聚焦打造新型农村生活圈，建设人口转移的缓冲带。推动周边区县、辖区农村人口向场镇集聚，提升场镇承载能力、公共服务水平、商贸流通水平。二是聚焦延伸产业发展链条，打造农业生产的服务站。重点在建设农产品加工产业园、提升现代农业服务水平上实现突破。三是聚焦筑牢生态安全屏障，将绿水青山转化为金山银山。全力推进"三防""三化""三增"工程，实现优化农村生态环境、改善农村人居条件、加速生态价值转化的有机互动与融合。[①]

（二）市域实践

本部分选取云阳县江口镇、荣昌区吴家镇、大足区龙水镇 3 个市级"强镇带村"试点镇，针对性介绍它们在打造新型农村生活圈、延伸产业发展链条、筑牢生态安全屏障等方面的实践探索及初步成效，从而梳理超大城市城乡融合发展背景下"强镇带村"如何以小城镇为"基地"，引导产业、人口和要素向具有比较优势的区县城、小城镇集聚，促进城乡功能互补、融合发展。

1. 打造新型农村生活圈，建设人口转移集聚缓冲带

荣昌区吴家镇地处成渝发展主轴上重庆西部与四川东部毗邻的核心地

[①] 《云阳县人民政府关于印发〈江口镇"强镇带村"试点实施方案〉的通知》，重庆市云阳县人民政府网站，https：//www.yunyang.gov.cn/zwgk_257/zcwj_zc/qtgw/202405/t20240528_13244699.html，最后访问日期：2025 年 2 月 22 日。

带，距荣昌城区34公里、大足城区36公里、内江市东兴城区37公里、资阳市安岳县城区70公里，是川渝两省市四市区八乡镇区域中心。吴家镇拥有餐饮、商超、建材、酒店等商业店面近4000个，场镇集聚能力较强，辐射带动效应明显，近年来以基础设施提级和公共服务提质行动（见表4）为牵引，通过实施老旧小区改造和城市品质提升、大清流河全流域水环境综合整治、场镇雨污水管网改造，推动城乡教育医疗服务共建，进一步放大场镇区位优势、产业基础、公共服务叠加优势，打造新型农村生活圈，吸引内江市东兴区、资阳市安岳县等毗邻乡镇人口在吴家镇经商、就业、购房，场镇人气旺盛，城镇外来人口达全镇常住人口30%以上，较好实现了人口转移集聚缓冲带的功能定位。

表4　荣昌区吴家镇基础设施提级和公共服务提质行动内容摘编

专项行动类型	代表性举措
基础设施提级行动	①保障性租赁住房和场镇老旧小区配套基础设施升级改造； ②统筹区镇村三级交通、水利、电力、通信、物流基础设施"五网一体"规划建设管理
公共服务提质行动	①推动荣昌区第二人民医院与镇医院建立紧密型医疗卫生共同体，推行派驻、巡诊、轮岗等方式鼓励医师下乡； ②建立吴家镇中与西南大学附属中学等学校对接帮扶机制，实施"名优教师送教下乡"活动； ③打造"吴优办"政务服务品牌，推动所有行政许可、行政服务事项纳入公共服务中心集中受理办结

资料来源：《重庆市荣昌区人民政府办公室关于印发重庆市荣昌区"强镇带村"试点工作实施方案的通知》，重庆市荣昌区人民政府网站，http://www.rongchang.gov.cn/zwgk_264/zcwj/qzfwj/zcyy/202409/t20240925_13658701.html，最后访问日期：2025年2月22日。

2. 延伸产业发展链条，释放特色产业强镇带动效应

大足区龙水镇辖区面积近100平方公里，城区面积17.5平方公里，辖28个村（社区），常住人口超过17万，形成了五金机电、汽摩配件、商贸流通等特色支柱产业，是著名的五金之乡、全国小城镇建设示范镇、全国百强重点镇。龙水镇以发展产业为纽带，坚持产业融合发展理念，深度融入全

市"33618"现代制造业集群体系，按照大足区"246"先进制造业集群发展布局，做精做强现代五金产业，强化科技创新赋能，加快企业梯度引育，通过建设特色产业强镇促进经济发展和人口集聚（见表5），实施规划、科技、经营、资金进乡村和能人、青年、务工人员回乡村的"四进三回"行动，优化联农带农富农机制，吸引农村人口就地就近城镇化，畅通城乡要素双向自由流动通道。目前，以邓家刀、永利、飞天等为代表的刀具品牌多点开花，以龙水锻打刀为代表的大足区现代五金生产企业已有1500多家，从业人员10多万人，现代五金产业年产值超过200亿元。[①]

表5　龙水镇特色五金产业强镇带村内容摘编

主要目标	重点任务
到2025年，力争规模以上工业总产值年均增速超过12%，现代五金产业工业总产值达到150亿元以上；累计培育电商企业600家，市场主体达21000家；西部金属交易城、五金市场等专业市场交易额达到450亿元以上，五金产品线上交易额达到55亿元	聚焦生活刀剪用品、手板钢锯、铝合金制品、汽摩车架、电力金具等传统优势领域"强链"，聚焦新型装饰建材、汽车传感器、轴承单元等关键配套制品"补链"，聚焦医疗器械五金、文创五金衍生品等特殊用品"延链"。聚力打造模具及轻合金材料特色产业集群，培育打造传感器、智能网联新能源汽车座椅及内外饰等两个前沿细分领域产业集群

资料来源：《重庆市大足区人民政府办公室关于印发〈重庆市大足区龙水镇"强镇带村"试点实施方案〉的通知》，载重庆市大足区人民政府网站，http://www.dazu.gov.cn/zwgk_ 175/zfxxgkml01/zcwj_ 121774/qzfwj_ 121775/202406t20240612_ 13288366.html，最后访问日期：2025年2月21日。

3. 筑牢生态安全屏障，推动绿水青山生态价值转化

云阳县江口镇作为渝东北三峡库区的人口大镇，2023年成功入选全市"强镇带村"试点乡镇，该镇借鉴"千万工程"经验，聚焦打造绿水青山的守护站，全力抓好"三防工程""三化工程""三增工作"。通过开展厕所、

[①] 《中国经济样本观察·"镇"了不起丨从"粗打铁"到"细打磨"，"菜刀小镇"锻打出200亿元大产业》，新华网，https://www.news.cn/fortune/20250211/fc1834b24a4b47a487b7f662eee76380/c.html，最后访问日期：2025年2月23日。

污水、垃圾"三大革命",改善农村人居环境。充分利用绿水青山资源,发展林下经济、避暑经济和康养经济。深化气候投融资试点,推进生态产品总值核算试点工作,让绿水青山转化为金山银山(见表6)。2024 年以来,江口镇持续推进基础设施建设,完成修建泵站 4 座、管网 74 公里以及检查井 2400 余座,创建镇村污水处理投融建运维管"六位一体"工作机制,场镇污水收集率同比增加 40%,直排散排现象"双清零",污水处理费缩减 30%,创造绿色经济价值近 1000 万元。充分利用"两路一库"重点项目发挥以工代赈政策作用,带动低收入群体就业 400 余人,务工增收 506 万元,周边住餐增收 200 万余元。[①]

表6 江口镇"三防""三化""三增"内容摘编

涉及领域	代表性举措
三防工程	①抓好生态资源防侵占、防破坏、防污染工作,坚决防止耕地非农化、遏制非粮化,严守耕地保护红线和粮食安全底线; ②严格落实河长制,实施汤溪河、团滩河流域综合治理项目,打造美丽河库公园 4 座; ③严格落实林长制,提质建设"两岸青山·千里林带"3500 亩
三化工程	①围绕绿化、美化、靓化有序推动"三线"治理,对 398 个村(居民)小组全面开展"三清三拆三整治"; ②实施盛堡、新里、团滩三大进出口通道治理。升级改造场镇路灯,实施集中院落"点亮"工程; ③全面推进农村厕所、垃圾、污水"三个革命",建成巴渝和美乡村 10 个,新改造农村户厕 500 户以上
三增工作	①围绕生态价值增产、增值、增效,收储林地 13 万亩,发展林下经济、林产品加工、森林旅游、森林康养等新业态,实现全产业链开发,带动农民和村集体"双"增收; ②利用"林票"制度,参与森林生态权益交易、森林资源配额交易、森林生态载体溢价、森林碳汇估值等价值实现模式

资料来源:《云阳县人民政府关于印发〈江口镇"强镇带村"试点实施方案〉的通知》,重庆市云阳县人民政府网站,https://www.yunyang.gov.cn/zwgk_ 257/zcwj_ zc/qtgw/202405/t20240528_ 13244699.html,最后访问日期:2025 年 2 月 20 日。

---

① 《重庆云阳江口镇:以人强镇、聚人带村 聚力打造人口转移"中转站"》,七一网,https://www.12371.gov.cn/Item/664513.aspx,最后访问日期:2025 年 2 月 18 日。

三 "强村富民"助力村强带民富

农村资源资产的有效管理不足、市场经营主体的缺失、城乡要素资源的单向流动，是阻碍新型农村集体经济壮大的关键因素。重庆市"强村富民"综合改革，以农村基层党建夯实为引领，围绕发展新型农村集体经济这一核心目标，系统开展以村级规划管理、农业"标准地"、"强村公司"、农村建设用地激活、"三变"和"三位一体"、城乡要素畅通、渝农数字赋能七项改革为主要内容的"一统七改"，加快推动村强带民富。①

(一)改革思路

"强村富民"综合改革瞄准差异化定位，鼓励主城都市区、渝东北三峡库区城镇群和渝东南武陵山区各区县，根据其差异化的区域定位、资源禀赋和产业基础，因地制宜、各有侧重地探索强村富民实践路径。一是优化村庄规划管理。推进乡村规划改革，优化乡村空间布局，建立差异化投入机制。二是深化农村土地改革。统筹农村"标准地"和建设用地创新，推广"五合一"改革，扩充农民财产性权益。三是盘活农村闲置资产。不断拓展"三变"改革范畴，打造集生产、供销、信用"三位一体"的"农合联"平台。四是畅通城乡要素流动。搭建和完善全市统一的农村产权流转交易市场，丰富闲置资产增值途径。五是推进渝农数字赋能。聚焦促进农村产业数字化转型、农村集体资源资产数字化转化、迭代升级"三农"大数据服务，助力农业农村现代化。

(二)市域实践

本部分围绕搭建经营管理平台、成立强村公司抱团发展、健全全市统一

---

① 《"强村""富民"同频共振"一统七改"蹚出乡村振兴新路》，华龙网，http://nyncw. cq. gov. cn/zwxx_ 161/mtbb/202312/t20231229_ 12765189_ wap. html，最后访问日期：2025 年 2 月 20 日。

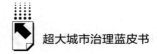
农村产权流转交易市场三方面，梳理重庆在推动"强村富民"综合改革、促进城乡要素双向流动融合的实践探索及初步成效（见表7）。

其一，以农村集体资源资产数字化转化试点为切口，提升渝农数字赋能质效。委托重庆农村商业银行开发和运营"渝农经管数智平台"，围绕"管好、盘活、赋能、增收"目标，为农村基层组织提供"三资"管理、银农直联等全方位服务，支持村社家底一库集成、村级财务一贯到底、资产管理一事一案、阳光公开一清二楚、乡风文明一表评分，同时注重集体资产的实施监管和分析研判，助力农村集体经济高质量发展。[①]

其二，鼓励集体经济组织通过投资、参股等市场化方式设立合作社、公司法人，规范组建发展"强村公司"，从完善经营管理和监督机制、强化担保和负债管理等方面，创新探索"强村公司"法人治理机制。截至2024年9月，重庆已培育各类新型农业经营主体9.83万户，成立强村公司4300家，并积极引导组建乡镇级、区县级以及跨行政区域的规模化强村公司，力争通过资产参股、资源发包、居间服务等多样化途径实现全市农村集体经营性收入年均增长10%。[②]

其三，成立全市统一农村产权流转交易市场，以撬动闲置资产为核心实现城乡要素双向流动和优化配置。2023年11月，重庆入选全国农村产权流转交易规范化试点省市，巴南区、忠县、梁平区成为试点区县。在此背景下，由重庆农村土地交易所牵头，按照一体化、规范化、数智化要求，构建了"市级农村产权流转交易服务平台+区县流转服务公司+乡镇服务站+村级服务点"四级服务体系，旨在提升资源要素溢价空间。截至2024年初，全市已有20个区县登记组建了农村产权流转服务公司，累计达成产权流转交易2203宗、35.8亿元。[③]

① 《重庆农村商业银行：加"数"前进，"数字普惠"模式倾力助推乡村全面振兴》，中国银行业协会网站，https://www.china-cba.net/Index/show/catid/170/id/44353.html，2025年2月23日访问。

② 赵伟平：《以小县大城、强镇带村、强村富民为导向 重庆加快打造城乡融合乡村振兴示范区》，《重庆日报》2024年9月9日，第1版。

③ 赵伟平：《改革成"引擎" "强村"带"民富"》，《重庆日报》2023年12月25日，第1版。

表7　"强村富民"综合改革典型实践案例摘编

案例主题	案例内容
搭建"渝农经管数智平台"：资源资产从管好到用活	城口县河鱼乡河鱼社区将闲置多年的民房收储归村集体，通过"渝农经管数智平台"上传房屋图文信息，民宿业主通过平台以竞价方式获得闲置民房的使用权，用于发展乡村民宿，实现闲置资产盘活
成立强村公司：变单打独斗为抱团发展	丰都县武平镇10个行政村各出资20万元抱团组建镇级强村公司，与华园牧歌（重庆）生态农业科技有限公司达成肉牛养殖合作协议。强村公司出资金，华园牧歌负责技术支持和养殖场运营，聘请职业经理人负责肉牛销售。每养一头牛，村集体每年保底有1500元收入，同时，10个村的村集体还与华园牧歌按照5∶5对利润进行分红
成立农村产权流转交易市场：从资产闲置到双向流动	巴南区成立重庆首家区县级农村产权流转服务公司，依托该公司牵线搭桥，巴南区二圣镇集体村大沟社3219.8平方米土地、惠民街道沙井村达桥社14414.83平方米土地，在土交所分别以345万元、1456万元的价格，出让其使用权

资料来源：赵伟平：《改革成"引擎"　"强村"带"民富"》，《重庆日报》2023年12月25日，第1版。

特别指出的是，重庆在统筹推进"小县大城""强镇带村""强村富民"贯通联动改革过程中，以产业为先导和纽带，重点突出贯通性和联动性。县级层面聚焦发展产业集群，以规模化、特色化的产业集群吸引人才、资本涌入，培育一批农业强县、工业大县、旅游名县，夯实"小县大城"良性可持续发展的产城底座。乡镇层面聚焦特色优势农产品加工，力求提升农产品附加值、延长农产品产业链，打造一批产业强镇，推进加工在镇、基地在村、增收在户的镇域产业融合，提升"强镇带村"的支撑能力。村级层面聚焦"土特产"的开发与销售，充分利用当地的自然资源和文化特色，打造独具特色的农产品品牌，推动集体经济年经营性收入10万元以上的村占比不断提高，释放"强村富民"的协同效应。这一超大城市城乡融合发展的实践探索为其他地区提供了有益借鉴。

B.7
超大城市基层综合执法改革的
重庆探索

刘元贺[*]

摘　要：　随着镇街综合执法改革的纵深推进，基层执法共同体如何运转成为新的关注点。通过对 D 街道深入考察研究发现：聚焦镇街执法能力提升的执法协助、辖区执法力量板块化运作、街道统筹的组团式执法以及监督在场的执法案件无缝移交，是镇街主导下基层执法共同体运作的基本方式。数字联结建构了执法主体直接联系的网络结构，关系下沉则使该网络结构的潜能得以发挥，二者统一于镇街执法共同体的运行实践中。这些发现丰富了对基层执法共同体运行情况的理论认知，一定程度上弥合了结构嵌入与关系嵌入之间的理论张力：在数字联结弥合"结构洞"的前提下，亲密关系有助于减少冗余信息，促进高效率的协同。

关键词：　基层执法共同体　节点贯通　镇街统筹　数字联结　关系下沉

　　近年来，以赋权镇街为重点的基层综合行政执法改革持续深化，构成基层治理体系和治理能力现代化的重要内容。2019 年，中共中央办公厅、国务院办公厅印发的《关于推进基层整合审批服务执法力量的实施意见》明确提出"推进行政执法权限和力量向基层延伸和下沉，强化乡镇和街道的统一指挥和统筹协调职责"；2024 年 7 月，党的二十届三中全会通过的《中

---

　　* 刘元贺，政治学博士，西南政法大学政治与公共管理学院讲师，研究方向为超大城市基层治理。

共中央关于进一步全面深化改革　推进中国式现代化的决定》进一步强调"完善基层综合执法体制机制"。作为日益凸显的治理场域，超大城市因人口、空间等规模超常而引发的超常治理难题更需镇街能够"以块统条"，整合执法资源。①因此，深化以镇街为主体的基层综合行政执法体制改革，也是超大城市探索高效治理新体系的关键环节。

综合实践进展来看，执法权下沉是超大城市基层执法体制改革的主要途径。其必要性是毋庸置疑的，但在推进执法权下移的进程中有一个事实仍需注意：由于各种主客观原因所限，基层执法实践仍需动员各种执法力量实现跨部门协同。这也是改革的重要内容，如前述《关于推进基层整合审批服务执法力量的实施意见》所提到"强化乡镇和街道的统一指挥和统筹协调职责"。因此，在上级政府部门优势依存的前提下，如何强化镇街统筹进而构建基层执法共同体，也就成为超大城市基层执法体制改革不得不关注的重要课题。对这些因素的探索，应回到乡镇综合执法改革的现实场景中去，在复杂的县乡关系（泛指，亦包括县与街道、区与街道、区与乡镇等关系）重塑中找寻答案。基于此认识，本报告尝试从嵌入理论视角并依托案例分析来进一步回答"镇街何以能够统筹各类执法力量"这一改革中的基础性问题。2023年10月，重庆市启动新一轮的镇街综合行政执法改革，以"三个综合"（执法事项综合、执法力量综合、执法方式综合）为重点推进"一支队伍管执法"。经过近一年实践，试点镇街的"大综合一体化"执法格局基本形成，运行成效初步彰显。鉴于此，重庆市如何建构基层执法共同体，也就成为本报告的主题，以期清楚阐释其建构脉络及内在机理，进而提炼其经验。

一　案例选择与资料搜集

在超大城市基层执法共同体建构中，镇街政府如何统筹使用各种执法力

---

① 王丛虎、骆飞：《超大城市推进综合行政执法的改革逻辑与未来进路——基于北京市行政执法改革的纵向多案例》，《中国行政管理》2023年第11期。

量进而实现"一支队伍管执法",是本报告的关注重点。因此,在研究问题的类型上,本报告属于"怎么样""为什么"的探索,而此类研究的推进则以案例研究较为妥当。① 选择案例作为主要研究方法时,需注意案例的典型性。所谓典型性是指案例所具有的属性能够体现某一类别的现象或共同的性质。② 作为重庆市新一轮镇街综合行政执法改革试点街道,H 区 D 街道按照"法定执法+赋权执法+委托执法"的模式获得执法事项共 67 项,其中,法定执法事项 22 项、通用赋权执法事项 16 项、自选赋权执法事项 14 项、委托执法事项 15 项。在此基础上,区级行政执法部门以派驻、包片等方式下沉的执法力量共 36 人,由街道综合行政执法大队统筹使用;下沉人员采取"区属街道共用共管"、以街道为主的方式管理。依托"141"基层智治体系["一中心四板块一网格",一个基层治理指挥中心,四个板块分别是党的建设、经济发展、民生服务、平安法治,一个村(社区)网格],街道综合行政执法被纳入"平安法治板块"统筹管理,上线运行"执法+监督"一体化数字集成应用,形成了"综合执法+专业执法+网格管理"的运行模式。稳步推进的 D 街道综合行政执法改革是重庆市"大综合一体化"行政执法体制改革在基层展开的缩影,故本报告选取 D 街道的改革进展及"一支队伍管执法"运作作为分析案例。

案例调查开始于 2023 年 11 月,即当地刚启动新一轮改革之时。在初步了解改革规划之后,课题组采用实地访谈、在线沟通、报道跟踪等方式持续关注 D 街道的综合行政执法改革。截至 2024 年 9 月底,已访谈司法局相关负责人、区执法部门相关负责人、街道综合执法大队负责人(亦是街道领导)、办公室负责人、派驻机构负责人等共计 30 余人次,整理录音资料 10 万余字,搜集相关新闻报道 20 余篇、政策文件与工作简报汇编 10 余份,取得相对丰富的阶段性研究资料,可对镇街综合执法进行阶段性分析。

---

① 罗伯特·K. 殷:《案例研究:设计与方法》(原书第 5 版),周海涛、史少杰译,重庆大学出版社,2023,第 13 页。
② 王宁:《代表性还是典型性?——个案的属性与个案研究方法的逻辑基础》,《社会学研究》2002 年第 5 期。

二　镇街统筹基层执法力量的案例呈现

超大城市基层综合执法改革不仅要赋权镇街政府、强化其统筹，还要致力于营商环境优化，推进"综合查一次"落实落地。相较县域中的乡镇综合执法改革，超大城市综合执法改革更偏重基层执法共同体的建构。

（一）面向镇街执法能力提升的执法协助

综合各地实践案例来看，镇街承接力有限几乎成为乡镇综合执法改革通病，制约了改革的纵深推进。如何提升镇街承接力，成为 H 区深化乡镇（街道）综合行政执法改革工作专班和 D 街道共同关注的议题。为破解该难题，H 区出台《区级行政执法部门包片指导镇街制度》，推进包片指导制度。全区划分三个片区，每个区执法部门在每个片区配置不少于 1 名的"镇（街道）综合行政执法片区联络员"，负责为镇街提供培训、执法协助、信息共享等方面的工作。同时，根据街道需求，区执法部门可采用制定指导性规范、现场执法演练、组织研讨交流、通报典型案例等方式，指导街道行政执法人员熟悉办案流程、法律法规以及政策标准等。据 H 区司法局负责人介绍，"上半年组织开展'以案促改'案卷评查整改培训会、'执法+监督'数字应用系统培训会等培训 4 场次，组织城市管理、市场监管、消防救援等业务骨干，深入相关镇街，开展'跟班学'式培训、'场景式'执法演练等培训 20 余次"。包片指导的意义不仅在于强化镇街综合执法人员的业务素质、提升镇街的承接能力，还在于强化区级执法部门的指导责任，进而促进它们与镇街的执法能力捆绑，"平时不懂的业务知识，找联络员问问就明白了，日常性的协助，打个电话就解决了，我们执法不出岔子，他在部门也好说话"（D 街道综合执法大队办公室负责人，HCXY20231203）。

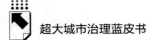

当然，镇街综合执法能力的提升不可能一蹴而就，培训在短时间内只能解决简易执法事项。现阶段，乡镇综合执法的稳步推进更有赖于部门协助，进而实现"干中学"。为强化执法过程中的部门协助，H区一方面通过责任划分与确认的方式加强制度建设，规定"乡镇（街道）在行政执法过程中，难以自行收集的文书、资料、信息，或需要鉴定、检验、检测等技术支持的，可以出具申请协助函，请求有关区级行政执法部门在职权范围内予以协助。区级行政执法部门自收到申请协助函之日起3个工作日内出具书面意见，请求事项属于职权范围的，依法予以协助，不得推诿、刁难；请求事项不属于本部门职权范围的，告知其有管辖权的部门；请求事项属于法律法规等明确禁止的，明确不予协助并说明理由"（H区司法局制度文件，HS20240124-1）。另一方面，该区针对镇街法制审核质量不高的现状而推行"一案双审"，即适用普通程序的行政处罚案件，在镇街法制审核人员初审后提交相关执法部门再次进行法制审核，并于5个工作日内完成审核。执法部门法制审核的重点主要包括：是否属于需要法制审核的情形；执法单位主体是否合法，执法人员是否具备执法资格；行政执法程序是否合法；案件事实是否清楚，证据是否合法充分；适用法律、法规、规章是否准确，裁量基准运用是否适当；执法是否超越执法部门的法定权限；行政执法文书是否完备、规范；违法行为是否涉嫌犯罪、是否需要移送司法机关；等等。通过"一案双审"，镇街政府与执法部门形成了责任共同体，进而对执法过程中的协助提供了较强的约束，"案子经过你审了，你就要负责，镇街有什么要求，我们肯定要帮，不然审核中出了问题，你也躲不掉"（H区市场监督管理局负责人，HSCJD20231203）。

（二）辖区内执法力量板块化运作

鉴于部分部门执法业务具有高度的专业性，且在基层镇街层面存在广泛的执法需求，如公安、市场监管等领域。为确保执法工作的有效性与及时性，这些部门普遍采取向基层派驻执法力量、设置派驻机构（如派出所、市场监督管理所）的方式，作为常态化的工作模式加以实施。一般而言，派驻机构的人员管理及工作经费主要来自原部门，虽在属地镇街开展工作，但无隶属关系。因此，在日常工作中，镇街政府对辖区内派驻机构的调度和统筹能力有限。① 为加强镇街政府的属地管理职责，《关于推进基层整合审批服务执法力量的实施意见》明确指出，"继续实行派驻体制的，要建立健全纳入乡镇和街道统一指挥协调的工作机制，工作考核和主要负责同志任免要听取所在乡镇和街道党（工）委意见"。正是在这一背景下，各地在镇街综合执法改革过程中也将派驻机构管理模式改革纳入其中，强化镇街政府对其的统筹管理能力。

除了增加镇街的考核权重，重庆市还依托"141"基层智治体系将辖区内各类执法力量纳入"平安法治建设"板块，推行板块化管理，强化镇街统筹。以 D 街道的"平安法治建设"板块为例，进驻的执法力量除了本街道的综合行政执法大队外，还有公安局派驻的派出所、市场监督管理局派驻的市场监督管理所等派驻机构。在此基础上，该街道推动基层综合行政执法力量向网格延伸，加强行政执法数字平台应用，依靠"1+3+N"网格治理团队（"1"即网格长，"3"即专职网格员、兼职网格员、网格指导员，"N"主要包括网格内的在职党员、志愿者等），建立综合行政执法网格化管理和日常巡查制度，实现执法事项、执法队伍、执法力量、执法方式、数字平台的综合运用。为进一步强化统筹与协同，该街道还通过党建引领的方式构建板块内部联动机制，即在平安法治建设板块内设立党支部，实现组织生活按板块过、业务工作按板块推、年度考核按板块评、评优评先按板块选，从而让板块内各业务岗位有效融合。依托数字平台的执法力量板块化联动，一方面，强化了执法力量之间的信息共享，"我们平安建设这块，涉及综治、执法、应急等多个部门，过去获取信息是个大问题，不是要不到，是要挨个问，挨个要，麻

① 刘斯琴高娃：《基层组织如何围绕城镇化深化改革——以苏木乡镇为例》，《人民论坛》2014 年第 17 期。

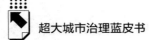

烦得很；现在很多信息在'渝快政'上都有，需要哪块，点一下就能查到，很方便"（D 街道平安法治建设板块负责人，HCQP20240119）；另一方面，增强了镇街的有效统筹与执法力量的便捷协作，"三月份的时候，智能摄像头感知到一小区露台冒烟，信息推送到指挥中心，指挥中心值班人员马上召集平安法治板块，安排消防应急人员和医护人员迅速赶到现场，火情得到遏制，没有人受伤，没有财产损失。事后排查，是乱扔烟头引起的，幸亏发现得早，不然后果难料"（D 街道指挥中心负责人，HCLZ20240824）。

（三）街道统筹的组团式执法

基层"多头执法"现象备受公众、企业诟病，成为营商环境优化的重点整治内容之一。在新一轮镇街综合执法改革中，重庆市积极推动乡镇（街道）与区级行政执法部门开展"综合查一次""监管一件事"等联合执法行动，探索组团式执法新模式，实现"综合查一次"常态化、制度化。其主要做法是，镇街根据工作计划或实际需要，通过"执法+监督"一体化数字集成应用派发工作任务或线下书面通知等方式，确定检查对象、方式、时间、参与单位、职责分工等，相关执法部门要予以支持，共同参与和配合。以 D 街道对辖区几家主要药店开展的"综合查一次"组团式执法为例，街道综合执法大队通过"执法+监督"一体化数字集成应用发起"综合查一次"计划，联合区城市管理局、区医保局、区市场监督管理局、区消防救援支队四个执法力量开展组团式执法。各部门接到街道的计划后积极响应，参与街道搭建的跨部门执法小组，共同对同一场所开展执法检查，如针对某一药店，市场监督管理局执法人员对药品流通、药品安全进行检查；消防救援支队执法人员对药店消防设施系统配件、功能运行情况进行检查，排除消防隐患；城市管理局执法人员对药店招牌以及立牌、广告标识等是否有严重影响市容市貌情况进行检查；医保局执法人员对药店医保政策宣传是否清晰到位、药品定价是否合法合规、药品贮藏管理是否规范卫生进行检查。所有事项检查完毕后，各参与执法的部门一次性反馈检查中存在的问题，统一开具执法反馈清单，提出整改建议。

在组团式执法模式下，联合行动摒弃了临时性和运动式的特征，围绕街道执法计划呈现出常态化与系统化演变趋势，进而促进了执法力量的深度融合与高效整合，为制度化合作奠定了基础。相较于以往的"多头执法"或运动式联合执法，组团式执法显著减少了对企业及商户的重复性检查，减轻了其迎检负担，并在单次检查中实现了对各项法律法规要求的全面覆盖。这不仅确保了监管工作的全面性和无遗漏，还增强了执法的综合效能与实效，为营造良好的法治化营商环境提供了有力支撑。更重要的是，在推进组团式执法过程中，D街道依托数字技术，实现与各个执法部门之间的联结。在"执法+监督"一体化数字集成应用平台上，各部门还可实时共享信息，共同分析研判问题，进而增进相互之间的工作信任，形成执行合力，"现在不是优化营商环境嘛，不能像以前今天你来明天我去，给人家商户添负担。通过'综合查一次'，大家都熟悉了，你的执法程序我清楚一些，我的你也会了解，下次再查的时候，肯定配合得更好"（D街道综合执法队负责人，HCWX20240313）。通过数字化平台，以镇街为统筹单位、多部门参与的组团式执法模式，不仅提高了整体效率和质量，还增强了各部门之间的工作联系与信任关系，从而构建了一个节点相互直接联系且高效运转的基层执法网络结构。

（四）监督在场的执法案件无缝隙移交

推进乡镇综合执法改革并不意味着区县执法部门可以将任何一项执法事项委托给镇街。事实上，有些执法部门的执法事项往往专业性非常强，需要专业人员使用专业监测设备或专业标准来裁定，如环保部门的噪声污染看似简单，但需要使用特定的监测设备和专业的技术来判断是否超标，因此，这类执法事项并不适合赋权或委托给镇街。重庆市也规定，对安全生产、危险化学品、特种设备监管等基层缺乏必要技术手段和专业支撑的事项原则不予下放，避免"甩锅式"放权。显然，除了乡镇综合执法外，专业执法事项

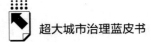

依然存在。正因如此，重庆市新一轮的乡镇综合执法改革并不是片面地下放执法权，而是采取了"综合执法+专业执法"的新模式。在该模式下，镇街在执法过程中不可避免地会遇到不属于其管辖范围的执法案件，同样，区县执法部门在执法过程中也会遇到类似问题。如何实现此类案件无缝隙移交，也应为构建基层执法共同体需化解的问题。

为实现执法案件无缝隙移交，H区司法局探索出了监督在场的行政执法案件无缝隙移交机制。首先，明确了执法案件移交的主体以及案件移交客体。比如，镇街在执法过程中，发现违法行为属于其他镇街综合行政执法事项的，应当移送至该镇街；发现违法行为属于区执法部门管辖的，应当移送该执法部门；区执法部门在执法过程中发现违法行为属于镇街综合行政执法事项的，应当移送至该镇街。其次，规范了案件移交的材料，主要包括案件移送函、证据材料、涉案物品及清单等。再次，划清了移交责任，镇街及区执法部门在执法过程中发现违法行为不属于其管辖范围的，应在5个工作日内移交，情况紧急的则应在24小时内完成移交；受移送单位应在5个工作日内告知受理情况，如非本单位管辖，则应书面报请区政府决定，不得自行移送；任何一方违反上述规定，造成严重后果，均应追究相应的责任。最后，行政执法案件移交应在区司法局监督下进行，无论是行政执法案件移送的函还是复函，均要求一式三份，其中，一份本单位存档，一份送受移送单位，一份抄送区司法局备案。

条块分割、多头执法、镇街承接乏力，长期以来是基层执法的痛点。D街道通过执法协助关系的搭建、派驻机构与综合执法大队的板块化运作、组团式执法以及执法案件无缝隙移交等方式促进了执法能力捆绑、辖区执法力量统筹、跨部门执法力量联结，进而构建一个高效协同的执法共同体（见图1）。观察其运行不难发现，在行政执法权下放的基础上，通过数字赋能、结构调适构建制度化、属地化的执法网络，是D街道执法共同体运行的基本特征，其中，增强镇街的主体性是基础，数字应用与结构调适互嵌是支撑，协同关系制度化是保障。

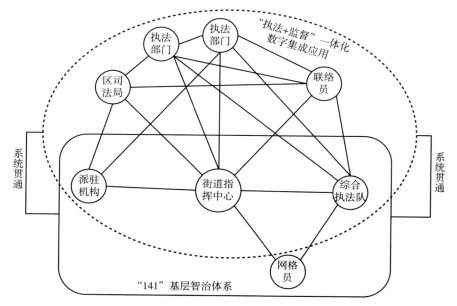

图1 D街道执法共同体运行示意

三 数字联结与关系下沉：镇街统筹基层
执法力量的实践逻辑

D街道执法共同体运行的案例表明，以镇街为主体统筹各类执法力量、构建属地化的执法网络，是基层执法共同体有效运行的关键。这就意味着在条块关系中原先处于"被支配"地位的镇街政府发生了位置改变，成为基层执法网络的"桥接点"，可直连各执法主体与高层级治理中枢；与此同时，运动式的联合也让位于制度化的协同，镇街成为基层执法的统筹者。结构与关系均发生了变化。依托分析框架可发现，数字技术使节点联结成为现实、关系下沉使条线部门趋向在地化并与镇街形成了责任共担的格局。数字联结与关系下沉构成镇街统筹基层执法力量的实践逻辑。

（一）数字联结助推基层执法网络内节点直连

结构嵌入理论表明，强化成员之间的相互约束，需要网络内的节点形成

123

直接联系。使镇街跨越执法部门与更高层级的政府、执法部门建立扁平化的联系，是镇街位置调整与撬动区县执法部门的关键。通过 D 街道执法共同体运行案例的呈现，可以发现，除了结构本身的调整外，数字技术的应用亦是关键性推力，它不仅使扁平化的结构调适成为可能，还将镇街政府与高层级政府、执法部门直连，进而形成了以镇街政府为连接点的直接网络关系，强化了基层执法主体之间的相互约束。

首先，数字联结可助推治理结构扁平化，提升协同效率。从更为宏观的视角来看，镇街综合执法改革嵌入复杂的条块体系之中。政府层级设置与"职责同构"的现实，导致基层政府与高层级政府之间的信息交互主要通过中间政府或条线部门的传递来完成。过长的传递链条不仅导致信息失真，还可能强化条线部门的控制。这样，对于镇街政府而言，条线部门往往是一种关系捆绑。为了获取其支持，镇街难免会陷入"关系竞争"之中，产生大量冗余信息。在信息传递层级过多的情况下，镇街协同条线部门无疑是困难的。为了实现更便捷的跨层级、跨部门协同，重庆市以数字化城市运行和治理中心为平台撬动政府层级关系调适，采用统分结合、上下贯通的原则推进市、区县、镇街三级数字化治理中心的建设。其中，市城市运行和治理中心定位为"城市大脑"，不仅承担着统筹协调的重任，还致力于体系构建与标准制定，依托先进的一体化智能化公共数据平台，推动全市社会治理业务的深度融合与广泛应用；区县数字化城市运行和治理中心定位为"实战枢纽"，主要承担上下贯通、横向协同、系统集成的功能，进而推动数据归集治理、共享交换；镇街基层治理中心为"联勤联动"，重点是强化镇街政府的综合集成与条块统筹功能，以实现"以算力换人力、智能增效能"。通过指挥中心的数字联结，重庆市初步构建了全局"一屏掌控"、政令"一键智达"、执行"一贯到底"、监督"一览无余"等数字化协同场景。在这一治理结构下，包括行政执法在内的各类治理事件可由市级应用智能分拨直达镇街；镇街上报的信息亦可同步推送至市城市运行和治理中心。由于相当一部分信息可以不经条线部门而直接到达镇街，条线部门对镇街的控制也得到了较大程度的缓解，冗余信息的产生也得到较大程度的遏制，协同效率由此得以提升，"系统派的，是你的业务，你就得接，就要干，不像过去，还得求人家"（D街道党工委书记，HCQW20240626）。"系统派的"亦表明，数字成为新的"桥接点"。相较于人或组织，这一"桥接点"不仅在信息传递的速度与质量上展现出显著优势，更以其中立性，构建了一个低冗余信息的网络体系，从而推动了执法协同的便捷性与高效性。

其次，数字联结可减少结构洞，改善镇街政府在执法网络中的位置。在现有体制下，镇街政府与区县执法部门处于同一个行政级别，均是正科级单位（直辖市为较为扁平的三级体制，其下的二者多为正处级单位），因此，它们之间从法律上来讲为平等的行政关系，是一种分工与配合、指导与被指导、监督与被监督的关系。但是，镇街政府作为最低一级的政府，处于政府关系网络中的"结构洞"位置，而区县部门则为本业务领域内联通镇街政府与区县政府、上级政府部门的枢纽，是"桥接点"，处于较为有利的位置。伴随着各类治理资源尤其项目的下沉，区县执法部门与镇街政府成为事实上的支配关系。在这种情况下，镇街政府统筹区县执法部门的难度可想而知。因此，构建以镇街统筹的基层执法共同体，需要改变其在现有执法网络中的不利位置。反转"结构洞"则表明，当原本间接联系的两个节点变为直接联系，第三者的议价能力就会显著降低。[1]改善镇街政府在基层执法网络中的不利位置，需要使其就执法事项能够与区县政府、更高一级的执法部门，甚至更高一级的政府发生直接联系。在D街道执法共同运行的案例中可发现，除了它被赋予大致与其治理任务相匹配的执法权（这是其与上级政府与执法部门进行直接联系的基础，正因其有执法权，上级政府才可能"一贯到底"）外，还有上下贯通、左右联结的数字系统应用，如"基层智治"平台、"执法+监督"一体化数字集成应用以及二者的互通。通过这些数字联结，镇街政府可以根据需要调度相关执法部门参与执法活动，"网格

---

① Podolny J., Baron J., "Resources and Relationships: Social Networks and Mobility in the Workplace," *American Sociological Review*, 1997, 62（5）: 673-693.

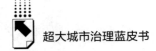

员通过掌上系统上报了一起乱倒建筑垃圾的案例，我们没有执法权，就在指挥平台上推送给区指挥中心和城管局，很快就来人检查，开了罚单；你推脱不了，区里看着呢"（D街道执法大队负责人，HCXY20240519）。在数字联结下，街道政府基本上可以与执法网络中的执法主体、监督主体发生直接、可视化的联系，进而改善其在执法网络中的位置，增强其统筹能力。

最后，数字联结可实现执法主体直连，增进相互之间的信任与约束。确保在执法实践中各执法主体保持高度一致性，是构建基层执法共同体的核心要义。D街道执法共同体运行的情况也表明，执法事项需要各执法单位相互配合时，在系统约束下，它们能够积极响应，并根据其执法权责参与共同行动。对于任何执法主体而言，他都是理性行动者。参与不参与执法行动，作为一个理性判断，固然与其职责有关，也与它所嵌入的网络有关。如果这个网络能够施加有效约束，则其不参与的成本必然会大于收益，进而促使其参与共同行动；否则，共同行动可能徒有其表。在结构嵌入理论看来，相对封闭的网络，能够增强成员之间的相互约束与一致行动期望；而促进网络封闭化，则需要节点之间增加直接联系。尽管"结构洞"理论发现，处于"桥接点"位置的节点可利用两端间的信息不对称而成为控制者，但也忽视了其作为跨界者所面临的角色冲突。正是这种角色冲突，使其很难与任何一方保持稳定的合作关系。要改变这种情况，减少间接联系成为首要选择。D街道"依托'执法+监督'应用，实现执法监管任务线上磋商、一键分发，科学确定执法监管对象、数量、方式和执法人员。日常监管检查信息统一录入应用，涉案线索推送至相关执法部门进行依法处理"（H区司法局总结材料，HS20240726-3）。案例显示，减少间接联系的关键在于通过数字建构密集、直连的网络结构。此外，数字系统还具有记录的功能。在数字化的环境下，执法主体的行为都被记录在案，任何违规操作或推诿扯皮都可能被迅速发现并追责，"协调了谁，谁来参加的，怎么执的法，都要登录系统，进了系统有记录，有记录就有监督；你在系统上找谁，谁都得回应，怎么回应也有记录"（D街道综合执法队负责人，HCWX20240519）。可见，数字联结催生了一种建立在信息可追溯基础上的新的信任机制，进一步强化了相互之间的约束，促进了共同行动。

（二）关系下沉强化镇街统筹

尽管中观层面的配置提供了基层执法共同体运行的网络架构，但执法共同体的运行还需要关系的重塑，这是因为关系决定结构的潜力可在多大程度上实现。就关系嵌入视角观之，在 D 街道执法共同体微观运行方面，原来以执法部门主导的执法关系演变为以镇街主导的执法关系，即执法关系下沉至街道。关系下沉促进了条线部门的本地化以及合作责任的主体化，强化了它们与镇街政府之间的相互关系，构成基层执法共同体运行的微观逻辑。

首先，关系下沉通过强化镇街主体性而促进条线在地化。在传统县乡关系中，"条强块弱"几乎为普遍性现象。即使在执法权下放过程中，对于执法部门委托的执法事项，镇街往往很少有选择余地，权力下沉虚化现象较为突出。[①] 显然，在不改变自上而下的逻辑下，单纯执法权下放并不能提升镇街的主体性。重庆新一轮的改革采取了上下结合的逻辑，即除了法定执法权统一明确外，赋权采取了"通用+自选"的方式，自选赋权不得低于15%。其中，对于通用赋权，镇街须全面承接；对于自选赋权，镇街可根据其治理需求而选择性承接。这样，镇街所获得的执法权大体可吻合其治理需求，减轻了其对执法部门的依赖。在此基础上，辖区内的派驻机构被纳入了"平安法治建设"板块，由镇街政府统一调度，进而使得这些派驻机构呈现出了在地化的趋势。不仅如此，由于派驻机构在地化，区县执法部门对它的调度空间无疑受到挤压，而很多保留的执法事项往往需要派驻机构以及镇街配合，区县执法部门，特别是没有派驻机构的执法部门形成了对镇街某种程度上的依赖，"很多事是在别人一亩三分地上，该配合还是要配合的，不然，你办什么事需要人家配合的，你好意思去说？"（H 区市监局负责人，HSCJD20240603）

---

① 方涧、刘子琴：《面向执法效能提升的行政执法权下沉路径研究——以浙江省五个试点乡镇（街道）为样本》，《中国行政管理》2024 年第 6 期。

相互配合的现实需求，使区县执法部门不得不重视它与镇街政府的合作，将一部分精力或资源投到基层执法，形成了在地化。尽管区县执法部门的在地化具有与派驻机构不一样的形成逻辑，即前者是相互配合的需求，后者是管理权衍生；但一样的是，它们都须重视镇街政府的治理需求，并据此开展执法活动或者配合镇街政府的执法。

其次，关系下沉通过协同制度化而建构亲密关系。强弱关系的区分及各自的功能定位，是格兰诺维特嵌入理论的重要成果之一。他认为，弱关系为人们提供了获取超出其社交圈信息和资源的途径；但强关系更有动机提供帮助，并且通常更易获得。① 此后，弱关系的价值多被强调，其所带来的新颖信息在管理中的价值也不断被证实；不过，在控制关系作为独特信息来源的通道后，强关系实际比弱关系更有益，因为它允许更多资源在行动者之间流动。② 这即表明，一旦控制了弱关系的桥接效应，亲密关系更可能会增加资源的转移，尤其是隐性和复杂知识的转移，因为亲密的接触通常使双方更愿意花时间仔细解释、详细说明或倾听新颖或复杂的想法。因此，在数字联结的网络架构下，亲密关系对执法共同体的运行更为重要，D 街道的案例也证明了这点。比如，派驻机构与镇街综合执法大队一并纳入"平安法治建设"板块，促进相互之间的融合。D 街道之所以能够建立起亲密关系得益于关系下沉带来的协同制度化。为了实现镇街执法过程中的多跨协同，H 区出台《区级行政执法部门包片指导镇街制度》《乡镇（街道）综合行政执法案件移送制度》《乡镇（街道）综合行政执法协调制度》《乡镇（街道）综合行政执法监督制度》等制度规范，进一步完善了镇街综合行政执法制度和工作指引，为构建权责统一、协作高效、直通基层的综合执法体系提供了制度保障。在制度的指引与约束下，镇街综合执法大队与区执法部门、派驻机构之间的沟通与协作更加稳固和持续。在日趋频繁和规范化的互动中，它们彼此之间逐渐建立

---

① Granovertter M. S., "The Strength of Weak Ties: a Network Theory Revisited," in Randall C., *Sociological Theory*, San Francisco, CA: Jossey-Bass, 1983: 201-233.

② Podolny J. M., "Networks as The Pipes and Prisms of The Market," *American Journal of Sociology*, 2001, 107 (1): 33-60.

了信任和默契，为基层执法共同体的有效运转创造了信任环境。

再次，关系下沉通过协同内容拓展而推进责任主体化。作为理性的行动者，责任往往是其采取某种行动与否的主要动机。在一个群体中，如果行动者之间责任模糊，那么，在个体理性支配下，当需要合作时，其很有可能选择"搭便车"；如果责任明确，则"搭便车"行为极有可能被规避。责任模糊与责任连带，是过去属地责任下基层执法中多方协作的常态。无论是责任模糊还是责任连带，都意味着在执法协同中行动者的主体责任并不明确，对于配合者更是如此。这种情况下，只有面对强大的问责压力，协同才有可能。不过，并不是说所有的执法事项都处于强大的问责压力下，因此，协同具有选择性。执法权下沉不仅厘清了镇街的执法责任，也明确了执法部门在镇街的执法事项。包片指导制度细分了执法部门以及联络员的指导与协同责任，"对不按分工履行职责，拒不履行业务指导、技术支撑、信息共享等协作配合义务的，按考核规定扣除相应分值"（H区司法局制度文件，HS20240124-2）；"综合查一次"清楚界定了在组团执法发起与应邀、执法活动开展中各方的责任；案件移交亦明确了移送者与受移送者的责任，"对应移未移、应收未收或违反移送制度等造成严重后果的，依照有关规定追究直接责任人和相关负责人责任"（H区司法局制度文件，HS20240124-3）；等等。可见，在关系下沉过程中镇街与执法部门不断拓展的协同内容，将原本分散在不同条线、不同部门的执法职责进行有效整合，促使执法活动的每一个环节都能找到明确的责任主体。

最后，D街道的案例分析表明，在执法分散的背景下，构建基层执法共同体应当以镇街为枢纽打通基层执法网络中的"结构洞"。这既需要依托数字技术联结各执法主体与治理主体，也需要通过关系下沉构建制度化的镇街统筹。数字联结与关系下沉构成基层执法共同体的运行逻辑，其中，数字联结建构了执法主体直接联系的网络结构，而关系下沉则强化了镇街统筹，使结构的潜在优势得以发挥，二者统一于基层执法共同体运行中（如图2）。

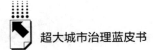

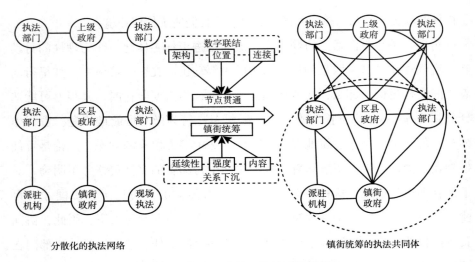

分散化的执法网络　　　　　　　　　镇街统筹的执法共同体

图 2　基层执法共同体的建构逻辑

四　结论

镇街综合执法改革作为基层政府政权建设的重要构成，长期以来持续受到学界重视，积累了丰富的研究成果。随着改革的纵深推进，关注点应从推进机制转向运行机制。为适应这一转向，本报告以重庆市 D 街道的行政执法共同体的运转为例，重点讨论了镇街如何统筹执法力量以及何种逻辑支撑其有效运转。依托嵌入理论而提炼的结构与关系双嵌入分析框架，基于 D 街道的案例分析发现：聚焦镇街执法能力提升的执法协助、辖区执法力量板块化运作、街道统筹的组团式执法以及监督在场的执法案件无缝隙移交，是镇街主导下的基层执法共同体运作的基本方式。支撑其有效运转的逻辑则是数字联结与关系下沉，其中，数字联结基本实现了镇街同执法主体与高层级治理枢纽的直连，改善了其在执法网络中的位置，建构了一个以镇街为枢纽的基层执法直联网络，强化了相互之间的约束；围绕镇街主体性强化而推动的关系下沉，通过协同制度化以及协同内容拓展促进了条线部门在地化与责任捆绑，进一步强化了基层执法主体的整合与协作。简言之，数字联结建构了执法主体直接联系的网络结构，关系下沉则使该网络结构的潜能得以发挥，二者统一于镇街执法共同体运行的实践中。

基于数字联结与关系下沉的逻辑，亦发现派驻机构呈现出了属地化的现象，回应既有的研究。稍微推进的是，本报告重点呈现了镇街与包括派驻机构在内的各种执法主体的互动关系，进而归纳了四种运行方式。这一归纳有助于深化对基层执法共同体运行情况的理论认知：作为统筹主体的镇街，与执法主体的联动不仅限于组团式执法，还包括指导、执法协助、案件移送等。正是这些多样化、经常化的联动，密切了镇街与其他执法主体之间的关系，构建了基层执法共同体。而且，本报告亦依托嵌入理论从政党统筹这一宏观结构转向了中观的运行结构和微观的互动关系，使宏观的建构逻辑探索向近距离剖析其运行逻辑转变成为可能。数字联结与关系下沉的识别，既揭示了基层执法共同体运行的逻辑，也在一定程度上弥合了结构嵌入与关系嵌入之间的张力：在数字联结弥合"结构洞"的前提下，亲密关系更有助于减少冗余信息，促进高效率的协同。

随着执法权下放的深入推进，镇街如何统筹执法力量将成为超大城市"大综合一体化"执法体制改革的重点。数字联结与关系下沉作为统筹基层执法力量的核心机制，相互依存、相互促进，共同构成了基层执法共同体有效运转的逻辑基础。在未来基层执法改革中，应继续深化对数字联结与执法关系融合的研究，不断优化其运作机制，以推动基层执法工作向更加高效、规范、协同的方向发展。

B.8
重庆市城市小微空间布局
和功能设置的治理分析

肖军飞*

摘　要： 超大城市治理经历了大拆大建取得成果的背后，是城市小微空间布局和功能设置低效与治理缺失的集中反映，超大城市建设的趋势已经发生了重大转变，从以城市规模扩张为主要动力的大拆大建转变为精细化、经济化、小规模、曲线式的发展模式。小微空间治理作为新时代城市建设的新方向，对城市经济和社会发展具有非常重要的意义。结合重庆市城市小微空间治理实践，优化城市腹地中具有良好品质的小微空间布局和功能设置正成为超大城市治理的主要抓手，助力城市建设和人民生活品质的提升，以城市小微治理服务"大综合一体化"的大战略和大民生。

关键词： 小微空间　空间布局　功能设置　城市治理

党的二十大报告指出："坚持人民城市人民建、人民城市为人民，提高城市规划、建设、治理水平，加快转变超大特大城市发展方式，实施城市更新行动，加强城市基础设施建设，打造宜居、韧性、智慧城市。"[1] 2024 年 4 月，习近平总书记视察重庆时指出："重庆是我国辖区面积和人口规模最

---

* 肖军飞，管理学博士，西南政法大学政治与公共管理学院副教授，主要研究方向为城市治理、社会稳定风险评估。
[1] 《高举中国特色社会主义伟大旗帜　为全面建设社会主义现代化国家而团结奋斗》，《人民日报》2022 年 10 月 26 日，第 5 版。

大的城市，要深入践行人民城市理念，积极探索超大城市现代化治理新路子。"① 新时代超大城市建设的趋势已经发生了重大转变，从以城市规模扩张为主要动力的大拆大建转变为精细化、经济化、小规模、曲线式的发展模式。重庆市在推进小微治理更新实践中，实现了从宏观走向细节，从速度转向温度，注重打造市民推门可及的幸福感。

一 城市小微空间治理的核心现实价值

城市发展路径具有多样性，但是城市在特定阶段所呈现的发展样态却具有相对稳定性，小微空间作为新时代发展的新方向，对城市经济和社会发展具有非常重要的作用，可成为城市发展的亮点与名片，促进社会整体性发展，增强市民生活幸福度，推动城市健康、绿色的可持续发展。②

（一）营造舒适空间的生活价值

城市是人民生活的空间和场所，一方面城市为人民提供更加便利的生活条件和更加具有人文关怀的基础设施，另一方面人民也为城市的发展方向作出选择并付出实际行动。城市承载人民，人民发展城市，小微空间相对于大型空间而言，尺度亲民，更能体现人文关怀，满足人本需求，通过营造小微空间将目光转移到小尺度的景观空间，补齐城市景观体系中的短板，激活城市闲置的小微空间，充实城市景观体系。城市小微空间治理的核心要义在于以满足市民的物质需求和精神需求为遵循，响应市民对未来生活的美好期待，秉持以人民为中心，将人性化理念一以贯之到城市小微空间治理实践中，依托不同人群进行全龄化空间设计，满足所有市民需求。可针对社区儿童，建设亲子活动和儿童娱乐空间，针对社区老年人和特殊人群，增加无障

---

① 《习近平在重庆考察时强调 进一步全面深化改革开放 不断谱写中国式现代化重庆篇章》，《光明日报》2024 年 4 月 25 日，第 1 版。
② 刘欣、侯晓蕾：《以社区微花园绿色微更新为起点，助力北京花园城市建设》，《中国园林》2024 年第 3 期。

碍通道和适老化设计等，致力于将城市打造成主体明确、主题突出、功能多样、智能创造的共享式生活空间，有效串联好市民学习工作、生活休闲等生活事件。①

（二）形塑积极健康的社会价值

城市小微空间是促进人与人交往、培养邻里关系和互助精神的重要载体和场所，而一些城市公共空间系统不够完善，空间单调缺乏层次感，缺乏人性化的设计，不符合人们的心理预期，这种现象在新建的社区中尤为明显，往往会导致社区中的人们交往活动缺失、邻里关系淡漠，间接影响人们的心理健康。通过灵活小微空间分布和精细化设计，打造出功能完善、尺度怡人的活动和交往的空间，为更多市民提供更多参与活动和相互交流的机会，促进其参与室外活动，增进邻里交往，营造和谐融洽的生活氛围，增强城市活力，形成积极健康的城市氛围。②因此，小微空间能促使市民的生活环境愉悦化，重塑传统人情特色，让城市充满活力，从而消除现代社会中人与人之间的冷漠和隔阂，有效释放人民心理压力，创造一个美丽宜居的健康城市。

（三）赓续更加充盈的历史文脉价值

城市发展保留下来的胡同、院落、民居、牌坊、街道等城市小微空间不仅承载着市民的精神寄托，更是城市发展的文化底蕴和方向。在城市发展史上，不同时代累积下来的小微空间各有不同，由此形成了城市文明的多样化和基础化样态。这些宝贵的文化遗产，既是活着的传统，更是城市独特的历史文脉，城市所积淀的丰富多彩的文化，不仅奠定了城市文明的基底，而且成就了城市独特的文化气质。然而，一些城市在发展和更迭中热衷于追求

---

① 常苗苗、仝晓晓：《基于设计伦理与价值的老旧小区边界空间设计研究》，《工业设计》2024 年第 10 期。

② 李美凝、许芗斌、许诗凯：《社区更新背景下小微公共空间活力提升策略——以重庆白马凼小区为例》，《住宅科技》2023 年第 9 期。

规模和速度，重视城市外部扩张而忽略了内部潜能挖掘，效率至上一度成为至上宗旨，使得城市的传统与现代割裂严重，城市发展趋于同质化。由此，对文化的重视、表达和呈现足以作为小微空间治理的动力和理由，这可以大幅度发挥城市小微空间的文化功能，以小微空间认同力作为城市发展的支撑点和驱动力，借助历史文化要素展现，将文化的场景、文化时空和文化记忆融为一体，通过公共空间的潜在内涵来增强市民文化认同力，因地制宜打造兼具传统文化意蕴与现代生活品质的小微空间，将赓续更加充盈的历史文脉。

（四）建构多主体价值共创的治理价值

随着城市化进程的加快，现代城市治理作为一项系统性的工程，对我国城市特别是特大城市危机处理能力、现代化治理水平与市民素质、城市文明发起了重大挑战。目前城市治理呈现的片面化、风潮化、无序化等现象和问题值得深入观察、思考和反思。为推动城市小微空间治理从为人服务到人人共建，再到人人共创的服务生态系统模式，多元主体参与成为政治认同、经济提升、社会发展、文化承载和生态建设的内在推动要素。[①] 在城市小微空间治理实践中倡导多元化主体参与和跨界联动，以政府部门为主导，以市场和第三部门为辅助，以社区居民和群众为基础，就可以盘活小微空间存量，充分实现跨部门、跨领域的合作，提升整体联动效益和治理能级。

二 重庆市城市小微空间布局和功能设置的治理现状

重庆市城市小微治理实现了从被动到主动、从单一到多元的成长跨越，紧密贴合"大综合一体化"的发展观念，致力于建立具有重庆城市特色的动态样群，打造具有重庆辨识度的标志性成果。与此同时，重庆市城市小微

---

① 奚婷霞：《基于多案例研究的价值共创下城市公共空间微创更新逻辑及其路径方法》，《住宅科技》2023 年第 11 期。

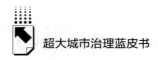

治理的长远目标实现仍任重道远，从制度设计到小微空间布局再到整体性治理推进并非一帆风顺，依然存在一些深层次矛盾和问题。

（一）小微空间布局和功能设置的价值性矛盾

城市小微空间与市民的生活和发展治理密切关联，它既体现出历代市民发展的真实走向和动态趋势，又寄托着群众对城市发展的种种期许和展望。在实地调研中发现，重庆市城市小微空间的现状暴露出原生公共空间规划中空间功能和布局的缺陷。分布零小散落和网络化体系较低。小微空间布局的分散化程度非常高，整体可达性和可塑性不强。如重庆市现有停车位352.82万个，车位比达到1∶1.56，总量充足但资源分布不均，老区车多位少，缺口大，新区车少位多，闲置大，停车位利用率不足60%，而上海、深圳等超大城市停车位利用率可达90%。① 部分城区住宅、公共设施、绿地敞开空间等比例明显不足，口袋公园和街道公共服务中心覆盖面不够；配套设施错位。一些公共空间的配套设施规划较早，区位数量符合当时社会需求，但随着时代发展和城市更新，市民对于城市公共空间的需求发生了改变，原生公共空间规划中的休闲设施无人问津，原来规划的设施被另作他用，而无特定配套设施的小微空间人满为患，市民在一些弱整合性的公共区域随意摆放私人设施作为休闲设施。商业性污染严重，在小微空间改造中出现自发性商业行为，导致生活污水肆意横流，废弃垃圾乱堆乱放等，不仅严重污染了市民生活环境和社区微气候，而且对市民生活行为模式和城市小微空间秩序治理产生了不良影响。②

（二）小微空间布局和功能设置的对象性矛盾

城市小微空间的主要活动人群为中老年人群体、青幼群体和育儿群体，伴随着城市商品房的出现，群众自发性活动产生明显差异，影响着市民对公

---

① 数据来自重庆市永川区城市治理"大综合一体化"改革课题（2024）。
② 余红艺：《城市更新视角下老旧社区公共空间改造设计探索》，硕士学位论文，安徽建筑大学，2024。

共空间的需求。尽管适老化设施有一定改进，但对青幼群体、育儿陪伴、儿童生活的关注微乎其微。在实地调研中发现，部分公共设施的位置具有较强隐蔽性，基础设施布局未能有效匹配市民生活，出现了空间废弃、健身设施老化、空间照明系统和安全措施缺失、环境品质下降等问题。[①] 同时，小微功能单一，难以满足市民需求，小微空间利用率不高，街道边角地、撂荒地、零散地和封闭绿地等闲置空间缺乏必要设施，没有对外开放，造成空间闲置和浪费，人性化服务能力不强，在宜漫步、宜驻足、宜凝思、宜短聚的小微空间打造上缺乏高品质标杆，缺乏适幼化的小微空间和设施，缺乏对新业态从业人员的人性化关怀。

（三）小微空间布局和功能设置的文化性矛盾

城市人文空间是能满足市民物质与精神文化需求的融合型公共空间，公共空间需要有博物馆、艺术馆、体育馆、剧院等，也需要利用好小微空间发展小微经济，它可吸引当地居民前往体验，吸引外地游客领略当地文化，又可以通过参观带动城市消费。重庆市人文空间数量较多，公共空间建设质量相对较高，能有效呈现出重庆独特巴渝文化、移民文化、步行街文化、美食文化、建筑特色、社交习俗、旅游资源等内容，独特的城市风貌和魅力又成为网红打卡城市。在实地调研中发现，重庆市城市小微空间文化品质粗糙，历史文化挖掘和文化保护意识缺失，文化内容趋同，文化符号设计和创意生硬，小微空间文化缺乏独特性和历史性，空间单元文化辨识度较低，审美同质和地域文化缺失，缺乏反映重庆特色的生活场景和体现原真在地文化的时空演变，一方水土养一方人的地域文化未能有效反映到小微空间的文化建设实践之中。

（四）小微空间布局和功能设置的体制机制性矛盾

小微空间治理定位模糊、治理不到位、治理碎片化是城市小微空间治理

---

① 材料来自重庆市永川区城市治理"大综合一体化"改革课题（2024）。

的共性问题。在实地调研中发现，重庆市城市公共空间建设多集中于大中型尺度的设计与营造，忽视小规模小尺度公共空间的系统性规划和整体推进，使得小微空间与城市发展各行其道，甚至产生较为严重的分歧和偏差。同时，小微空间治理高位协调机制有待强化，管理部门参与规划和建设环节的程度较低，部门协同意识和协同能力不强。在区域的联动和协作中，治理机制的衔接和协调仍待强化，特别是在跨区域的交通管理、环境保护和公共安全等关键领域，信息共享、资源整合以及联动响应等方面尚存在不足。集中表现为地下管线、供排水、窨井盖治理等小微空间分属多个行政部门管理，权属复杂，统筹协调难度大，未建立起常态化协同联动工作机制，存在信息传递延迟与偏差。[①]

（五）小微空间布局和功能设置的技术性矛盾

随着科学技术的进步，借助数字技术和人工智能可实现人与空间的有机互动，破除人与人、人与景观、人与人之间的藩篱，满足全体参与者的需求。在实地调研中发现，重庆市城市小微空间在互动性的营造上仍以传统的景观小品、活动设施为主，并没有充分利用时代发展的科技成果。各部门之间存在治理信息壁垒，表现为信息数据难共用、信息运用难共享、信息交换难共通、信息处理难协同等信息屏障和隔阂，智能化创造与小微空间的发展理念在客观上存在的差异，导致小微空间发展在城市发展中难以形成燎原之势。同时，数字化指挥中心与数字化城市运行和小微治理中心的衔接尚不充分，数智赋能的潜力未能得到充分发挥，双轮驱动的效应尚未完全实现。

三　重庆城市小微空间布局和功能设置的治理方向

《重庆市城市小微公共空间更新指南（试行）》（2023）指出要积极开展小微空间更新工作，不断增强人民群众的获得感、幸福感、安全感、归属

---

① 材料来自重庆市永川区城市治理"大综合一体化"改革课题（2024）。

感。重庆市各级政府应抓住城市更新、国际消费中心城市建设、两江四岸治理提升的发展机遇，系统梳理小微空间资源，雕琢小而美、小而精的小微空间，优化治理效能，提升小微空间品位和功能布局。

（一）治理价值：优化城市小微空间的生活性功能布局

不断更新小微空间的智慧生活体系，补齐功能设施，存续山城原生风貌，扩展日常休闲娱乐场所。采用微改造、精提升方式建设多元小微空间，积极打造长江河道沿线城市绿色长廊，加大力度打造口袋公园、社区体育文化公园、小憩园、小氧吧等基础项目。根据市民实际需求，打造步行巴士护学路、潮汐摊区、劳动者港湾等暖心服务项目。实施对部分城市小微空间、边角地块、桥下空间等存量资源的挖潜。目前城市停车仍然是亟待解决的民生问题，建设小微停车场也势在必行。在老城区、城中村等区域加大小微空间建设力度。将社区金角银边建成城市微客厅、城市街角，因地制宜打造社区书院、社区博物馆等小微文体空间，打造城市 15分钟便民小微服务圈。

大力推进小微治理进社区，主动融入社区基层治理。推动社区治理现代化是时代发出的号召，而增强小微空间治理不可避免地需要把握好社区治理和基层治理的利刃，在小微治理的基础上赋予城市更多人文情怀，增强群众生活的幸福感、安全感。要推进城市小微空间在灯光照明、城市管线、供排节水、城镇燃气、园林绿化等关键领域的一体化管控。深化"厂网一体化"改革，完善标准化污水处理流程，推进污水处理厂（站）和排水管网运维市场化改革。推动城市治理全面融入社区小微空间提质升级，全面开展"渝城护学""渝城助医"专项行动。[①] 在交通节点配置特色植物建设花境，配备运动休闲及基础配套设施，建构城市文化新元素。鼓励居民参与规划设计，组织志愿者活动引导参与维护管理，举办活动提高认知度与使用率，不断提升城市品质和居民生活质量。

---

① 材料来自重庆市永川区城市治理"大综合一体化"改革课题（2024）。

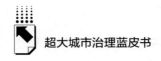
（二）治理动力：优化城市小微空间的市场性功能布局

积极扶持市井小微经济，打造重庆市活力商业氛围。要利用好防空洞、地下通道、桥下等小微空间，实施小优特精专项改造升级，涵盖火锅店、酒窖、博物馆、小吃店、潮汐摊区等。提高小微空间的商业价值，使资源利用公开化、使用主体多元化、消费循环升级化，一方面保障民生，使人民生活更加便利和快捷，另一方面也促进小微空间经济转型，将单一的文化价值转变为兼具商业和情怀的复合体。持续优化营商环境，培育好小微企业市场，创造就业岗位。

持续优化营商环境，促进小微企业健康发展。完善小微企业服务体系。构建促进民营经济高质量发展的政策体系，严格执行涉企收费长效监管和拖欠小微企业账款清偿机制，落实小微企业要素保障政策。健全民营经济法治保障。加强政务服务模式创新，健全完善项目"招、落、服"一体化、企业管家服务、"企业吹哨、部门报到"等制度机制，深化全面"双随机、一公开"联合监管执法。①

（三）治理重点：优化城市小微空间的生态性功能布局

优化韧性城市生态防护系统，拓展多维立体绿化能力。坚持生态环境保护优先原则，保持空气质量的优质，维持气候的稳定性，保证自然景观不受破坏。② 打造高水准的"小微湿地+"发展模式，推行"小微湿地+有机水产"行动，发展水生经济作物，培育鱼菜共生等生态产业，建成多维立体场景；推行"小微湿地+生态旅游"行动，迭代升级城市建设，建设小微湿地特色生态旅游空间；推行"小微湿地+民宿康养"行动，变矿区为湿地、农房为客房；推行"小微湿地+自然教育"行动，使之成为青少年自然教育

① 材料来自重庆市永川区城市治理"大综合一体化"改革课题（2024）。
② 黄圣霞：《基于 AHP 的广西十万大山森林生态旅游养老适宜性评价》，《河池学院学报》2018 年第 3 期。

绿色营地和科普基地。重庆具备河流与湖泊景观等优质滨水景观,在小微空间布局中,可以利用水景资源打造出特色住区滨水景观节点和可观赏的滨水空间,形成开敞而自然的小微空间。

打造系统集成全域大美重庆,绘就宜居宜业品质城市小微空间。深化美丽巴渝建设。统筹推进乡村生态振兴和人居环境综合整治,实施改厕质量提升行动,优化生活垃圾收运处置体系。完善以治水治气为牵引的生态协同治理体系。构建巩固临江河全国幸福河湖建设成效长效机制,深化城乡黑臭水体清零专项行动。深入实施空气质量改善行动,构建土壤和地下水污染防控治理体系,深化"无废城市"建设,迭代升级工业源,完善垃圾全链条治理体系。[①]

(四)治理特色:优化城市小微空间的文化功能布局

要重视发掘城市小微空间的文化素材。收集民间文化素材,在小微空间以画展、照片墙等形式进行记录与展示,全面凸显城市区域文化元素。积极挖掘社区中的能工巧匠,通过定期举办展览、开办文化交流会等方式将传统手工艺植入城市文化传承和发展中。要大规模发掘市民在小微空间中生活痕迹孕育的生活艺术和生活文化,全面展示城市区域文化景观的骨骼。

保护和传承好重庆原真历史文化。要珍视生产生活场景,共建共治重庆现代艺术。要建立城市优质文化资源直达基层机制,为市民提供小而美的家门口文化服务,加强对闲置空间尤其是小微空间的利用尺度,注重因地制宜,保持发展规划的一致性。以"留住年轻者、吸引年长者"为理念,设计更符合现代都市生活所需的展览馆、城市会客厅,建设具有现代化和热点化的打卡点,在留住街巷肌理、文化记忆的同时提升市民居住品质。要创新利用好小微空间让重庆魔幻之城更魔幻、立体之城更立体,让更多人因为钟情于重庆的小微空间来到重庆并爱上重庆。要重视社区空间文化建设,提炼

---

① 材料来自重庆市永川区城市治理"大综合一体化"改革课题(2024)。

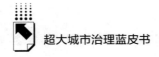

社区自身文化理念，关注社区文化宣传，树立文化雕塑与壁画，定期和不定期举办公益活动营造良好文化氛围，塑造特色文化空间。

（五）治理底线：优化城市小微空间的安全性功能布局

预防公共安全隐患，提升应急处理能力。构建老幼病游憩出行友好安全服务体系，聚焦提高小微空间突出的韧性问题，增强抗风险能力。必须优化小微场所安全智管体系，创新探索前沿的数字化应用，让小微空间运行被全景、实时、精准地掌握，让预判成为可能。站在数字化转型的风口，积极探索智慧化设施、设备，实现更广阔、更丰富的应用场景，在提高城市治理弹性的同时降低风险因子对社会公共空间的威胁。

提升城市小微空间基础设施供给能力。实施城市路桥隧道安全整治，强化城市供水水质监管和微管网改造，推动城市地下综合管廊建设。聚焦地下管线交互风险、道路沉降塌陷风险等场景，全面排查风险隐患，系统化全域推进韧性城市建设。强化安全监管数字赋能，在城市运行安全监测各小微空间实现安全事项智能监测全覆盖。

（六）治理机制：优化城市小微空间的多元共治

实现自上而下和自下而上的合力。一方面，政府要发挥好自上而下的主导性作用，推动小微空间高标准布局，积极引导企业和社会力量参与，提升资源配置效率。另一方面，深化减负增能，厘清权力入手，赋予基层组织相应的职责职权，为基层小微空间治理的科学化、精细化、法治化、智慧化建设提供良好的制度保障。

将小微网格与大党建架构实现融合。坚持和加强党对小微网格治理的全面领导，将党的领导优势有效转化为资源优势和治理效能。大党建统领小微网格，引领和激活城区政府部门、非政府组织以及群众主动参与小微治理，激发城市社区治理的内生能力，形成多方共治的大合力。同时，大党建引领小微网格，小微网格推动大党建，进一步强化党建驱动机制，高效整合治理力量和治理资源，打造共建共治共享的"大综合一体化"治理大格局。[①]

推进政府部门、社区、企业、居民等共同参与的多元化共治模式。要遵循权责一致的原则，建立小微治理的责任体系，明确各级政府和部门的权力与责任，解决职能重叠的问题。推进简政放权，形成利益共享、责任共担的治理体制。要建立小微治理感知体系，在打造城市综合治理信息平台的基础上，依托一网统管平台，加强信息共享，为属地部门开展整体性治理提供支持。要推进治理任务和资源下沉，城市监管和执法力量延伸到城市社区等小微空间，对推动公安、交通、体育、文化、医疗、养老、生态等各领域进入小微空间进行一线服务，推动横向协同，更大力度推动纵向贯通，以精细化治理的专业能力扎根到城市社区各角落和治理最小单元，不断丰富治理场景和治理成效。充分整合行政执法、物业管理、社区网格以及居民群众等多方力量，横向联合属事部门、属地街道，通过微对话形式，将服务前移，促进城市管理微循环。

（七）治理技术：优化城市小微空间的智能化治理

构建智能化信息系统。要有效利用好自媒体影响，建立专属小微空间的公众号，招募志愿者定期管理，维护平台发展，方便市民更好地了解社会动态。根据市民兴趣建立活动兴趣板块，如育儿交流、养宠交流、花卉交流等，为有共同兴趣爱好的市民牵线搭桥，提供交流空间和平台。当今社会，城市老龄化日趋严重，老年群体所面临的数字鸿沟促使小微空间治理也需要同步发展传统交流模式，要有效利用第三部门定期在小微空间举办医疗、安全知识讲座，定期维护和更新小微空间中的海报信息。

要加快建设实战贯通的小微治理中心，实施 AI 赋能城市治理专项行动。要积极推动风险点全量落图，支撑实时掌握城市运行动态，建立城市小微治

---

① 章群、牛忠江：《市域社会治理现代化：内涵逻辑与推进路径》，《西南民族大学学报》（人文社会科学版）2022年第8期。

理全量问题库和治理清单，构建城市治理指标体系，使问题的产生、发展、解决等流程都有章可循。要通过广泛应用大数据、区块链等科技智能技术，聚集主体、资源、组织等配置信息，设置"小微服务导航""小微网格群聊""小微邻里"等小微信息服务小程序，形成信息收集—处置—反馈—评价闭环运行系统，充分拓展公众参与小微空间治理平台，有效提高民生事务的办理效率。①

---

① 材料来自重庆市永川区城市治理"大综合一体化"改革课题（2024）。

打造15分钟城市社区高品质
生活服务圈实践探索

蒋 琪*

摘 要： "15分钟城市社区高品质生活服务圈"的基础概念与顶层构架成型于以上海为代表的地方实践，并在经历分期、分类试点后逐渐积累创新经验，目前已进入全国范围的系统探索与全面推广阶段。这一规划概念的提出有着深刻的时代背景：城市病问题突出、异质性需求日益凸显、社区成为社会治理的前沿阵地、城市空间布局和功能结构亟待创新、平衡资源有限性与城市发展的辩证关系刻不容缓。鉴于上述背景，打造15分钟城市社区高品质生活服务圈，应遵循以民为本、因地制宜、贯彻新发展理念和鼓励公众参与等原则。以此而言，应遵循以下建构逻辑：第一，精准锚定需求，科学规划布局；第二，整合内部资源，促进社区共享；第三，鼓励社会资本参与，引导实现价值共创；第四，搭建智慧平台，推进智能建设；第五，强化居民参与，构建参与机制。

关键词： 15分钟社区生活圈 社区规划 基层治理 高品质生活

城市的发展问题应处理好聚集经济与治理成本的辩证关系。伴随空间聚集程度不断加深，以经济功能为导向的发展模式导致城市建设质量欠佳，公共空间、公共服务等系统短板明显，交通拥堵、职住失衡、社会疏离和环境

---

* 蒋琪，管理学博士，西南政法大学政治与公共管理学院讲师，研究方向为城市治理、政府与市场关系。

污染等"城市病"显著暴露。鉴于上述背景，践行人民城市理念，通过打造多元功能汇聚的城市综合体，有效分配公共资源并切实提高城市品质与居住舒适度成为必然趋势。社区既是体现人民城市根本属性的基本单元，也是服务群众和基层治理的"最后一公里"。以社区为单元修复生活空间系统，科学推动市民生活方式转变，不仅是对传统城市发展模式的反思与创新，更是城市规划与更新的首要议题。

一 15分钟城市社区高品质生活服务圈的理念溯源

（一）15分钟城市社区高品质生活服务圈概念的提出

2014 年 10 月，"15 分钟社区生活圈"这一概念在上海首届世界城市日论坛率先提出。2016 年 8 月，上海市规划和国土资源管理局发布全国首个地方性生活圈技术文件《上海市 15 分钟社区生活圈规划导则（试行）》，将其定义为"15 分钟步行可达范围内，配备生活所需的基本服务功能与公共活动空间，形成安全、友好、舒适的社会基本生活平台"。[①] 而后，上海尝试从行动、实施、管理等多个维度对 15 分钟社区生活圈展开地方性探索。

随着以上海为代表的行动实践逐渐得到认可，国家自然资源部将上海"15 分钟社区生活圈"作为全国"多规合一"改革的一项创新内容，组织多地科研单位与设计团队于 2019 年正式启动《社区生活圈规划技术指南》[②]（以下简称《指南》）编制工作，并于 2021 年 5 月正式公开发布。《指南》对社会生活圈的相关概念与规范标准予以明确，为各地因地制宜细化实践提

[①] 《上海发布"15 分钟社区生活圈"规划》，中华人民共和国自然资源部官网，https://www. mnr. gov. cn/dt/dfdt/201810/t20181030_ 2310520. html，最后访问日期：2025 年 4 月 14 日。

[②] 《〈社区生活圈规划技术指南〉行业标准报批稿公示》，中华人民共和国自然资源部官网，https://gi. mnr. gov. cn/202105/t20210526_ 2633012. html，最后访问日期：2024 年 4 月 14 日。

供了技术指导。其中，将"社区生活圈"定义为"适宜的日常步行范围内，满足城乡居民全生命周期工作与生活等各类需求的基本单元，融合'宜业、宜居、宜游、宜养、宜学'多元功能，引领面向未来、健康低碳的美好生活方式"。具体地，社区生活圈可分为城镇生活圈和乡村社区生活圈两类，并划分出"15分钟、5~10分钟"两个层级，其中"5~10分钟"层级重点满足老人及儿童的服务需求。

同年11月，在上海城市空间艺术季闭幕式上，上海、天津、长春、南京、杭州、武汉、成都等52个城市共同发布《"15分钟社区生活圈"行动·上海倡议》①（以下简称"倡议"），明确提出以市民获得感为最高衡量标准，实现"让社区回归老百姓的幸福家园"这一行动愿景。倡议成为"15分钟社区生活圈"概念在国家层面开始扩大推广的重要标志。而后，随着不同类型的实践与探索，"15分钟社区生活圈"的概念逐渐向"15分钟城市社区高品质生活服务圈"演进。2024年9月，重庆市委六届六次全会提出，要积极打造"15分钟城市社区高品质生活服务圈"，建设高品质生活宜居地。其内核更加注重智慧化建设、多元主体参与、服务品质提升及与城市发展融合，对打造高品质生活服务，满足居民多样化、个性化需求提出进阶要求。

综上，"15分钟城市社区高品质生活服务圈"的基础概念与顶层构架成型于以上海为代表的地方实践，并在经历分期、分类试点后逐渐积累创新经验，目前已进入全国范围的系统探索与全面推广阶段。这一理念兼具经济、社会与环境价值，体现出中国实践与中国方案的智慧，对生态文明建设和城乡居住环境的持续改善具有积极贡献。

（二）打造15分钟城市社区高品质生活服务圈的时代背景

随着城市的发展模式从粗放扩张向高质量发展转型，城市空间的治理模

---

① 《"15分钟社区生活圈"行动·上海倡议》，上海市规划和自然资源局官网，https：// ghzyj. sh. gov. cn/gzdt/20211202/c7e38b4f203b4c9d9a6226e36b91dea7. html，最后访问日期：2021年11月30日。

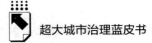
式从管理向治理转型，统筹把握城市社区治理的异质要素、多元领域与不同阶段，加快打造 15 分钟城市社区高品质生活服务圈，成为增进民生福祉、提升治理效能以及推动城市高质量发展的题中应有之义。相关时代背景包括以下内容。

1. 城市化进程加剧，城市病问题突出

自工业革命起，全球城市化迅猛发展，人口逐渐向城市聚集，城市规模与数量显著递增。据统计，1978 年改革开放以来，我国常住人口城镇化率由 17.92% 提高到 2023 年的 66.16%。[①] 城市化推动空间聚集程度加深，公共服务对巨量的人口基数呈现出乏力，公民居住成本不断提高，城市病问题显著暴露。例如，部分大规模城市早晚高峰时段车辆拥堵不堪，交通瘫痪现象时有发生，《2023 年度中国主要城市交通分析报告》显示，上海高峰拥堵延时指数达 1.826[②]；住房紧张、公共服务不均等问题引发社会矛盾，破坏社会和谐稳定，影响居民生活品质；城市就业岗位竞争激烈，城市已有产业结构和就业岗位增长速度难以匹配就业需求，造成失业率上升；环境污染问题突出，大气、水、噪声、固体废弃物污染等引发市民各类呼吸道、心血管疾病及心理问题；生态系统遭受破坏，增加了热岛效应、洪涝等环境灾害风险，加剧能源供应挑战；等等。城市病严重危害着居民身体健康，阻碍城市经济发展，对社会与生态问题形成潜在风险。城市亟须通过科学规划和高效布局，促进公共服务均等化并推动社会融合创新。

2. 居民生活品质攀高，异质性需求日益凸显

按照马斯洛需求层次理论，人类的需求从低到高分为生理、安全、社交、尊重和自我实现需求。当社会经济水平较低时，居民主要关注生理需求，如衣食住行等。随着经济发展和收入提高，社交和尊重等高层次需求逐

---

① 参见《改革开放四十五载，城市让美好生活触手可及》，人民网，http：//politics. people. com. cn/n1/2023/1218/c1001-40141654. html，最后访问日期：2025 年 4 月 14 日；《图表：提高超 55 个百分点　75 年来我国城镇化水平不断提高》，中华人民共和国中央人民政府官网，https：//www. gov. cn/zhengce/jiedu/tujie/202409/content_ 6975974. htm，最后访问日期：2025 年 4 月 14 日。

② 这意味着上海高峰时段出行时间是畅通状态的 1.826 倍。

渐凸显，尤其随着物质资源日益丰富起来，越来越多居民开始追求自我价值的实现。在此背景下，居民对公共服务和生活环境提出更高要求。首先，居民的基本生活需求升级，对教育质量、医疗水平、养老服务等公共服务的专业性和舒适性更加关注，期望在更短的时间和距离内享受优质服务。其次，居民的多样化与个性化需求增长，对社区健身房、艺术工作室、特色书店等文化、休闲、娱乐服务的需求不断涌现，城市社区亟待提供更加丰富多元的公共服务以满足居民日益增长的物质文化需求。最后，居民对生活品质的追求显著提升，相较以前更重视舒适、安全、美观等特性，对城市生态景观、便捷的慢行系统和丰富的公共空间等关注度提升。

3. 多元共治理念深入践行，社区成为社会治理的前沿阵地

在过去，主要由政府一元主体负责城市基建与公共服务供给。然而伴随社会发展，受政府资源及能力限制，单一的治理结构反而会造成资源浪费及效率低下，与居民日益变化的生产、生活需求脱轨。多元共治理念由此应运而生，这一理念强调政府、社会组织、企业和居民共同参与社会治理。其优势在于，通过不同主体协同合作，实现资源优化配置，激发社会活力，从而提高社会治理效率，形成共建、共治、共享局面，共同推动社会发展与进步。在社会治理体系的庞大架构中，社区是最基础的单元，是服务群众和基层治理的"最后一公里"。这也使得社区成为多元主体参与社会治理的前沿阵地。首先，社区是居民日常生活之地，是公共服务的主要供给场所；其次，社区是居民参与社会治理的关键平台，居民议事会、志愿者活动等形式，能够鼓励居民参与决策和管理，使治理更加贴合实际需求；最后，将治理重心下移到社区层面，能够提高治理精细化和精准化水平，及时解决居民问题及诉求。

4. 经济发展模式转轨，城市空间布局和功能结构亟待创新

以创新驱动、绿色发展和数字经济为核心的新经济蓬勃发展，深刻改变着城市空间布局和功能结构。一方面，随着创新型企业和高科技产业兴起，人们对创新空间的需求日益增长。高新技术产业开发区、共享办公空间等形式不断兴起，聚集创新资源、降低创业成本、促进合作交流成为建立良性创新生态的关键组成部分。另一方面，传统城市功能往往以商业、工业或居住等单一功能为主，伴随产业结构优化升级，以城市综合体、创新街区等形式推动居住、工作、休闲、娱乐等功能有机结合至关重要。鉴于此，减少居民生活成本和时间成本，营造低成本、高效率的创业环境，契合了新经济背景下以创业者、年轻人和打工人为代表的居民的底层诉求。与此同时，随着可支配收入水平持续攀升，消费结构呈现出从满足基本生存需求，向侧重个人发展与生活品质提升转变。在此转型进程中，构建多元化、多层次的消费服务场景，以及提供高效且便捷的消费服务体验，成为吸引企业布局与人才汇聚的核心要素。产业集聚效应的充分发挥，不仅能够有效推动社区经济繁荣发展，还能为城市经济可持续增长提供动力。

5. 平衡资源有限性与城市发展的辩证关系刻不容缓

随着城市化进程不断深化，城市可持续发展面临经济增长、社会福祉提升以及环境保护之间的平衡挑战。相关数据显示，我国人均耕地面积处于世界平均水平的 35%~40%；[①] 尽管我国年均水资源总量位居世界第六，但人均水资源占有量仅为全球平均水平的 35%；[②] 2024 年我国石油对外依存度仍旧超过 70%。[③] 上述数据表明，资源有限性与城市发展对资源旺盛需求之间的矛盾已愈发尖锐，构建资源集约型城市成为当下城市发展的紧迫任务。打造 15 分钟城市社区高品质生活服务圈的设想就契合了资源集约这一核心理念。例如：紧凑的空间布局使居住、工作等功能区紧密相连，有利于减少空间浪费，提高公共空间利用效率；诸如社区文化活动中心、共享办公空间等设施相比以前更注重资源的利用效率，避免了重复建设。此外，实现"居民在 15 分钟出行范围内满足日常需求"这一目标能够减少长距离出行，减少能源消耗和环境污染，为城市可持续发展助力。

---

① 《二十大报告解读｜聚焦 18 亿亩红线　守住耕地才能端牢饭碗》，和讯网，https：//news. hexun. com/2022-10-17/206915623. html，最后访问日期：2025 年 4 月 14 日。

② 《科技日报：全面建设节水型社会》，中华人民共和国水利部官网，http：//www. mwr. gov. cn/xw/mtzs/qtmt/202403/t20240329_ 1708354. html，最后访问日期：2025 年 4 月 14 日。

③ 《〈报告〉：2025 年全球能源需求将保持小幅增长》，人民网，https：//baijiahao. baidu. com/s? id=1822021276359423315&wfr=spider&for=pc，最后访问日期：2025 年 4 月 14 日。

二 打造15分钟城市社区高品质生活服务圈的核心原则

（一）坚持以民为本，筑牢需求根基

第一，精准调研，洞察需求。15分钟城市社区高品质生活服务圈的规划与落地实施，需以精准的问题诊断作为基石。在统筹考量规划、建设以及管理等各个环节的同时，应兼顾群体异质性，建立涵盖动态监测、科学评估、及时反馈和持续优化的有效机制。因此，要强化现状评估与居民意愿调研，深度剖析现存问题，精准把握居民诉求，从而凝聚共识，多管齐下，着力解决居民真正关心的难点与痛点问题。[①] 第二，提升城市品质，塑造人文精神。以增进市民幸福感为根本出发点，着力打造多元包容且极具亲和力的城市公共空间，构建紧凑的社区生活网络与休闲空间体系。结合资源禀赋，注重文化性、地域性、民族性等元素，营造出人与自然和谐共生、历史底蕴与现代气息相得益彰、城市乡村特色鲜明的空间风貌。通过差异管控和特色塑造，深入挖掘、传承并创新城市文化内涵，全面提升城市软实力与影响力，凝聚城市发展的精神动力，塑造社区独特魅力。

（二）秉承因地制宜，精研布局之策

第一，推动城市更新，重视存量优化。随着城市规划建设的整体思路从大规模新建过渡至以城市更新为主导的新发展阶段，传统大拆大建的模式亟待摒弃。为契合城市未来发展的空间需求，应着重推进存量用地的更新利用，以实现城市可持续发展为目标，探索并构建以公共价值为导向、渐进式、可持续的城市更新模式。在此过程中，需同步落实城市文化的保护与传承工作，反向推动土地利用方式从外延粗放式扩张向内涵效益提升方向转

---

① 李萌：《基于居民行为需求特征的"15分钟社区生活圈"规划对策研究》，《城市规划学刊》2017年第1期。

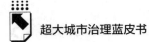

变，进而促使空间利用朝着集约紧凑、功能复合、低碳高效的模式转变。第二，统筹社区空间布局，科学规划居住、商业、休闲等各类功能区域，做到科学布局、有机衔接，推动社区各功能板块协同发展。尤其注意厘清并协调政府、市场和社会三者之间的关系，通过实施适度管控和弹性调节机制，从全方位、全过程、全要素等维度保障并激励社会创新，从而最大程度地释放市场活力，推动城市高质量发展。

（三）贯彻新发展理念，提升社区品质

第一，创新驱动，深挖发展潜力。探索社区资源整合新模式，以规划创新为驱动，引领城市发展方式实现转型。将数字赋能作为点亮智慧生活的重要引擎，运用大数据、人工智能等新兴技术手段，精准把握社区资源分布与居民需求，实现社区资源配置的智能化创新，激发城市发展内生活力。第二，绿色先行，守护生态和谐。贯彻绿色发展理念，在资源整合与利用过程中，注重生态保护与可持续性。通过推广绿色建筑材料、节能设备应用，倡导绿色出行，增加社区绿地、公园等绿色空间等形式，实现人与自然和谐共生。第三，韧性筑基，提升安全能力。实现服务设施空间的动态适应与弹性预留，提高社区应对各类灾害和突发事件的事先预防、应急响应和灾后修复能力。第四，开放共享，拓宽资源渠道。推动社区各类资源实现全民共享与复合利用，打破社区内部与外部资源壁垒，促进社区资源向周边区域开放共享，让全体居民都能公平享受社区发展成果，加强与周边社区、企业、社会组织的合作交流，拓宽资源利用渠道。

（四）鼓励公众参与，协同多元合力

第一，构建"纵横协同"的多元治理机制，形成共商、共建、共治的协同治理格局。强化市级层面统筹，依循统一规划蓝图，协调发改、民政、体育、就业等多部门推进社区项目落地实施。结合城市更新、附属空间开放等举措，整合在地企业、社会组织与居民力量，拉动不同主体通过多样化方式和渠道融入社区事务，补充社区空间资源，鼓励社会资本投入

共建，共同提升社区空间品质与服务效能。第二，深入践行全过程人民民主，构建多元主体共同参与的城市治理共同体。全面拓宽基层各类群体有序参与基层治理的渠道，构建契合本地特点与人群特质的社区治理长效机制，利用事前"征询会"、事中"协调会"和事后"评议会"等形式，充分调研民意、解决问题并总结成果，广泛听取群众意见与建议，把打造15分钟城市社区高品质生活服务圈这项行动塑造为汇聚民智、凝聚民力的共治典范平台。

三　打造15分钟城市社区高品质生活服务圈的策略建议

（一）"五宜"导向下，打造15分钟城市社区高品质生活服务圈的策略框架

15分钟城市社区高品质生活服务圈，并非局限于简单的时空范畴，而是着重于构建多功能的系统架构。上海市规划和自然资源局在2023年1月发布的《上海市"15分钟社区生活圈"行动工作导引》[①] 中，将其目标愿景定义为"宜居、宜业、宜游、宜学、宜养"，就体现出这一理念对社区生活多功能、多场景的接纳与包容（详见图1）。它突破了单一居住功能的局限，从地理学、社会学、管理学等多学科实现交叉融合。"五宜"导向的提出也为微城市体系复合功能的定位与转型谋划出可行的策略框架。

其中，"宜居"是指构建一个全方位的社区生态，通过提供可负担且可持续的住房供应体系，打造健康舒适的居住环境，配置全龄友好的配套设施，以保障社区的公共卫生安全和韧性发展；"宜业"是指提倡社区为就业人群创造更多的就业机会，提供更多便捷共享的运动、学习和休闲服务；"宜游"是指注重社区休闲空间的多样性与多元体验塑造，打造慢行友好、

---

① 《〈上海市"15分钟社区生活圈"行动工作导引〉发布》，上海市规划和自然资源局官网，https：//ghzyj. sh. gov. cn/gzdt/20230223/848d65a2f3294bba9e84bf1f4f1aff48. html，最后访问日期：2023年2月2日。

低碳便捷的社区出行环境，推动社区文脉与风貌的有效传承；"宜学"是指提供便捷可及的全年龄段学习空间，提升社区文化氛围和人文体验；"宜养"是指保障全生命周期的康养生活，实现机构养老更专业，居家养老更舒适。

"五宜"导向		规划策略与代表性场景
宜居	党建引领	建立党群服务中心
	住有所居	提供多元混合住区；保障性及人才安居住房供给；农村居民集中居住
	环境宜人	城乡社区宜居性改造；城乡社区适老性改造
	便民服务	配置儿童友好、为老服务和契合青年活动特征的设施与空间
	智慧生活	远程医疗、线上教育、智慧养老、智能零售、智能末端配送
	韧性安全	配置应急防灾设施；建设应急避灾站点；应急避难设施标准化改造
宜业	就业无忧	提供就近就业机会；打造创新创业空间
	服务无距	完善公共就业服务机构设置，营造创新创业环境
宜游	体验多元	健身空间、活动场地、街头绿地
	慢行友好	建设社区慢行网络，设计并建设街道空间
	出行便利	优化公交线网；提升停车配置
	风貌彰显	传承历史文化；延续空间特色
宜学	托育无忧	免费育儿指导；普惠性托育服务
	终身学习	优化基础教育设点布局；增加专业技能指导；发展老年教育
	人文共鸣	更新基层文化设施；弘扬公益慈善文化；打造社区文化地标
	自然科普	打造劳动实践基地；科普城乡生态保育功能
宜养	老有所养	发展嵌入式养老服务；提升专业照护能力；推动医养康养结合
	全时健康	完善初级诊疗服务；建设未成年人保护工作站；"互联网+社区医疗"

图1　15分钟城市社区高品质生活服务圈策略框架

注：参考《上海市"15分钟社区生活圈"行动工作导引》制作。

（二）打造15分钟城市社区高品质生活服务圈的路径建议

1.精准锚定需求，科学规划布局

首先，利用大数据分析、社区调研等线上线下相结合的方式，深入了解不同区域居民数量、年龄结构、职业分布等特征，合理规划各类公共服务设施种类及数量。如老龄化程度较高的社区，重点布局养老服务、康复医疗机构等；年轻家庭聚集的社区，增加托育、亲子活动场所等设施；上班族较多的社区丰富便利店、快递驿站、洗衣店等，同时可针对性安排职业技能培训、继续教育等课程。尤其应针对特殊人群提供个性化服务，切实保障其基本生活需求。例如，为残障人士提供无障碍设施、康复训练和就业帮扶等服务，为低收入家庭提供生活救助、就业援助和教育资助等服务。对于居民诉求突出区域，鼓励实施"综合项目包"形式，从空间设计、资源投入等方面对各类建设项目实施统筹协调，提高项目设计品质和显示度。其次，打破传统功能分区模式，遵循混合用地规划理念。将居住、商业、办公、休闲等功能区域有机融合，通过设置集购物、餐饮、娱乐为一体的综合性商业体，配套建设社区公园、健身广场等休闲设施，满足居民15分钟短距离内的多种生活需求。具体布局过程中，要兼顾服务半径及人口规模，充分考虑地形地貌及交通状况，避免设施布局过于集中或分散。一些大型公共服务设施尤其应综合考虑服务范围和辐射能力，合理选址，确保覆盖更多居民。

2. 整合内部资源，促进社区共享

首先，鼓励利用信息化手段建立社区资源共享平台，在全面梳理社区内部现有服务资源的基础上，分类建立资源共享清单。其次，充分发挥各社区既有资源优势，鼓励打破社区之间的行政壁垒，让教育、医疗、文化等资源在区域之间实现流动与共享。例如：教育方面，通过鼓励教师交流、建设在线教育平台等方式，加强师资队伍建设并推动优质课程远程共享，缩小薄弱社区学校与优质学校之间的差距；医疗方面，建立区域医疗联合体，社区卫生服务中心可共享大型医院医疗设备检查结果，减少重复检查，并通过远程医疗技术，实现专家会诊和指导，提高基层医疗服务水平；文化方面，整合社区内图书馆、文化馆、博物馆等文化资源，实现文化设施互联互通和活动共享，如各社区联合举办文化展览、文艺演出等活动，丰富居民业余生活和精神世界。

3. 鼓励社会资本参与，引导实现价值共创

建立健全社会资本参与机制，政府通过购买服务、PPP模式等方式，

拓宽资金来源渠道，吸引专业服务机构主动参与建设15分钟城市社区高品质生活服务圈。公共服务设施方面，鼓励与社会资本合作建设学校、医院、养老院等设施，政府通过支付服务费或给予补贴等方式购买社会资本提供的投资、建设和运营服务，同时，充分调动企业履行社会责任的主动性与使命感，以存量地块更新为契机，补充社区在服务设施、广场绿地等方面的迫切需求。社区服务运营方面，政府可将社区养老服务、环境卫生保洁等社区服务以项目委托的形式交由专业社会组织或企业进行运营，依托相关组织专业性提高社区服务质量和效率。为保障上述设想实施，首先要明确社会资本参与范围、方式及回报机制，保障社会资本合法权益，为其提供公平、透明、稳定的投资环境。其次应加强社会资本引导与管理，规范社会资本投资行为，确保项目实施进度和服务质量，在提升社区公共服务能力的同时为社会资本挖掘资本增值契机，推动各类主体在实现公共利益与追求自身价值上实现均衡。

4. 搭建智慧平台，推进智能建设

第一，搭建综合服务平台。利用互联网、大数据、人工智能等技术，搭建覆盖整个15分钟生活服务圈的智慧服务平台。居民可通过手机App、微信公众号等渠道，便捷地查询各类服务信息、预约服务、反馈意见等。如查询社区超市、便民药店的商品信息及营业时间，在线预约家政服务、维修服务等。第二，推进智能化设施建设。广泛部署智能快递柜、智能充电桩、智能垃圾分类设备等智能化设施，提高服务智能化水平和便捷性。利用智能监控系统、智能安防设备等布控，提升社区安全管理水平，为居民创造安全、舒适的生活环境。

5. 强化居民参与，构建参与机制

第一，加强对居民全过程深度参与的组织与引导。通过社区宣传栏、宣传手册、微信公众号、社区广播等多种渠道，利用社区文化节、志愿者服务活动等，广泛宣传15分钟城市社区高品质生活服务圈的建设理念、目标和进展情况，增强居民的社区认同感和归属感。在此基础上，建立常态化全过程居民参与机制，包括前期出谋划策、中期方案设计及后期建设运营维护，组织社区居民共同享用和共同维护建设成果，自觉参与社区公共设施和空间的运营和管理，逐步实现居民自我服务、自我管理的可持续社区自治生态。第二，提高居民参与的质量和效果。组织开展居民培训活动，提高居民参与社区治理与服务的意识和能力。鼓励成立志愿者协会、业主委员会等各类自治组织，推动自治组织参与社区建设和管理，发挥居民主体作用。同时，政府和社区应积极支持居民自治组织的发展，提供必要资金、场地和技术支持，保障自治组织的正常运转。

B.10
短视频平台塑造和传播重庆市民形象的数据分析

李春南　朱新月　李敏嘉*

摘　要：　重庆作为中国超大城市的典型代表，其市民形象的传播为塑造城市品牌打开了新窗口。本报告聚焦重庆市民形象类短视频的传播特征，通过Python数据爬取技术获取抖音短视频平台样本数据，采用内容分析法揭示了重庆市民形象的传播现状及特色标签。基于实证分析结果，本报告从政府主导、文化挖掘和形象整合三个维度提出了重庆市民形象传播的优化策略，为新媒体时代的城市形象传播提供了理论参考和实践指导。

关键词：　市民形象　城市形象　抖音短视频

一　研究背景

　　城市形象是城市多维特征与深层内涵的综合表征。在当代城市发展语境下，城市形象的建构已从传统的自然景观、历史文化和经济指标等维度，延伸至市民精神风貌、行为特征和生活方式等更具人文特质的层面。作为"第三代"网红城市①的典型，重庆的城市形象建构呈现独特的

---

　　*　李春南，法学（社会学）博士，西南政法大学政治与公共管理学院社会学系副主任，讲师，硕士研究生导师，研究方向为社区发展与基层治理；朱新月，西南政法大学政治与公共管理学院硕士研究生，研究方向为基层治理；李敏嘉，西南政法大学政治与公共管理学院硕士研究生，研究方向为基层治理。

　　①　《城市形象新媒体传播报告（2023）——媒介演进赋能城市消费活力》，腾讯新闻，https://new.qq.com/rain/a/20231221A07I2400，最后访问日期：2024年5月30日。

路径：一方面得益于"一带一路"和"成渝地区双城经济圈"等国家政策的红利；另一方面则依托短视频平台对城市特色景观与人文特质的创新性传播。特别是"川渝人的松弛感""重庆人的精神状态"等话题在短视频平台的广泛传播，标志着重庆市民形象的塑造已突破传统政府主导的传播模式，转向以新媒体平台为载体的多元化传播格局。抖音短视频App以其碎片化、故事化的传播形式，日活跃用户数突破7亿的流量优势，成为重庆市民形象建构和传播的新载体，塑造和呈现了独特的重庆市民形象。

本报告聚焦抖音短视频平台关于重庆市民形象的传播现状，主要围绕三个核心问题展开：抖音短视频平台如何建构和呈现重庆市民形象？重庆市民吸引用户关注的核心特质是什么？市民形象传播在重庆网红城市建构过程中发挥了何种作用？通过实证分析方法，本报告旨在揭示新媒体环境下城市形象建构的内在机制与传播规律，为理解当代城市形象传播提供新的理论视角和实践参考。

二　研究设计与抽样——基于抖音短视频平台

市民形象既包括市民内在的精神理念如价值观念、道德水准、现代意识等，又包括市民外在的直观的活动形式如生活方式、行为习惯、状态呈现等。它是市民内在形象与外在形象的有机统一。结合研究目的，本报告将重庆市民形象分类为内在的价值观念、性格特质和外在的行为习惯和生活方式。

1. 样本选取

本报告采用Python软件，在抖音的搜索框里输入"重庆人"一词并选择视频板块，检索2024年5月8日之前发布的所有相关视频，将排序标签从"综合"切换成"最热"，对前250条的视频信息进行数据抓取，以此保证所选取的短视频拥有较好的传播效果。去除未呈现重庆市民形象的48条视频，获取了202条短视频作为本次研究的样本。同时，重庆市民形象也在

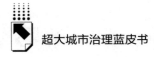

视频传播者和受众之间的互动过程中得到强化。因此，本报告将爬取"重庆人"词条下，点赞量排名前 50 的热门视频评论区中点赞量前 20 的评论，共抽取 1000 条评论文本组成分析样本。

2. 类目建构

本报告以单个视频样本为一个编码单位，编码表包括视频属性和视频内容 2 个一级议题，并具体化为 7 个二级议题、22 个三级议题（详见表 1）。

表 1　抖音短视频中重庆市民形象内容分析编码表

一级议题	二级议题	三级议题
视频属性	账号属性	政府账号
		媒体账号
		抖音达人账号
		个人账号
	视频时长	小于 15 秒
		15~60 秒
		大于 60 秒
	情感倾向	积极
		中性
		消极
	语言	方言
		普通话
		配乐
视频内容	传播力	点赞量
		评论量
		转发量
		收藏量
	内容主题	价值观念
		性格特质
		生活方式
		行为习惯
	评论文本	每条短视频点赞量前 20 的评论

3. 编码者间的信度检验

本报告利用 SPSS 统计各类目的 Kappa 系数检验编码信度。具体方法是由编码员 A 和编码员 B 在无交流的情况下，根据编码表的具体指标，随机抽取 31%（即 62 条视频）的视频样本进行试编。若 Kappa 系数值为 0.80~1，表明编码具有可信度。编码员信度如表 2 所示。

表 2　编码员信度表

主类目	具体变量	Kappa 信度值
视频属性	账号属性	0.88
	视频时长	1.00
	情感倾向	0.82
	语言	0.92
视频内容	内容主题	0.80

经过两位编码员的评估，各个变量的编码信度均超过了 0.80，符合学术界普遍认可的编码信度标准。基于这一标准，本报告采用该编码表对 202 条短视频样本进行了编码与分析。

三　传播生态：重庆市民形象类短视频的传播现状

（一）样本视频属性分析

1. 账号主体多元

本报告以视频传播主体的账号认证信息、背景介绍为依据，将视频传播主体的账号属性分为个人账号、抖音达人账号、政府账号和媒体账号四个类型。其中，抖音达人账号和个人账号按照粉丝数量进行分类，粉丝数量大于等于 10000 即为达人账号，小于 10000 则为个人账号。

如图 1 所示，在 202 条样本视频中，抖音达人账号创作的短视频共计 141 条，占比达到 69.80%，成为传播重庆市民形象的主力军。媒体账号和个人账号分别贡献了 39 条（占比 19.31%）和 18 条（占比 8.91%）短视频。相比之下，政府账号占比微弱，仅有 4 条（占比 1.98%），分别是"重庆文旅""重庆共青团""云南森林消防""重庆网络问政"。总的来说，在有关重庆市民形象的热门短视频中，视频生产者的参与主体比例存在失衡现象。政府和个人的参与度相对较低。

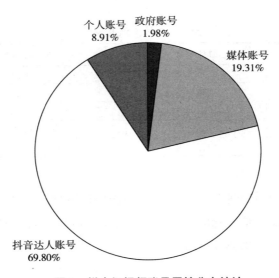

图 1　样本短视频账号属性分布统计

2. 视频时长偏长，信息涵盖量大

视频时长是衡量短视频传播效能的关键指标，其演变过程反映了平台策略与用户需求的动态平衡。抖音短视频平台初期通过设置较短时长限制，有效契合了现代生活的快节奏特征，降低了创作门槛，促进了用户生成内容的繁荣。然而，这种较短时长的限制也意味着视频信息量的局限性。随着用户对内容深度的需求提升，平台逐步放宽时长限制，实现了从碎片化向深度化的转型。

如图 2 所示，在样本视频中，时长在 15 秒至 60 秒的视频数量最多，共计 112 个（占比 55.45%），而小于 15 秒的视频有 32 个（占比 15.84%），大于 60 秒的视频有 58 个（占比 28.71%）。这一数据表明，中等时长视频

（15~60 秒）在传播效果上具有明显优势，其原因可能在于：首先，该时长既能保证内容的完整性，又符合用户的注意力规律；其次，它为创作者提供了足够的叙事空间，使其能够运用多样化的表现手法；最后，这种时长设置平衡了内容深度与传播效率，既满足了用户的信息需求，又适应了移动端观看场景。这一发现为优化城市形象类短视频的创作策略提供了重要参考。

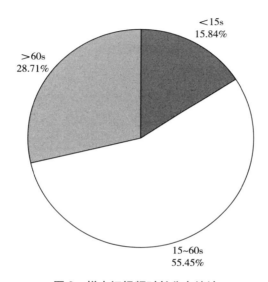

图 2　样本短视频时长分布统计

3. 正面倾向强，积极元素丰富

视频情感倾向作为评估短视频内容传播效果的核心维度，不仅体现了平台的内容筛选机制，更折射出用户对特定议题的情感认同程度。本报告采用文本情感分析方法，通过识别视频文案中的情感词汇并结合内容呈现的整体基调，将重庆市民形象相关视频的情感倾向划分为积极、中立和消极三个类别。

数据分析结果显示（如图 3 所示），抖音短视频平台上重庆市民形象视频的情感倾向分布呈现显著特征：积极情感类视频数量最多，达 107 条（占比 52.97%），聚焦于展现重庆人热情、直率、团结等正面性格特质；中立情感类视频有 93 条（占比 46.04%），多呈现市民日常生活场景，如饮食偏好、方言使用等客观描述；消极情感类视频仅有 2 条（占比 0.99%），占比极低。这一分布特征表明平台和创作者倾向于选择积极正面的内容进行传播，这符合城市形象建构的总体导向。此外，用户对重庆市民形象的认知和评价以积极认同为主，反映出较高的城市认同度。而中立情感类视频的较高占比说明平台在保持积极导向的同时，也注重呈现真实多元的市民生活图景。这种情感分布格局为优化城市形象传播策略提供了重要参考。

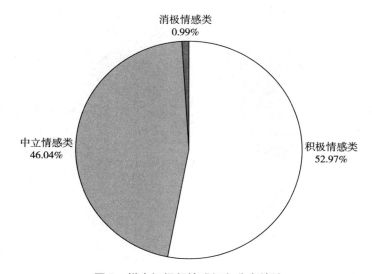

图3 样本短视频情感倾向分布统计

4.重庆方言为主，呈现地方特色

如图4所示，方言视频有107条（占比52.97%），普通话视频有76条（占比37.62%），无人声视频有19条（占比9.41%）。这表明，使用重庆方言制作的视频具有更强的传播力。这类视频主要通过展示具有地方特色和生活气息的城市人文场景来吸引观众，承载了重庆人独特的风土人情。以抖音短视频平台上粉丝数为49.32万（截至2024年5月8日）的账号"梅川川"为例，该账号用地道的重庆方言演绎重庆人文场景，使作品充满了地方文化的魅力。在"梅川川"的作品中，高频词包括"重庆人""重庆人的性格""耙耳朵""火辣"等，这种携带文化"烙印"的方言短视频的传播能够使地域化的语言风格跨越地理空间上的距离，提高城市的聚合功能。

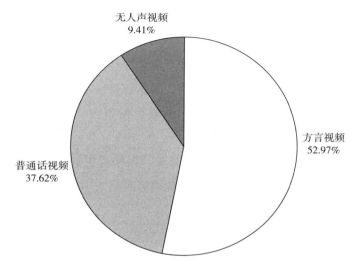

无人声视频
9.41%

方言视频
52.97%

普通话视频
37.62%

图4 样本短视频语言分布统计

（二）样本视频内容分析

1. 视频文案高频词分析：正面性强

本报告采用 Python 软件结合 Jieba 分词库对视频样本进行文本分析，通过数据预处理和高频词提取，共获得 927 个有效词语，这些词语全面覆盖重庆市民的价值观念、性格特质、生活方式和行为习惯等维度。为进一步聚焦研究，我们对初始词汇库进行清洗和筛选，最终确定 30 个最具代表性的高频词语。

数据分析结果显示，"美好""松弛""自来熟""耿直""豪爽"位列高频词前五位。其中，"美好"一词的高频出现与近期热门话题"川渝人民美好的精神状态"密切相关，反映了平台用户对重庆市民精神面貌的积极认知。同时，"热情""豪爽""团结"等性格特质类词语的较高出现频率，印证了此类主题视频在拉近观众距离、增强传播效果方面的优势。此外，"安逸""山城""火锅"等词，表明重庆市民形象类短视频注重呈现具有地域特色的生活图景。

2. 内容主题表现

基于内容主题分析的研究发现，重庆市民形象的建构呈现多维度的特征。通过对样本视频的内容主题分布进行量化分析（如图 5 所示），重庆市民形象的媒介呈现具有整体性和系统性。具体数据显示，价值观念类视频数量为 22 条，占总样本的 10.89%；性格特质类视频数量最多，达 81 条，占比 40.10%；行为习惯类视频 60 条，占比 29.70%；生活方式类视频 39 条，占比 19.31%。因此，从内容生产偏好来看，创作者更倾向于制作与市民性格特质相关的视频内容，这可能源于此类内容更易于引发观众的情感共鸣和互动参与。

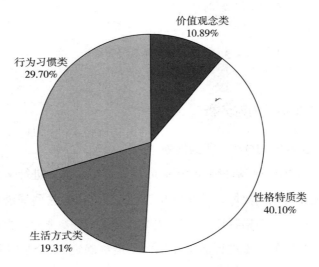

图 5　样本短视频内容主题分布统计

3. 账号属性与内容主题交叉分析：政府账号主导性待增强

如表 3 所示，本报告在对重庆市民形象短视频的相关类目逐一描述分析的基础上，进一步对多个关键类目进行交叉数据分析，以深入探究抖音短视频平台上不同视频生产者对重庆市民形象的表达差异及其传播现状。

首先，在数量上，入选本次样本的政府视频仅有 4 条，其中，"重庆网络问政"的粉丝量为 24 万，但样本视频的点赞量仅有 137 个，评论量仅有

15条，反映出政府视频的传播力较弱。其次，在内容主题上，媒体、抖音达人和个人的热门视频内容覆盖了重庆市民的价值观念、性格特质、生活方式和行为习惯四个方面的主题形象，而政府账号仅有"价值观念"这个类型的主题内容传播力较强，在其他类型主题内容的传播中没有占据话语高地。

表3　账号属性×内容主题交叉表

		价值观念	性格特质	生活方式	行为习惯	总计
账号属性	政府账号	4	0	0	0	4
	媒体账号	7	17	7	8	39
	抖音达人账号	12	57	26	46	141
	个人账号	1	7	4	6	18
总计		24	81	37	60	202

4. 账号属性与情感倾向交叉分析：重庆市民形象正面性强

如表4所示，总体来看，样本视频内容倾向于展现积极的重庆市民形象。其中，抖音达人账号通过情景演绎的方式，有效传播了重庆市民的正面形象。个人账号的创作者通常采用平民化的叙事视角，生动地展现重庆市民的日常生活，让受众能够深入了解重庆人的真实生活状态。在处理负面信息时，样本视频内容普遍保持客观公正。可见，抖音达人是塑造重庆市民形象的主力军，在传播正面和中性内容方面具有显著的影响力。

表4　账号属性×情感倾向交叉表

		情感倾向			总计
		积极	中立	消极	
账号属性	政府账号	3	1	0	4
	媒体账号	29	10	0	39
	抖音达人账号	68	72	1	141
	个人账号	7	10	1	18
总计		107	93	2	202

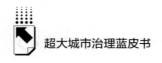
四 特色标签：抖音短视频平台中重庆市民形象的特点分析

市民是城市的主体，市民行为对城市文化的传播有重要影响。重庆市民形象类短视频，以其独具特色的风格为重庆的城市形象注入了独特的识别因子。本部分深入分析文本数据，总结抖音短视频平台中重庆市民形象在传播过程中形成的特色标签，以探讨重庆市民形象如何为重庆城市形象的建构提供新维度和新标识。

1. 价值观念：坚韧顽强、团结一致的英雄气

"英雄叙事不仅是作者英雄理念的表达，也是对一个共同体集体经验、记忆、认知、身份的确认。"① 通过对含高频词"英雄"的样本视频的分析，报告发现，视频创作者对这些"重庆英雄"的叙事，抖音短视频平台宏观与微观的双重"英雄"叙事结构，系统展现了重庆人清晰的群众英雄观。

在宏观叙事层面，平台通过历史影像与口述资料的结合，再现了重庆人民在抗日战争中的历史贡献，凸显了其不屈不挠的民族精神。这种宏大叙事不仅强化了城市的历史记忆，更塑造了重庆作为"英雄城市"的集体认同。基于对 40 个"英雄"主题视频样本的实证分析，32.5%（13 条）的内容与重庆抗战历史直接相关。这些视频通过历史叙事再现了重庆作为抗战大后方的特殊历史地位，展现了重庆人民在民族解放斗争中形成的伟大抗战精神。例如，视频《重庆人天不怕地不怕，就怕以后，没人记得这些》与《抗战期间英勇的地方军：重庆军》通过历史影像与口述史的结合，系统呈现了重庆军民在抗战时期的英勇事迹。这些视频内容不仅再现了重庆抗战历史的重要片段，更通过媒介记忆的建构，强化了"红岩精神"与"抗战精神"的当代传承，为城市精神研究提供了重要的历史维度。

从微观层面考察，重庆山火救援行动话题下的视频记录和传播了团结一

---

① 冉雪：《改革开放新时期以来文学领域英雄书写研究现状与思考》，《西南大学学报》（社会科学版）2021 年第 6 期。

致、自我奉献的市民群像，增强了受众的情感共鸣。基于对抖音短视频平台的实证分析，在随机选取的 40 个以"英雄"为主题的视频样本中，67.5%（27 条）的内容与此次救援行动直接相关。这些视频内容可归纳为三个主要类型。其一，个体英雄叙事。8 条视频聚焦于特定群体在救援行动中的突出表现。其二，群体协作叙事。13 条视频通过影像叙事再现了多方力量联合救援的感人场景。其三，事件进展报道。2 条视频以纪实方式记录了救援行动的关键节点与整体进程。这些视频内容不仅客观记录了救援行动的全貌，更通过影像叙事凸显了重庆市民坚韧顽强、团结一致的精神特质，为城市精神研究提供了宝贵的实证材料。以下为相关视频评论区文本数据：

> "这座城市气节铮铮。"
> "这座城市的人味是独一无二的，市井烟火，人间温暖，英雄侠义。"
> "重庆，英雄城市！"
> "重庆这个城市给全国上了最好的一课，建议开学第一课应该纳入进去。"
> "看哭了！一帮吊儿郎当的 00 后困难之时挺身而出，川军之魂回来了。"
> "川军雄起！"

宏观叙事与微观叙事的有机结合，不仅完整呈现了重庆人的精神图谱，更通过数字媒介实现了城市精神的当代传承与创新表达，为城市形象传播提供了新的范式。

2. 性格特质：豪爽耿直、热情火辣的山城人

通过对样本短视频的深度文本分析，报告发现重庆人的性格特质可通过一系列具象化词语系统概括。其中，"豪爽"作为核心特质，折射出重庆人不拘小节、大气磅礴的行为特征；"耿直"作为另一显著特质，展现了重庆市民坦诚直率、忠诚真挚的性格本质；"热情"与"好客"构成重庆人性格的社交维度，体现了其待人友好、乐于助人的行为模式；而"真实"则反

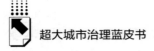

映了重庆人不虚伪、不做作的生活态度。这些特质描述不仅准确概括了重庆人的性格特征，更在深层次上体现了其独特的地域文化认同与价值取向。以下是该系列视频评论区的部分评论文本：

> "重庆人民是全国公认的热情。"
> "我们重庆虽然神是神了点，但是有需要帮忙的，绝对不拉稀摆带的。"
> "我是东北人，全网最有好感的就是重庆人，江湖气，豪爽！"
> "重庆人的热情，绝对是我来重庆玩，对这个城市最大的加分项。"

可见，重庆市民以其热情、好客、豪爽的性格特质而著称，这些特质在塑造城市品牌形象方面发挥着关键作用。从传播效果来看，重庆人性格特质的媒介呈现有效拉近了重庆人与受众的心理距离，这不仅促进了当地旅游业的蓬勃发展，也推动了商业经济的繁荣。在此过程中，重庆市民展现出日益增强的文化自信与开放包容心态，并在商业活动和人际交往中形成了独特的行为准则：注重诚信、言语直率、行事果断，反对迂回曲折的表达方式。这种被当地人称为"耿直"的特质，已逐渐内化为重庆市民的群体性格特征，并成为评价个人品格的重要标准。从历时性维度考察，"耿直"已演变为重庆市民自我认同和社会评价的核心价值尺度，深刻影响着当地的社会交往模式与文化心理结构。

3. 行为习惯：不拘一格、开放包容的松弛感

在202条以"重庆人"为主题的热门视频中，54条带有"川渝人民的松弛感"话题标签。该系列视频通过实地拍摄、人物访谈及情景再现等多元叙事手法，系统呈现了重庆市民在日常生活中的从容自在、乐观开放的精神面貌。例如，视频《所以松弛大赛该怎么排名？》描述了在"赛博朋克的8D魔幻"中，重庆人民在举手投足间展现的不拘一格的行为方式，"累了可以躺地上睡觉""饿了可以边走边吃"，这些在外地人看来不可理解的奇怪行为，重庆市民早已习以为常；此外，视频《川渝人民不信神，因为他们自己就很

"神"》捕捉了重庆人"穿蓬蓬裙参加马拉松""随意选择地方坐下"等生活片段，获得89万点赞和32万评论，充分体现了"不拘一格，开放包容"这一特质的传播影响力。以下是该系列视频评论区的部分评论文本：

> "重庆人什么都可以坐。"
> "羡慕这种精神状态，太美好了。"
> "确实有被川渝人民的松弛感震惊到。"
> "欢迎全国人民来重庆感受我们的松弛与美好。"

重庆市民的"松弛感"不仅是一种行为方式，更是城市集体认同与文化自信的具象化表达。这种特质植根于重庆独特的历史文化积淀：抗战时期作为陪都的特殊历史地位，使重庆成为多元文化交汇的熔炉，培育了市民开放包容、兼收并蓄的文化品格。视频《没有开放包容、乐观向上的心态，重庆人松弛感的底气从何而来》通过历史叙事，揭示了这种文化特质的形成机制——地理环境的特殊性、历史进程的独特性以及人口流动的频繁性共同塑造了重庆人"四海为家"的豁达心态和"不拘一格"的生活哲学。这种文化特质在当代媒介语境下，通过市民日常生活中的行为细节得以生动呈现，构成重庆独特的城市文化标识。

4. 生活方式

在编码类目为"生活方式"的视频样本中，"耙耳朵""火锅""方言"等关键词出现频率较高，这些元素是重庆独特的地域文化符号。

首先，根据杜赫提的家庭系统理论，家庭越富有弹性，家庭对个人的调节越具备良好的功能。在视频《重庆男人的家庭地位，最硬气的语气说着最怂的话，耙耳朵从小抓起》《有个耙耳朵的重庆爸爸，也太幸福了吧》《重庆特色之耙耳朵的幸福生活》中，"耙耳朵""幸福""家庭"等词频繁出现，反映出重庆家庭文化中倡导的两性社会地位和谐理念。女性在家庭中得到充分尊重与关爱，而男性表现出更多的包容和体贴。这种和谐的家庭氛围增强了家庭的弹性和功能。

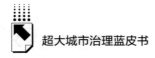
其次，"火锅"作为重庆典型的地域符号，是重庆人民独特的交往媒介。《重庆人对火锅有多热爱》等视频说明了火锅在当代重庆市民生活中已超越简单的饮食范畴，演变为一种重要的社会交往仪式。在现代化进程中，面对都市人际关系疏离的普遍困境，火锅建构了重庆独特的地方性社交体系，维系了富有特色的社会联结方式。

重庆市民形象类短视频将重庆的历史文化、人文精神、地域特色和聚合能力直观地表现出来，糅合了市民的喜乐悲欢。这种基于市民日常生活实践的城市形象塑造，不仅展现了城市的文化特质，更推动了重庆从传统城市向"网红城市"的转型，为城市品牌建设提供了新的范式。

五　抖音短视频平台中重庆市民形象建构的优化策略

1. 强化话语引领，加强政府在塑造重庆市民形象中的主导地位

政府作为社会信息系统的重要掌控者，在城市形象塑造与传播中扮演着关键角色。而根据本报告对视频样本的分析，政府创作的视频传播力较弱，视频所体现的主题内容也相对单一。为此，政府应当通过创新和多元化的方式，提升视频的传播效果，充分发挥自身在塑造重庆市民形象中的关键作用，强化话语引领作用。

首先，在内容策略层面，建议系统性地开展典型人物宣传工作，重点聚焦"时代楷模"、道德模范及本土先进人物等群体。通过挖掘和传播这些具有代表性的个体事迹，发挥其示范引领作用，促进社会主义核心价值观的内化与转化，从而推动崇德向善社会风尚的形成。同时，应注重整理和传播具有地域文化特色的家训文献（如《邹容家书》等），这些文本不仅承载着重庆地区的历史文化记忆，更体现了当地人民积极进取的价值取向和精神追求。

其次，在视频制作层面，政府应当构建多元主体协同机制，整合专家学者、优质内容创作者及媒体从业者等专业资源。通过设计系统化的培训体系，开展线上线下相结合的技能培训项目，重点提升政务新媒体从业人员的视听内容制作能力与运营管理水平。这种跨领域合作模式不仅能够促进专业

知识的交流与共享，更能帮助政务机构有效运用视听语言准确传达政策信息，从而全面提升政务新媒体短视频的内容质量与传播效能。

最后，政府可通过发起市民形象话题、组织创意赛事及建立激励机制等方式，有效提升市民的创作积极性与参与度。鼓励并引导市民参与视频创作，不仅能够促进优质内容产出，更能通过算法推荐机制实现精准传播，扩大内容的受众覆盖面。此外，引导市民捕捉日常生活场景中的典型素材，创作真实反映城市精神的短视频作品，有助于构建多维度的市民形象叙事，从而塑造更加立体、多元的重庆市民形象。

2. 发挥各区县特色，塑造立体化市民形象

在抖音短视频平台的现有内容生态中，重庆市民形象的呈现存在明显的空间失衡现象。创作者多聚焦于主城区生活场景，而对区县市民形象的呈现相对匮乏。作为地域面积最大的直辖市，重庆兼具城乡二元结构特征与丰富的文化多样性。为构建更为全面、立体的市民形象叙事体系，有必要系统性地挖掘和展示各区县的独特文化资源。这种多维度的形象塑造不仅能够丰富平台内容生态，更能通过激发观众的地域文化认同和旅游意愿，为乡村振兴战略提供新的动能。

首先，建立政府主导的乡村达人培育机制。通过整合培训资源、搭建商业平台、完善电商服务等系统性支持，重点培育具有本土特色的"乡村红人"。这些新型文化主体可在农业创新、文化传承、旅游推广等领域发挥示范效应，其日常生活实践、农业生产智慧与乡村景观呈现，将为乡村振兴注入文化活力。

其次，构建区县市民代表的故事传播体系。在大型文化旅游活动中，政府应注重遴选多元化的市民代表，通过抖音等社交平台传播其生活叙事。这种基于真实个体的形象塑造策略，不仅能够展现重庆文化的多元性，更能通过情感共鸣增强受众的地域认同。同时，应鼓励创作具有地域特色的原创内容，包括但不限于民俗文化、地方美食、自然景观等，以此构建完整的区县形象认知图谱。

上述策略的实施，不仅可以优化重庆市民形象的媒介呈现，更能强化市民的地域文化认同，最终提升重庆的城市品牌价值与文化影响力。

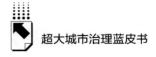

3. 持续挖掘城市文化内涵，加强市民形象与城市形象的链接

基于对抖音短视频平台视频样本的实证分析，研究发现相较于生活娱乐类内容，反映重庆历史文化特质的视频创作明显不足。城市文化作为文化体系的重要构成维度，是人类文明演进到城市化阶段的产物。在城市形象建构过程中，市民形象与城市文化内涵具有内在的共生关系。这种关系的维系需要以城市独特的历史文化积淀为基础，因为城市历史文化不仅是城市精神的内核，更是塑造市民身份认同的关键要素。就重庆而言，其市民形象的建构应当植根于"巴渝文化"、"革命文化"和"三峡文化"等具有地域特色的文化传统之中。

首先，为促进历史文化与市民形象的有机融合，建议内容创作者转变创作范式，从表层的地理标签转向深层的文化叙事。以磁器口为例，不应仅将其简化为"网红打卡地"，而应着力挖掘其承载的历史记忆与文化价值，通过讲述老一辈重庆人的历史事迹，丰富市民形象的历史维度。

其次，促进传统艺术形式的现代转化与创新呈现是塑造市民文化认同的重要路径。市民形象的塑造应当遵循"历史-现实-未来"的三维建构框架：既要传承城市的历史文脉，又要融入当代城市发展的时代特征，同时还需要采用符合数字时代受众认知习惯的传播策略。川剧、蜀绣等传统艺术形式可作为文化载体，通过现代展陈方式与文化创意产品的开发，在艺术展览、文化节庆等场景中展现市民的文化素养与审美追求。这种艺术维度的呈现有助于塑造具有文化自觉的市民形象，更能促进城市文化软实力的提升。

六 结语

本报告采用 Python 技术对抖音平台"重庆人"词条进行数据采集，经过系统的数据筛选与清洗，最终选出 202 条有效样本视频。研究从视频属性（包括账号属性、视频时长、情感倾向、语言）和视频内容（涵盖传播力、内容主题）两个维度展开全面分析。为进一步考察视频传播效果，研究从点赞量前 50 的视频中各抽取点赞量前 20 的评论，形成 1000 条评论样本数据集，深入分析传播者与受众之间的意义建构过程。

基于实证分析，研究发现抖音短视频平台中的重庆市民形象呈现四个显著特征：一是体现坚韧顽强、团结一致的英雄气概；二是展现豪爽耿直、热情火辣的山城性格；三是彰显不拘一格、开放包容的松弛态度；四是反映两性关系融洽、娱乐方式多元的慢生活图景。总体而言，平台呈现的重庆市民形象以积极正向为主，但在传播过程中存在政府账号话语权待加强、参与主体比例失衡等问题。针对研究发现，本报告提出以下优化策略：强化政府话语引领，提升政府在市民形象塑造中的主导作用；整合区县特色资源，构建多元立体的市民形象；深入挖掘城市历史文化内涵，实现市民形象与城市形象的有机统一。

本研究存在以下局限：首先，受平台数据获取机制限制，样本规模相对有限，可能影响研究结论的普适性；其次，提出的传播优化策略尚需在实践中进一步检验和完善。未来的研究可扩大样本规模，深化策略研究，以提升研究的理论价值和实践指导意义。

B.11
低空经济驱动超大城市治理发展的实践与变革

王继洲　潘吉玲*

摘　要：　本报告聚焦低空经济在超大城市治理中的应用及其引发的深刻变革。低空技术已广泛应用于城市治理的多个领域，更为关键的是，低空经济推动了城市治理机制和理念的创新。随着低空经济的持续发展，它将深刻改变我们对城市空间分布的认知，进而引发超大城市治理的根本性变革。然而，低空经济的快速发展也面临监管机制落后、数据安全、公众接受度等诸多挑战。

关键词：　低空经济　超大城市　城市治理　无人机

　　低空经济是指垂直高度1000米以下，根据需要延伸至3000米空域，以低空航空器为载体，以载人、载货及其他作业等多场景低空飞行活动为牵引，带动相关领域融合发展的综合经济业态①。作为新质生产力的典型，低空经济的发展离不开中央和地方政府的政策支持。2024年两会期间"低空经济"首次被写入政府工作报告。2024年3月27日，工业和信息化部、科学技术部、财政部、中国民用航空局联合印发《通用航空装备创新应用实施方案（2024~2030年）》，提出到2030年推动低空经济形成万亿级市场

---

* 王继洲，早稻田大学社会科学研究科博士，西南政法大学政治与公共管理学院讲师，研究方向为超大城市治理、国际政治；潘吉玲，早稻田大学社会科学研究科博士，浙江越秀外国语学院东方语言学院讲师，研究方向为国际政治。

① 沈海军：《低空经济产业的发展现状与未来》，《金融博览》2024年第13期。

规模。2024 年 12 月 27 日，国家发展改革委低空经济发展司成立，其主要职责是负责拟订并组织实施低空经济发展战略、中长期发展规划，提出有关政策建议，协调有关重大问题等。在地方上，超过 30 个省（自治区、直辖市）将"低空经济"写入政府工作报告或出台相关文件①。以上政策和文件的出台，表明我国低空经济已进入全面推进阶段，2024 年也被称为"低空经济元年"。

在低空经济不断发展的同时，超大城市（megacity）这一概念也引起了人们的关注。超大城市，顾名思义指的是规模巨大的城市，一般认为超大城市的人口数量需要超过 1000 万②。然而，随着人口的不断集聚，超大城市面临不断增长的人口、复杂的交通网络、日益严峻的环境污染等"大城市病"。目前，我国有上海、北京、深圳、重庆、广州、成都、天津 7 座超大城市。2024 年 4 月，习近平总书记在重庆考察时强调，重庆是我国辖区面积和人口规模最大的城市，要深入践行人民城市理念，积极探索超大城市现代化治理新路子。③ 习近平总书记的讲话对我国超大城市治理提出了新的目标和要求。党的二十届三中全会审议通过的《中共中央关于进一步全面深化改革　推进中国式现代化的决定》也提出，要"推动形成超大特大城市智慧高效治理新体系，建立都市圈同城化发展体制机制"。在此背景下，如何提升城市治理的智能化、精准化水平，积极探索超大城市现代化治理新路子，成为推动城市可持续发展的核心议题。

值得注意的是，低空经济的起步和强势发展，为推动超大城市治理提供了强大助力。低空经济在城市管理、交通监控、物流运输、环境保护等多个领域展现出了巨大的潜力。通过引入无人机、低空飞行器等先进技术，低空

---

① 张佳丽：《从"空中飞"到"落地用"：低空经济的崛起之路》，《人民邮电报》2024 年 12 月 23 日，第 1 版。

② 丁成日等：《超大城市的增长及其对城市发展战略的影响》，《城市与环境研究》2021 年第 4 期。

③ 《习近平在重庆考察时强调　进一步全面深化改革开放　不断谱写中国式现代化重庆篇章》，央广网，https://news.cnr.cn/native/gd/sz/20240424/t20240424_526679136.shtml，最后访问日期：2025 年 4 月 14 日。

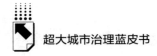

经济不仅增强了城市管理的精准性和时效性，还通过数字化和智能化手段，推动了城市治理方式的深刻变革。

一　低空技术在超大城市治理中的应用

借助低空技术，超大城市提升了在城市基本管理、基础设施监测、交通引导、应急救援、环境保护等方面的应对能力。

1. 城市基本管理

目前，低空技术已经广泛应用于市容市貌监控、违法建设监测、公园管理、森林防火等多个领域，通过无人机及大数据，城市管理部门能够快速定位问题并制定解决方案。2024 年初，深圳市公安局率先发布了推动无人机警务应用高质量发展行动方案（2024—2026 年）①。该方案提出，要打造空中巡逻队、侦查侦防队、禁毒巡查队、应急处突队、搜索救援队以及城市治理支援队等专业化队伍。深圳市作为"无人机之都"，正努力推动"低空经济+城管业务"的融合应用，将低空技术深度融入智慧城市平台，这不仅提升了城市管理的全面监控能力，还提高了快速响应的效率，推动了城市治理模式的"升级"。具体来说，在公园管理方面，空中"科技之眼"结合人工智能识别技术，能够自动监测园区内的违规行为，如野外焚烧、非法野炊和盗挖植物等。特别是在森林和郊野公园等面积较大的区域，传统的人工巡护工作难度大、效率低，而无人机巡航的引入，极大地提高了巡护效率②。

2. 基础设施监测

重要基础设施（如桥梁、隧道、超高层建筑等）的维护一直是超大城市治理的难题。低空技术的发展，成功地解决了这一难题。历经 2 年攻关，

---

① 《深圳公安不断提升超大城市安全韧性水平，安全感、满意度第三方测评再获全省"双第一"》，深圳市公安局网站，https://ga.sz.gov.cn/ZWGK/QT/GZDT_1/content/post_12097810.html，最后访问日期：2025 年 4 月 11 日。
② 《深圳：城市管理为低空经济"添翼"》，深圳市城市管理和综合执法局网站，https://cgj.sz.gov.cn/zjcg/zh/content/post_11578460.htm，最后访问日期：2025 年 2 月 2 日。

经过多次迭代，2024 年 7 月，重庆市交通工程质量检测有限公司研发的"无人机桥梁智能定检系统"正式投入使用。该系统基于人工智能和物联网技术，采用多传感耦合定位算法，可实现桥梁底部无卫星信号环境下的稳定飞行，并能达到 5cm 精准定位，而且可以进行航线规划与主动避障。该系统上线后，重庆市城市管理部门可利用无人机对桥梁等重要基础设施进行定期检查，获取实时的结构健康数据。而这些数据又可以通过"数字重庆"平台进行整合分析，帮助相关部门提前识别潜在风险点，从而避免因设施老化或损坏造成的安全事故。

3. 交通引导

人口的急剧增加，让城市交通不断拥堵。尤其是在节假日或特殊活动期间，一些车流量大的主干道可能排数十公里的车辆长龙。融合低空技术的实时交通监测和智能调度，为缓解交通拥堵提供了有效的解决方案。例如，广州市通过无人机实时监控城市的交通流量，并通过大数据平台调整交通信号和管控措施，有效减少了交通拥堵的发生。据《广州日报》等媒体报道，2025 年春节假期，广州交警出动警用无人机高速巡航近 200 架次，累计飞行时间近 100 小时，有效快速处理事故、坏车等警情，及时缓解拥堵。目前，广州市已有 11 个高速公路路段试点开展无人机巡航，无人机数量 17 架，覆盖里程 40 公里。低空飞行器投入使用后，有效缓解了高峰时段的交通拥堵问题。无人机也通过实时反馈交通信号灯状况，为市民出行提供精准的路线指引，提升了市民的出行效率。①

4. 应急救援

低空技术在应急管理中的应用尤为重要，特别是在应对自然灾害和突发事件方面。灾难发生前夕，低空技术赋能的应急响应系统能够全天候、全地域进行灾害监测和预警，及时捕捉潜在风险。灾难发生后，低空飞行器能够迅速进入受灾区域，进行温度、水位、风速等实时数据采集，为决策者提供

---

① 《广州交警无人机助力春运，快速处理高速事故》，网易网，https：//www. 163. com/dy/article/JNLLHAGR0527BOJ0.html，最后访问日期：2025 年 4 月 14 日。

准确的灾情信息，极大地提高了应急响应的效率。除此之外，低空飞行器还可以运送救灾物资，确保受灾民众的生命安全。2023 年，受台风"杜苏芮"影响，北京、河北等地发生严重洪涝和地质灾害，"翼龙"系列无人机在通信保障、灾情侦察、物资投送等领域发挥了重要作用①。除此之外，低空飞行器在高层灭火等方面也发挥着重要作用。

5. 环境保护

随着城市化进程的推进，超大城市面临着严重的环境污染问题。低空技术，尤其是无人机，成为环境监测的重要工具。2024 年，苏州市水务局利用无人机对太湖、吴淞江等开展河湖监管巡查，6 月共巡查 1360 架次、巡查里程 5174.3 公里②。无人机携带的高清摄像头和红外热成像镜头，可对河道、企业雨水排口、闸口等开展巡查，有效地促进了当地生态环境的监测与保护工作。

二 低空经济推动超大城市治理机制和治理理念的创新

低空经济不仅在实际应用中展现了其技术优势，还推动了超大城市治理机制和治理理念的创新与变革。融入低空经济后的超大城市治理体系逐渐向"数字化、精细化、协同化"方向转型，传统的管理模式、治理思维和决策机制面临前所未有的挑战。

1. 推动数据驱动决策机制与城市治理流程的创新

传统的城市治理模式依赖人工巡查、现场报告等手段，这些方式容易导致信息获取的滞后与不全面，进而导致决策缺乏实时性与精准性。而依托低空数据分析，城市管理者能够实时采集、处理和分析海量数据，整合交通、环境、基础设施等多个维度的数据，并在此基础上进行精准决策。低空经济

---

① 朱克力：《低空经济：新质革命与场景变革》，新华出版社，2024，第 43 页。

② 王梦菲、李优：《苏州："低空+"应用新实践持续涌现》，新华网江苏频道网站，http://js.news.cn/20240709/1c6fd78f48c74c95b970da718704a1ed/c.html，最后访问日期：2025 年 2 月 3 日。

推动了城市治理中数据驱动的决策机制创新。

低空经济的发展还极大地推动了超大城市治理流程的创新。在传统的城市治理体系中，一些问题的处理通常需要经过多个环节和程序，如各类审批、报告和指令的流转等。这些烦琐的行政流程，往往会影响政府工作效率。而依托低空数据分析，城市治理流程得到了显著简化和优化。城市管理部门可借助"无人机低空智联网"，推行"城市治理一张网"改革，通过低空数据的整合、流转和应用，实现全流程数字化管理。通过这一改革，可实现从问题上报、数据采集、报告分析到指令执行的全流程自动化和在线化，极大地提升了城市的治理效率。

2. 促进跨部门、多主体协同治理理念的深入

传统的城市治理通常面临部门之间信息不畅和协调不足的问题，尤其是在处理跨部门的复杂问题时，常常需要召开大量会议和成立专项工作组来推动解决。而低空经济的引入，通过为各部门提供即时、共享的多维度数据，促进跨部门、跨领域的协同治理理念创新。例如，重庆市在推动低空经济应用的同时，构建了一个市、区县、街镇三级贯通的数字化城市治理系统。该系统将原本由各部门分散管理的数据资源整合，并通过低空飞行器实时获取城市运作中的各类数据，确保相关部门能够及时获得精准的信息。重庆市通过低空飞行器采集交通、环境、基础设施、应急等数据，打破了不同部门之间的信息壁垒，推动了部门间的协同合作[1]。

党的二十大报告提出"人民城市人民建、人民城市为人民"[2]，这为超大城市发展指明了方向和途径。融入低空经济元素的超大城市治理除政府各部门协同外，还能显著提高公众参与度，增强市民在城市管理中的主动性和互动性。例如，低空飞行器可以实时监测城市环境状况、交通流量、空气质

---

① 张桂林、黄兴：《重庆探路数字化赋能超大城市治理》，光明时政网站，https://politics. gmw. cn/2025-01/18/content_ 37805425. htm，最后访问日期：2025 年 4 月 14 日。

② 习近平总书记在党的二十大报告中强调，坚持人民城市人民建、人民城市为人民，提高城市规划、建设、治理水平，加快转变超大特大城市发展方式。《加快转变超大特大城市发展方式（认真学习宣传贯彻党的二十大精神）》，求是网，http://www.qstheory.cn/ qshyjx/2022-12/18/c_ 1129212517. htm，最后访问日期：2025 年 4 月 14 日。

量等重要指标，市民可以通过手机等移动平台或相关应用参与数据采集和问题报告，提出建议和解决方案。这种信息共享程度和透明度的提升，不仅能够增强市民对政府决策的认同感，还为城市治理提供了更多元的声音和视角，有效推动了治理模式的创新。

3. 提升城市治理的灵活性与应变能力

超大城市在应对突发事件、灾难或复杂情况时，通常需要高度的灵活性和快速反应能力。低空经济通过提供高效的数据采集与分析手段，提高了城市治理机制的应变能力，使得治理体系能够更为灵活、更为有效地应对复杂多变的挑战。

例如，2023 年 7 月 28 日至 8 月 1 日，天津市遭遇强降雨天气，天津市防洪应急响应在 4 天内紧急由四级升至一级，全面进入防汛抗洪抢险战时状态[①]。面对来势汹汹的洪水，天津市水务局同时派出 3 架无人机赴上游河北省追踪勘查洪水水头，同时天津市水务局还联系天津市公安局等部门紧急调用 30 余架无人机，实时拍摄水情视频[②]。无人机拍摄的第一手洪水数据迅速传回后方，后方第一时间分析研判汛情变化，及时发布洪水预警，滚动发布水情信息，并利用洪水演进模型开展洪水演进分析和预报，成功预报出洪峰出现时间、退水口门启用时间等关键情势。无人机的使用不仅提升了天津市的应急响应能力，还增强了城市治理机制的灵活性，使得城市能够快速应对各种突发事件，减少损失。

三　低空经济的进一步发展与超大城市治理的变革

随着低空经济的进一步发展，城市空中交通等新兴领域将深刻改变我们

---

① 《天津启动防洪一级应急响应》，天津市工业和信息化局网站，https://gyxxh.tj.gov.cn/ZWXX5652/TZGG644/2023n/202308/t20230801_6366748.html，最后访问日期：2025 年 2 月 2 日。

② 《战洪！我们的战役我们的城——天津市水务局成功应对海河"23·7"流域性特大洪水工作纪实》，天津市水务局网站，https://swj.tj.gov.cn/xwzx_17135/swyw/202308/t20230829_6388512.html，最后访问日期：2025 年 2 月 2 日。

对城市空间分布的认知。未来的城市空间将从"平面"向"立体"转变，城市的内部功能也将在更加专门化和多样化的基础上实现协同运作。这一转变必将引起超大城市治理的根本性变革。

1. 低空经济赋能超大城市治理的迭代升级

目前，国内的超大城市建设虽然取得一定进展，但仍然处于传统城市管理的辅助和补充阶段。而今后低空经济赋能下的超大城市建设，将对城市治理的全面转型产生深刻影响。

具体地说，首先，低空经济元素可融入超大城市治理的方方面面，如城市安防监控、城市规划与建设、环境监测、河道巡查、公园智慧管理、绿地植被养护、警务巡检、城市综合巡检等。低空经济赋能下的超大城市管理平台将逐步整合并优化城市治理的各项功能，形成一个全方位、全时段的管理体系。其次，与低空技术、DeepSeek 等人工智能技术深度融合后，超大城市治理的流程将迎来前所未有的智能化升级，包括智能决策在内的整个治理流程或可实现全自动化。人工智能算法将实时处理通过低空设备采集的实时数据，利用机器学习和深度学习技术，系统能够自动识别并处理复杂的数据模式，及时发现潜在问题并进行预测分析，基于分析结果作出自动决策，并迅速采取相应行动，从而实现城市管理的全面自动化。

另外，未来的超大城市将更加注重居民的需求和体验，低空经济可推动超大城市服务更加人性化和定制化。随着低空技术的应用，城市管理不仅包括公共事务的管理，还能根据居民的具体需求提供个性化服务。例如，基于实时环境监测数据，城市可以为居民提供个性化的出行建议、健康监测以及空气质量预警等服务。

2. eVTOL 等技术的应用将引发城市交通体系的全面革新

交通效率问题是制约超大城市发展的关键因素之一，同时也是城市治理面临的巨大挑战。如前所述，运用无人机等新兴技术有助于缓解地面交通拥堵，而城市空中交通的发展，特别是 eVTOL（电动垂直起降飞行器，electric Vertical Take-off and Landings）等技术的应用，将推动城市交通体系的全面升级与革新。

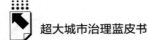

　　城市空中交通（Urban Air Mobility，UAM）指为缓解地面交通拥堵问题，提升城市内部的运输效率，"在城市或城际间安全高效执行客货运的有人/无人空中交通运输系统"①。随着"城市空中交通"这一概念的普及和相关技术的发展，低空交通将与地面交通和地下交通形成有机的协同体系，共同构建一个更加高效、安全和环保的立体交通网络。通过确保不同交通模式之间的无缝对接与信息共享，不仅能提升城市交通的运力，还能保障出行的安全与低碳环境的实现。

　　在众多航空器中，eVTOL 被视为最适用于城市空中交通的工具。其优势体现在：全电或混合动力、垂直起降不需要跑道、采用安全性更高的分布式推进技术、有效载荷达 150kg 以上等。最初，eVTOL 在货运物流、城市服务、消防救灾等场景中启动运营。随着技术的成熟、政策的完善以及市场接受度的提高，eVTOL 将逐步进入大规模的载客运营阶段。eVTOL 的商用将带来空中通勤、紧急救援、货物运输乃至个人出行方式的全面革新。

　　目前，eVTOL 已成为全球主要工业强国竞争的焦点，并成为近年来全球热门的投资领域之一②。为加速低空经济的发展，重庆、安徽等地相继设立产业基金。2024 年 4 月 7 日，亿航智能控股有限公司的 EH216-S 无人驾驶载人航空器系统正式获得中国民航局颁发的生产许可证（Production Certificate，PC），成为全球 eVTOL 领域首家获得该认证的企业。③ 2024 年 11 月 18 日，据《新华财经》报道，中央空管委即将在六个城市开展 eVTOL 试点工作，而这六个城市初步确定为深圳、成都、重庆、杭州、苏州、合

---

① 刘东来等：《城市空中交通空域架构及轨迹规划方法》，《科技和产业》2023 年第 23 卷第 8 期，第 268 页。

② 中国航空学会：《2024 低空经济场景白皮书》，低空经济资源网，https：//laernoc.com/newsinfo/1849629659470368769，最后访问日期：2025 年 4 月 12 日。中国无人机产业创新联盟、腾讯智慧交通、腾讯研究：《2024 年中国 eVTOL 产业发展报告》，腾讯研究院网站，https：//www.tisi.org/28748，最后访问日期：2025 年 4 月 12 日。

③ 《亿航智能 EH216-S 获中国民航局颁发生产许可证》，中国民航网，www.caacnews.com.cn/1/1/202404/t020240407_ 1377181.html，最后访问日期：2025 年 4 月 12 日。

肥。① 六个城市中有三个是超大城市（深圳、成都、重庆），可以预见，在不久的将来，会有一定规模的 eVTOL 在这些城市上空飞行。

四　低空经济在超大城市治理中的挑战与应对

低空经济为超大城市治理带来了显著的机遇，但也面临一些挑战。这些挑战主要体现在法律、政策、技术、社会认知等多个方面。

（一）低空经济在超大城市治理中面临的挑战

1. 低空经济监管框架与法规滞后

eVTOL 进一步推广应用的瓶颈不在于技术，而是相关法律法规、基础建设有待进一步完善，运行环境及相关监管手段也需进一步优化②。目前，我国低空经济迅猛发展，但低空经济的法律和政策体系仍处于起步阶段，部分领域存在法律法规滞后的现象。在低空经济发展之初，最为人们所诟病的是"低空空域管理体系"的问题。《国务院办公厅关于促进通用航空业发展的指导意见》指出，我国低空空域管理改革进展缓慢。低空经济相关的法律法规尚不完善，难以适应如无人机、eVTOL、低空飞行等新业态、新模式的快速发展。飞行运营企业也面临取得适航证周期过长的问题③。另外，虽然从中央到地方，出台了很多政策，但从低空经济产业一体化发展的角度看，还需要切实加强中央与地方法律法规的协同，以免造成"九龙治水"的局面。

2. 数据共享与信息安全问题

低空经济在推动城市治理数字化的过程中，依赖大量实时数据的采集与

---

① 《中央空管委即将在六个城市开展 eVTOL 试点》，观察者网，https：//www. guancha. cn/
politics/2024_ 11_ 18_ 755810. shtml，最后访问日期：2025 年 4 月 12 日。
② 沈海军：《从飞行汽车看低空经济新业态》，《人民论坛・学术前沿》2024 年第 15 期。
③ 沈映春：《低空经济的内涵、特征和运行模式》，《新疆师范大学学报》（哲学社会科学版）
2025 年第 46 卷第 1 期。

共享。无人机、低空飞行器和传感器等设备将城市的动态信息实时传输至管理平台，为决策者提供数据支持。然而，数据共享和信息安全问题成为技术挑战的主要方面。首先，低空经济需要处理海量的实时数据，这些数据来源广泛，包括交通、环境、基础设施、公共安全等多个领域。如果各类数据无法顺畅共享，管理决策将受到限制。以各地的"城市大脑"为例，"城市大脑"系统依赖低空飞行器和地面传感器等设备采集数据，但不同部门的技术平台不同，数据标准和共享协议不统一，导致数据孤岛现象较为严重。其次，随着数据的日益集中，信息安全问题也变得尤为突出。数据的采集、传输和存储涉及大量的个人隐私和敏感信息，这要求政府和企业必须采取更加严格的安全措施。

3. 安全问题与公众接受度问题

低空经济的发展需要得到市民的广泛支持。然而，在部分超大城市，市民对低空经济的认知仍然较为模糊，甚至存在担忧和反感。例如，市民对无人机飞行的安全性和隐私问题感到不安，担心低空飞行器会影响城市的噪声水平，对飞行器可能产生的隐私泄露也有所顾虑。尽管无人机在城市管理中的应用越来越广泛，但若不能消除公众的疑虑，低空经济的发展也将受限。

4. 运营成本与技术可持续性问题

低空经济的快速发展还面临较高的运营成本和技术可持续性问题。无人机、低空飞行器和相关技术设备的研发与应用需要大量的资金投入。而在初期阶段，低空经济的市场需求尚未完全成熟，投资回报周期较长。因此，如何确保低空经济技术的可持续发展并降低运营成本，成为一个重要挑战。例如，某些低空飞行器的飞行时间较短、电池续航能力不足，导致操作频繁、维修成本较高。此外，低空经济涉及大量的设备与技术的更新迭代，这给城市治理部门带来了很大的技术负担。

（二）推动超大城市低空经济发展的应对策略

一是加强低空经济政策引导，推动超大城市治理的现代化。政府应出台更多具有前瞻性的政策，支持低空经济在城市治理中的深度发展。可以通过设立产业创新投资基金、推动低空飞行器概念验证与运行试点、组织未来飞行挑战大赛以及推进通用技术协同攻关等多维度的支持措施，推动低空经济的蓬勃发展。同时，各地政府应结合本地特色，制定具体的政策措施，强化低空经济与城市治理各领域的融合，以此激发治理体系与治理能力的现代化转型。

二是完善低空空域管理体系，保障城市空中安全。政府应加快低空空域的规划与管理，建立完善的监管机制，确保低空经济活动的安全可控。通过精细化管理空域的使用，推进低空空域的多层次、分区域管理，保障低空经济与城市治理的顺利衔接，为创新应用的实施提供强有力的支撑。

三是加强隐私保护和数据安全，确保市民权益。在低空经济发展的过程中，隐私保护与数据安全成为不可忽视的问题。政府应制定相应的法规和监管框架，规范低空飞行器的数据采集、存储与使用，避免对市民隐私的侵犯，确保数据的合法使用与安全管理，以此维护公共信任与合法权益。

四是推动技术创新与企业协同合作，促进治理效能提升。政府应鼓励低空经济领域的技术创新与企业合作，尤其是在无人机、智能交通、空中配送等领域的突破方面。通过政企合作、跨行业联合，推动技术与应用的深度融合，提升城市治理的效率与精细化水平，为超大城市的可持续发展提供技术支持。

五是培养专业人才，推动低空经济应用场景落地。政府与企业应联合加大对低空经济领域科研和人才培养的支持力度，建设专业化、跨学科的高水平团队。同时，要加强低空技术在城市治理各个具体场景中的应用，提升低空经济产业的整体水平。

B.12
全域旅游发展下的城市社区
"五共"治理实践

金莹 李思*

摘 要： 全域旅游发展背景下，游客的活动范围从传统景点扩大到城市日常生活空间，给城市社区带来了生活秩序、居住环境、文化风俗等多方面治理挑战。其根源在于全域旅游带来的深度嵌入改变了传统城市社区的功能设置，游客、旅游相关经营者的嵌入打破了传统城市社区的人员构成，引发的变化也使传统的利益平衡及其规则在更复杂多元的主体之间难以维系。要在旅游发展与社区和谐中寻找平衡点，就需要重新认识旅游嵌入下城市社区的主体构成，在制度创新和技术赋能下，打造共谋、共建、共治、共评、共享的治理格局，共同应对旅游发展对城市社区治理的新挑战。

关键词： 旅游发展 社区治理 共治共享 多元主体

一 问题的提出

如今人们的生活水平和生活追求不断提高，旅游观念、旅游形式随之改变，全域旅游以其沉浸式了解旅游目的地风土人情、体味别样生活的特点成为旅游新风尚。游客游览的区域也从传统景点扩大到城市各个角落，特别是体现城市生活特色、人文风情的社区小巷大受青睐。自媒体时代网络博主们

---

* 金莹，博士，西南政法大学政治与公共管理学院教授，研究方向为文化治理、城乡基层治理；李思，西南政法大学政治与公共管理学院 2023 级硕士研究生。

的造势推广，更是引来一批又一批的游客加入"city walk"（城市漫步）。无可否认，旅游对城市经济发展、城市形象打造以及城市影响力提升都具有明显作用，这使得"维持旅游热度"成为旅游目的地城市发展与治理考量的重要因素。但这种高度嵌入城市生活的旅游方式也打破了传统社区治理的平衡，人员复杂度增加、公共资源紧张、利益分配失衡等问题日益显现，在旅游热门社区更为突出，给社区稳定、和谐带来干扰。社区是城市的基本单元、社会治理的神经末梢，也是关乎城市安宁稳定和人民美好生活的基石，是城市发展过程中不能突破的稳定线。面对全域旅游模式长期存在的客观趋势，既不能"一刀切"地遏制旅游发展，也不能忽视在地社区的稳定和谐，迭代城市社区治理模式成为破解挑战之道。从理论发展来看，无论是协同治理理论强调的治理主体的多元化、各子系统的系统性和自组织间的协同，还是整体性治理主张的通过有效协调与整合使多元主体彼此的目标一致，都指向了多元主体的关系。而从实践发展来看，在社会问题复杂化、社会需求多样化的形势下，多主体之间协商沟通、共谋发展成为国家社会治理的顶层设计理念。党的十九大报告就提出要"打造共建共治共享的社会治理格局"[1]，党的二十大报告再次指出要"健全共建共治共享的社会治理制度，提升社会治理效能"[2]，强调了主体的多元化、过程的公共参与和结果的共同享有。那么，将这一社会整体治理理念落脚到全域旅游关涉的社区治理上，有必要厘清全域旅游发展中社区的主体构成及行动逻辑，构建起多元主体共谋共建共治共评共享的治理格局。

二 全域旅游给城市社区带来多重治理挑战

社区是一个城市生活文化最直观、最深刻的体现，在全域旅游的沉浸

---

① 习近平：《决胜全面建成小康社会 夺取新时代中国特色社会主义伟大胜利》，人民出版社，2017，第49页。

② 习近平：《高举中国特色社会主义伟大旗帜 为全面建设社会主义现代化国家而团结奋斗》，《人民日报》2022年10月26日，第1版。

式体验浪潮下，游客对深入本地居民的生活中感受当地文化的需求造就了一批旅游"网红"社区。"网红"一词在产生之初泛指在互联网受到网民追捧而走红的人，逐渐发展为形容在互联网受到广泛关注的事物，是网络时代叠加自媒体传播模式的流量产物。这些因受到游客追捧而爆火的城市社区，相当一部分并非传统规划中的旅游景区所在，多以居住小区和日常生活配套为主要构成，无论公共设施还是治理逻辑都建立在常住人口的测算基础上。全域旅游带来的大量流动游客以及服务于旅游的经营者（商户），嵌入城市社区，甚至居民小区，打破了传统规划设计和治理逻辑，虽有文化交流的新鲜感、部分获益者的生活改善，但对以日常生活为基本属性的社区赋予过度的旅游功能，治理挑战也悄然而至，引发社会关注（见表1）。

表 1　新闻报道中的典型事件

序号	事件	处理	报道来源
1	大连中山区某封闭式小区内，公寓楼开设民宿导致外来游客频繁进出，引发噪音扰民、环境破坏及安全隐患问题（如深夜喧哗、电梯抽烟等）	业主联名要求取缔民宿，物业虽加强登记管理，但矛盾未彻底解决	《民宿开进封闭小区　引来业主联名反对》，《半岛晨报》百家号，https://baijiahao.baidu.com/s？id=1807332265070816266&wfr=spider&for=pc，最后访问日期：2025年4月12日
2	苏州苏锦街道苏商新地公寓楼居民因民宿游客噪声问题，多次投诉未果，引发矛盾	社区网格员联合律师介入，通过制定游客公约、调整房屋租赁性质（居民房屋改民宿）实现矛盾化解	《民宿噪音扰民惹纠纷，网格调解巧化解》，网易新闻，https://js.news.163.com/24/1022/17/JF4CKQ5P04249CU3.html，最后访问日期：2025年4月12日
3	成都市武侯区新南门万高都市欣城小区，183户中44户违规改为小旅馆，游客流动引发电梯故障、醉酒闹事等问题。业主挂标语抗议，与旅馆经营者多次对峙至派出所	业主通过谈判促使10家签署停业承诺书，但多数仍"停而不退"，仅3家彻底清退	《183家住户暗藏44家小旅馆　一小区业主苦于"住改商"泛滥》，新浪网，https://sc.sina.com.cn/news/b/2024-09-18/detail-incpptnw4796904.shtml，最后访问日期：2025年4月12日

续表

序号	事件	处理	报道来源
4	重庆市渝中区的白象居小区成为网红打卡地后，节假日来此打卡的游客多达两三万人，导致居民出行拥堵，小区环境卫生、噪声扰民、治安稳定、安全隐患等问题对居民造成极大困扰	小区居民自发组织"居民自治小组"，采取访客准入登记，自发维护白象居居民楼内部秩序管理；白象街社区居委会介入居民自治小组的协调工作	《不堪网红打卡之扰，重庆"魔方楼"白象居小区向全国游客"求饶"》，上观新闻，https://export.shobserver.com/baijiahao/html/616429.html，最后访问日期：2025年4月12日
5	重庆市九龙坡区黄桷坪涂鸦街深受游客喜爱，可以体验涂鸦乐趣，也有一部分游客，把整个黄桷坪当作涂鸦的画板，居民楼、小区设施、电视屏幕等地方想涂就涂，不少居民深受其害	设定了自由涂鸦区域和禁止涂鸦区域，并安装相应的指示牌。同时，加强关于文明涂鸦的宣传工作，派出劝导人员引导游客规范涂鸦，以及增加小喇叭滚动播放警示音频	《涂鸦街≠想涂就涂　黄桷坪呼吁游客文明打卡》，上游新闻，https://www.cqcb.com/county/jiulongpo/jiulongpoxinwen/2023-05-02/5251155_pc.html，最后访问日期：2025年4月12日
6	淄博烧烤爆火后，八大局菜市场这个原本淄博当地人常去的便民菜市场，游客爆满，旅游旺季八大局附近的道路从早上8点就开始限流。平常居民出入也要绕行，原来5分钟的路现在要20分钟。不少店铺改为烧烤店，原本的多样性被破坏，居民生活受影响	暂未处理	《"八大局"奇观》，《新民周刊》百家号，https://baijiahao.baidu.com/s?id=1766299117079269808&wfr=spider&for=pc，最后访问日期：2025年4月12日
7	苏州同德里小巷、平江路翰尔园因影视剧出名，成为网红打卡地，每天众多游客拍照，损坏花草，乱扔垃圾，破坏古墙，半夜敲门干扰正常生活	疏堵结合，做手绘地图疏导游客，张贴软性引导牌	《"网红打卡地"调查：扰民现象不少　严重的可拘留》，央视网百家号，https://baijiahao.baidu.com/s?id=1635010606422881156&wfr=spider&for=pc，最后访问日期：2025年4月12日

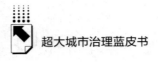
续表

序号	事件	处理	报道来源
8	湖北省宜昌市西陵区临江小区的住宅改为民宿,给小区门禁安防、电梯维保增加额外负荷,"民宿"租客带来生活噪声,让其他业主平摊经营成本,对其他业主显然不公平	法院最终判令,停止将案涉房屋开办民宿的经营性用房行为	《住宅小区开"民宿"影响邻居,法院:停止经营》,极目新闻百家号,https://baijiahao. baidu. com/s? id = 1798666 263417441414&wfr = spider&for = pc,最后访问日期:2025 年 4 月 12 日

（一）公共资源过度占用

全域旅游模式下大量游客进入社区居民的公共生活空间,共享公共服务设施设备和公共服务项目。虽然从这些设施、服务的公共性来讲,并不"排他",但从其配置的设计逻辑看,则存在"适度"问题。游客密集导致交通拥堵,商家涌入引发占道经营,高密度的人群使得公共休息空间一座难求,公园绿地人满为患,通信信号传输速度降低,停车场、电梯超负荷以致维修率大大提高、使用寿命缩短,这些都提示当地居民的公共资源被过度占用,载荷远超配置设计,直接拉低了居民的生活舒适度。如成都市武侯区都市欣城小区、武汉江汉区华玻小区、重庆市渝中区解放碑周边的多个小区均因旅游催生的众多民宿嵌入居民小区,使原本配置的公共资源严重紧张。2018 年牛津词典就将"过度旅游"列为年度热词,"过度旅游"已然成为一个全球性问题,影响当地居民生活舒适度和幸福指数的问题已经受到关注。

（二）人际矛盾激发点增加

稳定是社区治理的基本目标之一,矛盾则是不稳定的导火索。塔尔科特·帕森斯（Talcott Parsons）在结构功能主义理论中认为,社会秩序是社会系统内部各个部分相互协调、平衡的结果。同样,社区秩序是强调社区内部根据一定规则形成的有次序、有条理的稳定状况，它包括良好的邻里关系和稳定的生活节奏，如社区生活的秩序、居民的行为惯性和约定俗成的生活习惯。然而，游客涌入通常是短暂性停留，并带着强烈的旅游需求，对当地社区既有的习惯既不了解也难以完全遵循，极易打乱社区原有的秩序。游客占道拍照、误入私宅引发居民与游客的矛盾，民宿住客不规律出入、肆意娱乐引发民宿业主与其他业主的矛盾，旅游商家只赚钱不善后的逐利行为导致居民与商家的矛盾，如重庆市黄桷坪涂鸦街为增强游客体验感，开辟有范围限定的自由涂鸦区供游客用环保颜料涂鸦，但一些商户违规销售涂鸦颜料，引导游客肆意涂鸦，导致社区被乱涂乱画和刺鼻气味充斥。而在这种种矛盾的处理过程中，处理时效、处理原则、处理结果等方面的不尽如人意又引发了物业管理公司与居民、街道办事处与居民的矛盾，给原本错综复杂的社区关系增加了矛盾激化的概率，影响社区稳定安全。

（三）人员流动性降低安全感

在心理学上，"安全感"是个体对安全和财物保障的感觉和预期[①]。除了一般意义的人身安全，还包括居民居住环境的安全。社区高密度、混合型居住环境对社区安全感产生显著的负向影响[②]。一方面，社区人流量增加，提高了社区人员密度和居住环境的复杂性，会使社区居民安全感缺失。另一方面，人员流动性增加，给治安管理、疾病防控、隐私保护带来更多不确定性。在居民"风险意识"与日俱增的当下，这些潜在的隐患带来的焦虑、不安映射在居民心理上就呈现安全感的降低。

（四）居民"社区主权感"遭遇挑战

居民对社区资源和服务的主权意识逐渐增强，即居民对社区公共设施、

---

① 秦萧等：《基于多源大数据的城市安全感评价与优化策略——以南京主城区为例》，《世界地理研究》2024 年第 9 期。

② 张延吉、秦波、唐杰：《城市建成环境对居住安全感的影响——基于全国 278 个城市社区的实证分析》，《地理科学》2017 年第 9 期。

公共服务等的使用权和使用范围有了更深的思考，并认为社区公共设施和服务并非纯公共物品。但目前没有明确的规范来限制社区公共设施和公共服务的使用，加之，通常社区规划主要依据常住人口来进行资源配置，因此加深了社区居民对社区公共设施和公共服务的主权感。目前也没有相关规定对社区民宿体量进行限制和规范，导致社区民宿肆意生长，给居民"主权"带来挑战。例如，大量游客的涌入导致小区内电梯超负荷运行，而且随着自驾游的游客增多，社区内停车位紧缺，给当地居民造成不便。这种资源的过度使用，不仅影响了居民的日常生活，还可能导致社区公共设施的加速老化和损耗。此外，面对这种确权的模糊性，居民无法通过有效的途径来维护自己的权益。自身权益不能得到保障，就会导致居民"主权感"缺失，从而强化对社区民宿的排斥。

（五）社区文化风俗受到冲击

对旅游发展而言，城市特色文化是沉浸式旅游体验的灵魂，保留本地风俗文化是可持续发展的基础；而对城市治理而言，文化更是城市的根脉。当前文旅融合下，讲好城市文化故事成为旅游的重要切入点，但旅游带来的文化交流也考验着本土文化的稳固性。城市社区是城市细胞，其承载的文化基因，在外来人流、物流和信息的冲击下，不可避免地受到影响，可能发生或良性或恶性的变迁。良性变迁是社区本土文化在文化交流中获得形式创新、精神提炼，恶性变迁则会使当地风俗文化衰落和消失。一些社区为了满足旅游市场需求，对房屋街道过度包装，如统一门头，破坏多样性、原生性；古镇大面积新建，甚至破坏文化遗迹，迁移原居民。一些原本散落于城区里的文化遗产建筑被改为咖啡馆、茶室、餐厅，文化内涵被商业经营掩盖。还有的对传统风俗活动过度进行商业化渲染，为追求经济性抛弃传统工艺等，在此过程中不仅地域特色随之淡化，其蕴含的文化精神、价值观也逐渐消弭。而且伴随着社区原有居民被外来经营者替代，社区认同感、归属感降低。

三 社区多元主体的利益失衡是治理困境的根源

全域旅游模糊了城市社区私人空间和公共空间的边界，改变了社区治理主体的结构。在旅游体验导向下，游客需求影响着社区的规划发展，游客也成为社区治理不可忽视的主体；在旅游带动下，社区各类经营商户规模增大，涉及行业多样，其需求不容小觑；加上基层党政组织、社区居民委员会、物业管理公司、企事业单位、社会组织、居民等，社区治理主体呈现空前的多元化。差异化的利益诉求，失衡的利益分配，必然带来利益冲突。

（一）各主体利益诉求差异化

面对全域旅游给城市社区带来的纷扰，各方主体利益诉求差异带来态度不一。游客关注吃住行游过程中的体验感、获得感，不同游客又因旅游目的的不同有所差异，有的注重体验内容的深刻性，有的注重吃住行的舒适便捷性，有的则注重猎奇新颖。不仅较少有人反思旅游行为对社区的打扰，反而更在乎社区居民、商户、政府所提供的情绪价值和服务质量。以商户为代表的市场主体，追逐着旅游热浪而来，获取最大化的经济收益是其核心目标，对其带来的对资源、秩序、文化等的冲击，多抱宽容态度，他们当中具有参与社区治理、谋求可持续发展意识者为数不多。社区居民是社区治理主体中规模最大的常住群体，对社区的定位以安居乐业为核心，居住生活的安全、便捷是其基本诉求和底线，但他们在此之上对全域旅游带来的"麻烦"可具体区分为积极谏言、抱团发声、中立包容、事不关己四类。政府则希望兼顾稳定与发展，既看到了旅游带来的多种利好，也顶着由此引发的此起彼伏的矛盾，但应急灭火式的调处多于计之长远的设计。可见，各主体之间，以及某一类主体内部均有诉求差异，这就增加了利益协调一致的难度。

（二）收益和责任的不平衡

利益的不同带来态度行为的差异，因此不难得出，利益平衡是调和矛盾的关键。但当前主要依靠市场规律所形成的社区利益格局却呈现收益与责任、成本的不均衡。从主体间来看，社区商家享受了主要的经济收益，游客享受着精神收获，他们对社区生活居住环境承担的经济责任和社会责任相对较小，而游览喧嚣带来的环境污染、交通拥堵、公共设施残破、物价上涨等问题由居民承受；从主体内部而言，居民群体中，一小部分依靠出租自有房屋或从事旅游相关的餐饮、住宿、小商品销售的居民获得了直接红利，虽有部分社区改善公共设施，翻新建筑楼宇外观，但大部分居民并未在社区旅游发展中获利，在付出的成本相同的情况下，获益的"不公平"导致居民群体内部分歧。获益少责任大的居民群体从认为全域旅游给社区带来"热闹""出名"的欢迎心理，逐渐演变为排斥心理，与商家、游客的冲突增多，对物业管理、社区街道管理的抱怨增多。

（三）居民利益表达的回应性有限

党政引导、居民自治是社区治理的共识性进路，居民不仅是城市社区中规模最大的主体，也是社区治理的主力军。面对全域旅游带给城市社区各种变化，参与意识日渐提高的居民作为直接体验者和承受者，其利益表达的欲望也在增强，而且其需求不再停留于单纯的"发声"层面，还需要被看到、被处理、被回复。因此，当前居民的利益表达渠道在设计层面是多样的，包括网格员、楼栋长、社区工作人员、热线电话、公开信箱，但难点就在于渠道的有效性。一旦居民的利益表达"被敷衍"或"悬而未决"，没有得到及时、合理的回应，这些渠道就会被视为无效。如旅游带火的社区民宿成为居民投诉的主要对象，但如何根治民宿扰民问题，一直没有明确的制度依凭，小区物管、社区街道也多是临时性"灭火"，导致居民迁怒于物管、社区街道不作为，强化了自身利益得不到保障的体验。同时，居民自治意识和能力增强、基层政府职能转变、物业管理公司的信任危机、游客和商户行为规制不足等交织，多元主体的关系不尽和谐，使得社区治理旧难点新挑战并存。但也正因如此，多元主体的利益关系成为破题的关键。诸多表征问题共同指向了利益失衡这一症结。

四 构建共谋、共建、共治、共评、共享的治理格局

对于全域旅游给社区治理带来的挑战，各类主体都是利益相关者，任何人都不应该被排除在外，满足任何一方都不足以破解挑战，因而需要在利益博弈和利益冲突的背后找到利益的平衡。在国家"共建共治共享"的社会治理理念下，构建社区多元主体共同谋划、共同建设、共同治理、共同评价、共同分享（简称"五共"）的治理格局是维持利益动态平衡、破解治理挑战的有益选择。

（一）"五共"治理的意蕴

"五共"社区治理，以凝聚共识为基础，将保障共同利益作为目标，从社区发展的规划之初导入群策群力，经过治理过程的多环节参与、共同监督评估，实现社区发展与各方利益分享的同步。

1. 共同谋划：凝聚主体共识，明确共同目标

共同谋划是社区治理的起点，其核心在于通过民主协商机制整合多元主体的利益诉求，形成统一的治理目标。《中共中央、国务院关于加强和完善城乡社区治理的意见》强调，要"坚持以人民为中心的发展思想，把服务居民、造福居民作为城乡社区治理的出发点和落脚点"，同时要求"依法有序组织居民群众参与社区治理，实现人人参与、人人尽力、人人共享"。对于旅游热门社区，游客、商户等群体也应纳入治理共同体的考量范畴，通过基层党委、政府搭建协商平台，邀请社区、物管、商户、居民及游客代表参与社区发展的讨论，在识别并尊重各方利益的基础上，通过对话达成利益共识，如提升社区环境品质与旅游体验的一致性、旅游经济与居民生活需求的平衡性，避免单一主体利益凌驾于整体利益之上，进而形成明确的治理目标。

2. 共同建设：协同绘制蓝图，整合优势资源

共同建设强调多元主体在社区规划与资源配置中的协同合作。传统的城

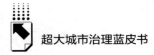

市规划部门对城市的整体性规划并不能完全贴合和满足社区的具体需求，在城市治理走向精细化的趋势下，可以发动社区治理主体根据社区特点、核心问题和共同谋划的发展目标进行再设计，比如原本公共空间就不足的老旧社区可引入旅游企业设计游客动线，减少对居民生活的干扰；根据商户、游客需要改造一些社区废旧空间。在这一过程中，充分调动各个主体的资源链接，齐心协力办成事、建成形，形成齐抓共建的行动氛围。

3. 共同治理：构建参与规则，形成责任共担

共同治理的核心是建立多方参与的规则体系和责任共担机制。《中共中央、国务院关于加强和完善城乡社区治理的意见》强调"增强社区依法办事能力"，法治思维与多方协商相结合就具体表现为社区问题解决中的规则体系。有别于传统社区的居民公约，在旅游热门社区，商户的经营时间和环境维护责任、游客的行为规范、居民监督权责都需要形成规范、正式的约定。加上旅游带来的社区治理挑战往往是缺乏先例和法规依循的新问题，为了提高各方对规则的遵从性，其制定过程需要共同参与、充分的意见表达和讨论。这一过程也强化了社区治理的责任共担，明晰了主体权责，体现出自治、法治、德治的交融。

4. 共同评价：构建立体评估，动态监督反馈

共同评价旨在通过多元主体的参与式评估，形成治理效果的动态反馈机制。一方面，多元主体共同组成评估小组，引入公共治理绩效评估理念，对旅游带来的社区治理问题的处置过程和治理效能进行多环节评估，确保各主体职责履行和利益维护，同时也是保证共同商议的处置规则的执行和目标的达成。另一方面，根据《中共中央、国务院关于加强和完善城乡社区治理的意见》中提出的"建立街道办事处（乡镇政府）和基层群众性自治组织履职履约双向评价机制"，在旅游热门社区的多元主体间形成相互监督与改进的闭环管理。

5. 共同分享：兼顾普惠与公平，激发持续活力

共同分享是实现"五共"治理可持续性的关键。要确保旅游红利惠及社区各类主体，实现共享获得感、幸福感、安全感；兼顾对不同贡献的回

应，激发持续参与热情和创新；充分考虑市场机制影响下的主体强弱态势，通过规则明确资源使用边界，避免过度商业化侵蚀居民权益。

（二）多元主体在"五共"治理中的定位

虽然全域旅游下的社区治理主体空前多元化，但主要有基层党政组织、居民、商户、游客、社会组织和物业管理公司。在"五共"治理体系中，不同主体的功能属性、资源能力和利益诉求决定了角色定位的不同，又聚合形成协同治理的合力，共同应对社区治理新挑战。

基层党政组织在社区治理中的领导核心和协调中枢的角色是由其政治属性、资源调配能力和公共服务职能决定的。基层党委作为社区治理的"领头雁"，其核心职责是确保在新兴复杂的问题面前，社区治理的思路和方向始终与党的方针政策一致，并通过党建引领凝聚多元主体共识。街道作为政府的派出机构，承担着政策落实、资源调配和引导监督的职责，对旅游热门社区的交通拥堵、公共设施配置不足、噪声扰民等问题，能够协调交通、民政、工商等多部门，整合商户、企事业单位、物管等主体，助力社区疑难杂症的解决；引导多元主体协商制定社区发展规划与治理规则，监督主体的责任落实。

作为规模最大的社区群体，居民是社区生活的缔造者、社区秩序的守护者，也是全域旅游延伸入社区的直接体验者，对社区环境、设施和服务有着最直接的感受和需求。在"五共"治理体系中，居民积极表达利益诉求、提供创新思路，将个人诉求与社区整体利益相结合，以自治促共治。针对旅游带来的社区治理挑战，居民通过参与社区议事，表达对噪声扰民、设施占用等问题的意见，通过社区居委会的内外沟通，协调物管、商户、企事业单位共同制定解决方案；通过自觉遵守社区公约、参与志愿服务，增强社区凝聚力和群体力量，形成对游客、商家等主体文明规范行为的正向影响。

社区商户与企事业单位是社区商业活动的主体，也是社区经济活力的重要来源，其经营行为直接影响社区环境和居民生活。商户也是社区治理的受益者，良好的社区环境能够吸引更多游客，提升经营效益。企事业单位则凭借其资源优势，能够为社区治理提供资金、技术或场地支持。鉴于其经济利益和社会责任，社区商户与企事业单位在"五共"治理中主要基于和谐共处和合作共赢，实现经济效益与社会价值：通过提供资金、技术、人才支持，参与社区改造升级、文化活动、环境保护等，提升旅游红利，优化居住体验；利用自身的市场敏锐度与创新优势，为社区治理提供新的思路与解决方案；通过参与社区治理，与社区形成利益共同体，赢得稳定市场和竞争优势。

游客不仅是社区经济的重要贡献者，也是社区环境、社区文化、社区形象治理的参与者。游客与社区的交互，同本地居民与社区的关系相似，游客对"安全、舒适、有趣、温暖"旅行的需求，需要良好的社区环境、融洽的人文氛围、规范的商业运作来满足，而游客文明、友善的旅游行为又是对社区治理最好的支持。传统上游客作为"外来者"不需要参与或被动参与社区治理的理念，在文明素养、社会责任感不断增强的现在有了改变。哪怕与社区的交集仅在短暂的游览时间内，游客也可通过遵守社区行为规范（如不随意丢弃垃圾、不干扰居民生活），减少对社区环境的负面影响；通过消费行为，支持社区经济发展；通过尊重社区风俗，助力社区文化传承；通过志愿行为，增进社区和谐；通过自媒体宣传，分享旅游经历，传播社区形象；通过反馈机制（如线上评价），推动社区治理效能。文明旅游与主动的社会支持行为，使游客不仅能够有高质量的旅游体验，还能为社区可持续发展贡献力量。

另外，致力于专业化社会服务的社会组织在"五共"治理体系中依然发挥着重要"糅合"作用，通过文明旅游引导、道德法治宣传、矛盾纠纷调解、情绪心理疏导、参与辅导等专业化的服务，在游客、居民、商户、政府、物管等多方关系协调中实现社会价值。作为小区日常管理执行者的物业管理公司，其服务质量关系社区形象、居民生活品质和游客体验感，因而深度参与社区治理，是其履行专业服务职能的必然要求。同时，小区往往是各种社区治理挑战的着陆点、主体矛盾的爆发现场，因而物业管理公司作为基层党政组织政策落实的配合者和居民诉求的收集传达者的身份尤为重要。

（三）"五共"治理的落地策略

在明确"五共"治理格局架构和主体定位的基础上，进一步通过制度创新与技术赋能实现落地运行。

1. 建立定期、开放的多元主体商议机制

协商议事在我国是从国家治理到社会治理一贯有之的理念和做法，社区治理中也有居民议事会、社区治理联席会议等实践，在落地"五共"治理的目标下，多元主体的商议机制，可以在时间的定期化和内容的开放性上完善。一方面，由于全域旅游带来的诸多社区治理问题本身还在发展变化过程中，甚至还有问题尚未显露，更未有可依循的既定规范，这就需要更为积极和高频地展开讨论，根据新近发展商议应对之策。同时，时间的相对固定也能增加制度的正式性，使主体的参与行为定期化。另一方面，协商内容可由传统的矛盾纠纷处理、利益分配、规则制定，拓展到合作资源整合、经验分享等，将"事后性问题解决"导向拓展到"事前性谋划"导向和"事中信息共享"导向。如年初共同谋划全年社区活动，同时激发商家、企事业单位、社会组织的资源分享。

2. 推行社区治理积分制

社会交换理论认为，利益共享能增强主体参与动力。当前已在实践的志愿服务积分制，对于激发志愿服务参与度起到了明显作用。那在"五共"治理逻辑下，将其升级为社区治理积分制，鼓励居民、商户、游客等主体通过参与社区治理活动，积累相应积分，兑换社区服务或奖励，如免费停车、社区活动门票、生活用品等，形成"服务—贡献—回报"的良性循环。特别是将游客、商户纳入其中，激发游客文明旅游、共建社区的热情，增强体验感，调动商家融入社区的积极性，不仅推动社区治理的持续发展，也助力社区形象塑造和宣传。

3. 探索社区发展共享机制

其一，灵活设计社区空间，将社区商家、企事业单位的部分活动空间错峰转变为公共空间，如游客中心兼作居民活动室；将社区性空间，如社区文

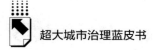
化室、图书室向游客开放。其二，建立社区收益分配机制。要实现旅游红利共享，保持利益分配公平是关键。① 通过设立社区基金，建立专门账户，归口管理社区旅游及延展性收入，并广泛吸收社区商户、企事业单位、居民、游客捐赠，一部分用于普惠性分享，如社区公共设施维护、环境改善和居民福利等；一部分回馈于社区治理的参与群体。

4. 搭建社区治理评价与反馈机制

其一，建立社区治理评价系统，根据社区治理目标制定评价指标，如居民满意度、商户合规率，由多元主体对治理效果进行定期评估，用于对比分析不同主体的诉求异同，为动态更新评价指标及标准提供参考；其二，接入投诉通道，将传统投诉热线、投诉信箱等渠道的意见信息整合到评价系统的数据获取中，并作为评价的依据，通过投诉内容和处理结果可查，增强公信力和改善指导力；其三，配套反馈处理机制，一方面将评价结果向所有社区治理主体公开，引导各方自觉遵守规则；另一方面，对典型不文明游客行为、影响社区秩序形象的居民行为进行曝光，对多次违规的商家予以警告甚至退出处理，增强评价反馈的作用力。

5. 技术赋能提升"五共"治理效率

其一，拓展大数据、人工智能在社区治理中的应用场景，开发数字化协商平台，通过社区 App 或微信公众号，方便多元主体随时随地"云参与"线上议事、意见征集、决策投票、结果查询、进度跟踪等。其二，在"城市大脑"等城市数智治理平台基础上，延展社区智能监控系统，将当前系统中采集到的社区信息，如噪声、道路交通、车位站场、环境污染、人流量等信息反推到社区治理平台，让各个主体能根据实时信息调整行为。其三，运用区块链技术管理社区治理基金，建立区块链账本，记录每一笔资金的来源和用途，确保数据不可篡改、资金使用透明、可溯，增强各主体对社区基金的信任度和参与度。

---

① 周进萍：《利益相关者理论视域下"共建共治共享"的实践路径》，《领导科学》2018 年第4 期。

B.13
以规划引领超大城市高质量发展的
完善路径

刘　泽[*]

摘　要：　规划作为城市发展的蓝图和战略指引，对引领超大城市高质量发展意义重大。当前，以规划引领重庆走好超大城市高质量发展之路面临市民未能有效参与规划编制，规划未能科学统筹经济发展、人的发展和生态保护，未能有效把握城市过去、现在和未来的关系，未能较好平衡城市发展和城市安全的关系，以及规划尚未真正得到有效落地实施等突出问题。基于此，本报告提出了切实提升规划编制的市民参与度，规划要科学统筹经济发展、人的发展和生态保护，要有效把握过去、现在和未来的关系，要推动城市发展和城市安全深度融合，确保一张蓝图绘到底等对策建议。

关键词：　规划引领　超大城市治理　高质量发展　高品质生活

2024 年 4 月 22 日，习近平总书记在重庆考察时强调，"要深入践行人民城市理念，积极探索超大城市现代化治理新路子"[①]。规划是城市发展的蓝图和战略指引，以规划引领超大城市治理，对推动超大城市高质量发展和为市民创造高品质生活具有重要意义。2025 年是"十四五"规划收官之年，同时也是"十五五"规划编制之年，在此背景下讨论"以规划引领超大城

---

[*] 刘泽，管理学博士，西南政法大学政治与公共管理学院、重庆城市治理与发展研究院讲师，研究方向为发展规划。

[①] 《不断谱写中国式现代化重庆篇章》，人民网，https：//baijiahao. baidu. com/s？id＝17973 51345294947828&wfr＝spider&for＝pc，最后访问日期：2025 年 4 月 16 日。

市高质量发展"面临的突出问题，并提出针对性对策建议，反馈运用到各超大城市的"十五五"规划编制当中，更具有现实紧迫性。根据《关于调整城市规模划分标准的通知》，城区常住人口达到 1000 万或以上的城市被认定为超大城市。依据第七次全国人口普查数据，我国共有北京、上海、深圳、重庆、广州、成都、天津等 7 座超大城市。超大城市治理具有多方面的特征，同时也面临一系列治理难题。

一是人口压力与资源分配难题。公共服务供需矛盾较大，庞大的人口对教育、医疗、住房等公共服务提出了巨大需求，城市难以在数量和质量上满足居民的多样化需求，如优质教育资源和医疗资源紧张，存在入学难、看病难等问题。资源短缺与分配不均，水、能源等资源供应紧张，且在不同区域、群体之间存在分配不均衡现象，同时资源利用效率有待提高，浪费现象仍然存在。以北京为例，北京城市空间布局多元，以国贸为核心的商业区，高楼林立，汇聚了众多跨国企业和高端商业品牌，日均客流量可达 30 万人次。国贸周边的写字楼租金高昂，甲级写字楼平均租金每平方米每月超过 2000 元。而回龙观、天通苑等区域则是主要的居住区，人口密度每平方公里超过 2 万人。然而，各区域公共服务资源分配不均的问题依然存在。教育资源方面，西城区集中了北京四中、实验二小等优质中小学，师资力量雄厚，特级教师占比高。这使得其他区域居民跨区就学需求增加，如居住在大兴区的学生。

二是交通拥堵与基础设施老化难题。在交通拥堵问题方面，机动车保有量不断增加，交通需求持续增长，而交通基础设施建设相对滞后，交通管理水平有待提升，导致城市交通拥堵严重，增加了居民的通勤时间和成本，影响城市运行效率。例如，为实现居住区与商业区的连接，北京地铁 13 号线等线路每日开行列车超 800 班次，承担着大量通勤客流。基础设施老化方面，部分老旧基础设施存在老化、损坏等问题，需要进行更新改造，但面临资金、技术、施工难度以及对居民生活的影响等诸多问题，同时新的基础设施建设也面临规划布局、征地拆迁等困难。

三是环境与生态保护难题。环境污染治理方面，工业排放、机动车尾气、生活污水和垃圾等导致大气污染、水污染、土壤污染等问题较为突出，治理难度大，需要投入大量的人力、物力和财力，且需要跨部门、跨区域的协同合作。生态保护方面，城市扩张过程中，对自然生态系统造成破坏，如绿地减少、湿地退化、生物多样性降低等，影响城市生态平衡和居民生活质量，生态修复和保护工作面临诸多挑战。

四是社会分化与矛盾协调难题。贫富差距与社会阶层固化，不同群体之间的收入差距较大，贫富分化现象较为明显，影响社会公平和居民的幸福感，容易引发社会矛盾和不稳定。利益诉求多样化与协调困难，不同群体在城市规划、拆迁安置、环境保护等方面的利益诉求差异大，协调难度高，容易引发社会冲突和矛盾，需要更加有效的沟通、协商和利益平衡机制。例如，超大城市的金融、科技等高薪行业集中在核心商务区，从业者多为高学历、有专业技能的人群，他们薪资丰厚、职业发展前景广阔。而从事简单体力劳动的群体，如快递员、外卖员、家政服务人员等，虽然为城市运转作出重要贡献，但收入相对较低，工作强度大且缺乏稳定性。不同就业群体之间收入差距明显，生活质量和社会地位也存在较大差异，容易引发阶层之间的对立情绪。

五是城市安全与风险防控难题。由于人口密集、人员流动大、设施复杂等，超大城市面临着火灾、爆炸、恐怖袭击、公共卫生事件等多种公共安全威胁，应急响应和处置难度大，需要建立高效的应急管理体系。例如，2020年新冠疫情在超大城市武汉突发，城市人口密集，人员流动频繁，疫情迅速扩散。医疗资源在短时间内面临巨大压力，口罩、防护服等医疗物资短缺，医院发热门诊人满为患，难以满足大量患者的救治需求。同时，封城措施下，城市的生活物资供应、居民心理疏导等方面也面临严峻挑战，如何平衡疫情防控与城市正常运转成为难题。在数字化时代，超大城市的政务、金融、交通等关键领域高度依赖网络和信息技术，网络攻击、数据泄露等安全风险日益增加，保障网络安全和信息安全成为重要挑战。

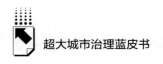

一 规划对解决超大城市难题的重要意义

规划在解决超大城市面临的诸多难题中具有极其重要的意义，具体体现在以下五个方面。

1. 优化人口分布与资源分配

（1）优化资源配置。通过科学规划，根据人口分布、结构和需求，合理布局教育、医疗、住房等公共服务设施和资源。如在人口密集的区域规划建设更多的学校、医院，合理确定住房供应规模和类型，以提高资源的利用效率，缓解供需矛盾。

（2）引导人口合理分布。规划可以通过产业布局调整等手段，引导人口在城市不同区域合理分布，避免过度集中在某些特定区域。如在城市郊区或新兴发展区域规划建设产业园区，提供就业机会，吸引人口向这些区域流动，减轻中心城区的人口压力，促进人口与资源的均衡匹配。

（3）促进资源可持续利用。规划能够从长远角度考虑资源的可持续性，制定合理的资源开发和利用策略。对水资源，可规划建设节水设施和雨水收集系统，提高水资源循环利用率；对能源，可规划发展清洁能源，优化能源结构，确保资源的长期稳定供应。

2. 完善交通体系与基础设施建设

（1）完善交通体系。合理的交通规划能够构建科学的交通网络，如规划建设地铁、轻轨、快速路等大运量、高效率的交通设施，优化公交线路和站点布局，鼓励绿色出行，提高公共交通的分担率，有效缓解交通拥堵。

（2）指导基础设施更新与升级。依据城市发展需求和基础设施现状，规划可以明确哪些区域的基础设施需要更新改造，哪些区域需要新建基础设施。有计划地对老化的道路、桥梁、供水供电等基础设施进行升级换代，提升基础设施的整体性能和服务水平。

（3）实现交通与土地利用协调发展。规划强调交通与土地利用的一体化，通过合理规划城市功能区，使工作、生活、休闲等场所相对集中，减少不必要的交通出行需求。在交通枢纽周边进行高强度、多功能的土地开发，实现交通与城市发展的良性互动。

3. 推动环境与生态保护

（1）划定生态保护红线。规划能够明确城市生态保护的范围和重点区域，严格限制在这些区域的开发建设活动，保护城市的山水林田湖草等生态资源，维护生态系统的完整性和稳定性。

（2）推动绿色发展。通过产业规划，引导产业向绿色、低碳、循环方向发展，淘汰高污染、高能耗的产业，鼓励发展节能环保产业和建造绿色建筑，减少污染物排放，从源头上控制环境污染。

（3）构建生态网络。规划可以统筹城市内外的生态资源，构建城市生态廊道、绿道等生态网络，将城市中的公园、绿地、湿地等生态斑块连接起来，提高生物多样性，改善城市生态环境质量，为居民提供更多的生态休闲空间。

4. 促进社会公平与社会和谐

（1）促进社会公平。规划在公共服务设施布局、住房保障等方面注重公平性，确保不同社会阶层、不同区域的居民都能享受到基本的公共服务和适宜的居住条件。在老旧小区改造规划中，注重完善配套设施，改善居住环境，提升居民生活品质，缩小不同社区之间的差距。

（2）提供交流空间。规划可以通过设置社区中心、文化广场、公园等公共空间，为不同阶层、不同背景的居民提供交流和互动的场所，促进社会融合，增强社区凝聚力和居民的归属感，减少社会矛盾和冲突。

（3）引导产业多元化。通过产业规划，发展多元化的产业，提供不同层次的就业岗位，满足不同技能水平和教育程度居民的就业需求，促进社会阶层的合理流动，缓解社会阶层固化，为社会和谐发展创造条件。

5. 保障城市安全与加强风险防控

（1）增强城市韧性。规划从城市的整体布局和功能设计出发，提高城市在面对自然灾害、公共卫生事件等各类风险时的韧性。合理规划应急避难场所，如公园、广场、体育场馆等，确保在紧急情况下能够为居民提供安全

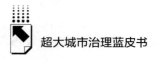
的避难空间。

（2）优化安全布局。在城市规划中，对易燃易爆、有毒有害等危险物品的生产、储存场所进行合理布局，使其与居民区、商业区等保持安全距离，减少安全隐患。加强对城市地下空间、老旧建筑等重点区域的安全规划和管理，降低安全风险。

（3）完善应急体系。规划能够明确应急救援通道、物资储备中心等设施的布局和建设标准，建立高效的应急交通、通信等保障体系，提高城市在突发事件发生时的应急响应和处置能力，保障居民生命财产安全。

二 规划引领超大城市高质量发展面临的主要问题

目前，以规划引领重庆走好超大城市高质量发展之路主要面临以下问题。

1. 市民未能有效参与规划编制

在某超大城市的老旧城区改造规划中，市民参与规划编制缺乏法律依据的问题凸显。当居民想要对改造方案提出自己的见解时，却发现没有明确的法律条文规定他们可以通过何种正规流程参与其中，导致参与途径不明确。在获取规划编制相关信息方面，该城市某新区规划建设时，相关规划信息仅在政府官网的特定板块公布，且内容繁杂，普通市民很难从中获取关键信息，如规划的具体布局、未来的发展定位等，导致市民难以提前介入并表达意见。政府在规划方案形成后才征求市民意见的情况也屡见不鲜，例如某城市的大型公园建设规划，方案基本确定后才向周边居民征求意见，居民提出希望增加更多休闲设施，但由于方案已基本成形，修改成本过高，居民的合理诉求未能得到有效回应。此外，在城市交通规划宣传时，使用大量专业术语和复杂图表，缺乏通俗易懂的解读，使市民难以理解规划内容，无法真正参与到规划讨论中来。

2. 规划未能科学统筹经济发展、人的发展和生态保护

部分规划依然遵循拉大城市框架、兴建新区的旧思路，既透支政府财

政，也人为拉大了老城区和新城区发展差距。规划习惯于有选择地优先鼓励某些产业发展的政策，可能会影响市场，导致产能过剩。规划在布局公共服务时难以兼顾不同群体的需求，以及未能平衡产业用地、居住用地和生态用地比例及空间分布，导致市民生活成本增加。部分规划事先未做"资源环境承载能力评价"和"国土空间开发适宜性评价"。

3. 规划未能有效把握过去、现在和未来的关系

在某超大城市的区县，由于对历史文化遗产保护重视不足，未将其纳入规划，许多古建筑、遗址得不到及时修缮保护。在城市发展与工业遗产保护方面，某超大城市的某区县，将一处建于20世纪中叶的大型工厂旧址规划为商业开发区，未充分考虑工业遗产的价值，在拆除过程中遭到众多市民反对。该工厂曾是当地工业发展的重要标志，承载着一代人的记忆，缺乏全局规划和长远眼光，使得未能协调好城市发展与工业遗产保护之间的关系。还有部分区县在城市规划中操之过急，未给未来发展"预留空间"。如在早期规划时，未充分预估人口增长和基础设施需求，随着城市发展，人口快速增加，现有的道路、供水供电等基础设施不堪重负，导致交通拥堵、用水用电紧张等问题。据统计，该区县在过去十年，因基础设施不足导致的经济损失累计达数亿元。

4. 规划未能较好平衡城市发展和城市安全的关系

一味追求"摊大饼"式扩张，容易形成"中心—外围"的空间格局，导致人口高度集中、大范围流动。同时，大规模的人口流动成为常态，日常通勤、商务活动、旅游出行等使人口在城市中频繁穿梭。一旦遭遇疫情这样的突发事件，高度集中且大范围流动的人口容易导致病毒快速传播。上下位规划以及同级规划之间衔接不充分，没有打通规划的"最后一公里"，上位规划未能充分考虑下位规划的实际执行情况，而下位规划在落实过程中又难以完全契合上位规划的战略意图。同级规划之间，如城市建设规划与交通规划、生态规划之间，也存在各自为政的现象。这就导致城市规划无法有效落地，规划的"最后一公里"始终未能打通。尚未打造真正宜居、宜业、宜游、宜学、宜养的社区生活圈。居民在日常生活中，常常面临上班路途遥

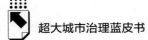

远、孩子上学不便、休闲娱乐场所匮乏等问题。部分医院、学校、公园等重要建筑设施缺乏应急功能，无法满足应对突发公共事件的应急需求。一些学校在面对突发情况时，缺乏足够的应急避险空间和物资储备，无法保障师生的生命安全。公园本应在城市应急中发挥重要作用，如作为临时避难场所，但部分公园缺乏必要的应急设施，如应急供水、供电设备以及物资储备仓库等，难以承担起相应的应急责任。很多区县离真正具备"吸、放"洪水效果的"海绵城市"的差距甚远。不少区县的城市排水系统不完善，每逢暴雨就出现内涝现象；城市绿地和水体面积不足，无法有效吸纳和存储雨水。

5. 规划尚未真正得到有效落地实施

缺乏健全的规划管理机制，使得在规划执行过程中，责任主体不明确，各部门之间职责划分模糊，面对规划实施中的具体任务，常常出现相互推诿、扯皮的现象，严重影响了工作效率。比如在城市建设项目中，涉及土地规划、建筑审批等多个部门，由于缺乏清晰的管理流程和责任界定，一个项目的审批流程可能会被不合理拉长，耽误项目推进的最佳时机。缺乏高效的规划实施机制，导致规划在实际操作中无法有序推进。没有科学合理的实施步骤和时间节点安排，许多规划项目在执行过程中进度拖沓，甚至停滞不前。一些基础设施建设规划，由于缺乏完善的实施机制，从立项到开工建设就耗费了大量时间，错过城市发展的黄金机遇期，使得规划无法及时发挥其应有的效用。监督反馈机制的不完善同样带来了问题。在规划实施过程中，缺乏有效的监督手段，无法及时发现和纠正实施过程中的偏差和错误。这就使一些规划项目在执行过程中逐渐偏离了最初的目标和方向，未能得到及时的调整。同时，没有畅通的反馈渠道，公众对规划实施的意见和建议就无法及时传达给相关部门，导致规划实施缺乏群众基础和社会支持。此外，个别区县领导换届会对规划的发展思路进行大调整，出现"一届政府一张规划"现象。新上任的领导往往更倾向于推行自己的发展理念和规划思路，而忽视了前任政府已经制定并正在实施的规划。这种调整，破坏了规划的严肃性和连续性，使许多规划项目半途而废，造成人力、物力和财力的浪费。

三 规划引领超大城市高质量发展的对策建议

1. 切实提升规划编制的市民参与度

要从"信息公开—市民参与—政府反馈—规划宣传—法律固化"等多环节有效提升市民在城市规划编制中的参与度，切实践行人民城市理念。提升城市规划信息开放程度，逐步公开城市规划的文本成果信息以及决策过程信息，降低市民获取信息难度，提升市民参与规划编制的积极性。推动市民参与阶段前移，注重在规划前期调研了解市民诉求和偏好，保障市民切身利益。建立"参与—反馈"的完整闭环，政府对市民诉求和意见及时回应，形成平等互动的对话模式。丰富规划文本表现形式，在文字表述准确和通俗易懂基础上，尽可能图文并茂，可同步制作规划文本的视频版和PPT版，让市民愿意看、看得懂。相关法律要对市民参与城市规划编制的具体阶段、程序流程和相关标准进行明确。

2. 规划要科学统筹经济发展、人的发展和生态保护

城市规划要放弃空间跨越式发展、拉大城市框架、兴建新区等旧思路，转向以超大城市带动都市圈、以都市圈引领城市群、以城市群支撑区域协调发展的新模式。规划要体现使市场在资源配置中起决定性作用、更好发挥政府作用的规律和原则，产业政策要由差异化、选择性向普惠化、功能性转变。规划要按照常住人口规模和服务半径来统筹优化基本公共服务设施布局，要按照社会公平正义原则来满足残障人士、老年人、儿童等弱势群体的特殊需求，要按照降低市民生活成本来协调三大产业以及不同学历人群比重，要按照提高市民宜居标准来平衡产业用地、居住用地和生态用地的比例及空间分布。规划要重视生态保护，始终把水资源作为资源环境底线约束，坚持以水定城、以水定地、以水定人、以水定产原则。发展经济不能对资源和生态环境竭泽而渔，生态环境保护也不能舍弃经济发展而缘木求鱼，要在发展中保护，在保护中发展。

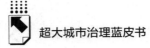

3. 规划要有效把握过去、现在和未来的关系

城市规划要有效统筹"过去和现在"的关系，关键是保护历史文化遗产，延续城市历史文脉。要树立"大保护"概念，规划前期要对城市在古代、近现代形成的历史文化遗产和在当代形成但未纳入城市历史保护名册的集体记忆场所、标志性建筑、重要建设成果等进行资源普查。在禁止大拆大建、加强保护力度的前提下，采取工业遗产重生、文旅融合等多种方式对其进行活化利用，满足市民精神文化需求、民生发展需求和经济发展需求。城市规划要有效统筹"现在和未来"的关系，关键是要敢于留白，给未来发展留有余地。超大城市寸土寸金，面对未来的不确定性，规划要保持弹性，留有余地，为城市未来重大战略、重大产业、重大设施建设空间预留土地，用今天的"无为"换取明天的"作为"。

4. 规划要推动城市发展和城市安全深度融合

城市是各类风险的汇集地和高发地，要树立底线思维，将防灾防疫理念融入"城市—社区—设施—建筑"规划之中，应对可能发生的自然灾害、公共卫生事件和社会安全事故等，避免引发系统性风险。城市空间格局要从"中心—外围"逐步转变为"多中心—多组团—间隔状—网络化"，避免人口过度集中。打造15分钟宜居、宜业、宜游、宜学、宜养的社区生活圈，构建以人为本、低碳韧性、公平包容的"社区共同体"。按照平急结合原则，统筹规划医院、学校、公园、广场、展览馆、体育场馆和宾馆酒店等选址布局和设计建设。以打造"海绵城市"为目标，统筹城市防洪和排涝，一体规划和建设地上、地下管网系统，增强城市内部管网系统与周边江河湖海、水库的联动。从严控制新建超高层建筑，加强新建超高层建筑的能源消耗评估、消防安全评估、交通影响评估、环境影响评估、地震安全评估、地质灾害评估、文物影响评估等，对既有的超高层建筑要全面推进安全隐患排查和整治。

5. 确保一张蓝图绘到底

要加强规划监测和评估，建立政府部门评估、第三方独立评估和社会满意度调查评估制度，对规划实施过程的国内外环境、规划实施效果进行持续监测和评估，及时发现问题和偏差，研判是否需要调整。完善规划调整程序和机制，通过法律明确规划调整的适用情形、审批流程和论证环节等。探索建立城市规划督察员制度，定期督察城市规划审批流程是否公开、公正，是否依法修编和执行规划、行政领导是不是越权干预规划。

B.14
基层协商民主助推超大城市治理的
创新实践与路径探索*

周洁玲**

摘 要: 创新城市社区治理,是探索超大城市现代化治理路径的重点所在。超大城市的治理难题需要协商民主的理念与方法来破解,基层协商民主的大量创新实践也有助于推动超大城市的良善治理。本报告重点以第三批、第四批超大城市"全国社区治理和服务创新实验区"的协商实践案例为考察对象,总结归纳超大城市的创新实验区在协商主体、协商平台、协商机制建设等层面进行的创新实践。进一步从理顺多元主体间关系、理清协商议题内容、完善协商机制建设三个方面提出基层协商民主助推超大城市治理的优化路径。

关键词: 超大城市 基层 协商民主

2014 年,国务院印发《关于调整城市规模划分标准的通知》,规定我国城区常住人口 1000 万以上的城市为超大城市。① 这是我国首次从城市规模层面提出超大城市的分类。根据第七次全国人口普查数据,我国现有 22 个超大特大城市。其中,上海、北京、深圳、重庆、广州、成都、天津 7 座城

---

* 本报告系重庆市社科规划项目"全过程人民民主视域下协商民主的代表机制研究"(项目批准号:2022BS008)的阶段性成果。

** 周洁玲,法学(政治学)博士,西南政法大学政治与公共管理学院讲师,研究方向为协商民主、基层治理。

① 参见《国务院关于调整城市规模划分标准的通知》,中国政府网,https://www.gov.cn/gongbao/content/2014/content_ 2779012.htm,最后访问日期:2025 年 2 月 12 日。

市为超大城市。① 随着中国式现代化建设进程加速，越来越多的城市将迈入超大城市的行列。超大城市治理具有引领性、试验性和基础性的作用，在国家治理体系中占据着重要位置。② 社区是城市治理的"最后一公里"，创新城市社区治理，是探索超大城市现代化治理路径的重点所在。

一　基层协商民主建设与超大城市治理的内在联系

协商治理是实现超大城市公共事务"参与式"管理、应对超大城市矛盾纠纷与危机化解的重要举措，通过协商能够整合民众利益、弥合矛盾分歧，落实人民城市人民建、人民城市为人民的价值追求。

一方面，超大城市的治理难题需要协商民主的理念与方法来破解。传统单位的解体、公有住房体制的改革导致"大院"社区变为以商品房住宅小区为主体的社区形态，与此同时，单位大院也并没有离开城市的空间，加之各种回迁房小区、老旧社区等，增强了超大城市社区空间的复杂化。随着超大城市人口的流动与加速聚集，城市社区的规模也不断扩大，人口密度高、成员多样化，给基层治理带来了难题。基层社区作为超大城市的基本治理单元，同时发挥着直面居民"急难愁盼"事项、上传下达贯彻政策任务的功能，更需要聚集各方资源，开展多元共治。从理念上来看，协商民主是以"协商为中心"的政治模式，更为强调大众平等地参与到协商过程之中，通过协商达成理性的共识。在发展全过程人民民主的背景之下，协商民主是全过程人民民主的具体应用领域，也是最能体现其内核精神的领域。从具体的方法来看，协商治理强调参与者通过协商的过程听取他人的意见，从共同利益的角度衡量不同的意见，并反思自身的偏好之后作出最有利于公共利益的决定，"找到最大公

---

① 参见《定调超大特大城市，"中国速度"再升级》，光明网，https：//m.gmw.cn/2025-02/19/content_ 1303974231.htm，最后访问日期：2025年2月22日。

② 李文钊：《超大城市治理与发展：概念框架、核心议题与未来展望》，《北京行政学院学报》2024年第4期。

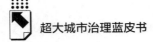

约数，画出最大同心圆"，这与超大城市基层治理复杂化、多元化的需求相契合。

另一方面，基层协商民主大量的创新实践有利于助推超大城市的良善治理。城市社区作为社会治理探索的主阵地，生发出大量创新性实践。党的十八大以来，协商民主已经成为中国特色民主政治建设的重要内容，党的二十大报告指出要推进协商民主广泛多层制度化发展。在我国协商民主体系的七大渠道中，基层协商是与人民群众联系最为紧密、实践最为广泛的政治场域。不同于国家层面、正式政治制度框架内的协商形式，基层协商处理的是基层党组织、政府与基层社会之间的关系，其内在要求在于达成多元主体的协商合作，实现政社互动的协商共治。因而，基层协商民主的创新实践有助于推动协商自治与共治、提升超大城市治理效能。

二 超大城市基层协商民主建设的创新实践

城市社区作为天然的自治空间，为基层协商民主建设提供了广阔的试验场，大量卓有成效的实践经验可供我们总结提炼。近年来，民政部遴选出"全国社区治理和服务创新实验区"（2011～2019 年）、"优秀社区工作法"（2018 年）、"中国社区治理十大创新成果"（2013～2015 年）、"全国基层治理创新典型案例"（2021 年）等具有开创性、典型性的基层治理创新案例。在国家顶层设计的影响之下，超大城市发挥引领性作用，也总结出一批社会治理创新的典型，例如中国（上海）社会治理创新实践案例、重庆市城乡社区治理创新十大优秀案例（2020 年）等。

其中，"全国社区治理和服务创新实验区"具有权威性。2011 年以来，民政部先后在全国范围内确认了四批社区治理和服务创新试验区，共 114 个创新典型，涵盖 28 个省（直辖市、自治区），且有 60 个实验区为超大特大城市中的基层社区，占实验区总数的一半以上（见图 1）。

可见，超大特大城市在基层治理创新领域具有引领性、试验性，为其他地区基层治理提供了操作示范和经验借鉴。同时，"全国社区治理和服务创

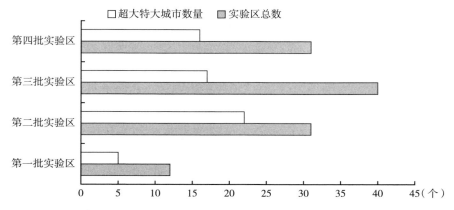

图1 "全国社区治理和服务创新实验区"中超大特大城市社区占比情况

新实验区"都在基层协商治理层面进行了积极探索，更有一部分超大特大城市实验区以基层协商治理为实验的主题。

我们着重以第三批、第四批"全国社区治理和服务创新实验区"为考察对象，搜集这两批实验区中的超大城市社区涉及协商治理的实验方案、典型案例、创新实践等相关材料，总结归纳其以基层协商治理助推超大城市建设的有益经验。根据最新确认的超大城市，纳入考察范围的有上海、北京、深圳、重庆、广州、成都、天津这七座城市的创新实验区涉及协商治理的经验做法（见表1）。

表1 超大城市"全国社区治理和服务创新实验区"协商治理的典型案例

批次	实验单位	实验主题
第三批	上海市静安区	理顺社区发展基金运行体制机制,助推社区居民自治
	四川省成都市武侯区	推动三社联动,创新社区治理服务
	四川省成都市青羊区	发展微治理,激发新活力
第四批	北京市石景山区	打造"老街坊"品牌,构建共建共治共享社区治理机制
	四川省成都市金牛区	探索建立党建引领的社区提案工作机制
	四川省成都市新都区	创新党领导的社区多方协商共治机制
	重庆市江北区	构建"三社+N"联动体系,增强社区治理和服务"六个能力"

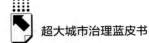
之所以考察这两批创新实验区中的典型做法，一是这两批创新实验区的建设时间与超大城市理念的提出、发展时间重合。其中，第三批创新实验区的建设时间为 2015 年 7 月到 2018 年 6 月，第四批创新实验区的建设时间为 2019 年 3 月到 2021 年 6 月。① 二是相关案例满足一定时效性和代表性的要求。随着超大城市建设加速，城市基层治理的实践也在不断变化与创新，因而跟踪近年来基层社区协商治理的最新态势有助于系统解答我们的命题。三是以"全国社区治理和服务创新实验区"建设为契机，这些超大城市社区的创新做法都得到了延续与发展，并且推广到本市的其他社区乃至全国，对于构建超大城市建设背景下的基层协商新格局具有重要意义。

通过梳理、分析和归类，我们发现超大城市的创新实验区在协商主体、协商平台、协商机制建设等层面进行了创新实践。

1. 构建协商多元主体，助力协同治理

构建多元主体回答的是"谁来协商"的问题。超大城市面临"大城市病"的困境，基层社区内部的利益和需求日益复杂，以政府主导的传统治理模式已经无法满足超大城市建设的需要，治理格局逐步转向共建共治共享的治理共同体。涉及的多方主体包括党组织、政府部门、社区自治组织、社会组织、市场主体（物业公司等）、辖区单位、基层群众等。在具体的实践中各实验区积极探索扩展联动多元主体、凝聚多方共识的体制机制，发挥党建引领作用，建立协商自治组织，从"三社联动"发展到"五社联动"。

一是党建引领，发挥基层党组织总揽全局、协调各方的作用。2015 年《关于加强城市社区协商的意见》提出"坚持党的领导，充分发挥村（社

---

① 2018 年 12 月民政部公示了《关于确认第三批全国社区治理和服务创新实验区结项验收结果的通知》（民函〔2018〕190 号），民政部网站，https：//www.mca.gov.cn/gdnps/pc/content.jsp？mtype=7&id=116424)，最后访问日期：2025 年 4 月 13 日；2021 年 12 月民政部公示了《关于确认全国社区治理和服务创新实验区结项评估结果的通知》（民函〔2021〕90 号），民政部网站，https：//www.mca.gov.cn/gdnps/pc/content.jsp？id=116803&mtype=7，最后访问日期：2025 年 2 月 10 日。

区）党组织在基层协商中的领导核心作用"。① 基层党组织能够整合超大城市中基层分散的资源，牵头拓展协商议事空间与渠道，为协商治理的有效开展创造条件。例如，成都市构建并形成了"一核多元"的治理体系，其中"一核"就是指基层党组织，"多元"则是党组织领导的多元治理体系。② 在"一核多元"的治理理念之下，成都市金牛区作为创新实验区进行实验的主题即"党建引领的社区提案工作机制"，明确提出基层党组织建设是社区提案的关键。与之类似的是，重庆市江北区构建了"1+X+N+Y"社区协商议事主体参与机制，参与主体包括社区"两委"、居委会下设的若干工作委员会、协商利益相关方以及第三方力量。③

二是建立协商自治组织，为多元协商共治提供组织支撑。协商自治组织在各地名称不一，但大多设置在基层党组织、政府之外来履行协商治理的职能。例如，北京石景山区所有社区都设立"老街坊"议事会作为社区常设机构，并且引导驻区单位参与基层协商活动。④ 成都市武侯区在社区构建了"自下而上"的社区内自治组织，称之为院落自治组织，还有社区居民议事会作为常态化的民主决策组织。⑤

三是从"三社联动"到"五社联动"，探索引入多元主体的创新机制。大多数实验区都引导社会组织与专业社工成长，大力发展"三社联动"，同时将"三社联动"与民主协商结合起来，扩展协商治理的主体，建立起社区、社会组织、社会工作者以及居民、驻地单位等多元主体联动协商的社区

① 参见《中共中央办公厅、国务院办公厅印发〈关于加强城乡社区协商的意见〉》，中国政府网，http：//www.gov.cn/zhengce/2015－07/22/content_2900883.htm，最后访问日期：2025年2月12日。

② 姜晓萍、田昭：《授权赋能：党建引领城市社区治理的新样本》，《中共中央党校（国家行政学院）学报》2019年第5期。

③ 《深化"老马工作法"提升"五化"水平 构建社会治理新格局》，中共重庆市委党建门户网站（七一网），https：//m.12371.gov.cn/app/template/displayTemplate/news/newsDetail/5518/415252.html，最后访问日期：2025年2月11日。

④ 金超：《"老街坊"议事厅：创新社区协商议事新形式》，《中国民政》2021年第5期。

⑤ 《实施"三社联动"，创新社会服务》，民政部网站，https：//www.mca.gov.cn/zt/history/17workxc/20170300890115.html，最后访问日期：2025年2月11日。

治理共同体。例如，重庆市民政局发布《关于加快推进"三社联动"的指导意见》，提出将社区协商引入"三社联动"中，由社会组织聘用社会工作者征集社区各类主体意见建议，通过社区协商，精准把握社区治理服务需求，形成协商意见，根据协商意见推进工作实施，提升居民自治能力。[①] 重庆市江北区探索向"三社"主体开放线上+线下的联结平台，联合多方参与主体协商解决居民诉求。[②] 近年来，为进一步弥补基层行政资源的不足，在"三社联动"的基础上纳入社区志愿者、慈善组织，转变为"五社联动"。2021年《关于加强基层治理体系和治理能力现代化建设的意见》明确提出了社区与社会组织、社会工作者、社区志愿者、社会慈善资源"五社联动"模式，学界从内涵、背景等方面对"五社联动"进行了阐释。[③] 同时，各地也建章立制，积极开展探索"五社联动"的具体实践。例如，上海市静安区民政局于2022年发布了《关于进一步完善基层自治制度发展全过程人民民主的若干措施》，提出创新"五社联动"机制，联动社会力量参与基层治理，建设"共建共治共享"的社会治理共同体。[④]

2. 搭建多层次协商议事平台，夯实治理基础

协商平台的搭建关乎"在哪协商"以及"协商什么"的问题。超大城市人口密集、利益分化、基层矛盾复杂，公共资源分配不均等问题易引发冲突。通过搭建多样化协商平台，可以充分听取民众意见、明确资源分配优先级。围绕老旧小区改造、社区绿化、停车管理等各类协商议题，城市社区创新发展出"居民座谈会""居民说事""协商议事厅""小巷访事""基层协商调解

---

① 参见《关于加快推进"三社互动"的指导意见》，重庆市民政局网站，http：//mzj. cq. gov. cn/zwgk ＿ 218/zfxxgkml/zcwj ＿ 166256/qtwj ＿ 166259/202104/t20210409 ＿ 9098517. html，最后访问日期：2025年2月16日。

② 参见《探索"三联结一闭环"，发挥"五社联动"最大效应》，民政部网站，https：//www. mca. gov. cn/zt/n352/n356/n358/n1714/c86605/content. html，最后访问日期：2025年2月16日。

③ 任敏、胡鹏辉、郑先令：《"五社联动"的背景、内涵及优势探析》，《中国社会工作》2021年第3期。

④ 参见《关于印发〈静安区关于进一步完善基层自治制度发展全过程人民民主的若干措施〉的通知》，静安区人民政府网站，https：//www. jingan. gov. cn/govxxgk/JA9/2022－11－04/42a3bcf3－ed66－48cb－9436－267fc4fcf875. html，最后访问日期：2025年2月16日。

室"等协商平台，基于日常生活场景，在细微处纾解公共事务难题，解决超大城市治理困境。在具体的实践中，协商平台的创新设置主要表现为两个方面。

一是向下深化精细化发展，由城市社区向小区、网格、院落、楼栋延伸。例如，北京石景山区的"老街坊"议事会平台，在各社区设立统一的"老街坊"社区议事会并延伸到"老街坊"楼委会。上海市静安区打造"静邻议事厅"，深化社区党员议事会、居民区"1+5+X"联席会、听证会、协调会、评议会等基层议事平台。[①] 重庆市江北区培育了"唐桂议事厅"、郭家沱"百姓管家"等社区协商平台。

二是贯通不同层级、场域的协商平台，打通上级下级、线上线下协商参与渠道。一方面，互联网技术能够突破超大城市的空间限制，为数字协商民主提供可能性。基层协商议事以二维码、智慧平台、视频会议等为载体，引导居民线上参与"微建议""微协商"等活动，搭建诸如"云报事"等线上协商平台，收集民众利益偏好为科学决策提供现实基础。例如，重庆市江北区在唐桂社区打造线下"唐桂议事厅"，也同步试点"线上协商议事平台"，吸引年轻人触网议事、连线协商，扩大社区事务的参与面。[②] 另一方面，不同层级之间的协商平台需要形成联动。例如，成都市金牛区创建了社区提案区级、街道级、社区级、院落级四级贯通的协商议事平台；同时，组建区级提案工作联席会、街道提案公共事务议事委员会、社区提案公共议事专委会、院落提案公共议事小组四级社区提案组织；民众可以直接向提案平台提出问题，各级提案组织接收到提案之后负责组织民众、社区、相关部门等各方主体进行协商，推动解决相关议题。[③] 同时，金牛区打通线上线下平

[①] 参见《上海市静安区〈关于开展全国社区治理和服务创新实验区工作的实施方案〉的通知》，静安区人民政府网站，https://www.jingan.gov.cn/govxxgk/JA1/2017-04-05/af2f3d4e-65d8-4b4e-85f1-2f35c0761ae0.html，最后访问日期：2025年2月17日。

[②] 参见《江北区"三联工作法"促"五社联动"》，重庆市民政局网站，http://mzj.cq.gov.cn/sy_218/bmdt/gzdt/202110/t20211028_9901426.html，最后访问日期：2025年2月17日。

[③] 参见《金牛：深化社区提案机制 以评促建助提升》，中共成都市委城乡社区发展治理委员会网站，https://cdswszw.gov.cn/gfgz/Detail.aspx?id=26366，最后访问日期：2025年2月20日。

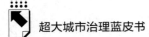

台，创建"金牛社区提案智慧平台"，居民发现问题后可以随时随地通过手机上传"提案"。① 2023 年，依托天府市民云平台金牛区特色门户，又接入了"社区提案"服务板块，民众通过手机提交提案更为便捷。②

3. 探索多样化协商议事机制，创新治理模式

协商议事的制度化回答的是"如何协商"的问题。具体机制涉及规范化的程序、规则，科学化的方法、环节，开拓性的形式、模式等。探索创新协商机制能够克服实践的随意性，从而提升基层协商民主效能。

首先，在规范化层面，各实验区都结合各自实际情况，制定了可操作的方案意见。例如，上海市静安区按照《关于静安区进一步创新社会治理加强基层建设的实施意见》要求，制定了《静安区开展全国社区治理和服务创新实验区工作的实施方案》。以创新实验区项目为契机，促进居民自治，推动社会协同，加强协商意识引导，同时推动居民公约、自治章程形成。③成都市民政局、成都市委组织部、成都市委社治委、成都市住房和城乡建设局四部门在 2020 年联合下发了《完善小区（院落）民主协商提能增效示范创建工作方案》，在总结实验区优秀治理经验的基础上，创建小区（院落）协商指导清单，将民主协商前置于小区（院落）治理项目中。④北京市石景山区制定了《关于加强"石景山老街坊"群众组织建设，着力提升社会共治水平的实施意见》，打造"老街坊"品牌。⑤

---

① 参见《创新"社区提案工作机制" 金牛区全域推进"全国社区治理和服务创新实验区"建设》，金牛区人民政府网站，https：//www.jinniu.gov.cn/jinniu/c107145/2020－07/23/content_36a4ba1813ec470eb2ec771a2e930c11.shtml，最后访问日期：2025 年 2 月 20 日。

② 参见《金牛区上线"社区提案"服务》，中国网·中国四川，http：//sc.china.com.cn/2023/zonglan_1108/514854.html，最后访问日期：2025 年 2 月 20 日。

③ 参见《上海市静安区〈关于开展全国社区治理和服务创新实验区工作的实施方案〉的通知》，静安区人民政府网站，https：//www.jingan.gov.cn/govxxgk/JA1/2017－04－05/af2f3d4e－65d8－4b4e－85f1－2f35c0761ae0.html，最后访问日期：2025 年 2 月 17 日。

④ 参见《四川省成都市：创新基层民主协商体系推动全过程人民民主》，公益时报网，http：//www.gongyishibao.com/html/shenghuigongzuo/2022/10/22374.html，最后访问日期：2025 年 2 月 6 日。

⑤ 参见《石景山"老街坊"共建共治共享美丽和谐社区》，北京市人民政府网站，https：//www.beijing.gov.cn/renwen/jrbj/bjs/201907/t20190719_1873537.html，最后访问日期：2025 年 2 月 11 日。

其次，在科学化层面，各实验区积极探索协商方法。例如，重庆市江北区郭家沱街道的"百姓管家"社区协商平台，按照居民人数的6%遴选出热心社区事务的积极分子为"百姓管家"，每季度定期收集群众亟需解决的民生实事，提交"百姓管家"会议协商议定。① 成都市青羊区清源社区按照罗伯特议事规则，引导居民们参与议事协商。② 成都市新都区联合相关专家、社会组织联合会等专业力量，构建"指数+社区协商治理"指标体系，设置了7个类别指标，并探索出社区民主协商"建组织、搭平台、定规则、抛议题、广参与、达共识、齐行动"七步社区民主协商工作法。③

另外，在拓展社会资源层面，各实验区创新发展社区基金等载体。例如，上海市是社区基金会运作良好的典型城市。上海市静安区以社区共治金和社区自治金为主要形式，不断规范运作程序、项目主导、参与主体等，使其成为撬动社区协商治理的杠杆。④ 成都市武侯区创设"社区发展治理专项保障资金""社区发展治理专项激励资金"，以街道、社区党组织为主渠道落实到基层。成立社区发展基金会，发起成立社会企业，建立社区专项基金、微基金，增强社区持续发展"造血功能"。⑤ 成都市青羊区清源社区通过社区基金引入优质资源，有针对性地培育自组织，构建协商机制，设置实体化议事厅。⑥

---

① 参见《江北区"三联工作法"促"五社联动"》，重庆市民政局网站，http：//mzj. cq. gov. cn/sy_ 218/bmdt/gzdt/202110/t20211028_ 9901426. html，最后访问日期：2025 年 2 月 17 日。

② 参见《成都市青羊区：推动社区发展创新社会治理》，人民网，http：//unn. people. com. cn/n1/2018/1203/c14717-30439449. html，最后访问日期：2025 年 2 月 6 日。

③ 参见《四川省成都市：创新基层民主协商体系推动全过程人民民主》，公益时报网，http：//www. gongyishibao. com/html/shenghuigongzuo/2022/10/22374. html，最后访问日期：2025 年 2 月 6 日。

④ 参见《上海市静安区〈关于开展全国社区治理和服务创新实验区工作的实施方案〉的通知》，静安区人民政府网站，https：//www. jingan. gov. cn/govxxgk/JA1/2017 - 04 - 05/af2f3d4e-65d8-4b4e-85f1-2f35c0761ae0. html，最后访问日期：2025 年 2 月 17 日。

⑤ 参见《四川省成都市武侯区：加减乘除改革街道社区体制，深入推进城市基层治理创新》，人民网，http：//dangjian. people. com. cn/n1/2019/1014/c429005-31398289. html，最后访问日期：2025 年 2 月 6 日。

⑥ 参见《成都市青羊区：推动社区发展创新社会治理》，人民网，http：//unn. people. com. cn/n1/2018/1203/c14717-30439449. html，最后访问日期：2025 年 2 月 6 日。

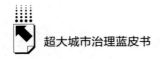

三 基层协商民主建设助推超大城市治理的优化路径

基层协商民主作为我国社会协商民主体系最重要、最活跃的领域之一，契合当前超大城市建设多元化和包容性的政治价值趋向。城市社区是超大城市建设的基石，通过总结多样化的基层协商创新实践，我们发现协商治理对于提升基层治理效能具有重要作用。但是，具体实践中也依然存在协商主体参与意识不强、自组织能力不足，协商议题不清晰、公共性不强，协商机制不完善、不健全等方面的问题，需要从实践与理论层面进行拓展优化。

1. 壮大社会参与力量，理顺多元主体间关系

创新引入多元主体是当前城市社区开展协商民主建设的重要内容之一。但是，社会力量薄弱与居民参与程度不高依然是基层协商面临的主要问题。

首先，针对社会力量薄弱的问题，超大城市的基层社区着力发展社会组织、志愿者组织、社工等参与主体。可是，不论是"三社"还是"五社"，实践中的联动效果远低于预期，存在协同共治效应不足、专业社会组织协同度不够、社区社会组织作用发挥不明显、居民对社区事务的参与度不足、社会资源开发利用不够等一系列问题。① 一方面，需要政府进一步转变职能，积极培育引进社会组织，大力加强志愿者和社工工作者的专业化训练，明确社会组织的权限和职能，引导"五社"参与社区公共事务。另一方面，需要我国的社会组织、志愿者组织提升自身的组织化程度、自主性程度和联合行动能力。为此，可以发展培育专门从事协商活动的专业性社会组织。例如，协商民主实验室（Deliberative Democracy Lab）、杰弗逊中心（Jefferson Center）等是民间自发成立的协商类社会组织，丹麦科技委员会基金会（Board of Technology）是由政府资助成立的协商类社会组织。② 近些年，我国城市社区中也涌现致力于组织协商实践的社会组织，例如，2016 年杭州

---

① 许宝君、陈伟东：《"三社联动"到"五社联动"的转换逻辑及实现路径》，《浙江社会科学》2023 年第 9 期。
② 谈火生、周洁玲：《国外社会组织协商的特点及其启示》，《国外理论动态》2018 年第 2 期。

市上城区成立了社区发展协会，协会确立了社区协商"六步工作法"并积极参与搭建协商平台。① 上述经验值得超大城市借鉴并在全国范围推广。

其次，针对社区居民协商热情不高、协商参与程度低的问题，需要从培育社会资本和创新协商代表选取方式两个方面进行优化。一方面，超大城市的社区"原子化"现象严重，加之外来人口多、人员流动性大，难以形成互惠互信的社会资本，需要社区党组织和政府联合群众自治组织、社会组织、辖区其他单位等主体在社区开展多样性的活动，促进邻里之间的互动。同时，老街坊社区、单位社区等传统社区需要挖掘熟人资源，形成共建共享的社区治理格局。另一方面，基层协商实践存在不重视参与者的选择方法、甄选标准、构成比例等问题，多是以组织推荐、邀请加自愿参与形式为主。为应对决策主体的信息困境，基于秩序和成本的考量，由推选产生的代表参与协商更为可控和方便。② 但是，这些协商参与者都是协商活动组织者认可、信任的积极分子，无法反映大多数民众的真实想法。超大城市中社区规模庞大且利益分化，更需要以平等包容的方法扩展协商参与者范围。在具体的实践中，可以通过科学化的随机抽样方法选取协商参与者，优化协商参与的平等性、代表性、包容性。例如，我国民主恳谈会的先行者温岭泽国镇在2005 年、2006 年的城镇建设项目预算安排中，先由随机抽样的民意代表按项目"重要程度"的优先次序进行选择，再将选择的结果通过人民代表大会表决，③ 将抽样的协商代表与选举的协商代表结合起来进行协商实践。在上海市的"自治金"分配项目、社区代表会议等实践中，街道在专家的协助下还开发出基于本土化情境的复式协商民主抽样设计。④

① 参见《让"不可能"变成"可能"！解锁"新中国第一居"的治理密码》，上城新闻网，https：//www.hzsc.com.cn/content/content_ 9714601.html，最后访问日期：2025 年 2 月 8 日。
② 林雪霏、傅佳莎：《作为治理资源的协商民主——地方官员协商式决策的功能偏好及其影响因素》，《治理研究》2018 年第 1 期。
③ 朱圣明：《民主恳谈——中国基层协商民主的温岭实践》，复旦大学出版社，2017，第 10 页。
④ 韩福国：《超越"指定代表"和"随机抽样"：中国社会主义复式协商民主的程序设计》，《探索》2018 年第 5 期；韩福国：《我们如何具体操作协商民主——复式协商民主决策程序手册》，复旦大学出版社，2017，第 64~68 页。

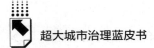
2. 关注公共利益导向，理清协商议题内容

除了"协商的人"的问题，基层协商民主还面临"协商什么"的难题。

一是基层协商议题不够丰富、广泛。从超大城市社区现有的协商实践来看，协商议题大多集中于解决社区性事务、利益协调性事务，协商参与者也大多是利益相关者。基层协商处理社区内事务无可厚非，但是会导致居民对与自身无关的协商议题不感兴趣、参与度不高，并且在参与协商讨论时缺乏公共性视角，违背协商民主"寻求最大公约数"的理念。可引导居民关注与社会热点问题相关的协商议题，这能够促使参与者在协商的过程中思考公共性问题，激发民众的协商兴趣，同时提升其协商能力。

二是缺乏规范的议题分类制度。建立分层分类的协商议题制度有助于厘清谁来组织、谁来参与、谁来落实的全流程问题。在这方面特大城市南京、杭州的经验值得重视。南京市鼓楼区和杭州市上城区作为第三批"全国社区治理和服务创新实验区"，在基层协商民主建设，尤其是在协商议题规范化层面进行了积极探索。例如，南京市鼓楼区建立了社区协商议题目录，将社区事务划分为一级协商目录和二级协商目录，精准归纳协商议题优先级，例如涉及公共政策制定等关系居民切身利益的重要事项属于一级协商目录。涉及环境整治、节假日活动等领域的议题属于二级协商目录。① 杭州市上城区上羊市街社区收集居民反映频繁和集中的问题，通过协商讨论和议题分类原则形成文娱类项目、互助类项目、工程类项目、服务类项目四类民生微项目，将协商议题转化为社区项目，再根据"六步工作法"由"邻里坊"成员自主领办、自主筹款、自主实施，以项目驱动来解决"协商什么"的问题。②

① 参见《党建引领社区协商，构建共商共治共享格局——江苏省南京市鼓楼区多方协同共治的基层治理实践》，民政部网站，https://www.mca.gov.cn/n152/n166/c44592/content.html，最后访问日期：2025年2月9日。
② 李佳佳、唐朗诗：《有序推进基层协商民主的系统构建——以杭州市上羊市街社区为例》，《社会治理》2019年第12期。

3. 落实决策衔接，完善协商机制建设

协商实践的规范化程序、科学方法、决策落实情况等决定了协商的品质。我国基层社区，尤其是超大特大城市社区已经在各个层面进行了创新探索，包括规范协商的操作标准、议事规则和流程、议事清单和程序，构建协商评价指标体系等，浙江省杭州市上城区的"六步工作法"、南京市鼓楼区的"六化"协商模式，还有上文所述成都市新都区的"七步工作法"等都是典型。未来还需要在两个方面完善协商实践的机制建设。

一是推广科学化的协商操作程序与方法。协商民主作为一种可操作的实践方法，其实践的细节可以形成一套标准化模板推广至超大城市社区。例如，运用共识会议协商式民意调查等协商技术与方法，借鉴国际通用的议事规则、主持人制度等优化协商技术。

二是探索落实协商结果的决策机制。协商与决策断裂的问题一直困扰着协商民主实践。我们发现实践中很多协商结果对决策几乎没有影响，或者影响很小，造成"议而不决"的困境。超大城市中涉及人民群众利益的大量决策都发端于基层，为实现"协商于民、协商为民"的要求，应以基层协商为重要节点，打通不同渠道、层次的协商，通过基层协商的民众意见能够自下而上传递，将基层广泛关注的民生热点话题变为上层的协商议题，促使协商的结果能够真正转化为决策。我国协商民主体系中有很多制度化的转化渠道，超大城市在实践中也积极探索基层协商与政协协商相衔接的举措，包括在基层成立政协委员联络组、开展政协委员与群众"面对面"活动、政协委员下沉基层建设"委员工作室""委员之家"等。例如，上海市静安区发挥"两代表一委员"作用，促使政协委员进一步深入基层、直达一线；搭建"协商于民"政协委员工作站等平台，推动政协委员协同履职，参与联系群众、协商议事活动，促进协商成果转化。[①]成都市青羊区推进"有事来协商·沟通面对面"工作，在宽巷子社区创建

---

① 参见《关于印发〈静安区关于进一步完善基层自治制度发展全过程人民民主的若干措施〉的通知》，静安区人民政府网站，https：//www. jingan. gov. cn/govxxgk/JA9/2022 - 11 - 04/42a3bcf3 - ed66 - 48cb - 9436 - 267fc4fcf875. html，最后访问日期：2025 年 2 月 16 日。

宽门政协委员工作室开展试点工作，促进全区各街道开展示范平台建设。①
除此之外，还需要进一步探索基层协商与政党协商、人大协商、政府协商、
社会组织协商、人民团体协商等其他协商渠道相结合的机制与路径，以助力
超大城市的系统治理。

---

① 参见《区政协发布"有事来协商·沟通面对面"品牌标识》，青羊区人民政府网站，
http：//www.cdqingyang.gov.cn//qyq/zwyw/2023 - 07/20/content _ cbbed4629f0d40eaa5316
cd9bc2a07e5.shtml，最后访问日期：2025 年 1 月 24 日。

案 例 报 告 ⟩⟩

B.15
城市公共空间治理转型与制度创新：
以南川区"潮汐摊区"为例

摘 要： 新型城镇化背景下，平衡城市治理秩序与民生需求成为公共空间治理的核心命题。本文以重庆市南川区"潮汐摊区"实践为例，基于空间生产理论与社会治理创新理论，解析其突破传统刚性治理的三重路径，包括构建时空弹性规划体系、建立"政府引导—市场协同—社会参与"共治网络、搭建数字治理平台等。该模式通过包容性治理理念重构非正规经济空间，形成秩序维护、经济活力与空间品质协同发展的治理闭环，其创新价值体现为：以法治框架厘清权责边界破解制度真空，以技术赋能重塑治理流程，以公共利益导向平衡商业开发与民生保障。研究表明，城市公共空间治理现代化需以法治化厘清权责边界，以技术赋能重构治理流程，以多元共治

---
* 类延村，西南政法大学政治与公共管理学院副院长，教授、硕士研究生导师，重庆城市治理与发展研究院副院长，法学博士，主要研究方向为城市治理、信用治理；陈杰，重庆对外经贸学院重庆超大城市数字化治理学院教师，管理学硕士，主要研究方向为城市治理、信用治理。

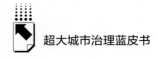
保障公益属性，为同类型城市提供可复制的制度创新样本。

关键词： 城市公共空间　潮汐摊区　治理现代化　摊贩自治　数字治理

在新型城镇化与市域社会治理现代化双重背景下，城市公共空间治理正经历从刚性管控向柔性治理的范式转换。传统治理模式面临空间正义缺失、多元利益冲突与治理效能低下的三重困境，亟须探索更具包容性与创新性的治理路径。重庆市南川区"潮汐摊区"的实践创新，为破解流动摊贩治理难题提供了制度性解决方案，其通过时空弹性配置、多元主体协同和技术赋能治理等创新举措，实现了城市秩序维护与民生需求满足的动态平衡。本报告以空间生产理论[①]和社会治理创新理论为分析框架，系统梳理南川区实践的经验价值，旨在为城市公共空间治理现代化提供理论启示与实践参考。

一　城市公共空间治理的范式转换与现实挑战

（一）城市公共空间治理转型的制度逻辑

在国家治理现代化战略框架下，城市公共空间治理呈现政策导向的动态演进特征。2019 年《国务院办公厅关于加快发展流通促进商业消费的意见》首次提出"规范发展'马路经济'"，标志着非正规经济治理的转向；2020年中央文明办将占道经营从文明城市测评指标中剔除，进一步推动地摊经济从"全面禁止"向"规范引导"的范式转换。至国家发展改革委发布《2022 年新型城镇化和城乡融合发展重点任务》明确"共建共治共享"的治理机制，强调通过多元主体协作优化公共资源配置，这一政策逻辑在地方

---

① 参见〔法〕列斐伏尔《空间：社会产物与使用价值》，载包亚明主编《现代性与空间的生产》，上海教育出版社，2003，第 48 页。

实践中得到深化。例如，重庆市通过《临时占道经营管理办法》构建起"三允许、三规范、三保障"的制度框架，允许特定时段、区域和业态的占道经营，规范经营行为与权责划分，保障摊贩权益、市民便利与市容秩序。

在超大城市现代化治理新路子的探索中，重庆市南川区立足民众需求和治理效能进行创新探索，在新型城镇化进程中建构起独特的治理样本。该区域既承载着城市群协同发展的枢纽功能，又面临着山地城市特有的空间约束。质言之，在城镇化水平持续提升的同时，南川区持续的人口流入态势与有限的空间承载力之间的矛盾日益凸显，这种空间紧缩性特征倒逼地方政府创新治理范式，并在生态屏障维护、商业功能培育与民生服务供给之间构建动态平衡机制。在此背景下，南川区创新性地提出"潮汐摊区"概念，旨在通过动态调整公共空间功能，实现城市管理与民生服务的双赢。该治理实践不仅体现了国家新型城镇化战略的在地化实施路径，更折射出转型期中国城市空间治理中普遍存在的制度性张力：如何在顶层设计的规范框架下，通过适应性治理机制破解空间资源配置的"多元悖论"，调试经济发展动能转换与民生需求升级等要素间的关系。

（二）城市公共空间治理困境的多维呈现

1. 空间正义视角下的管理悖论

流动摊贩治理困境本质上是城市空间资源分配正义性的结构性矛盾。[①]传统城市管理模式下，流动摊贩占道经营是长期存在的顽疾。流动摊贩的经营活动具有流动性、分散性和反复性等特点，其常常与执法人员打"游击战"，不仅给城市管理带来极大挑战，也严重影响市容环境和交通秩序。在南川区的实践中，高频次整治与快速回潮的循环困境，暴露了刚性管控模式与城市空间多元使用需求的深层抵牾。这种失衡不仅违背了空间生产理论强调的"使用价值优先"原则，也导致了治理成本呈现边际递减现象，即执法资源的持续投入与治理效能的非线性增长形成鲜明反差。

---

① 参见徐学林、刘莉《空间正义之维的新时代城市治理》，《重庆社会科学》2021 年第 2 期。

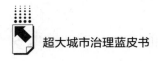

2. 治理主体的角色冲突与社会张力

基于社会冲突理论视角，城管与摊贩的矛盾实质是行政权力与生存权利的张力体现。[①] 当城市更新进程加速压缩非正规经济空间时，行政规训与底层生计的对抗性张力持续加剧。南川区非正规就业群体中，普遍存在的低保障性收入与空间依附性生存模式，使其成为城市秩序重构过程中的脆弱主体。居民对流动摊贩的矛盾态度则折射出现代化进程中公共利益的复杂性——既期待便利的生活服务，又排斥其衍生的负外部性。这种多向度冲突不仅暴露了传统科层制治理的局限性，更揭示了城市治理现代化亟需解决的价值排序难题。

3. 制度供给的结构性缺失与功能脱嵌

既有制度体系在应对非正规经济时呈现显著的滞后性与碎片化特征。南川区流动摊贩因缺乏合法经营场所选择占道经营，反映出城市功能规划与民生需求间的制度性脱节。流动摊贩群体大多为进城农民或低收入人群，缺乏稳定的就业机会和收入来源，摆摊经营是其主要谋生手段。然而，由于城市功能分区缺乏对临时占道经营的统一规划，流动摊贩群体难以找到合适的经营场所，只能在街头巷尾随机摆摊，面临着"卖菜难""谋生难"等现实困境。这表明，城市规划的刚性管控逻辑与民生诉求的弹性化特征之间存在结构性错位：一方面，法定经营场所的空间布局难以匹配动态化的市场需求；另一方面，市容管理规范缺乏对非正规经济时空特征的适应性设计。这种制度真空导致治理实践陷入"规制—规避"的恶性循环，既加剧了执法者与摊贩的对抗关系，也削弱了城市公共空间的包容性发展潜力。

二　南川区"潮汐摊区"的治理创新与实践突破

（一）弹性空间生产机制：时空分区的动态治理框架

基于时间地理学的理论视角，"潮汐摊区"通过时空分区的动态配置，

---

① 参见〔美〕L. 科塞《社会冲突的功能》，孙立平等译，华夏出版社，1989。

重构了城市空间的治理逻辑。其核心在于建立制度化的"时空阈值"——以"六定原则"（定管理单位、管理人员、保洁人员、经营时间、经营地点、经营范围）为基础框架，通过科学划定经营时段、区域边界与责任主体，实现公共空间功能的分层激活。在空间维度上，依据城市空间梯度结构（如核心区、过渡区与外围区）的差异化特征，将非正规经济活动引导至非主干道与居民生活圈，既缓解城市主干系统的承载压力，又精准嵌入社区日常需求网络；在时间维度上，南川区通过早市（6：00~9：00）、晚市（16：00~19：00）与夜市（18：00~21：30）的错时布局，形成"基础民生保障—消费能级提升"的时空谱系，使空间效能与城市生活节律深度耦合。[1] 这种时空动态治理框架的本质，是对列斐伏尔"空间生产理论"的实践延伸——通过制度设计将抽象的空间使用权转化为具象的治理规则，从而调和空间使用的排他性与包容性张力。

（二）利益相关者协同治理网络：多元主体的制度性耦合

依据协同治理理论中的"多元共治"理念，"潮汐摊区"治理通过角色赋权与责任嵌套，形成了政府、市场与社会力量的制度性耦合机制。[2] 南川区政府作为规则供给者，通过《"潮汐摊区"管理办法》确立底线标准，同时以"城管—街长—摊位长"三级责任链实现监管穿透；市场主体通过空间运营与业态创新，将非正规经济纳入城市服务网络；社会力量则借助自治公约与承诺书等柔性工具，将个体行为规约转化为集体行动共识。这种协同网络的特殊价值在于其"双向嵌入性"：既通过行政力量确保治理的合法性基础，又通过社会参与机制激活治理的适应性能力。例如，在摊区选址过程中，通过多方协商规避商铺竞争冲突，在责任划分时引入摊贩自我管理承诺，实质上是将奥斯特罗姆的自主治理理论植入中国城市治理语境，构建起"刚性规则—柔性执行"的中国特色共治模式。

---

① 文中所涉及的制度规定、数据构成以及相关实践举措等实证材料，多由南川区城市管理局提供，还有部分来自作者实证调研。下文同。

② 参见孙萍、闫亭豫《我国协同治理理论研究述评》，《理论月刊》2013 年第 3 期。

（三）柔性执法与服务升级：从"刚性管控"到"包容性治理"

治理范式的转型不仅需要制度创新，更依赖于执法理念的价值重构。"潮汐摊区"实践通过"服务型治理"理念的贯彻，实现了执法者与被治理对象的角色关系重塑。以"721工作法"（70%服务、20%管理、10%执法）为方法论指导，南川区将治理重心前移至服务供给环节。通过政策咨询、技能培训等前置性干预，提升摊贩的合规意识和经营能力；针对特殊群体设计差异化服务方案，如为老龄摊贩提供"上门入市"服务，针对应季农产品设置专项摊位并免费提供存储设施，体现治理的温度与精度；在执法过程中，以教育劝导替代行政处罚，通过行为矫正而非权力压制实现秩序维护。这种转变的本质是对福柯"治理术"理论的创造性应用——将规训权力转化为引导性技术，通过服务供给建构主体的自我管理意识。① 在此过程中，城管部门从"秩序守卫者"转型为"服务协调者"，摊贩则从治理客体升格为共治主体，二者关系的符号意义从对抗性博弈转向共生性协作，标志着城市治理从"技术控制"到"价值共创"的范式跃迁。

（四）非正式经济的正规化转型：渐进式制度变迁实践

非正规经济的治理转型本质上是制度环境与行动者策略的适应性调适过程。南川区的实践创新性地采用了渐进式制度变迁路径，通过"潮汐经营许可证"等政策工具，在保留非正规经济灵活性的同时，逐步将其纳入规范化治理框架。② 这种制度设计的精妙之处在于其"包容性合法化"特征：既通过准入标准的确立划定行为边界，又以弹性条款预留制度试错空间。例如，对民生类业态的优先保障策略，既回应了城市服务供给的结构性缺口，又通过权责关系的明晰降低了治理摩擦成本。在此过程中，政策工具的创新性使用（如动态许可机制、分层监管体系）实现了正式制度与非正式规则

---

① 参见汪民安主编《福柯读本》，北京大学出版社，2010，第283页。
② 参见马雪松、陈虎《建构制度主义的发生路径、内在逻辑及意义评析》，《社会科学战线》2025年第2期。

的创造性耦合，既避免了激进改革引发的制度震荡，又为底层群体的生计转型提供了缓冲空间。这种渐进式变迁路径不仅印证了制度变迁理论中"路径依赖"与"制度创新"的辩证关系，更揭示了转型期中国城市治理中特有的制度韧性生成机制。

（五）数字孪生技术的场景化应用：虚实映射的智慧治理

现代城市治理的数字化转型要求以技术手段重构公共空间的治理逻辑。南川区依托地理信息系统（Geographic Information System，GIS）构建"虚拟摊区"管理平台，形成物理空间与数字空间的实时映射，实现了治理效能的质性跃升。具体而言，为提升"潮汐摊区"的治理效率，南川区引入数字化导引地图和 24 小时无人值守等技术手段。数字化导引地图突破了传统信息传递的时空限制，通过可视化界面实现摊区资源的精准匹配；24 小时无人值守技术则重塑了监管的时空连续性，通过对摊区的实时监控，保障了摊区的安全和秩序，使非在场治理成为可能。更为关键的是，数据流的实时采集与分析推动了治理决策从经验判断向算法支持的范式转型——通过机器学习解析摊区使用规律，动态优化空间配置策略。这种技术嵌入不仅重构了治理主体与空间的互动关系，更在深层次上重塑了城市公共空间的权力运行机制，标志着治理现代化从工具理性向价值理性的演进。

三　南川区"潮汐摊区"的治理成效分析

城市公共空间治理的现代化转型需突破"秩序控制"与"活力激发"的二元对立，南川区"潮汐摊区"的实践表明，通过制度弹性化、主体协同化与技术赋能化的三维创新，可实现"秩序—活力—品质"的平衡。其核心价值在于构建了包容性治理框架，将非正规经济从城市治理的"问题域"转化为现代化转型的"动力源"。

（一）社会效益的协同性重构

首先，在治理主体层面，实现从对抗到协作的治理转型。通过规范摊区

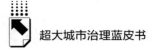

设置，南川区"潮汐摊区"实现了城管与摊贩关系的根本性转变。城管部门从单向执法者转型为服务协调者，摊贩群体从治理客体升格为共治主体，二者关系的符号意义从对抗性博弈转向共生性协作。调研数据显示，"潮汐摊区"设置后，"12319"热线和"12345"问政平台关于占道经营的投诉量下降80%以上，执法冲突事件显著减少。这一成效得益于"721工作法"的推行，例如城管队员从"执法者"转变为"服务者"，主动协助摊贩搬运货物，构建了互助合作关系。摊贩自治组织的成立进一步强化了共治机制，部分摊区甚至形成摊贩主动协助维护秩序的良性循环。

其次，在公共服务层面，实现城乡需求的双向满足。"潮汐摊区"通过时空弹性的空间配置策略，既消解了城市边缘群体的生存焦虑，又弥合了城乡公共服务供给的断裂带。摊区作为"城市—乡村"的界面空间，不仅承载着农产品流通的物质功能，更成为城乡文化互动的社会载体。摊区覆盖蔬菜、水果等民生刚需业态，同时引入便民服务，形成"15分钟生活圈"，直接惠及5万余名居民。此外，摊区为低收入群体提供免费或低价摊位，保障弱势群体基本生计，凸显治理的包容性。

最后，在城市形象维度，实现从混乱到有序的空间重构。"潮汐摊区"通过标准化管理与文化场景营造的双重策略，将"市井烟火气"转化为城市软实力，实现了空间秩序与人文温度的辩证统一。例如，试点摊区撤摊后"地面不留一片菜叶"，彻底改变以往脏乱差现象，塑造了"整洁烟火气"的城市新形象。此外，摊区与公园、社区联动打造的休闲场景，提升了公共空间品质，增强了居民对城市的认同感和归属感。

（二）经济活力的结构性激活

非正规经济的治理创新本质上是对城市经济生态系统的优化重组。南川区的经验揭示，通过制度包容性设计可激活"地摊经济"的潜在动能：其一，在就业结构层面，摊区的规范化运营为非正规就业者提供了制度化生存空间，形成"就业蓄水池"效应，缓解了城镇化进程中的结构性失业压力；其二，在消费网络层面，摊区作为城市商业体系的毛细血管，既补充了标准化市场的服务盲区，又通过与城市功能空间深度融合，培育了夜间经济、社区经济（与公园结合打造"休闲购物场景"）等新业态；其三，在城乡互动层面，摊区构建起"农产品上行"与"消费需求下沉"的双向通道，构建"城市消费—乡村供给"的微循环链条，形成城乡要素流动的微型枢纽，部分摊区甚至成为乡村旅游的延伸节点，这种经济活力的释放表明，经济行为的良性发展需根植于特定的制度与社会网络。

（三）治理能力的系统性跃迁

城市治理现代化的深层逻辑在于治理理性的范式转型。南川区"潮汐摊区"的实践在三个维度实现了治理能力的质变。第一，在制度供给层面，"三位一体"自治体系（城管+街长+摊位长）和"潮汐经营许可证"等政策工具的创新，标志着城市治理从"禁止逻辑"向"包容逻辑"的转型，通过渐进式制度变迁实现了非正规经济的适应性合法化，为其他城市非正规经济提供了可复制的制度框架。例如，该模式入选重庆市主题教育典型案例，并在全国城市管理系统推广，吸引了山东省临沂市等地的考察学习。第二，在技术治理层面，数字孪生技术的场景化应用重构了治理的时空维度，使"非在场监管""数据驱动决策"等新型治理模式成为可能。GIS 支撑的智能管理平台，在空间周转效率与问题响应机制方面形成治理流程的闭环管理。第三，在价值导向层面，"721 工作法"的推行超越了工具理性的局限，将民生关怀嵌入治理流程，实现了技术效率与人文价值的有机统一。这种治理能力的系统性提升，为超大城市复杂治理提供了"韧性治理"的中国方案。

四　优化城市公共空间治理的启示思考

（一）健全政策体系，强化制度保障

1.明确法律地位与边界

空间治理现代化需以法治化厘清权责边界，避免政策工具沦为"制度

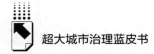
空转"。基于制度变迁理论，亟需通过地方立法明确"潮汐摊区"的法律属性与权责边界。建议借鉴上海市"一江一河"滨水空间治理经验，制定《"潮汐摊区"管理条例》，界定管理主体、准入退出机制及经营规范，为治理实践提供明确的法律依据，形成"刚性制度+弹性规则"的复合框架。例如，可参照江苏省宿迁市"拆墙透绿"政策中公共空间权属划分模式，将摊区纳入城市公共服务设施规划体系，赋予其法定地位。

2. 完善差异化管理规范

差异化治理需兼顾空间功能属性与群体权益，实现效率与公平的辩证统一。空间正义理论强调，城市空间资源配置需回应不同群体的差异化需求。[①] 南川区实践显示，生态敏感区摊区需遵循"负外部性最小化"原则，而商业区则可引入市场化竞争机制。具体而言，建议构建三级分类标准：一是在保护区（生态敏感区）实行"负面清单+特许经营"机制，引入"生态承载力评估"工具限制商业开发强度；二是在提升区（老城商业带）采用"业态引导+弹性收费"机制，针对不同摊贩类型（如生计型与创业型），建立分类许可制度，体现治理的包容性与精准性；三是在发展区（新兴居住区）实施"需求匹配+动态调整"机制，可参考上海"15分钟社区生活圈"理念，放宽夜间经济业态限制。

3. 建立长效激励机制

长效激励机制的设计应突破"政府单边供给"模式，构建公私利益相容的可持续动力机制。制度变迁理论表明，制度创新需降低交易成本并形成正向激励。由此，建议设立"公共空间治理基金"，构建"财政补贴+税收优惠+社会评价"的激励体系：对在"潮汐摊区"成规模经营中表现优秀的市场主体，实施阶梯式税收减免；对积极参与摊区管理和服务的社会组织，提供资金支持和政策扶持，以此鼓励社会资本参与公共空间治理，激发各方创新活力。该模式借鉴新加坡"邻里企业计划"经验，通过税收杠杆（摊

---

① 参见陈洪连、李慧玲《我国城市空间治理的现实困境与逻辑进路——基于都市马克思主义学派空间正义理论的分析》，《东岳论丛》2022年第3期。

位费抵扣所得税）和声誉激励（星级摊主信用积分）激活多元主体投入。未来需构建"成本—收益"核算模型，量化治理投入与经济社会效益的转化效率，为政策优化提供数据支撑。

（二）优化协同机制，构建多元共治格局

1. 强化政府统筹协调

破解"碎片化治理"困境需重构跨部门协同的权责配置与信息共享机制。整体性治理理论强调，政府部门需通过"目标—手段"链整合提升治理效能。[①] 南川区可建立"潮汐摊区联席会议制度"，整合城市管理、市场监督管理、环保等多个部门职能；编制《"潮汐摊区"跨部门协同工作手册》，明确各部门职责界面，如环保部门负责摊区碳排放监测、文旅部门负责策划特色市集。此外，可实施定期轮值主席制破除部门壁垒，同步开发"政务区块链"平台实现数据实时共享。这种系统性改革将治理主体从"物理聚合"推向"化学融合"，为整体性治理提供实践样本。

2. 引导社会力量参与

社会参与的实质性突破需要构建"决策—执行—监督"全流程赋权体系，从"象征性参与"到"实质性赋权"实现治理效能的提升。建议成立"摊区共治委员会"，确保社会组织占比不低于40%，赋予其对经营规范修订的提案权。建立"市民规划师"制度，鼓励社区居民、志愿者深度参与摊区选址听证、业态规划等核心环节。[②] 通过组织"城管体验日""市民监督团"等活动，增强公众参与感和责任感。此外，社会组织可以在摊区开展公益活动，如为摊贩提供技能培训、为居民提供便民服务等，促进摊区和谐发展。在此基础上，政府可设计参与效能评估指标体系，从决策采纳率、执行配合度、监督有效性三个维度量化社会力量贡献度，推动参与机制从象征性向实质性转变。

---

① 参见曾维和《"整体政府"——西方政府改革的新趋向》，《学术界》2008年第3期。
② 参见雷诚、罗震东《大都市社区公共服务设施供给研究——基于"三三制"的体系构建》，《城市规划》2019年第8期。

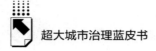

3. 推动摊贩自治管理

摊贩自治需从"被动响应"转向"主动治理"，构建"政府—社会"双向赋权机制。自主治理理论表明，使用者自主制定的规则更具执行效力。[1] 一方面，政府可授权摊贩协商制定自治公约，涵盖卫生管理、纠纷调解等细则。另一方面，实施"自治能力提升计划"，包括年度培训（法律法规、商业技能）、自治基金（提取 5% 摊位费用于自治活动）、绩效奖励（评选"自治示范摊区"给予政策倾斜）三大支柱，培育摊贩组织的规则制定与矛盾调处能力。此外，为防范"精英捕获"风险，可通过成员轮值制与财务透明机制确保自治的公共性。

（三）创新技术应用，提升治理效能

1. 优化智慧管理平台

数字化转型需突破技术工具主义局限，重构"技术—制度—人"的协同关系。网络社会理论指出，信息技术正在重塑城市治理的权力结构。[2] 因此，南川区可整合大数据、物联网、人工智能等技术，构建城市公共空间智慧管理系统，通过该系统实现摊位预约、流量监测、问题预警等功能。细而言之，摊贩可以通过手机 App 预约摊位，市民可以查询摊区商品信息和摊位位置；系统根据流量监测数据，及时调整摊区管理策略，提高管理效率。该设计直观体现了"智慧城市"的建设理念，但政府需同步建立数据伦理审查机制，防范算法歧视与隐私泄露风险，在效率提升与技术理性之间保持平衡。

2. 推广非接触式监管

技术应用需避免"治理异化"，在效率提升中保留城市烟火气的温度。非接触式智慧监管体系依托物联网与人工智能技术，构建"监测—分析—响应"的闭环治理机制。该体系通过部署全域感知网络（含高清视频监控、

---

① 参见崔宝玉、殷权《数字技术提高了乡村治理水平吗？——基于"自主治理"理论视角》，《现代财经（天津财经大学学报）》2023 年第 12 期。

② 参见王平原《卡斯特网络社会理论的理性主义传统》，《东岳论丛》2020 年第 10 期。

IoT 传感器阵列），运用计算机视觉算法实现经营行为合规性自动研判，包括经营区域越界识别、占道经营检测等核心监管指标。针对商品质量监管痛点，引入区块链分布式账本技术构建不可篡改的溯源数据库，消费者通过移动终端扫码即可获取完整供应链数据与质量认证信息。在流动商贩集聚区，系统依托 5G 网络实现实时视频流传输与边缘计算，当智能预警机制即时触发后，管理人员可通过数字孪生平台进行远程处置，有效规避传统执法中的冲突风险。这种技术治理范式不仅能实现管理效能与服务质量的协同提升，更通过最小干预原则彰显社会治理的人本价值取向。需要注意的是，在系统部署过程中应建立技术准入标准与操作伦理框架，特别是在数据采集、存储、分析等环节应实施联邦学习与差分隐私保护，确保监管科技应用符合《中华人民共和国个人信息保护法》《中华人民共和国数据安全法》等法律法规的要求。

（四）坚持公益属性，平衡商业与公共利益

公共空间治理需坚守"使用价值优先"原则，防范资本对公共性的侵蚀。根据空间生产理论，城市公共空间具有服务民生需求的基础设施属性。南川区应通过立法明确早市、夜市等摊区空间的公共服务定位，确保"潮汐摊区"70%以上的摊位用于民生服务类业态，如蔬菜、水果、早餐等摊位。对弱势群体，如残疾人、低保户等，提供免费或低价摊位，保障其基本生活需求。同时，强制设置便民座椅、无障碍通道、应急医疗点等基础设施，确保基本公共服务供给。为防范摊区过度商业化倾向，建议采用"红黄牌"动态管理制度。当商业摊位占比超过规划阈值时，系统自动触发业态调整程序，通过定向招商引入修补缝纫、公益宣传等民生服务项目。为防止管理权力异化，需对摊位分配、设施维护等关键环节实施全流程监督。此外，公共空间治理需运用经济杠杆实现商业活力与公共利益的价值均衡。强化利益协调和分配的政府主导，构建信用奖惩等激励制度，依托城市信用信息平台建立摊贩诚信档案，对遵守市容管理规范且服务质量优良的经营者给予市场性、社会性和精神性等方面的激励。

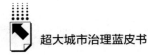

综上所述，南川区"潮汐摊区"的治理创新，为破解城市公共空间治理难题提供了自主性探索方案。该模式通过时空弹性配置、数字技术赋能和多元主体协同，实现了治理效能与民生福祉的双重提升，有效解决了流动摊贩占道经营难题，提升了城市管理水平。未来，南川区应进一步深化市场化改革，拓展数字治理应用场景，利用区块链技术加强对摊区商品质量的追溯管理，利用虚拟现实技术为市民提供沉浸式购物体验，努力将"南川经验"转化为可复制、可推广的品牌，为全国城市治理现代化提供经验，共同推动城市高质量发展。

B.16
城市单位社区治理变革的多力驱动

——以九龙坡区民主村为例

邹东升　钟世恒　邓思琳*

摘　要： 近年来，中国将基层治理作为推进国家治理体系和治理能力现代化的基础性工作来部署推动，取得阶段性成效。城市单位社区作为基层治理在社区层面的具体实践，其重要性不言而喻。但随着社会发展，单位社区原有的社区治理优势逐渐消失，留下了一些与时代发展脱节的基层治理难题。重庆近年来积极探索超大城市现代化治理新路子，科层制改革的工作理念为单位社区治理变革提供了"船与桥"。本报告聚焦习近平总书记视察重庆时考察的唯一单位社区——民主村社区，通过实地调研等研究方法，阐述案例事实，归纳现有成效，并从基本原则、目标体系、工作体系、反馈机制、基础底座和评价模式六方面出发，凝练总结超大城市单位社区治理变革路径——"6个1"基层治理改革路径，以期为全域提供理论借鉴和实践参考。

关键词： 基层治理　超大城市　治理能力现代化　单位社区

党的十八大以来，党中央高度重视基层治理。习近平总书记强调"基

---

* 邹东升，西南政法大学教授、博士生导师，重庆市科学技术带头人，重庆城市治理与发展研究院副院长，主要研究方向为超大城市新兴风险治理、城市数字智治等；钟世恒，西南政法大学公共管理专业硕士研究生，中共重庆市渝北区委办督查室副主任、三级主任科员，主要研究方向为超大城市治理体制机制现代化；邓思琳，西南政法大学公共管理专业硕士研究生，主要研究方向为超大城市社区治理。

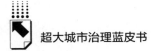
层强则国家强，基层安则天下安，必须抓好基层治理现代化这项基础性工作"①，这是基层治理的工作遵循，也为基层治理的质效提升提出要求。城市社区作为基层治理的基本单元，承担着将国家政策精准输送至居民、满足社会多元需求、维护社会稳定的重任。

但随着"企业办社会"的基层管理模式退出历史舞台，单位社区②"集中力量办大事"的优势逐渐消失。治理主体缺位、③ "包办"模式惯性依赖、④ 福利品质落差、建设资金缺乏、社区认同感降级⑤和治理能力薄弱等客观问题导致单位社区现代化改革艰难，也与超大城市社区建设愿景形成反差。有效提升单位社区治理能力，成为超大城市基层治理不可回避的问题。

重庆市作为超大城市之一，近年来积极探索超大城市现代化治理新路子，坚持改革与技术双轮驱动，推动全市1031个镇街打破"七站八所"和人员身份界限，全覆盖构建党建统领"141"基层智治体系，⑥ 实现上下联动、协同共治和智能治理转变，形成了"带不走"的实战能力。民主村社区作为典型的超大城市老旧单位社区，兼具历史遗留问题与现代化治理需求，其政治导向、特征价值和示范作用不言而喻。基于案例社区的现状研究和成效归纳，有望形成以点带面、全国复用的基层治理经验，从而促进理论与实践的深度融合发展，为推动基层治理现代化贡献力量。

---

① 中共中央党史和文献研究院编《习近平关于城市工作论述摘编》，中央文献出版社，2023，第161页。

② 单位社区是指由本单位职工及其家属构成的一种社区类型，具有独立管辖界限和封闭式管理的特点。

③ 参见张敏杰《单位社区的嬗变与公民社会发育》，《河北学刊》2009年第1期。

④ 参见李珮瑶、田毅鹏《单位社区的结构分化及其"治理共同体"转换》，《学术研究》2023年第12期。

⑤ 参见田毅鹏、吕方《单位社会的终结及其社会风险》，《吉林大学社会科学学报》2009年第6期。

⑥ 即"一中心四板块一网格"。第一个"1"指的是每个镇街均建立1个基层治理指挥中心，作为镇街运行的"中枢"；"4"指的是聚焦镇街主要职能，构建党的建设、经济发展、民生服务、平安法治4个板块；第二个"1"指的是村（社区）网格。参见《我市加快构建"一中心四板块一网格"基层智治体系"党建扎桩·治理结网"提升基层治理效能》，重庆市人民政府网，https://www.cq.gov.cn/ywdt/jrcq/202312/t20231212_12690962.html，最后访问日期：2025年4月23日。

一 民主村概况：国企型单位社区的蝶变样本①

（一）民主村的昨天：大厂社区的兴衰

民主村的建村史可谓中国近现代史的缩影。民主村所依托的国营大厂的前身是由两广总督张之洞在广东石门建立的石门枪炮厂，创建于1889年，1904年改名为汉阳兵工厂。后因1942年日军轰炸，整体搬迁至重庆市谢家湾鹅公岩。作为苏联援建的156个重点项目之一，也作为重庆市重点军工企业，1957年汉阳兵工厂正式更名为国营建设机床制造厂（以下简称"建设厂"），主要生产枪械和配件。

到了20世纪60年代，建设厂不断壮大和发展，厂区职工人数已达2万多人。由于"企业办社区"的强大优势，当时的厂区配备了电影院、学校、医院、商场、礼堂等公共服务设施，社区人口流动较少、邻里关系紧密和谐，加之企业文化巩固了社区文化，促使居民形成高度认同感和归属感。蓬勃发展时期，毛泽东、邓小平均曾到建设厂视察。

1995年建设厂更名为建设工业（集团）有限责任公司后，便迁至巴南区花溪工业园，现已成为中国军品的重要应用研究制造基地，亦是中国兵器装备集团有限公司直属骨干企业之一。2009年8月，公司整体搬迁完成，民主村社区居民人口从巅峰时期的2万多人骤减至4000多人。逐渐地，民主村缺乏了集中力量办大事的社区管理手段、大量的人力物力支持和迭代升级的现实需求，国营大厂日渐衰败，社区环境逐渐变得破败和无序，结构性安全隐患和治理短板逐渐凸显。改造前的社区与往日国营大厂单位社区的灿烂光景形成鲜明对比。

（二）民主村的今天：现代社区的诞生

九龙坡区积极探索超大城市现代化基层治理路径，于2021年10月启动

---

① 本部分相关数据由课题组于2024年10月5日实地调研民主村社区时现场采集。

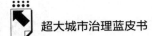

"谢家湾街道民主村片区城市更新项目"。截至 2024 年 4 月，民主村片区占地面积约 0.43 平方公里，常住人口 8054 人。① 该社区有以下四个方面的特点。

1. 区位优势明显

社区地处重庆市九龙坡区九龙新商圈核心位置，介于重庆华润万象城（以下简称"万象城"）和龙湖重庆西城天街（以下简称"西城天街"）之间，是典型的城中社区。地势"中低外高"，地形稍有起伏，易形成组团式聚落。

2. 交通运输便利

民主村社区周边交通运输布局呈现多元化、立体化特点，道路交通辐射面广。轨道交通环线、2 号线谢家湾站，公交 898 路、1101 路临近社区，完整覆盖医院、购物中心、农贸市场等生活活动点，途经杨家坪、解放碑等商圈景点，串联九龙坡区、渝中区、南岸区等多个行政区划，基本满足居民通勤、购物、就医等出行需求。同时，社区距离重庆市多个铁路枢纽较近，②极易受到交通区位优势辐射。

3. 老龄化特征突出

社区老龄化特征显著③。民主村社区 0~30 岁人口占比较低，不到总人口的 1/5；31~60 岁人口占比不高，仅占总人口的 35%；60 岁以上老年人口数量比较大，即将达到总人口的一半（见图 1）。

4. 商业发展强劲

凭借区位优势和城市更新项目的推进迭代，社区易吸纳外来人流、物流和资金流。一期项目于 2023 年 4 月启动，吸引入驻商户超过 300 家，带动

---

① 参见《习近平重庆行丨城市更新助力美好生活——走进九龙坡区谢家湾街道民主村社区》，重庆市人民政府网，http://www.cq.gov.cn/ywdt/jrcq/202404/t20240423_13151180.html，最后访问日期：2025 年 4 月 15 日。

② 具体而言，距离重庆南站最短车程 2.6km，距离重庆西站最短车程 11km，距离重庆北站最短车程 17 公里。

③ 此观点基于 1982 年维也纳老龄问题世界大会确定的标准，即 60 岁及以上老年人口占总人口比例超过 10%，意味着这个国家或地区进入老龄化。民主村社区 60 岁以上老年群体约占常住人口总数一半，故判断为老龄化社区。

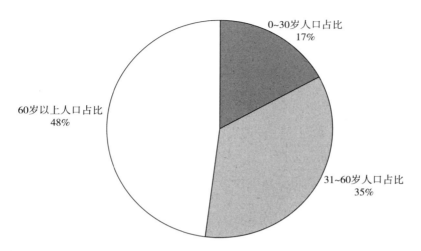

图1 民主村社区居民年龄构成统计

就业500余人。① 同年二期项目启动后，新增7500平方米的社区商业体，新增72家店面，其中66家商户已随二期开街同步开放。② 社区现有商业业态多元，商业人流汇聚，形成较强商业发展势头。

二 革新、协同、耦合：单位社区迭代升级的价值审视

研究以"革新—协同—耦合"为分析框架，将案例的实践价值主要归纳为"党建统领与城市更新的价值互嵌"、"多元主体的有机协同"及"治理要素的系统耦合"三重路径。理念革新聚焦党建引领，从"单向赋权"向"价值共生"跃升，以此强化城市更新与社会需求纽带，激活改革超越动力；多元协同破解政府、市场、社会、居民等主体"碎片化参与"困局，

① 参见《重庆民主村二期改造冲刺 预计2025年元旦前对外开放》，重庆市人民政府网，http://wap.cq.gov.cn/zwgk/zfxxgkzl/fdzdgknr/zdxm/dtxx/202411/t20241101_13763554.html，最后访问日期：2025年4月15日。
② 参见《民主村城市更新项目二期开街 新增7500平方米社区商业体》，重庆市人民政府网，http://www.cq.gov.cn/zwgk/zfxxgkzl/fdzdgknr/zdxm/dtxx/202501/t20250106_14051140.html，最后访问日期：2025年4月15日。

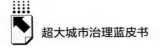

构建"共建、共治、共享"的治理生态；耦合机制对现有治理体系进行制度优化、业务整合、数字赋能等要素的深度融合，实现治理效能全面提升。

（一）理念革新：党建统领与城市更新的价值互嵌

得益于上级党委突破科层制壁垒的良好示范，民主村社区城市更新建设理念更加偏向"民本位"建设理念。同时，由于"牵头抓总、抓纲带目"的党建统领作用的充分发挥，民主村社区的城市更新具备了前瞻性、全域性和阶段性特征，突破城市更新进程中碎片化治理模式与各自为政管理思维的协同发展瓶颈。

1. 需求来源于民

居民实际问题不解决，是交不了时代答卷的。为确保城市更新符合居民现实需求，九龙坡区各级各部门开展了大范围、深层次、多元化的民意调查，并梳理形成若干城市更新基层建议。统计结果显示[①]，居民对城市更新建设的意愿主要有九个（见图2），其中七个是关于升级社区硬件设施的硬性需求。"平整道路"作为最大的硬件设施建设需求，占需求总数的21%；紧随其后的"解决房屋漏水""完善消防设施""更新老旧电线电力设施"三大需求，共占需求总数的40%。

值得关注的是，在九大需求中，只有"自治开展物业管理"和"规范停车管理"的管理类建议性质明显，但是仅这两项便占总量的24%，可见，居民对社区优质治理有较大渴望。

2. 建设受益于民

基于前期调查，民主村片区城市更新项目以打造"商圈新纽带、创业新天地、居民新家园"为目标，采取"留、改、拆、增"的大片区统筹模式实施更新。

一是"留"住本底。城市更新的关键原则是保留原汁原味的社区记忆。对于社区建筑布局，城市更新建设保留了聚落组团式分布方式，仅重新规划

---

① 数据由课题组于2024年10月5日实地调研民主村社区会客厅时现场采集。

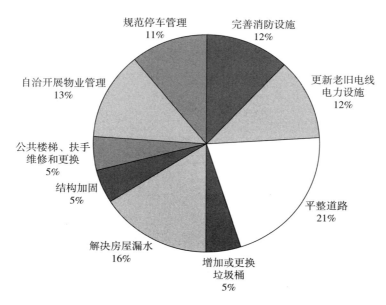

图2 民主村居民对城市更新建设的意愿总结统计

道路网络，拓宽部分狭窄道路，重新铺设路面，提高道路的通行能力。对于建筑改造，保留了原有建筑"红砖外墙"的工业风格，并以此为蓝本，着手打造具有历史元素的社会景观。

二是"改"善品质。城市更新项目的基础工作是改善居民生活环境。民主村社区着重从改善环境和响应需求两方面发力，改善居民生活品质。一方面是改善环境。重修公共绿地，修建景观步道，纵横串联各公共空间板块，同时建设多元公共设施场地，充分满足居民休闲娱乐需求。另一方面是响应需求。针对停车难问题，通过改造闲置空地、片区规划停车位，租用周边富余停车资源等方式，有效缓解人均占有车位数较低问题。针对管网老旧问题，全面更换供水、排水、排污等管网，保障居民用水安全需求。针对消防安全问题，全面排查与更新老旧建筑消防设施，增设消防栓、灭火器，拓宽消防通道，消除安全隐患。

三是"拆"出空间。推动社区发展的重要策略之一是闲置空间的高效利用。通过全面排查，确定了4.3万平方米的危房范围，后通过"三步走"

应对危房难题。第一步是"除险清患",彻底消除老旧住宅及其周边配套环境的建筑结构安全隐患,同时对社区基础设施进行清点、整治和更新,从根源上解决潜在安全隐患。第二步是"腾笼换鸟",打破原有社区建筑规划,合理规划危房拆除后的公共区域土地,新建社区公共停车场、活动中心等多元化社区功能场景,赋予社区社会活力和经济动力。第三步是"引新做强",利用区位优势吸引众多潮牌入驻社区,刺激社区内部商贸发展。建设快闪广场、建设渠广场、半坡聚落三大商业区,连通万象城和西城天街,构建"15分钟高品质商业服务圈",打造居民娱乐消费的新地标。

四是"增"强功能。城市更新应最大限度满足居民需求,"增"强功能是提升社区品质的关键一招。根据调查结果,城市更新逐一回应了七大硬件设施迭代升级的需求。在城市管理方面,严肃整治私搭乱建和散摊游贩,规范公共环境秩序。在公共服务提升上,建设集阅览、活动、教辅功能为一体的社区活动中心,营造全龄友好生活氛围,不断丰富居民精神文化生活。

上述举措不但增进了邻里交流,也增强了社区凝聚力,真正实现了从老旧单位区向功能完备、宜居宜业的现代化社区转变。

3. 效益回馈于民

民主村社区的城市更新建设秉持"共建、共治、共享"理念。在建设结束后的治理阶段,社区更倾向于将现有就业环境反馈于民。现有半坡聚落等商业体就业岗位更多面向社区居民,让社区居民基本实现"家门口就业"。同时赋予城市管理温度,建立5个"惠民巧匠坊",通过"免摊位费、免水电费"政策,固化游走摊贩,实现城市管理理念从"制"到"治"的转变。官方调查显示,居民意见整改率达80%,群众满意度高达96.8%。[①]

(二)多元协同:参与主体的有机协同

民主村社区的基层治理现代化克服了单位社区单一主体垄断公共资源配

---

① 参见《九龙坡 民主村二期焕新启航 绘就"完整社区"幸福蓝图》,重庆市人民政府网,http://www.cq.gov.cn/zwgk/zfxxgkzl/fdzdgknr/zdxm/dtxx/202412/t20241230_14032734.html,最后访问日期:2025年4月15日。

置、多方权责边界模糊以及协同治理机制缺失的弊端，逐步实现政府、社会、居民多元主体的协同共治。

1. 构建党建统领的牵引体系

建立"上级党组织牵头、本级党组织落实、基层党员发力"的质量管理工作循环（Plan-Do-Check-Act，PDCA）[①] 闭环管理机制，以"红色管家"党群服务中心为载体，拆分微网格 54 个，按照"1+3+N"模式配备 200 多名党员组成的"微网格员"队伍[②]，发挥集中力量办大事的党建优势，促进各项行政指令高效直达且落实落地。2022 年 1 月项目启动治违拆违后，仅用 40 天就拆除违章建筑 1.6 万平方米，仅用 1 个月便协议搬迁 579 户民主村完整社区建设项目于 2024 年 1 月成为住房城乡建设部办公厅首批公布的城市更新典型案例之一。

2. 组建社会参与的互动体系

城市更新方面，依托"'三师'进社区"政策[③]，将专家引流至居民身边，实时收集居民对社区建设的需求建议，实现"技术+需求"的紧密结合。资金建设方面，积极吸引社会资本参与社区建设，一期建设项目总投资约 38.4 亿元，吸引并获得银团融资授信 30 亿元，社会投资占比约为 78%。

3. 搭建居民自治的参与体系

针对日益变化的社区生产生活需求，民主村社区以"红色管家"党群服务中心为核心，构建起"五议聚民意"基层居民议事决策机制体系。同

---

① 该理论由美国沃尔特·A. 休哈特（Walter A. Shewhart）于 1930 年提出，后由戴明·W. 爱德华（Deming W. Edwards）应用于改进质量管理体系中的问题。PDCA 分为计划、执行、检查和处理四个阶段，在循环中，凝练前一循环成功经验，遗留待解决问题至下一循环，从而推动事物发展，提升管理水平。这基本与党委的闭环管理工作模式相契合。

② 经测算，民主村社区每个网格平均有 22 名"微网格员"工作，1 名网格员联系 40 名社区居民，完全满足"每万名城镇常住人口需配备 18 名社区工作者"的政策要求，具备较强的人才队伍基础。

③ 重庆市住房和城乡建设委员会、重庆市规划和自然资源局于 2024 年 5 月联合印发《2024 年重庆市"三师"进社区工作要点》，明确提出"充分发挥规划师、建筑师、工程师（简称'三师'）的专业优势，助力重庆市社区建设高质量发展，提升基层治理能力，打造宜居宜业宜游的社区环境"的工作要求。

时，辅以"九龙城运通""全过程人民民主实践站"等特色场景，打通居民参与社区事务和问题反馈渠道，提升居民参与社区事务积极性。

（三）要素耦合：特色场景的条块驱动

为解决横向府际信息壁垒和职能职责条块分割等问题，民主村社区运用协同治理、耦合集成和数字赋能等方式，重构传统社区公共管理业务板块，逐步整合形成具备耦合性改革标识的社区功能场景。

1. 全龄友好：构建全龄共享生活圈

一是建立基础需求服务体系。在需求响应方面，民主村社区深入剖析人口结构现状，针对不同年龄段居民的差异化需求实施了一系列举措。考虑到幼儿特性，社区配备兼具安全性与趣味性的游乐设施，促进幼儿健康成长与智力开发。针对中青年对丰富夜间生活的需求，打造半坡聚落等夜间生活栖息地，融合多元业态，为其提供社交空间。对于老年群体，社区建设一体化医养结合养老服务站，满足老年人医疗护理需求。

二是健全全龄需求侧服务供给。民主村社区突破传统行政管理界限，于三个社区空间单元的核心区位构建"社区公共服务核"。该服务核整合党群服务中心、社区会客厅、健康服务中心、社区食堂以及公园等多元功能设施，成功塑造"15 分钟便民生活圈"。例如，社区食堂以惠民为理念，制定梯度收费策略。推出 18 元/位自助用餐并实行登记制，针对三社区户籍居民，60 岁以上老人每周一、三、五均可凭身份信息优惠 3 元，分散供养特困老人优惠 8 元，经济困难且 80 岁以上失能、失独老人，晚餐可免费享用 10 元特别套餐。社区卫生服务站则以资源高效利用为导向，在为老年人提供全方位健康服务的基础上，兼顾其他年龄段居民的医疗需求，实现医疗资源的精准配置与广泛覆盖。①

三是完善多渠道民智汇聚体系。社区整合资源、创新治理模式，全力构建全方位权益保障体系。"红色管家"党建品牌联动多方力量搭建新治理模

---

① 数据由课题组于 2024 年 10 月 5 日实地调研民主村社区食堂时现场采集。

式，开展 150 余次"吹哨"联席会，解决 300 余件居民难题，服务群众 3 万余次。"全过程人民民主实践站"通过"一号信箱""码上找代表"等多种方式参与社区治理。

2. 绿色海绵：打造生态宜居新家园

一是优化打造生态环境。民主村社区高度重视生态保护与修复工作，积极采取一系列科学有效的措施。一方面，开展社会环境综合整治，通过清理河道淤泥、修复水生生态系统等手段，治理"臭水沟"建设渠，促进社区环境品质提升。另一方面，增添设计元素，精心打造"一树一景"特色景观，依据社区组团式分布特点以及坡坎地形条件，巧妙规划树木种植与景观布局，营造出独具魅力的社区景致，实现生态与美学的有机融合。

二是积极构建海绵城市。城市更新深度融合践行海绵城市建设理念。一期建设通过大片区统筹模式，全面整治社区老旧住房、破损配套、私搭乱建等问题，改造建筑 11 万平方米，拆除危房 4.3 万平方米，提升配套环境 9 万平方米，① 实现社区面貌焕然一新。二期建设持续发力，为 242 亩社区旧址更新换颜，改造建筑 21.5 万平方米、公共空间 2.3 万平方米，为社区更换城市形象新衣。②

三是复合建设韧性社区。民主村社区为构建韧性社区，高度集成城市管理、医疗、消防等板块工作，全力推动其深度融入社区日常治理流程。推进"城管进社区"，提升社区环境秩序管理水平；建设"健康服务中心"，完善医疗保障体系；通过"消防进社区"，增强社区消防安全保障能力。这些措施，丰富了韧性社区建设内涵，多维度提升社区治理韧性，有助于应对各类社区层面隐性风险。

---

① 参见《习近平重庆行 | 城市更新助力美好生活——走进九龙坡区谢家湾街道民主村社区》，重庆市人民政府网，http：//www.cq.gov.cn/ywdt/jrcq/202404/t20240423_ 13151180.html，最后访问日期：2025 年 4 月 15 日。

② 《民主村城市更新项目二期开街 新增 7500 平方米社区商业体》，重庆市人民政府网，http：//www.cq.gov.cn/zwgk/zfxxgkzl/fdzdgknr/zdxm/dttxx/202501/t20250106 _ 14051140.html，最后访问日期：2025 年 4 月 15 日。

3. 未来智慧: 开启智慧治理新时代

一是数字赋能党建统领。社区以"红色管家"党群服务中心为核心，持续迭代"141"基层智治体系，构建"沉底到边"组织架构。"红色管家"党群服务中心总共配置2个"一窗通办"岗位，集成社保等70余个政务服务项目，每日接件约20件，所涉高频事项达24项，真正实现"数据多跑路、居民少跑腿"。

二是数字赋能社区治理。打造"云上民主村"平台，铺筑监控摄像、化粪池安全监控智能处置终端等物联网感知设备数字底座，实现"一屏通览""一键智控""一网通办"，全力推进数字赋能社区治理。

三是数字赋能公共服务。纵深推进数字生活品质建设。在医疗方面，健康服务中心通过"云医院"问诊系统和医检互认系统，让居民在家门口享受权威专家"面对面"问诊。在饮食方面，社区食堂采用"公益+惠民"运营模式，依托"渝悦养老"平台，实现数字助餐服务。在生活方面，安装智能门禁、智能垃圾桶等监测设备，提高日常生活品质。

4. 市井烟火: 留住城市记忆与乡愁

一是传承历史文脉。通过建设翻新，适当保留具有重庆市地域特色和国营大厂单位社区的"砖房绿树""红砖外墙"景观，延续城市记忆，增强居民归属感。利用社区会客厅、志愿者服务站、半坡聚落等场景，设置历史展示墙、添加节庆标识、擦亮老店招牌，留存居民记忆，营造文化氛围。

二是培育特色商业。致力于打造"三大商业"核心区，引入老字号品牌，招揽网红打卡店，以多元商业形态汇聚人流，激发商业活力。打造5个"惠民巧匠坊"，出台扶持政策鼓励居民创业，留住老街坊的市井情怀。以集装箱打造的半坡餐饮集聚区，汇聚各类美食，吸引居民和游客，激发社区商业活力，增添市井烟火气息。

三是强化与联动邻里关系。社区常态化举办全龄段参与的社区活动，如重庆市社区规划艺术节、民主村"村晚"、知识讲座与义诊活动等，涵盖文化、教育、体育、技能培训等多个领域，进一步加强纽带联系。2024年举办"村晚"、"寻光集市"、"春事活动"、"欢跃四季·舞动巴渝"广场舞展演等特色活动，搭建起跨年龄段居民互动沟通平台，增强居民情感联结与社区认同感，提升了社区整体凝聚力，营造出和谐融洽的社区氛围。

三　路径探索：超大城市社区治理质效提升密钥

在数字时代和超大城市治理现代化宏大背景下，城市社区的基层治理观念逐渐从"管理"演变为"治理"，内在机理主要是紧扣治理主体、社会事务、基础能力三大方面，通过协同治理、数字化赋能等多样手段，改革单一主体社区治理理念，打破传统社区管理领域壁垒，迭代基层治理能力，实现多元共治、多跨协同、多能推动的新时代社区建设模式。基于案例研究和经验归纳，总结出"6个1"基层治理改革路径。

（一）基本原则：党建统领社区治理改革

坚持党建统领根本属性，是促进社区治理改革的核心关键。党建统领的向心力有利于实现政府、基层、社会、企业等主体深度嵌入与高度契合，促使实现整体智治。①

1.跨层级强力推动

超脱本身且凌驾自身的权力供给，有助于形成"横到边、纵到底"的建设体系。上级党委要充分发挥牵头抓总作用，凭借战略眼光、管理能力和领导艺术，精准抛出契合社区实际的治理思路。通过民主集中，打破横向府际间利益藩篱和沟通壁垒，理顺权力交叉和责任交织，从政策、资金、资源等方面提供全方位、强有力的支持，为社区治理工作提供充足底气。

2.本层级务实推进

基层党组织充分发挥战斗堡垒作用，是社区治理质效高低的关键。要从

---

① 参见宋洋《老旧社区治理的创新之道及其内在逻辑——以北京市 HC 社区治理经验为例》，《学习与探索》2021 年第 11 期；邹东升《党建引领基层社会治理：探索、短板与完善》，《国家治理》2019 年第 38 期。

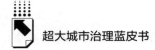
讲政治的高度重新认识社区工作的重要性和必要性，始终坚持"站在群众中、做好群众事"的原则，敢为人先、克己奉公，为人民谋福祉。要将社区事务拆解至最小颗粒度，并反向梳理形成事项清单，依法依规、合理合情地善用职权。

3. 发挥"头雁效应"

基层党员要发挥好先锋模范作用，以身垂范带动社区治理向前发展。要积极参与社区事务，用实际行动为居民树立榜样。要主动组织参加各类社区活动，增进居民间的交流和互动，营造和谐的社区氛围。

（二）目标体系：总分式基层治理改革方向

制定总分式建设目标定位意义重大，极易形成发展凝聚力。从实践操作看，总分式的目标定位既能确保政策精准对接国家战略，形成一以贯之的改革方案，还能帮助社区管理者合理分配管理精力和公共资源，切中肯綮、抓大放小。从学术价值讲，构建总分式的系统框架有利于形成体系化的理论模型，也容易形成单一领域的优质观察结论，为指导管理实践提供理论基础。

1. 总体目标：超大城市社区治理共同体

习近平总书记强调，"让老百姓过上好日子是我们一切工作的出发点和落脚点"[1]。超大城市的社区治理应该以"民本位"为出发点，建设形成牢固的执政之基和力量之源，构建社会利益相互嵌合作用的社区治理共同体，形成自发式的发展动力。

政治层面，通过整合政府、市场、社会组织和居民等多元主体形成协同治理格局，提升基层政权组织力；[2] 经济层面，形成社会治理与经济发展的良性互动，推动优化营商环境，激发基层市场活力；社会层面，构建精准对

---

[1] 中共中央宣传部：《习近平新时代中国特色社会主义思想学习纲要》（2023 年版），学习出版社、人民出版社，2023，第 210 页。

[2] 参见魏娜《我国城市社区治理模式：发展演变与制度创新》，《中国人民大学学报》2003 年第 1 期。

接民生诉求闭环体系，推动新时代治理难题的化解，提升居民获得感，减少社会矛盾；学术层面，构建"利益共享—责任共担—风险共防"机制，为城市治理现代化提供理论样本；文化层面，培育构建社会关系紧密的韧性基层网络，为超大城市可持续发展奠定基础。

2. 条块目标：四元耦合功能性目标牵引

基于民主村社区形成的超大城市基层治理改革经验，建造"高效率公共服务供给体系""高质量韧性社区基础环境""高效能数字智慧治理模式""高品质人文城市烟火社区"四元耦合的联动体系，有助于实现基层治理能力现代化。

一是建设高效率公共服务供给体系。① 超大城市人口密集、需求多元，公共服务效率关乎社会公平与治理效能。精细化的公共服务能降低社会运行成本，为城市韧性提供基础支撑。着力构建数字赋能供给体系，建立需求动态响应机制，充分运用三方服务等政策工具，激活多元主体协同供给，形成"政府保基本、市场优品质"的格局。

二是建设高质量韧性社区基础环境。社区是统筹发展与安全、落实总体国家安全观的前沿阵地，直接关系超大城市风险防控底线，而社区基础设施冗余性和应急组织力是城市可持续发展的关键变量。着力构建海绵社区基础硬件设施建设，完善风险预警和志愿动员软件响应机制，建强"平战转换"治理模式。

三是建设高效能数字智慧治理模式。数字治理是落实"数字中国"战略、破解超大城市复杂性的必然选择，也是纵深推进全面深化改革的关键一招。数据共享与智能算法可降低治理边际成本，推动治理从被动响应转向主动预防。着力完善"141"基层智治体系，谋划上线"社区一件事"应用场景，实现数字赋能基层治理。

四是建设高品质人文城市烟火社区。人文社区承载"人民城市"价值承诺，是破解城市原子化危机、实现物质精神共富的关键。文化认同能增强

---

① 参见程浩、管磊《对公共产品理论的认识》，《河北经贸大学学报》2002 年第 6 期。

社会资本积累，维系超大城市治理的情感根基。着力营造"文脉传承+时代活力"的现代社区文化氛围，打造"15分钟文化服务圈"。

（三）工作体系：场景式社区治理改革锚点

社区作为直面群众、服务群众和引导群众的最基础治理单元，应通过满足人民群众需求等方式，实现基层治理能力现代化。就民主村社区而言，其在"全龄友好、绿色海绵、未来智慧、市井烟火"四方面的建设形成了较好的经验，可形成以实践经验为基础的工作推动力。

1.健全全龄友好的温馨服务体系

一是满足存在需求。聚焦居民基本生活需求，补齐市政基础设施和公共服务设施短板，增加城市路网、公园、休闲场所、停车场、社区服务中心、社区食堂等设施，满足居民生理和安全需求，为居民提供优质、舒适和安全的社区环境。紧盯教育、医疗、养老等重点领域需求，构建适应全年龄段且规范高效的教辅工作体系，迭代便民、实惠、高质的社区卫生服务中心，打造"家门口养老"社区养老服务站，提升居民生活质量，增强群众对政府的认同感与支持度。

二是关注关系需求。深入挖掘社区记忆，保留极具代表性的建筑元素，让每一块砖石、每一处纹理都成为往昔岁月的见证者。充分考量居民社交需求，拟制高频次、大范围、多形式、多元化和创意好的"零里"邻里社区活动交流形式，加深加密居民交流，形成互动式需求满足关系。

三是助力成长需求。挖掘社区资源，推动闲置房产再利用，引入多元经营主体，实现收益共享，为居民提供更多就业发展机会，激发居民成长动力，满足居民自我价值的实现需求。

2.建设绿色海绵的韧性城市环境

一是强化政府主导。发挥政府在风险应对和城市建设中的关键作用，为每个社区逐一制定科学规划，统筹资源配置，引导各方力量参与绿色海绵城市建设，提升社区抵御外部环境变化和冲击的应急能力。

二是促进多元协同。优化具备社区服务属性的政府主体"三定方案"，明晰权力边界与职权范围，引导工作力量向基层倾斜，强化进驻式工作队伍建设，实现"行政管理"与"社区治理"的深度融合。鼓励信誉良好和能力优质的社会组织参与社区环境建设与风险治理；拓展企业参与方式，加强企业与各方联系对接；积聚社区社会资本，发挥基层党建引领、志愿者和社区能人群体作用，培育韧性居民，形成多元协同的治理格局。

三是注重预防治理。紧扣超大城市"新兴风险"治理这一新议题，坚持发展新时代"枫桥经验"，推动事前预防型的公共安全治理模式建设，全面增强社区平安建设和应急处突能力水平。同时，将韧性城市理念深度融入社区建设中，提升社区对社会的适应性，进而有效处理好社区发展与城市安全之间的矛盾，实现常态长效的综合治理。①

3. 打造数字赋能的基层治理模式

一是构建全生命周期服务供给的"社区一件事"应用场景。场景构建方面，统筹部门力量，全面梳理社区居民生命周期内的所有应满足需求，逐一形成"三张清单"，形成多跨协同、整体智治的"社区一件事"应用场景。需求响应方面，按照基本需求和特定需求对全量需求进行划分，并将场景功能设置为基础款和定制款，开启"服务保障+个性定制"式功能供给。功能建设方面，按照社区年龄结构，定制使用功能面板（如简易流程、语音指引、单选操作等功能），减少因数字能力差异导致的使用体验感不佳的问题。②

二是迭代信息赋能决策的参与模式。结合现有基层智治"141"平台和三级治理中心功能，链条式梳理社区事务处置预案，加快数据采集、归集、处置、调度和响应机制，真正实现数据流提速、业务流整合。开发信息自我筛选和整合 AI 算法，自动筛选海量信息形成问题事件和决策建议，便于管

---

① 参见邹东升《有效防范化解超大城市"新兴风险"不断谱写中国式现代化重庆篇章》，《西南政法大学学报》2024 年第 3 期。
② 参见王延隆、毛燕武《城市大脑+社区小脑："十四五"时期我国城市社区精细化治理新模式》，《学习论坛》2022 年第 2 期。

理者决策。[①]

三是数字赋能基层减负。立足解放基层工作力量，持续优化部门责任划分，精简部门机构设置，加强基层力量配备，减少或禁止部门事项随意下发至社区处置。同时遵照中共中央办公厅、国务院办公厅《整治形式主义为基层减负若干规定》要求，从国家层面持续推动清理整合政务应用程序，严格准入建设和标准管理，持续纠治"指尖上的形式主义"，将"表哥表姐"解放出来。

4. 营造市井烟火的人文社区氛围

一是遵循有机更新。继续秉持"留、改、拆、增"的方式，修旧如旧、以新补新，保留片区住宅肌理与街巷格局，延续历史文脉和特色风貌，实现社区更新与城市整体环境的和谐统一。

二是推动公众参与。在社区改造过程中，充分听取居民意见，通过"五议聚民意"、入户走访等方式，归集居民个体偏好，形成集体偏好，制定呼应居民现实需求的社区迭代方案，实现"社区建设为居民"的发展目标。

三是盘活闲置资源。聚焦国有资产盘活和闲置空间释放，持续盘点清算社区闲置资源，提升空间利用率。同时，秉持"保留+开发"利用原则，最大限度保留历史记忆，最大程度融合现代元素，打造"容得下老人、留得下新人"的乡土社区。

（四）反馈机制：双轨式信息交互响应体系

在超大城市基层治理中，构建双向信息交互体系对提升治理现代化水平至关重要。其意义在于三个层面：政治层面，畅通政策传导与民意反馈是落实"全过程人民民主"的核心路径，确保政策精准落地与群众诉求及时响应；治理层面，破除信息壁垒可缓解政策执行衰减、基层矛盾淤积等问题，增强风险预判与资源统筹能力；社会层面，双向互动激活多元共治，推动治

---

① 参见韩兆柱、马文娟《数字治理理论研究综述》，《甘肃行政学院学报》2016 年第 1 期。

理主体从"单向管控"转向"协同共生",培育社会治理共同体意识,形成上下连贯的合作力。

1. 构建自上而下的政策传导机制

建立模式化、标准化、精细化的政策指令体系,编码梳理行政指令,使其转化为"任务清单+操作流程+考核指标+预期成效"的"菜单式"回应模板。建立"事务字典""政策指南""案例参考"等辅助操作形式,通过数据库、AI 智能应答等形式降低基层政策领会门槛。

2. 构建自下而上的建议反馈机制

打造多维度、多元化、多渠道民意采集网,梳理现有民意采集系统,整合集成为"民意篮筐",开发线上拍照、视频、语音等便捷式信息录入功能,对接四级治理中心,开展实时高效数据采集。

(五)基础底座:未来式智慧社区数字地基

构建高适配度的数字化底座是超大城市社区治理现代化的必然选择,也为复杂的社区治理提供强大源动力。从政治维度看,作为落实"数字中国"战略的基层支点,数字化底座通过精准服务践行"人民至上"理念,响应党的二十大"信息化支撑基层治理"要求,保障"数字中国"建设整体推进。在治理层面,数字化底座有利于打破部门壁垒,孪生现实场景,推动科学预判,破解复杂治理困局。社会维度上,数字化底座搭建功能场景,有利于形成"共建、共治、共享"的治理局面。[①]

1. 完善物联网基础设施体系

梳理政府部门数据采集需求,建立统一准入标准,搭建适应性强、整合集成、实惠高效的社区物联网感知体系,形成基础数字化能力体系。

2. 建造独立基层数据底池

拆解信息数据项至最小颗粒度,明确数据编目标准,全面梳理社区一级

---

① 参见周济南《数字技术赋能城市社区合作治理:逻辑、困境及纾解路径》,《理论月刊》2021 年第 11 期。

产生的管理信息，并独立构建基层数据底池。明确更新要求和准入准出标准，开展基层信息化数据实时更新和治理，确保信息真实、鲜活、可用。

3. 完善信息化人才队伍建设

一方面，建立基层数字专家名录库，组建专业、独立的服务团队，解决社区治理中遇到的现实难题。另一方面，培养高素质工作人员队伍，形成及时、全面的工作力量，解决日常治理中事务性、临时性、基础性问题。

（六）评价体系：立体式基层质效评价机制

构建立体化综合评价机制是超大城市社区治理现代化的核心突破，闭环管理的改革牵引力，也帮助超大城市社区治理迭代升级。政治方面，立体化的评价机制有利于满足多元主体利益需求，推动基层治理深度嵌合"全过程人民民主"，解决考核泛化、空化和滥化问题。治理方面，立体化评价机制的系统化属性有助于应对基层治理的复杂性，从而为资源精准配置提供依据。社会方面，引入多元化的立体评价机制，可进一步打破政府部门"自说自话""雷声大雨点小"的考核困境，增强治理公信力，培育"共建共治共享"生态。

实践路径可从三个维度展开。一是构建多元主体协同评价体系，建立政府主导、居民参与、企业协同、社会补充的四维评价机制，辅以"四不两直"等多元信息采集方式，确保评价结果的全面性。二是设计系统指标体系，通过定性和定量相结合的范式设置核心指标，明确阶段任务，突出考核导向，确保指标设置科学性。三是建立闭环落实工作机制，通过"发现—整改—评价—复盘"闭环管理，推动治理资源精准配置。四是完善政策保障体系，将社区治理评价纳入政府绩效考核，建立与财政投入、干部晋升、项目支持等方面挂钩的激励机制。

综上所述，基层治理是国家治理的基石。本报告以重庆市九龙坡区民主村社区为样本，深入探究超大城市单位社区治理变革路径，构建了"6个1"基层治理改革路径（见图3），为基层治理现代化提供理论借鉴与实践参考。展望未来，超大城市基层治理路径还可以聚焦"纵深推进新型城镇化战略行动""迭代升级社会保障和服务政策体系"等方面，打造现代化社区，全面提升社区综合服务功能和治理能力，自下而上推进国家治理体系和治理能力现代化，从而为基层人民办实事、服好务、谋幸福。

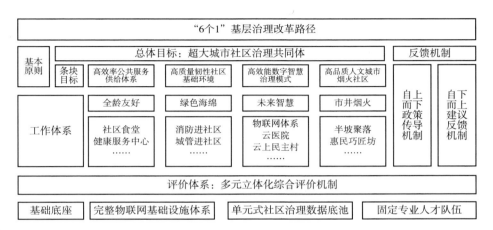

图3 "6个1"基层治理改革路径架构

B.17
两江新区城市公园市场化改革的创新探索

阚艳秋 *

摘　要： 城市公园市场化改革是推动城市公共服务供给创新的重要实践，对于提升公园运营效率、优化资源配置、增强城市公共空间活力都具有重要意义。近年来，两江新区积极探索，通过引入市场机制、优化治理模式、完善政策体系，逐步形成了市场化运营与公益服务并重的发展路径。针对公园运营单一、财政负担较重、社会资本参与度不足等问题，两江新区通过盘活存量资产、引入多元业态、优化政企协同治理模式，为城市公园市场化改革提供了新思路。本报告基于两江新区的实践经验，深入分析城市公园市场化改革的成效，并从政策保障、市场机制、政企协同、精细化管理及服务导向五个维度提炼经验启示，以期为其他地区推进城市公园市场化改革提供借鉴。

关键词： 城市公园　公园市场化　城市功能空间　城市公共空间

一　城市公园市场化改革的背景

（一）政策引导下的公共服务市场化改革

近年来，国家在公共服务领域持续推进市场化改革，强调通过政府引

---

* 阚艳秋，西南政法大学政治与公共管理学院讲师，管理学博士，主要研究方向为区域发展与城市治理。

导、市场化运作和社会协同治理，提高公共资源的配置效率，提升公共服务供给质量。2013 年，《国务院办公厅关于政府向社会力量购买服务的指导意见》提出，要创新公共服务供给模式，推动社会资本广泛参与，构建多层次、多方式的公共服务体系。此后，国家政策进一步细化。2022 年《国务院办公厅关于进一步盘活存量资产扩大有效投资的意见》明确鼓励采用政府和社会资本合作（Public-Private-Partnership，PPP）模式盘活存量资产，提高运营效率，降低政府财政负担。2024 年《基础设施和公用事业特许经营管理办法》再次强调，鼓励社会资本通过创新融资、技术升级和管理优化，提高公共服务质量和经济效益。在此政策背景下，公共资源市场化改革成为全国各大城市提升公共服务效率、优化城市管理模式的重要方向。城市公园作为城市基础设施和公共服务体系的重要组成部分，不仅承担着生态环境优化、居民休闲服务等功能，同时也是提升城市品质、促进消费升级的重要空间载体。因此，在保障公益属性的前提下，如何引入市场化机制优化公园运营，提高其自我"造血"能力，成为当前各地政府重点探索的课题。

（二）城市公园市场化改革的必要性与现实挑战

城市公园的建设对于人居环境的改善、生态功能的提升以及城市综合竞争力的增强都具有重要作用。2016 年住房和城乡建设部《关于印发〈城市公园配套服务项目经营管理暂行办法〉的通知》提出，要鼓励社会资本进入城市公园配套服务领域，并推动公园配套设施的品牌化、连锁化与专业化运营。2022 年，浙江省温州体育休闲公园改造项目入选盘活存量资产扩大有效投资典型案例，[①] 这表明城市公园市场化改革在提升城市综合效益与挖掘实践价值中具有重要意义。在此背景下，城市公园市场化改革不仅是资产最优化处置的重要手段，更是推动城市公园与市场产业业态融合发展并促进经济高质量增长的重要举措。

---

① 参见《国家发展改革委办公厅关于印发盘活存量资产扩大有效投资典型案例的通知》（发改办投资〔2022〕1023 号）。

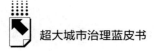

与此同时，当前城市公园市场化改革依旧面临着诸多现实挑战。一是城市公园的资产盘活能力较弱，部分城市公园基础设施较为完善但利用率较低，经营收益较为有限，难以形成自我良性循环的市场运营体系。二是部分城市公园的管理模式相对传统，部分城市公园的建设与发展主要依赖政府财政补贴，对于市场化机制的探索与激活不足，进而导致公园发展的创新动力缺乏。三是部分城市公园市场化改革尚未在保障公益属性与实现商业价值之间取得较好的平衡，需要进一步考虑如何避免因过度商业化而导致公园公共服务功能与市民使用体验受到影响。因此，如何在政府主导下，通过合理的市场机制提升公园运营效率，成为城市公园市场化改革的关键议题。

（三）重庆市及两江新区的探索与现实需求

作为国家中心城市，重庆市不断探索超大城市治理的新路子，尤其在城市公园市场化改革方面，强调要提升城市公园的运营效率，并带动城市公共服务供给模式创新。2023 年，《重庆市公园管理条例》发布，鼓励国内外投资者依据国家相关政策法规在重庆市参与公园建设和经营，同时鼓励通过捐赠、资助等方式，助推城市公园基础设施的完善与功能的升级。依托于这一政策框架，重庆市各区县逐步展开城市公园市场化经营模式的探索，推动基于公园载体的生态、文化、商业功能一体化与多元化发展，公园的类型和功能日趋完善①。作为国家级开发开放新区，两江新区也是重庆市公园分布最密集、建设规模最大的区域，截至 2025 年 1 月，该区已建成城市公园 151个，被誉为"百园之城"。

长期以来，两江新区坚持"保护优先、适度建设，因地制宜、山水建园"的规划理念，以生态绿化为核心，构建了较为完善的城市公园体系。然而，公园市场化改革的推进仍面临诸多现实难题。一方面，公园规模庞大，但资源利用率不高，部分公园设施使用率较低，商业配套不足，运营效益未能充分释放；另一方面，公园文化赋能、智慧赋能、功能赋能、运营赋

---

① 参见黄伦宽《城市公园运营管理研究——以重庆市为例》，《中国集体经济》2019 年第 17 期。

能等方面仍存在短板，部分公园的服务供给能力无法满足市民日益增长的需求。此外，公园与周边产业、社区的融合度不够，缺乏与城市空间、产业发展的深度联动，使得公园资源的价值尚未得到充分挖掘。在当前国家提出盘活政府存量资产、推动城市精细化治理的背景下，探索公园市场化改革、降低财政依赖、提升公园经济价值已成为两江新区城市治理的重要课题。

（四）城市公园市场化改革的方向与目标

城市公园的市场化改革，核心目标在于建立"公益性与市场化相结合"的可持续运营模式。基于此，城市公园的建设与发展要保持其公共服务功能，并不断适应和发挥市场机制的作用与优势。首先，城市公园改革应该着力优化市场运营模式，探索"政府+市场"协同合力下的多样化路径，比如PPP合作模式、特许经营方式等，在资本与技术引入的基础上构建高效的城市公园运营体系。其次，城市公园的建设需要探索集"文化、商业、社交"等于一身的多元化功能布局，而非仅仅着眼于公园的绿色生态属性。例如通过"公园发展+文旅推广""社交休闲+市场业态"等创新模式，以提升城市公园的经济效益和保障其社会价值，并逐步探寻适合的发展路径与持续的动力源泉。最后，城市公园的市场化改革过程要保障公共服务的供给，即政府主体需要完善相关的政策法规，建立合理的公园市场运行的准入机制，并严格监管公园商业开发的各项流程，确保市场化改革在提升公园运营能力的同时，保证其公共服务功能的完整性。进而基于此类方向与目标，力求在促进公园市场化运营的同时，实现其社会功能和生态价值的双重提升。

二 两江新区城市公园市场化改革的实践探索

2022年，重庆市两江新区开始启动城市公园的市场化改革，其探索过程强调通过机制创新推动公园的市场化经营与持续性发展。两江新区从顶层设计入手，结合重庆市委关于"三攻坚一盘活"的决策部署，致力于将公

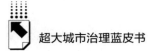

园市场化改革建设为全市改革的示范项目。在改革建设过程中，两江新区明确提出了"公园姓公"的原则，即市场化改革依旧要始终坚持公园的公益属性，以服务广大市民为基本准则。据此，两江新区的公园市场化改革强调通过合理的社会投资、建设规模、绿化比例等关键指标的设置，保障公园基本的绿色生态环境，并确保公园的公益服务质量及其配套设施不会与市场化建设产生冲突。同时为了有效地市场化改革，两江新区政府建立了包括"策划—投资—建设—运营—维护—监管"在内的全链条改革框架，积极引入社会资本并规范其加入，促进城市公园公共服务供给与市场化发展的有机结合，提升公园的运营效率与社会价值。

（一）两江新区城市公园市场化改革的主要做法

在推进市场化改革的过程中，两江新区强调要根据公园的特点进行精细化设计，确保改革措施依法依规、分类推进，推动形成具有重庆特色的改革成果，进一步释放城市公园的经济和生态潜力。但在前期推进过程中，依旧遇到了一些问题。首先，早期探索社会投资模式的城市公园存在建设超标与管护质量不达标的问题，主要是管委会暂停建设导致资金链条的断开，进而影响公园的后续维护与业态发展。其次，国家相关的行业标准与地方性法规之间存在冲突，尤其是公园建筑占地的指标规定，导致了公园招商与资产盘活的困难。再次，一些城市公园的发展项目与流域水治理之间存在交叉，进一步加大了城市水体管理与公园运营之间的矛盾。又次，新建的城市公园社会吸引力较弱，尤其是偏远地区的公园项目可能会面临资金投入大但回报周期长的困境，与此同时一些社区公园的建设也受限于周边发展的成熟度与社区用地的复杂性。最后，公园市场化改革项目的施工监管存在薄弱环节，尤其是早期项目在质量与安全方面不能得到有效保障，进而影响工程质量与推进进度。基于此，在两江新区新一轮系统性推进城市公园市场化改革的实践中，针对上述问题的缓解与市场化机制的创新，主要表现为以下几点做法。

1. 明确改革方向，优化政策体系

以政策为引领，确立改革框架。两江新区的城市公园市场化改革立足于国家相关政策的引导，紧密结合了《国务院关于创新重点领域投融资机制鼓励社会投资的指导意见》等政策文件的精神。这些文件为公共服务领域的市场化改革提供了明确的行为框架和操作指南，特别是涉及社会资本合作和特许经营等方面的规定。两江新区依据这些政策要求，在全市首创城市公园市场化改革，探索采用特许经营模式实施城市公园市场化改革。在项目推进过程中，保持项目可行性论证、实施方案、特许经营协议、公众公告公示、招标文件的规范性和一致性，确保整个过程合规合法。为促进城市公园市场化改革项目落地，两江新区管委会组织相关职能部门经过充分论证，印发城市公园市场化建设管理实施方案、城市公园特许经营项目总体实施方案等，对改革实施的范围、模式、程序及支持限制条件、后期管理要求、退出机制等进行明确，为改革推进夯实制度基础。

紧跟市场规律，调动社会资本参与。在改革过程中，两江新区紧紧把握市场发展逻辑，注重发挥市场力量。项目的市场化推进不仅限于资金引入，还涉及管理模式的创新。例如，城市公园建设运营涉及公共资源的配置，通过特许经营协议约定政府与特许经营者的权利义务，授权特许经营者采用市场化方式运作，充分发挥市场在资源配置中的决定性作用，建立科学完善的绩效考核制度，有利于降低全生命周期成本和提高公共服务质量效率。[1] 为更好适应经济形势和市场需求，两江新区将原本的"特许经营权转让"更名为"公园品质提升及优化服务功能项目征集合作方"和"公园建设运营委托管理"，为具体操作提供了明确的实施路径。

2. 规范实施程序，确保依法合规

明确程序，确保有序实施。城市公园市场化改革的顺利推进离不开各项程序的明确，两江新区对此制定了严格的实施程序，并对不同环节的工作目

---

[1] 参见张蓝《城市公园市场化经营管理改革初探——以南宁市为例》，《中国城市林业》2011年第5期。

标、内容、标准以及顺序进行了设定。首先，两江新区在公园市场化改革初期制定了总体方案，并细化为具体的实施方案，以确保各环节之间高效有序地衔接。尤其在改革项目启动与中标单位进场环节，特别指出相关的手续办理互相不作为前置条件，由此可以避免前期行政程序可能带来的流程困境或者改革拖延。其次，两江新区针对城市公园市场化改革设置了不同的方式与路径，明确了招商引资、合作征集、土地出让等路径的实施流程与操作要点，以保障不同改革路径都对应清晰的运行步骤与可控的推进进度。最后，两江新区出台了社会投资城市公园管理考核细则，为改革项目的后期管理与考核提供了政策依据，有利于规范改革行动的管理工作。

依法依规，保障环保合规。城市公园的市场化改革不能以牺牲环境为代价，在两江新区的改革进程中，高度重视环保合规性，确保所有的项目符合环保法规的要求。比如针对涉及水域的公园建设项目，两江新区明确规定涉水工程必须开展环境影响评价，且不能通过环境影响评价的项目不能继续建设，以此保障公园的市场化发展不会对周边环境产生不利影响。而针对涉及水质保护与管理的公园建设项目，两江新区明确规定在其建设过程中要与流域治理项目相结合，确保项目管理标准与水质管理要求的一致性，不能达成一致意见的项目则无法进入建设和运营阶段。对于环保合规的重视，可以减少两江新区公园市场化改革与城市生态环境保护之间的冲突，还可以促进环境效益与公园功能相得益彰。

分类施策，推动规范管理。为促进城市公园市场化改革的规范化与高效性，两江新区针对不同的发展类别制定了分类的管理策略。比如在招商引资模式下，两江新区强调进行社会资本投资公园建设的公开招标，以及引进单位进场后协议的修订与续签工作；土地出让模式下则要明确企业开发建设和管理公园的具体规范细则，要求所有的土地出让必须符合规范管理；捐赠资助模式下则要明确企业捐建规范以及过程管理，以确保公园的公益属性不受影响。在分类施策的基础上，两江新区逐步完善公园市场化改革的管理与考核，以推动公园管理的持续优化。

3. 拓展市场化路径，增强企业参与度

探索三种创新方式，盘活公园潜力。两江新区在推进城市公园市场化改革的过程中，探索了三种不同的模式来盘活公园资源，并为其提供持续的经济价值。一是公开征集模式，即公开征集公园品质提升合作单位，由政府通过招投标方式选择投资建设运营方，并通过征集的招标文件设定明确的投资与运营的约束性指标，目前已有 5 个项目落地实施。二是招商引资模式，针对重大产业类项目，经测算企业投资强度匹配公园运营管理期，经管委会授权与企业签订"公园委托管理协议"，明确管理标准、运营年限、建设期、运营期公园品质提升、临时终止、违约年限扣除等约束性指标，2024 年底龙咀公园和红崖寨汽车公园 2 个项目已落地。三是土地出让模式，将公园建设纳入商业用地开发条件，由企业出资建设和运营，期满后无偿移交政府，目前锦绣山公园、岚峰公园、凤栖沱旅游港已按此模式推进。

拓宽路径，鼓励企业积极参与。为了进一步拓展企业参与市场化改革的路径，推动项目的顺利落地，两江新区采取了积极有效的措施。首先，完善协调服务政策和技术支持体系，通过编制社会投资城市公园建设管理指南，明确项目推进的时间节点、手续办理要点等，确保项目顺利实施。其次，企业通过出让方式获得用地时，将拿地费用纳入公园建设成本，并据此测算运营年限。最后，政策允许企业在出资拿地的基础上，配建不超过公园占地面积 3% 的运营活动场地，该场地可利用林下空间、覆土建筑修建占地面积不超过 300 平方米的临时建筑，为日常活动提供灵活空间的同时，对场地的使用作出限制，避免过度开发。

创新机制，提升企业入驻吸引力。住房和城乡建设部发布的《园林绿化工程项目规范》，对于 5 万~50 万平方米的公园允许建设不超过占地面积 5% 的配套建筑，这为公园的企业入驻提供了更多空间。两江新区在此政策支持下，对于企业有意通过划拨程序取得土地所有权的情形，允许中标单位出资拿地，划拨期与协议年限一致，期满后地上及地下建筑归政府所有，同时政府会给予企业优惠的划拨价格，帮助其降低建设发展的成本。两江新区作为大规模的城市公园建设区域，对于投资大、培育时间长、维护面积大的

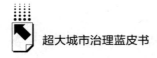
项目，政府会通过适当延长管理运营年限的方式，确保项目的顺利引进与落地。

4. 加快项目落地，优化管理协同

分类推进，确保项目有效实施。两江新区的公园市场化改革注重分类推进项目落地，以确保不同类型的公园项目可以根据实际需求分步实施。由此联动各相关部门协同开展公园用地的系统研究工作，提前谋划公园内的建设指标。具体而言，根据公园的运营需求，针对不同的用地类型和建设模式，明确公园内建筑布局、指标控制要求等内容，为项目顺利落地奠定基础。此举有助于确保项目可行性，并加速落地进程。

部门协同，推动项目落地见效。在两江新区公园市场化改革中，各部门积极开展协调工作，以推动项目的落地与实施进程。首先，规划公园选址时区规划和自然资源局要预留部分商业用地，并做好公园与区域联动发展的规划设计。区建设管理局则结合城市更新需求，对已建成的城市公园进行统筹规划，提升公园的通达性，并通过点状用地模式将商业用地嵌入其中，丰富城市公园的功能空间建设与多样化商业服务提供。同时，城市公园的存量建筑需要纳入盘活存量资产政策范畴，逐步完善已有建筑的规建手续，推动现有资源的有效利用。

加强协调，推动政策落地执行。政策的顺利落地需要各方的协调和支持。为此两江新区管委会和区司法局积极对接市人大、市城市管理局，同步协调区规划和自然资源局对接市规划和自然资源局，共同推动公园建筑占地面积比例的政策明确，并依据住房和城乡建设部的国家标准执行。在政策明确之前，对于符合条件的公园，通过"一事一议"的原则，确定公园配套建筑指标，确保公园项目在建设过程中符合法规要求。由此强调政策和部门之间的协调，致力于提升政策执行的效率。

5. 强化监管与资源保障，提升改革成效

完成用地研究，保障公园市场化落地。为了推动公园市场化改革的顺利实施，两江新区分两批对 50 个公园用地情况及配套服务建筑的落地工作进行前期预判性研究。通过划定公园预红线，系统掌握公园的土地征转、权属分析等关键数据，为保障公园市场化改革的方案落地提供坚实基础。此项研究确保了项目的可行性，同时为后续的土地开发、建筑规划等环节打下了坚实的基础，能够有效带动项目的推进。

加强监管，推动公园市场化规范管理。为了保障公园建设项目的质量与安全，两江新区采取了全面的监管措施，直接委托重庆市园林绿化服务中心提供主体建筑以外的园林绿化工程质量安全监督和技术服务，重点针对项目工程质量安全管理机构的建立情况，材料质量情况，危大工程各方的管理情况，地形整理、假山建造、树穴开挖、苗木吊装、高空修剪等施工关键环节进行节点到位式监督和抽查式监督，形成监督档案，全程把控园林绿化工程质量，规范档案资料，有效防范和遏制各类安全事故发生。同时建立社会投资公园方案审核、工程验收、约谈、包园管理等监管机制体系，完善专项服务、日常协调、巡查监督等工作机制，既强化服务，也强调监督。

创新思路，加强公园市场化政策支持。为进一步促进城市公园市场化运营的顺利推进，两江新区明确了若干政策措施。一方面，针对公园的用地统计，明确规定公园市场化工作开展以前的公厕、社区用房等非公园配套建筑及公益性质建筑不计入公园用地面积，从而确保公园用地的统计更具准确性。另一方面，对于社区公园的建设，规定其建筑占地面积不得超过公园总用地面积的3%，并结合主体建筑配备一定比例的运营配套活动场地，且这些活动场地不可建设固定建筑物，总面积原则上不得超过公园总占地面积的10%。具体的运营面积可根据实际方案灵活调整，由中标运营单位负责日常清扫保洁、维护及安全管理工作，并根据中标价每年支付公园维护费用。此外，政府采购的公园维护单位则负责其他区域的日常管护。通过这种配套机制的优化，公园与文化设施的建设相互促进，可以形成正向激励效应，推动公园建设的可持续性，也有助于提升运营管理的效率。

（二）两江新区城市公园市场化改革的成效

截至2024年底，两江新区城市公园市场化改革累计引入项目14个，协议资金16.36亿元，预计年运营收入超5.22亿元、年纳税约0.87亿元、年节约养护费 0.25 亿元，导入业态主要为餐饮、茶楼、萌宠、体育运动、航空体验等服务业。其中，公开征集落地项目 6 个，金州公园、天宫殿公园、山地运动公园、月亮湾社区公园、星光社区公园、龙兴航空主题公园均已签订协议，完成场地移交，按"一园一策"总体思路，分别运营萌宠、体育、文化艺术、航空等主题，总投资 5.77 亿元。招商促进落地项目 2 个，分别为红崖寨公园、龙咀公园，项目总计投资 4.88 亿元，运营主题分别为赛力斯汽车和宋韵文化。龙咀公园协议已达成一致意见，山水城公司正在走内部审批流程；红崖寨公园已通过方案论证，待完善设计后按程序推进后续工作。依托改革落地项目 6 个，分别为麓溪湖公园、绿心公园、金渝体育公园、礼嘉渡公园、多功城遗址公园、龙塘湖公园，其中龙塘湖公园已完工，金渝体育公园因花沟片区规划调整暂停建设，运营主题分别为遗址文化、体育、文旅等，总计投资约 8.1 亿元。截至 2024 年底，引入项目完工 1 个，开工建设 5 个，累计完成投资 3.3 亿元，2024 年全年完成投资 1.34 亿元。

两江新区正在推进的公园市场化改革项目有 30 个，预计在 2025 年内公开征集再落地 4 个项目，分别为民心佳园夜市公园、测绘文化公园、白鹤嘴公园、金渝公园，投资金额约为 6.28 亿元，同时两江新区也在积极策划和推动有影响力、有带动性、有融合效应的项目。整体而言，两江新区城市公园市场化改革在为地区经济带来可观收益的同时，也使得城市公园在市民生活中发挥了更多的作用。基于此，通过存量资产盘活、社会资本引入、运营效率提升以及服务业态拓展等系列措施，两江新区的城市公园市场化改革取得了初步成效。

1. 盘活存量资产，减轻财政支出

两江新区通过特许经营机制，构建城市公园配套服务收入，形成使用者付费，覆盖项目建设成本和运营成本，以约 3% 的经营资源盘活 97% 的存量项目，提高了公共资源服务能力和质量，同时还减轻了财政支出。比如已完成招标的金州公园项目预计前期建设阶段将引入投资约 8000 万元，每年可节约财政投资约 324 万元，预计将解决 1000 人就业，每年纳税额约 2000 万元。

2. 扩大有效投资，提升基础设施

市场化改革使得两江新区城市公园的基础设施得到了有效的提升。尤其是通过将存量公园资产与改扩建项目有机结合，充分发挥社会资本的引导作用，对城市公园基础设施、配套建筑物等进行提档升级和优化，要求社会资本在合理、可控的基础上增加投资强度，扩大有效投资。截至 2024 年底，两江新区 27 个公园项目已确定采取市场化建设管理，预计引入资金 39.02 亿元，其中已有 3 个项目开工建设，2 个项目已确定市场化运营单位，6 个公园已由管委会专题会审定市场化方案，剩余项目也在有序推进中。预计未来几年，公园的整体服务质量和基础设施水平将得到大幅提升。

3. 提升服务功能，提高运营效率

在两江新区的公园市场化改革进程中，两江新区基于各职能部门的有效协作，推动每个项目得以顺利实施。对于公园市场化的实施方案，两江新区会组织相关部门提前参与其中，并采用专题会议的方式进行方案的审定，为市场化项目提供技术支持，并设定审批的绿色通道。由此，两江新区公园市场化项目不仅加快了建设进度，也提升了整体运营效率，从而确保项目顺利启动并保持长期活力。与此同时，政府部门通过靠前服务和精细指导，帮助企业顺利入驻并稳定运营，进一步增强了公园的综合服务能力。

4. 丰富消费场景，激发公园活力

两江新区的公园市场化改革项目中，注重多样化服务业态的引进与打造，比如书吧、健身休闲区域、茶室等，使得公园不仅成为市民休闲娱乐的场所，更成为新的区域经济增长点。基于此类业态设施的建设，两江新区通过定期举办体育、科普与文化主题活动，在提升公园活力与吸引力的同时促进公园产业发展。两江新区的公园服务内容不断完善，其使用频率也显著增高，有利于激发产业潜力与经济活力。

三 持续推动城市公园市场化改革的启示思考

两江新区的城市公园市场化改革探索出了一条公园可持续发展的路径，

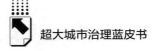

充分利用政府与市场的协同优势，引入大量优质社会资本、优化公园服务供给并提升城市公共空间的利用效率，在保障公园公益属性的同时不断激活经济效益①。这一改革经验为全国范围内推进公园市场化建设提供了宝贵的经验借鉴，尤其是在目前政府财政资金紧张、公园管理维护压力大以及城市空间更新需求不断增加的背景下，如何通过市场化机制激活公园"造血"功能，提升公园社会效益与经济活力，值得深入思考。未来的城市公园发展中，还需要基于可持续发展的视角，从政策体系、市场机制、政企协同、运营管理和公益属性等多个维度深化改革。

（一）健全政策体系，增强公园市场化改革的制度支撑

公园市场化改革过程依赖于完善的政策体系作为保障，政府应始终坚持政策先行，制定出规范透明且具有操作性的制度框架，保障改革在制度化运行中稳步推进。

首先，划定公园市场化改革的政策边界与法律依据。在推进公园市场化改革过程中，需要通过地方立法或者政策文件明确其改革范围、改革方式、监管与考核标准等，为社会资本的进入提供指引，也可以避免政策模糊带来的意愿较低与竞争无序。同时基础法律法规与政策体系的构建也是对促进城市公园市场化改革与生态文明建设总体要求的呼应，是在不削弱城市绿色空间标准的前提下推进市场化运营。

其次，政府应该在现有分类施策的基础上进一步完善差异化的管理规范。这主要是因为市场化的过程会面临诸多的不确定性，以及不同发展基础与需求下的要求差异性。比如对以生态保护为主的自然公园，应重点维护其生态功能，严格限制商业开发；而对于城市休闲类型的公园，可以适度引入经营性项目，丰富公园的业态并增强其经济活力。

再次，在有序推进公园市场化改革的过程中，还需要建立健全公园市场化的退出机制，明确社会资本在运营期满或经营不善时的处理办法，确保公

---

① 参见王玲、王伟强《城市公共空间的公共经济学分析》，《城市规划汇刊》2002 年第 1 期。

园能够长期稳定运行。

最后，政府可以通过财政补贴、税收优惠等手段吸引更多社会资本参与，鼓励长期投资，并探索基于绩效考核的激励机制，给予运营效果良好的市场主体一定的政策倾斜，推动公园"造血"功能的持续发挥。

（二）优化市场机制，提高公园市场化资源配置效率

城市公园的市场化改革核心在于充分利用市场机制，因此需要不断完善市场准入，优化投资模式，建立动态调整机制等，以提高公园资源的利用效率。

首先，要不断完善公园市场化的准入机制，确保社会资本可以公平进入市场。比如通过公开招标、良性竞争、磋商洽谈等方式选择合适的入场单位，对其资金实力、经营能力、行业经验以及管理理念等进行综合考评，避免出现资金链断开、市场垄断或者过度逐利的现象。还需要对市场主体建立长期信用考核制度，确保市场主体在公园运营过程中保持高质量的管理和服务水平。

其次，城市政府应该探索更多元的投资模式，扩大公园建设的资金来源，丰富运营方式。比如可以采用 PPP 模式，由政府与企业共同投资、共担风险、共享收益，提升公园市场化运营的效率;① 也可以适当探索混合所有制模式，允许民营资本、国有企业和社会组织等多方共同参与公园的开发与运营，形成多元化投资结构，分散经营风险。

最后，市场化运营需要通过动态灵活的调整机制，适应和满足市场需求的变化。对于城市公园市场化发展而言，需要根据市场需求和公园运营效果适时调整经营范围、收费标准和服务内容。对于市场反响不佳的项目，应及时调整商业模式，确保公园运营的长期稳定性。

（三）强化多元协同，构建良性互动的公园市场化管理模式

城市公园本身是涉及政府、企业、市民、社会组织、公益机构等多元主体的空间载体，因而在市场化改革进程中需要注重政企协同，形成多元共治

---

① 参见王磊《社区公共空间的公共性生产及分类治理》，《中国行政管理》2024 年第 10 期。

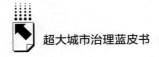

的管理模式。

首先，政府应该发挥统筹规划与监督规范的职能，确定城市公园市场化改革的总体方向与实施细则，并对市场主体的经营行为进行监管规范，考核公园市场化的服务质量、环境维护和运营状况，确保改革的高质量推进。同时，建立政府与市场主体之间的良性交互机制，确保政策执行的稳定性和可操作性。

其次，政府应鼓励社会各方参与公园管理，尤其是引导社区居民、行业协会等共同参与。比如可以通过建立公园志愿者团队、居民监督委员会等方式，增强公众对公园市场化管理的参与感和认同感；还可以鼓励社会组织和公益机构与市场主体合作，共同开展文化活动、生态教育等公益项目，发挥公园的社会效益与经济价值。

（四）提升精细化管理水平，增强公园的可持续运营能力

城市公园市场化改革不仅依赖于社会资本的投入与多元主体的参与，还需要在改革进程中完善运营管理机制。政府和市场主体应加强对公园的日常管理，减少其运营风险的发生。

首先，要建立公园市场化改革项目的全周期管理体系，确保市场主体从评估进场、投资建设到后期运营都有对应的管理制度，也可以选择或者建立第三方评估机构，对公园市场化运营状况进行定期检查，并根据考核结果调整经营策略。

其次，可以尝试应用智能化的管理手段，比如智慧监测、数据共享、在线服务等方式，基于大数据分析公园内的客流量、商业设施的入座率、服务场所的运行状况等，优化政府决策的同时也服务于市场主体的运营效率。而且，还可以利用智能系统进行设施维护，降低人工成本，并为市民提供更适宜的服务供给①。

---

① 参见刘伦《智能化城市管理理论辨析与框架构建——基于技术演进的视角》，《电子政务》2023 年第 5 期。

（五）坚持服务导向，确保公园市场化改革的公共价值

城市公园市场化改革虽然重在盘活存量资产和发挥市场作用，但两江新区"公园姓公"的原则适用于作为公共资源的公园市场化改革，其需要在市场化路径中保障公共价值的实现[①]。

首先，在公园市场化规划与运营过程中应该坚持公共服务优先的原则，确保市场化的发展不会削弱公园的基本公共服务。比如，公园需要保障一定比例的免费公共空间，并对弱势群体提供优惠政策，确保所有市民平等享有公园资源。

其次，合理界定市场化开发建设边界，在公益性与经济性之间有明确划分，避免过度商业化损害公园的公共属性。

最后，应建立有效的公园市场价格调控和监督机制，防止市场主体通过提高服务价格、缩减免费空间等方式侵害公共利益。政府可以通过设立专项资金、提供补贴等方式，支持公园内的公益活动和免费设施，确保市场化改革既能提升运营效率，又不偏离公共服务的核心目标。

[①] 参见王丛虎、刘巧兰《公共资源交易实现基本公共价值的多重机制与实践面向——基于"工具—目标"的分析视角》，《学海》2022 年第 4 期。

B.18
沙坪坝区"一老一小"
友好城市社区建设模式创新实践

贺知菲*

摘　要：　为解决我国人口老龄化、少子化问题，应对社区功能未能全方位激活的挑战，"一老一小"的公共服务供给至关重要，因而"一老一小"友好城市社区建设意义重大。重庆市在"一老一小"友好城市社区建设中坚持全域发力、全员行动，持续营造有温度、有辨识度的"一老一小"友好城市氛围，形成了部分具有典型代表性的老年友好城市社区和儿童友好城市社区，如沙坪坝的土湾街道、中心湾社区等。"一老一小"友好城市社区建设有困难和挑战，需要政府、社会、市场、居民多主体协同发力，共同促进"一老一小"友好城市社区建设与发展。

关键词：　"一老一小"　老年友好城市社区　儿童友好城市社区

"人民城市人民建，人民城市为人民。"①《中华人民共和国国民经济和社会发展第十四个五年规划和 2035 年远景目标纲要》（以下简称"'十四五'规划"）提出"以'一老一小'为重点完善人口服务体系，促进人口长期均衡发展"。宏观政策上，党的十八大以来，"一老一小"政策从顶层设计到落地实施的各个环节均加快了步伐。2019 年中共中央、国务院印发

---

* 贺知菲，西南政法大学政治与公共管理学院副教授，管理学博士，主要研究方向为重点人群健康公平、社会治理、数字健康。

① 中共中央党史和文献研究院编《习近平关于城市工作论述摘编》，中央文献出版社，2023，第 39 页。

《国家积极应对人口老龄化中长期规划》，2020 年党的十九届五中全会明确提出"实施积极应对人口老龄化国家战略"，2021 年国务院印发《中国儿童发展纲要（2021—2030 年）》为建设儿童友好社区政策提供了战略引领，党的二十届三中全会对"一老一小"相关体制机制改革做出了明确部署。基于已构建的"一老一小"相关政策框架，与"一老一小"紧密相关的公共服务也日益完善。微观视角上，通过资料整理发现，"十四五"以来，在国家政策和资金的大力支持下，全国范围内逐步形成一批具有示范性和覆盖面的"一老一小"重大工程项目，如家庭与社区的适老化改造、养老服务嵌入幼儿园、社区适儿化改造等，取得明显成绩。

一　"一老一小"友好城市社区建设的重要意义

为解决我国人口老龄化、少子化问题，应对社区功能未能全方位激活的挑战，"一老一小"的公共服务供给至关重要。基于此，"一老一小"友好型城市社区建设意义重大。

"一老一小"问题牵动人心，是我国完善人口服务体系的重中之重。随着人口老龄化进程的加速，对养老服务的要求越来越高。我国有 90% 左右的老年人居家养老，7% 老年人社区养老，3% 老年人"高端康养"。① 基于此，构建城市社区"15 分钟居家养老服务圈"，同时重点围绕助餐、助浴、助洁、助医、助行、助急等"六助"服务推进养老服务设施建设有其重要性和必要性。依据第七次全国人口普查数据，重庆市 60 岁及以上老年人占比超 21%，人口老龄化程度进一步加深。② 重庆市出台了鼓励支持居家适老化改造的相关政策，按照"室内行走便利、如厕洗澡安全、厨房操作方

---

① 参见《国家卫健委：我国 90% 左右老年人居家养老，入住机构仅 3%》，今日头条，https：//www.toutiao.com/article/7447100171353162280/，最后访问日期：2025 年 4 月 15 日。
② 参见《重庆市民政局关于市政协六届一次会议第 1067 号提案的复函》，重庆市民政局，http：//mzj.cq.gov.cn/zwgk_218/jyta/202310/t20231031_12494128.html，最后访问日期：2025 年 4 月 15 日。

便、居家环境改善、智能安全监护、辅助器具适配"目标，重点对经济困难且失能的老年人的卧室、卫生间、厨房、客厅、楼梯等关键位置进行适老化改造。近年来，重庆市建成运营街道养老服务中心 220 个、社区养老服务站 2912 个，设置老年食堂等助餐服务设施 1500 余个、助浴点 600 余个、助医点 1000 余个，每年惠及近 200 万名城市老年人，完成特殊困难老年人家庭适老化改造 3.5 万余户、试点建设家庭养老床位 3500 余张。①让老年人在身边就能满足多元化的养老需求，继而促进"老年友好型"城市社区建设。

与此同时，"十四五"规划专栏 18 "'一老一小'服务项目"内容涵盖儿童友好城市建设，指出要"加强校外活动场所、社区儿童之家建设和公共空间适儿化改造，完善儿童公共服务设施"。托育服务、"1 米视角看城市"、儿童主题乐园等越来越多的儿童友好型设施设备不断更新、完善。比如重庆市九龙社区率先将儿童友好元素有机嵌入社区空间布局，完善服务阵地、提升服务供给、优化儿童成长环境，打造儿童阅读角、幸福驿站，改建九龙口袋公园等，增设儿童滑梯、书桌、乒乓球台等多种多样的儿童友好设施，得到了广大人民群众的肯定。此外，为儿童搭建参与社区公共服务活动、参与社区治理的平台，从儿童视角出发，尊重儿童权利，促进儿童健康成长，亦是儿童友好型社区建设的重要举措。比如沙坪坝区中心湾社区的"儿童议事委员会"让儿童自由发声，尊重儿童权利，从儿童视角看社区，发现社区安全隐患、提出议案、落实议案、化解危机。再如渝中区发布的《重庆市渝中区儿童友好城市建设三年行动计划（2024—2026 年）》指出，将整合教育、医疗及群众等资源，站在儿童视角、立足儿童需求，俯下身子走进儿童的心灵世界，坚持全域发力、全员行动，持续营造有温度、有辨识度的儿童友好城市氛围。

另外，在国家标准框架下，北京师范大学中国公益研究院（以下简称

---

① 参见《建议的力量！钟娟：满足老年人多层次多样化需求 推进社区居家养老服务高质量发展》，腾讯网，https://news.qq.com/rain/a/20250116A01CFD00，最后访问日期：2025 年 4 月 10 日。

"中国公益研究院")开发了《一老一小友好社区建设标准》。作为指导社区发展进步的重要参考工具,《一老一小友好社区建设标准》主要包括机制友好、文化友好、环境友好、服务友好等4个一级指标,19个二级指标,100个三级指标。其中,机制友好主要涉及参与机制,文化友好主要涉及活动丰富、积极老龄化、儿童友好文化等,环境友好涉及设备安全、消防救援、室内生活、居住环境、公共空间、社区环境,服务友好涉及医疗服务,健康服务,照料、照护、探访、生活服务,家庭教育指导服务,儿童保护服务,儿童参与社区服务等方面。此标准的设定,进一步促进社区"一老一小"工作方法向标准化、专业化发展。

基于《一老一小友好社区建设标准》,实事求是、因地制宜,尊重社区的普遍性与特殊性。《一老一小友好社区建设标准》具体包含"一个机制、一个模式、一个计划"。其中,一个机制旨在建立社区党委主导、智库专业支持、公益资金介入、社区居民参与的服务机制,实现社区可持续发展。一个模式旨在基于调研,为每个社区提供一个社区友好提升方案,并通过开展人才培养、空间打造、社区服务等三大板块工作,满足社区老人和儿童居民在"安全、健康、文化、自治"四个方面的需要,将社区打造成为"一老一小"友好社区。一个计划是指当一个社区被选为项目试点社区之后,将经过一套标准化的社区提升计划,接受项目提供的经费、技术和资源支持,提升为老年人和儿童提供服务的能力,最终建设为"一老一小"友好社区。

再者,依据《一老一小友好社区建设标准》,因地制宜,合作共建友好社区。中国公益研究院携手龙湖公益基金会自2022年联合启动"一老一小"友好城市社区建设项目,旨在为老年人和儿童提供友好的社区空间和服务,解决社区养老和托育需求。项目围绕"一老一小"友好城市社区建设标准设计、社区友好空间打造、人才赋能、服务项目设计与实施等内容,提升社区老年人和儿童生活质量,回应"一老一小"需求,建设安全、健康、文化、自治的友好社区。

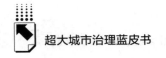

二 沙坪坝区"一老一小"友好城市社区 建设经验介绍与重要性

沙坪坝区在"一老一小"友好城市社区建设方面，通过多方协作、资源整合和居民参与，提出了一套创新经验，如"儿童议事委员会"机制、适老化改造与老年服务创新实践等。

（一）"儿童议事委员会"推动儿童友好城市社区建设的经验与重要性

1."儿童议事委员会"推动儿童友好城市社区建设的经验之谈

2023年2月，中心湾社区"儿童议事委员会"成立。社区"儿童议事委员会"的成立为社区儿童提供了一个畅所欲言的重要平台，也为社区治理和社会参与带来了"新角度""新切口"，但就如何"有效议事"一直难以破题。2023年4月，龙湖公益基金会联合中国公益研究院共同推动的"一老一小"友好城市社区建设项目落地重庆市沙坪坝区中心湾社区。在对中心湾社区开展了深入调研和资源分析之后，制定了"儿童议事会系列"的实施方案，且将"社区有我更安全"设为首个议题，旨在从儿童视角出发，为社区儿童发声创造新平台，让儿童切身参与到社区事务中。

案例一：社区广场"积水"议案顺利落地

"此有积水，请勿踩踏"的提示牌由社区儿童们插在小区花坛中，这是中心湾社区"儿童议事委员会"社区安全的踏勘行动之一。广场作为社区服务中心的主要活动场所，一旦下雨便会有积水出现，但人们往往容易忽视其对儿童所产生的风险。社区中的儿童经过一段时间的仔细观察，决定在不同花坛中置入安全提示牌，减少安全风险。中心湾社区居委会主任、党委书记张义清特别认可社区儿童的这一行动，并认为儿童参与社区服务活动是社区与居民之间良性互动的重要环节，同时这一行动亦是有组织、遵程序的有效做法。"积水"议案的顺利开展是经过投票、商议、设计等环节的有序组织得以落实的。此外,"积水"提示牌的设立让更多居民了解到"儿童议事委员会"。

案例二:"篮球场里乱飞的篮球"议案顺利落地

社区"儿童议事委员会"成员12岁的王曹祥在"社区踏勘环节"中发现了"篮球场里乱飞的篮球"这一安全问题。他发现社区篮球场在丰富社区居民尤其是社区青少年课余时间的同时,也出现了篮球飞出场地砸到人的状况。该议题在提出时并未引起多数成员的赞同,认为篮球飞出来可以躲避,但是王曹祥在对该议题的投票环节提出自己的担忧和看法,他认为行动不便的老年人和低龄儿童难以躲避,极易被乱飞的篮球砸伤,最后该议题脱颖而出。这给予儿童参与社区公共服务以极大的肯定,提升了他们的参与热情,比如从提出议案、议案被认可、警示牌的制作安装到"儿童议事委员会"成员轮值管理等,其实质是从儿童视角出发,让儿童自身参与并融入社区公共服务管理过程,与此同时,儿童们的参与程度亦是逐步递增的。多数成年人将安全隐患定义为切实、不可避免的危机,而儿童视角的安全则更加关注具体的安全事件以及对自身群体的影响程度,因为儿童眼中的安全更具关怀性质。

2. "儿童议事委员会"解决社区真问题、新问题的重要性

中心湾社区"儿童议事委员会"共13名成员,通过9次议事活动为社区解决了3个安全隐患。① 尽管在老旧社区改造后,社区环境有了很大改善,但从儿童视角看社区环境依然存在些许安全隐患。"儿童议事委员会"对社区公共服务提供具有重要意义。

一是"儿童议案"为社区真问题、新问题提供新思路。"儿童议案"的目的在于社区给儿童创造一个有利平台,给予儿童自由提出议案的空间和机

---

① 参见《一老一小 | 一群儿童正在悄悄改变这个社区······》,搜狐网,https://www.sohu.com/a/767164787_120063265,最后访问日期:2025年4月10日。

会，让其从自身视角出发，针对社区中可能存在的安全隐患等发表自己的看法和意见，并通过议案提出、议案讨论、议案投票通过、落实议案行动等程序和环节，切实将议案的提出和落实相统一。

二是增强社区儿童的归属感，实现"儿童友好型社区"建设初心。从儿童视角提出问题、解决问题，让儿童切实参与社区公共服务活动，增强其主人翁意识，亦是进一步增强儿童社区归属感，满足"儿童友好型社区"初心实现的重要做法。

三是"五社联动"持续推进儿童参与社区治理。其一，"儿童议事委员会"以儿童为中心，基于儿童视角，将自己视为"中心湾人"，参与社区治理，同时亦影响着社区其他居民的社区认同感和归属感，实质上，这是社区多主体间合作，有效解决社区问题的重要体现。其二，通过多主体合作既为社区带来工作新思路，也让社区工作者在实践中进一步锻炼了专业服务能力。比如儿童逐渐延伸思维，逐步关注指示牌后期的维护问题，并在此过程中带动社区工作人员、居民、保安、清洁人员一同商议如何让问题解决方案可持续化，继而增强社区共同体意识。其三，儿童参与社区治理行动是对儿童参与权利的认识和尊重，将"儿童议事委员会"作为儿童参与机制的一部分，在更加注重儿童的人格完善、能力发展和身心成长等基础上，引入儿童参与社区调研制度、优化社区空间布局、设置民主选举和代表制度、制定议事程序和宣传制度、注重畅通儿童意见表达渠道、拓宽儿童议题范围、保障儿童权利等，多方联动打造儿童友好型社区，实现多方良性互动。

（二）土湾街道老年友好城市社区建设的经验与重要性

1. 土湾街道老年友好城市社区建设的经验之谈

整体上看，沙坪坝区因家庭而异，以居民优先需求为导向，先由各街道、社区工作人员前期深入老人家里进行摸底，提前了解老人需求，在区民政局汇总后形成改造清单，再分发给有需要的老年人家庭，由居民们自由搭配改造项目。该举措是典型的居民"点单"，区民政局免费改造送上门的做法，是实现适老化改造的有效方案。

以沙坪坝区土湾街道为例。在适老化改造方面，土湾街道主要有以下亮点做法。一是推进社区适老化改造，助老行动从"养老"到"享老"。土湾街道与沙坪坝区住房和城乡建设委员会争取到重庆市残疾人福利基金会、龙湖公益基金会的支持，在土湾辖区开展适老化改造，既涉及对公共空间的大力拓展，还遵循"一户一策"的方式，对社区内有需要的老人家中实行适老化改造，助老行动从"养老"走向"享老"。二是打造"小而美"的社区空间，提升居民满意度。以往的社区老旧脏乱差，设施设备陈旧。居民有改善老旧社区脏乱差环境的诉求，社区和街道及时对接相关部门，并在区人大代表和区政协委员的呼吁下，为项目改造争取到资金。经过两个月的改造，工人村社区总面积约为 1445 平方米的适老化小憩园建成使用，社区环境发生巨大变化，既有专门的老人健身区（如配置健身步道、鹅卵石步道、舒适座椅等）给予附近的老人锻炼身体、休闲娱乐聊天的好平台、好场所，还有孙儿辈的儿童乐园（如配置跷跷板、滑梯等）得到社区居民的点赞表扬，居民满意度大大提升。三是重点关注特困老人和残疾人，共建"社区适老综合体"。适老化改造不仅针对一般老年人，更针对社区中有需求但又没法纳入低保、特困的老年人和残疾人。通过"一户一策"制定适老化改造项目，截至 2024 年，沙坪坝区民政局已对土湾辖区 129 户低保、特困老年人住处进行了适老化改造，比如在入户门后安装门铃、床头安装扶手护栏、厕所安装安全扶手、卧室安装感应灯，使其生活出行更方便、舒适、安全。通过土湾街道适老化理念的宣传、适老化改造的倡导、认知障碍的关爱等，养老"服务网"持续织密，多层次养老服务体系不断构建，"15 分钟养老服务圈"不断优化，共建"社区适老综合体"。

2. 土湾街道老年友好城市社区建设的重要性

随着老龄化步伐的加快，适老化改造具有必要性和紧迫性，应推动适老化观念融入社会治理全过程，将适老化改造纳入推进基本公共服务均等化、城乡人居环境整治的工作内容。鉴于此，建设老年友好型社区具有重要意义。

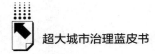

一是适老化改造对于满足老年人基本生活需求，丰富老年人的精神生活需求具有重要意义。以土湾街道为代表的重庆市许多地方在推进适老化改造的过程中，注重走访调研、做好记录，从老年人的实际需求出发，不仅于细微处积极探索满足老年人的基本生活需求，还思索如何进一步丰富老年人的精神生活，满足老年人更为多元化的美好生活需要。

二是适老化改造推动老年人积极参与社区公共服务活动，提升老年人社区归属感、满意度。比如适老化改造中的活动积分制，使得参与活动的老年人可获得积分，并通过积分兑换洗衣粉、食用油等生活用品。通过积分兑换生活用品，是老年人在适老化改造中主动参与社区公共服务活动的重要体现。

三 沙坪坝区"一老一小"友好城市社区建设面临的主要难题

沙坪坝区"一老一小"友好城市社区建设的经验表明，通过资源整合、机制创新和居民深度参与，可有效推动"一老一小"友好城市社区建设。然而，在建设过程中依然存在难点。比如，社区存在差异性和特殊性，后期评估监督机制缺乏；适老化改造质量参差不齐，改造效果和满意度有待进一步提升；服务供给项目单一，服务专业化水平不足；"一老一小"专业服务人才缺乏，志愿者队伍难以稳定；居民参与能动性不高、参与率较低、成就感欠缺。

（一）社区存在差异性和特殊性，后期评估监督机制缺乏

其一，尽管有《一老一小友好社区建设标准》，但实际上，不同社区自身建设情况、标准、方法、过程均存在差异性，继而导致服务质量的差异性。其二，服务专业化水平不一，缺乏统一的行业标准，不同层次水平的社区在提供养老和儿童服务时，专业化水平差异性较大，难以满足居民多样化的需求。其三，适老化、适儿化设施设备改造无统一规范，可能导致资源浪

费或改造效果不理想。其四，暂无统一的、完善的评估和监督机制，难以对"一老一小"友好城市社区的建设效果进行科学的评价和有效的监督。

（二）适老化改造质量参差不齐，改造效果和满意度有待进一步提升

其一，在硬件设施改造方面，部分社区适老化、适儿化设施改造不到位，比如无障碍设施、儿童活动区域等建设不足，存在安全隐患，加之设施维护不及时，已经建成的设施缺乏定期维护，损坏后未能及时修复，影响使用效果和安全性。其二，在服务供给方面，不同社区提供的养老服务和儿童服务质量差异性大，专业化水平不高，难以满足居民的需求。部分社区服务项目过少，严重缺乏针对老年人和儿童的个性化、多样化的服务供给。其三，在资金投入和管理方面，部分社区资金投入有限、改造不全面导致设施和服务水平较低，继而影响居民生活质量，加之资金管理精细度不够，使用率不高，导致资源浪费严重。其四，在社会参与方面，一方面居民对于设施改造的参与不足，实际需求未被充分考虑，从而影响改造效果和居民使用的满意度；另一方面部分社区未能有效整合社会资源，协调作用发挥不够，平台搭建不完善，制约了友好型社区的改造质量和可持续发展。

（三）服务供给项目单一，服务专业化水平不足

其一，服务项目单一，现有服务项目难以满足老年人和儿童的多样化需求，服务内容的创新程度和丰富程度不够，因此在提供相应服务项目之前的调研任务还有待进一步摸索，应从多视角、多维度出发，挖掘满足老年人和儿童实际需求的服务。其二，"一老一小"服务专业化水平不高，比如居家社区养老服务专业人员在精准匹配方面并未实现完全的有效适配，专业人员在精准对接老年人需求方面仍有较大的提升空间，部分社区的居家养老服务可及性受限，专业服务供给不足。

（四）"一老一小"专业服务人才缺乏，志愿者队伍难以稳定

其一，"一老一小"服务人员专业化水平参差不齐，所提供的专业服务

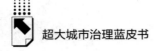
效果差异性过大；其二，部分社区自身条件的局限性较大，即使社区更新改造，但依然难以引进"一老一小"专业服务人才；其三，部分社区缺乏养老服务、儿童教育和心理健康等方面的专业人员，难以提供高质量的服务；其四，部分社区的志愿者队伍多数以非专业人员为主，身份尴尬，素质参差不齐，继而导致多数志愿者服务的持续性难以保障，流动性较大，志愿者队伍难以稳定。

（五）居民参与能动性不高、参与率较低、成就感欠缺

其一，居民能动性不高的主要表现为参与度低、缺乏主动性、合作意识薄弱、贡献意愿低，比如多数居民对"一老一小"友好城市社区建设事务参与热情低、参与率低下、缺乏兴趣和关注等，多数居民对社区问题视而不见，缺乏主动解决问题的意愿，不愿意为友好型社区建设投入时间、精力或资源，居民之间难以对社区事务达成共识、形成合力等。其二，究其原因主要为认识不足、时间与精力受限、参与渠道不畅通、激励机制缺乏、信任与参与感缺失等。具体而言，居民对友好型社区建设的意义和价值认识不足、责任感缺乏，老年人和儿童群体受自身条件限制、参与能力有限，社区缺乏有效的沟通平台和参与机制，信息传递不及时、不透明，信息难以获取，缺乏对居民参与的激励措施，参与社区活动无法获得实际利益或精神满足，积极性难以调动，参与过程感受不到自身价值，成就感较少。

四　沙坪坝区"一老一小"友好城市社区建设的对策建议

尽管沙坪坝区在"一老一小"城市友好城市社区建设中取得不错成效，但也要看到其难点所在，希望通过厘清这些难点，从氛围营造、落实标准、参与主体多元化、提高成效等方面持续完善。

（一）持续营造关心重视"一老一小"友好城市社区建设的良好氛围

一方面，树立全人群、全生命周期的理念，以全局观念的政策举措为基础，

将"一老一小"友好城市社区建设理念作为"全龄友好"社区建设的重要理念之一，营造良好社区氛围，重视"儿童友好""老年友好"相应政策举措，将"一老一小"友好城市社区建设当作重点工程项目。另一方面，需要将政策干预关口前移，全面统筹解决不同年龄群体的生育、教育、就业、退休和养老问题，积极引导，做好对儿童的关心、教育，做好养老服务的技能、财富准备。

（二）持续落实沙坪坝区"一老一小"友好城市社区建设标准，提高适老化、适儿化的建设成效

《一老一小友好社区建设标准》的具体落实需要在老年友好城市社区和儿童友好城市社区的改造中不断落实与完善。其一，在机制友好这一标准上主要涉及参与机制。比如儿童友好城市社区应重点发挥儿童的主观作用，从儿童视角出发，尊重儿童自身权利，发挥其主观能动性，让儿童切实发现社区治理中可能存在的问题，并参与社区服务提供；再如老年友好城市社区可借助老年人尤其是低龄老年人的作用，大力推行积极老龄化理念，让老年人参与到力所能及之社区服务活动中。其二，在文化友好和环境友好标准方面，营造良好的社区文化环境氛围，既要在硬件基础设施方面加大改造力度和覆盖面，更要在丰富"一老一小"精神文化生活方面不断强化，增强居民的社区归属感，为打造社区共同体提供精神素材。其三，在服务友好标准方面，一方面需要进一步培养专业化人才队伍，畅通服务渠道，丰富服务内容，包括提供医疗服务、健康服务、照料照护、探访服务、生活服务等；另一方面，需加强"一老一小"友好城市社区建设的验收监管，不断提升适老化、适儿化改造的成效。

（三）政府、社会、市场协同发力、增加供给，持续提升"一老一小"友好城市社区建设效果

一是发挥政府政策制定与规划引领、资金投入、服务供给质量提升、组织协调与监督评估的作用。其一，《国家积极应对人口老龄化中长期规划》为社区建设提供顶层设计和战略引领，提供土地、财政、税收等优惠政策，

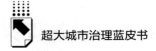

完善支持政策；其二，加大对适老化、适儿化改造的资金支持；其三，组织基层医疗卫生机构、教育机构等为老年人和儿童提供健康教育服务；其四，协调其他各部门共同推进社区建设，对社区建设进展和效果进行监督和评估，及时发现问题并改进。二是重点发挥好社会，尤其是社会组织的作用，比如增加社会组织为老年人提供生活照料、精神慰藉等服务，为儿童提供课后辅导和兴趣培养等服务，组织志愿者开展关爱老人和儿童的公益活动，营造尊老爱幼的社会氛围等。三是充分发挥市场作用，推动建立供需平衡、多元投入的市场化机制，鼓励和引导金融机构、企业、公益慈善组织共同参与适老化改造，拓宽筹资渠道，完善设备设施供给。

（四）发挥专业服务人才优势，开展专业评估，制定共性与个性方案

一是发挥专业服务人才优势，提供专业服务。比如为老年人提供生活照料、医疗护理、康复保健、心理咨询等专业服务，提升养老服务质量。二是开展专业评估。比如开展老年人能力评估，对老年人的身心健康、生活能力等进行评估，制定个性化养老服务方案；开展儿童发展评估，包括儿童的生长发育、认知能力、情感发展等。三是发挥专业志愿者的优势。比如为老年人提供生活帮助、精神陪伴等服务，为儿童提供课后辅导、教育等服务，参与社区活动，助力社区建设。

（五）充分调动居民参与社区服务积极性，促进社区共同体构建

一是充分发挥居民的积极性，调动居民参与社区服务的热情，积极参与社区事务，协商解决涉及"一老一小"的社区问题，并对社区建设进展和服务质量进行监督，及时反馈问题并提出改进建议。二是发挥邻里之间互帮互助力量，关心关爱老年人和儿童，资源共享，营造和谐社会氛围，进而推动社区共同体的构建。三是通过居民的积极参与，增强社区的凝聚力和归属感，提升社区服务的针对性和有效性，满足老年人和儿童多样化需求，推动"一老一小"友好城市社区建设。

B.19
九龙坡区社区老年食堂微利可持续发展模式探索

刘云香　王雨情*

摘　要： 社区老年食堂旨在解决老年人"吃饭难"问题，是一项具有福利性质的民生工程。当前，社区老年食堂运营不佳问题十分突出，这实际上是公益性和盈利性深层冲突的结果。九龙坡区坚持公益性发展理念和市场化、社会化发展方向，走微利可持续的发展道路，政府巧用存量资源，初步打造老年助餐服务网络，创新激励机制，以财政"小投入"撬动市场"大带动"，通过树立服务标杆，引导社区老年食堂走综合发展体之路，增强行业管理和服务水平，不断增强老年助餐服务的智能化和规范化水平，并初步实现社区老年食堂的可持续运转。

关键词： 社区老年食堂　老年助餐服务　公益性　盈利性

习近平总书记 2024 年 4 月在重庆考察时强调："中国式现代化，民生为大。党和政府的一切工作，都是为了老百姓过上更加幸福的生活。"① 重庆市九龙坡区委、区政府深入学习贯彻习近平总书记重要讲话和重要指示精神，树牢社区老年食堂"政府引导、市场主导、经营自主"的发展理念，

---

* 刘云香，西南政法大学政治与公共管理学院副教授、硕士生导师，管理学博士，主要研究方向为社会保障与社会政策、社区治理；王雨情，西南政法大学政治与公共管理学院公共管理专业 2022 级硕士研究生。

① 《总书记的人民情怀："中国式现代化，民生为大"》，《人民日报》2024 年 8 月 6 日，第 1 版。

坚持公益性发展理念和市场化、社会化发展方向，着力破解供需矛盾突出、服务水平不高、经营状况不佳等难题，积极推动社区老年食堂由高质量建设阶段迈向可持续发展阶段。目前，九龙坡区老年助餐服务初步实现了多样化、便捷化、智能化发展，推动老年助餐服务向方便可及、经济实惠、安全可靠、持续发展的方向迈进，增进老年人福祉，助力银发经济发展。

一 改革前情况：老年助餐服务矛盾突出

（一）老年助餐服务供需矛盾突出

九龙坡区常住人口 154 万人、城镇化率 94%，其中 60 周岁及以上老年人口为 35.05 万人，占总人口比重为 22.91%，失能老人 3.58 万人，占老年人口比重的 10.21%。[①] 调查显示，超过 80% 的群众希望就近享受老年助餐服务。但九龙坡区老年助餐服务发展较滞后，社区老年食堂数量较少，点位布局不太合理，尤其是原建设厂、铁马厂等大型工业企业退休职工居住区因老人数量多，助餐服务需求尤其迫切。仅有的几家社区老年食堂多依托镇街养老服务中心建设，空间有限、人力不足，服务辐射范围有限，无法满足全区老年人助餐需求。

（二）社区老年食堂服务水平不高

社区老年食堂政企社合作方式仍处于探索阶段，尚未形成明确的行业建设标准和评价体系。80% 的餐饮企业态度谨慎持观望态度，不愿参与社区老年食堂运营。55% 的食堂服务人员为社区 40~50 岁待业女性，服务意识有待提高。仅有 3% 的食堂聘用营养师，膳食营养搭配不科学。上门送餐服务不足，主要依托物业、志愿者配送或食堂服务人员兼职配送，速度慢、误点率高。政府监管力量偏弱，监管手段单一，无法及时回应社区老年食堂的服务投诉和居民意见。

---

① 本报告数据由九龙坡区民政局提供。

（三）社区老年食堂普遍经营困难

与市场化的餐饮机构相比，社区老年食堂旨在解决老年人的用餐问题，具有公益属性，走平价（或低价）经营路线，不搞花式服务，不追求创意潮流，菜品的附加值较低，企业盈利空间较小，辐射人群定位不准。门店多由社区用房腾挪转化，位置偏僻、装修简朴、产品开发能力不高，通过外卖服务、企业订餐的形式来增收的效果有限，因此相当一部分运营难以实现收支平衡。

二 改革保障：强组织、精规划、促协同、广传播

（一）坚实组织领导

九龙坡区为更好满足老年群体需求，区政府等相关部门发挥坚实的组织领导作用，将发展社区老年食堂作为养老服务政策落实情况的重要内容，纳入民生实事高位推动。成立九龙坡区社区老年食堂建设工作专班，区政府分管领导担任组长，区政府办公室分管副主任、区民政局局长担任副组长，区发展改革委、区财政局、区市场监督管理局、区商务委、九龙城市更新公司等相关单位分管负责人作为成员。专班办公室设在区民政局，负责社区老年食堂建设工作的日常事务。

（二）精细发展规划

九龙坡区政府制定精细的发展规划。社区老年食堂建设布局分"巩固提升、拓展优化、全面提质"三步走，稳步推进老年助餐服务体系的完善与发展。

首先是巩固提升阶段。2025 年，九龙坡区社区老年食堂数量将增加至26 家，包括公建民营型 6 家、功能拓展型 13 家、社会合作型 7 家，确保各镇街至少建成 1 家并投入运营，服务老年人超 26 万人次。同时，做好食堂

建设规划，健全保障机制，通过大力优化智慧场景，探索灵活多样的助餐服务方式，加大对特殊困难老年人的助餐服务力度，进一步健全老年助餐服务体系，探索出老年人经济可承受、市场主体运营可持续的助餐服务模式。

其次是拓展优化阶段。九龙坡区将于 2026 年推动社区老年食堂达到 32 家，其中公建民营型 9 家、功能拓展型 13 家、社会合作型 10 家，服务老年人超 30 万人次，持续完善覆盖城乡、布局均衡、方便可及、多元供给、发展可持续的老年助餐服务网络，不断改进助餐服务质量和水平，拓展社区老年食堂的服务内容与功能，大幅提升老年人就餐便利度与满意度。

最后是全面提质阶段。九龙坡区力争在 2027 年促使社区老年食堂数量突破 40 家，包括公建民营型 11 家、功能拓展型 13 家、社会合作型 16 家，服务老年人超 35 万人次。[1] 对标全国先进水平，高质量培育一批有特色、有人气、有影响力的社区老年食堂，及时总结提炼工作经验，完善创新举措与长效机制，推动社区老年食堂建设迈上新台阶。

（三）做好部门协同

为推动九龙坡区社区老年食堂的改革工作，各部门要发挥协同作用。区民政局要履行好牵头职责，加强组织协调，做好社区老年食堂业务指导、认定监督和评估考核工作，组织兑现社区老年食堂的扶持政策。区发展改革委将社区老年食堂建设（老年助餐服务）纳入全区经济社会发展规划。区财政局要保障好社区老年食堂建设、运营等扶持政策的资金。区市场监督管理局须做好社区老年食堂的食品安全业务指导、专业监管等工作。区商务委应指导有条件的餐饮企业和互联网平台参与社区老年食堂的老年助餐服务。各镇街应做好本辖区社区老年食堂建设管理、日常监管、补贴资金审核等工作。区政府其他职能部门要按照各自职能配合开展社区老年食堂建设与监管工作。通过高效的部门协同为社区老年食堂的改革发展做好保障工作。

---

[1] 参见《九龙坡区社区老年食堂建设行动计划（2024～2027 年）》（九龙坡民政〔2024〕174 号）。

九龙坡区将持续通过强化组织领导，组建工作专班统筹协调，为改革明确方向与责任主体；借助部门协同联动，确保各单位既各司其职，又紧密配合，凝聚起改革推进的强大合力；依靠广泛深入的宣传推广，营造良好改革氛围，助力改革经验交流互鉴，推动社区老年食堂助餐服务实现高质量发展。多管齐下、协同发力，持续完善社区老年食堂建设与运营的长效机制，不断提升老年人的幸福感与获得感，让这一民生改革举措真正落地生根、开花结果，推动全区养老服务事业迈向新高度。

（四）加强宣传推广

为充分发挥社区老年食堂的服务效能，吸引更多老年人及社会力量关注与参与，需以强劲的宣传推广为助力，为社区老年食堂建设与发展营造良好氛围。九龙坡区坚持从实际出发，探索各具特色、灵活多样的社区老年食堂助餐服务方式，防止"一哄而上"，发现问题及时予以纠正，确保规划好、建设好、使用好社区食堂。九龙坡区高度重视宣传推广力度，要求各单位形成及时提炼、深度挖掘的工作模式，对社区老年食堂服务取得的工作成效多渠道、全方位宣传，及时总结和推广好做法、好经验，扩大宣传覆盖面、提升工作影响力，促进社区老年食堂助餐服务高质量发展。

三　改革举措：多策协同推进，共促食堂发展

（一）坚持公益属性，共建服务网络

解决老年人的用餐问题是建设社区老年食堂的初衷，从其目的和实现形式来看，是社会福利的一种方式。九龙坡区推进社区老年食堂福利服务的发展，在牢固树立公益性发展方向的同时，坚持社会化的发展方向，构建政府、市场、社会多元主体共建社区老年食堂服务网络的发展格局。

1.坚持公益导向，以财政补贴助力助餐福利服务

社区老年食堂属于社会福利范畴，要求政府直接投入，但从其运作方式

和产品竞争性质来看，则属于市场范畴，要求其具备盈利能力。政府与市场、公益与盈利在具体运作层面不可调和，造就了当前社区老年食堂的困顿局面。社区老年食堂的发展需要坚持公益导向，明确多元主体的发展责任。政府要使用财政投入为特殊人群提供兜底保障，同时使用财政资金补贴激励市场主体积极投入。九龙坡区积极探索实施老年人用餐补助政策，将财政补助用在刀刃上，制定《九龙坡区社区老年食堂建设与管理办法（试行）》（九龙坡府办发〔2024〕75号），为老年群体提供差异化的用餐补贴政策。其中，居住在九龙坡辖区内的60岁（含）以上的老年人享用10元（含）及以上的套餐后，中餐、晚餐按照2元/人/餐的标准给予就餐补贴；九龙坡区户籍且居住在辖区内的分散供养的特困老年人、经济困难的高龄失能老年人和高龄失独老年人，中餐、晚餐按照2元/人/餐的标准给予就餐补贴，对于失能老年人再按照2元/人/餐的标准给予送餐补贴，免费提供上门送餐服务。

2. 倡导共享共建，巧用存量资源

九龙坡区抢抓重庆市城区老旧改造、城市更新的机遇，深化布点布局的研究，通过"政府统筹、资源共享、巧用存量、发展增量"的方式建设社区老年食堂服务网络，不搞"政府包办"，不搞"提包入住"。在供给方式上，不鼓励政府大包大揽，而是采用巧用存量资源、盘活现有资产的方式增加服务网点。鼓励在有条件的养老服务中心（站）、社区综合服务设施、社区嵌入式服务设施中增设老年食堂；鼓励有条件的机关事业单位、学校、企业开放内部食堂，为周边老年人提供用餐服务；鼓励连锁品牌运营的社会餐饮企业就地开辟老年助餐服务专区；鼓励物业服务企业开办小区老年饭桌，提高老年助餐服务的可及性。这样，在不增加硬件设施、人力资源投入的情况下，九龙坡区首先促成13家养老服务中心食堂就地化身13家社区老年食堂，并对外开门运营，高效快速地建立起全区重点区域的社区老年食堂服务网络，以较低成本推动老年助餐服务驶上发展的快车道。实践证明，"养老服务中心+社区老年食堂"形式的发展优势较为明显，不仅社会信赖度高，而且饭菜干净卫生，食谱搭配科学合理，还能起到为养老服务中心聚集人气，吸引客源延伸服务，传递和营造全社会关爱老人氛围的积极作用。

（二）创新激励机制，吸纳市场资源

社区老年食堂要实现可持续运营，不能仅靠政府"增氧""输血"，还要吸纳广阔的市场资源，利用灵活的市场机制提升社区老年食堂自我"活血""造血"能力，进而实现可持续发展。

1. 设立运营补贴，以"小投入、大带动"撬动市场投资

九龙坡区建立社区运营补贴政策，明确了补助的对象、条件、标准和申请流程，对年接待60岁以上户籍老人达到2400人次的社区老年食堂，给予企业每人每餐2元的运营补贴，最高补贴不超过10万。在市级层面，重庆市民政局对于考核排名靠前的食堂给予一定奖励。市、区两级政府补贴旨在"撬动"市场和社会资本持续扩大投资，弥补政府老年助餐资源的不足。目前，九龙坡区已吸引重庆嘉华投资实业开发有限公司、重庆御膳房餐饮有限公司、光大百龄帮等优质企业加入老年人助餐服务行列，更有不少餐饮企业、个人前来咨询申请，显示出较为浓厚的投资合作意向。2023年，九龙坡区以不到100万元的运营补贴，撬动了5倍以上的社会资金投资，有效吸纳市场或社会资源反哺老年助餐服务，减轻政府的财政压力，带动了专业化、市场化力量参与养老服务。

2. 赋予餐饮企业自主发展权，激活市场

当前，九龙坡区社区食堂处于提高数量、拓展覆盖面的关键阶段，为解决过去政府选址、客流不佳、补贴奖励悬空等问题，九龙坡区政府鼓励企业举办社区老年食堂，在地理位置、价格、销售策略等方面赋予企业充分的自主发展权。特别是抓住了"客流量是社区老年食堂收支平衡甚至盈利的关键"这个"牛鼻子"，鼓励企业根据周边客群是否充足、交通是否便利自行决定食堂位置。后期查漏补缺阶段，再着重在困难老人集中区、保障薄弱区开展社区老年食堂的布点布局。政府不干预社区老年食堂日常运营，促进餐饮企业把主要精力用在把控菜品质量、食品安全、菜品口味、食谱健康和产品销售策略创新上，自主开拓市场，实现日常盈利。比如民主村社区老年食堂采用"自助餐"模式、量膳房社区老年食堂采用"称重售卖"模式，都

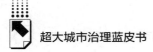

是经实践证明的好经验、好做法。同时，政府支持社区老年食堂"走出去"拓展业务，申请餐饮服务许可证开展外卖配送，促使社区老年食堂经营效益显著提升。通过叠加养老服务、拓展经营性活动以及引入专业化餐饮企业运营等方式，为社区老年食堂的良性循环奠定基础。截至 2024 年 8 月，九龙坡区 16 家社区老年食堂中，6 家已实现收支平衡，10 家进入"微利可持续"发展阶段。

（三）树立服务标杆，提升服务标准

为推动社区老年食堂服务质量的提升，九龙坡区多措并举，创新提出"打造服务标杆、推动服务标准化、提升服务智能化"等工作方法。

1. 打造服务标杆

在九龙坡区政府全力推动下，民主村社区老年食堂借助"全时段空间共享、为老服务的延伸、社区共同体的营造"模式，以"一域典型"指明老年助餐服务未来的发展方向。在民主村片区城市更新规划的早期阶段，该食堂就是策划的重点，着墨颇多。在综合考虑社区人口规模、年龄结构、需求属性的基础上，区政府整合运用民主村老旧厂区场坝、道路及周边商业体资源，将其建设成为一个集吃饭、休闲、娱乐、社交为一体的社区老年食堂综合发展体。食堂外立面采用原建设厂标志性的红砖元素铺装，有力增强历史的厚重感和退休职工归属感；内部建筑面积达 300 平方米，设有老年食堂以及多个市场化铺位；食堂外还拥有一个小广场和宽敞的道路，吸纳了一些政务、商务居民服务网点。该食堂每日午餐、晚餐均提供 24 种菜品，保证一周 7 天菜品不重样。不仅吸引了大量老年群体前来用餐，而且固定了一批上班族客源，日均服务能力超过 1000 人次。"浓浓烟火气，带动大民生。"这里现在是老年人们、上班族的日常生活"据点"，更是民主村片区各种社区活动的"会堂"，有效促进了社区和谐与老年人的幸福感，构建起具有地域特色的"老少皆宜，幸福温暖"社区老年食堂+娱乐休闲空间。此外，依托老年助餐点，进一步丰富服务内容，叠加休闲娱乐、卫生保健、精神慰藉等服务，延长服务链条，优化老年人消费体验，既能保证老年群体客户黏

性，又能不忘关爱老年人的初衷。

2. 推动服务标准化

社区老年食堂均统一悬挂"九龙坡区社区老年食堂"门牌标识，张榜公示食堂的服务时间、服务项目、收费标准、优惠价格、监督电话等内容，主动接受社会监督。强化硬件配置和适老化改造，要求食堂设在2楼以下（含2楼），面积不少于50平方米，供餐能力在50人/餐以上，食堂内外配置无障碍设施和助餐工具，方便老年人进出及用餐。

3. 提升服务智能化

建立集服务、管理、监督于一体的老年助餐服务智能化平台，实现智慧化的线上订餐服务，线下食堂配置人脸识别设备，方便老年人"扫脸用餐"，实现快速识别、无感支付、精准补贴和及时回访，助力老年群体跨过"数字鸿沟"。老年人通过线上区级智慧养老信息平台订餐，由社区老年食堂提供送餐服务。2024年1~8月，九龙坡区共开展助餐服务21.05万人次，同比增长238%。产生订单103871单，其中堂食订单占比88%，送餐订单占比12%，智能化服务体系初具规模。

食堂通过智能App、线上问卷填写等方式向社区老年人及老年人子女等定期征集老年群体用餐"需求清单"，为糖尿病、高血压等特殊人群定制健康套餐。同时结合区域饮食习惯，因地制宜研发适合老年人口味与健康需求的新菜品，为老年群体提供个性化服务，将目前大数据、人工智能等科技应用到老年助餐服务当中，从而为老年群体提供更加优质的个性化、智能化服务。

（四）完善管理服务，规范行业运营

九龙坡区聚焦餐饮企业和老年群众的需求，以解决问题为导向，探索政务服务改革创新的发力点和着力点。区政府及时制定出台《九龙坡区社区老年食堂建设与管理办法（试行）》，以推动老年助餐服务的普及化、福利化、多样化为目标，提高政府管理和服务的协作化、精细化和智能化水平。

1. 提供运营补贴和水电气优惠服务

区政府定期召开联合部门协调座谈会，分工负责、协同推进，联合推出

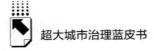

精准的财政支持政策与税收优惠，规定社区老年食堂符合条件的可享受相应的水电气热等方面的居民价格政策，可享受养老服务的相关税费优惠减免政策。通过收费优惠以及相关补贴政策，减少企业的运营成本，一定程度上与企业形成了成本共担机制，降低企业的运营风险。

2. 提升服务的规范化水平

实施"七个统一"，通过统一形象标识、统一服务项目、统一服务时间、统一监督手段、统一评估标准，统一补贴价格、统一支付设备，促进社区老年食堂助餐服务的规范化水平。

3. 规范监管机制

强化对政府补助资金的管理，加强监督检查和例行审计，确保政府补助资金的合理使用。开展"明厨亮灶"行动，邀请老年人、居民代表协助监督食材品质、就餐环境，安装 24 小时摄像头、燃气探头对操作间、库房、配餐间等重点区域进行实时监控，靶向监督守护群众舌尖上的安全。畅通投诉和举报渠道，及时解决群众的合理诉求。开展"不发通知、不打招呼、不听汇报、不用陪同接待，直奔基层、直插现场"联合检查，对服务价格和质量进行评估，依法依规处理未落实安全、运营等方面管理规定的机构，对情节严重的予以摘牌。

4. 强化合同约束

引导企业树立微利运营理念，勇于承担社会责任，培育企业公益文化和价值观念。社区老年食堂运营主体应与镇街签订运营监管协议，镇街与社区老年食堂运营主体签订助餐服务协议，明确助餐方式及价格、服务时间、食品安全责任、权利义务、退出程序、违约责任等内容，以法治保障护航发展。

5. 加强绩效考核和奖励

每年对社区老年食堂运营时长、助餐服务人数及人次、老年人满意度、日常管理等情况开展绩效考核，按"优秀、良好、合格、不合格"四个等级开展评定，并于次年第一季度向社会公布，对排名前 30% 的食堂给予奖励。

四　改革成效：社区老年食堂实现可持续发展

创新社区老年食堂管理方法，实现社区老年食堂的可持续运营，充分说明了九龙坡区政府在谱写中国式现代化重庆篇章中勇挑重担、走在前列的实际行动，代表了该区政府聚焦老年群体最关心、最直接、最现实的需求，全力推进基层政府把精力真正花在为老百姓办实事上的决心。

（一）老年助餐人数大幅提升

推进社区老年食堂建设以来，九龙坡区建成社区老年食堂 16 个（见表1）、老年助餐点 86 个，实现老年助餐服务全覆盖。2023 年开展助餐服务 13.2 万人次（其中，特殊困难群体 1858 人次）；2024 年 1~8 月开展助餐服务 21.05 万人次，与 2023 年同比增长 238%，老年助餐人数增长迅速、效果显著。2024 年 1~8 月，全区社区老年食堂产生订单 103871 单（其中，堂食订单 91163 单，占比 88%；送餐订单 12708 单，占比 12%），达到健康有序、运转良好的预期。

表 1　九龙坡区社区老年食堂的类型、特点、数量

序号	类型	特点	数量	占比
1	功能拓展型	开放养老服务中心内部食堂，为周围老人提供助餐服务	13 家	81.25%
2	社会合作型（"单位+"模式）	依托有条件的学校和企业食堂，为周边老年人提供用餐或外送服务	2 家	12.5%
3	公建民营型	政府提供场地，以契约方式引入餐饮企业负责社区老年食堂的日常运营	1 家	6.25%

（二）食堂服务更加精细

社区老年食堂通过主动公示菜品的成本核算、提前发布食谱菜谱、定期

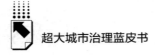
更换食谱菜谱、推出爱心套餐等措施，进一步满足了老年人个性化就餐需求。团结路社区老年食堂每周调整菜品种类两到三批次，换菜率70%以上；民主村社区老年食堂每日午餐、晚餐均有24个菜品，可保证一周七天菜品不重样。

（三）食堂"造血"功能增强

一方面，依托镇街养老服务中心建设社区老年食堂，有效降低了人员、场地、租赁等成本；另一方面，引导叠加为老服务、拓展经营性活动以及引入专业化餐饮企业运营等手段，为社区老年食堂内部的良性循环打下基础，有利于实现社区老年食堂的可持续发展。

（四）群众幸福感显著提升

通过聚焦群众需求，访民情、听民声、集民智，让居民参与社区老年食堂的建设与运营，更好便民惠民。民主村社区老年食堂建成后，不仅成为老人们的日常生活"据点"，更成为民主村片区各种民生活动"会堂"，实现了老年人"下楼有饭吃""社交有场所""休闲有去处"的梦想，成为践行"以人民为中心"发展思想的新的有效载体。

重庆市璧山区 N 社区"双网格化"治理的探索与实践

周垣瑗 张丽梅*

摘 要: 重庆市璧山区 N 社区通过党建统领"双网"共治、精细管理"双网"精治、数字赋能"双网"智治、居民参与"双网"自治等举措推动社区"双网格化"治理,使得党群关系更加密切、社区服务持续优化、治理效率显著提高、居民参与明显提升。当然,在社会组织参与深度、条块部门协同力度、网格信息化平台建设完善程度、老年人数字素养高度等方面尚存在一些不足,未来还需持续探索多元优化路径。

关键词: "双网格化"治理 社区治理 党建统领

一 N 社区"双网格化"治理的发展历程

N 社区成立于 2002 年 5 月,位于重庆市璧山区璧泉街道,辖区面积 2.0 平方公里,有居民小组 24 个,总人口 1.836 万,先后获得重庆市平安建设"示范网格"、重庆市社区建设"示范社区"、重庆市"巾帼文明社区"、璧山区交通安全工作"先进集体"、璧山区"文明社区"等荣誉。

近年来,重庆市璧山区持续创新基层社会治理,围绕推进现代化网格治理体系的目标,探索建成线上"云网络"与线下"小网格"互动互补的

---

* 周垣瑗,西南政法大学政治与公共管理学院公共管理硕士,主要研究方向为城市社区治理;张丽梅,西南政法大学政治与公共管理学院副教授、硕士生导师,人类学博士,主要研究方向为社会学、民族学。

"双网格化"工作体系,形成问题联治、工作联动的基层治理新格局。在此背景下,N社区积极推进"双网格化"治理并取得显著成效,其发展历程包括以下三个阶段。

一是萌芽阶段。N社区于2017年以"党建引领、小区治理"为切入点,探索推行"组网融合",即居民小组与社会治理网格融合,实现最基层的社会治理队伍从组织架构、人员素质上"多元合一""一员多能""一员多用"。"组网融合"完善基层社会治理体系。打破原有"居民小组"与"网格"的区域,重新整合划分,按照1000~1300常住人口的标准,结合还建房、经济适用房、老旧小区等情况,将原有的20个居民小组和24个社会治理网格整合为24个居民小组(网格),由居民小组长兼任网格员,改变职能交叉重叠现象。居民小组长(网格员)每周固定时间段入驻小区支部阵地,在小区内定期接待小区群众,为小区群众收集咨询办理相关事务等。与此同时,居民小组长(网格员)入驻离社区阵地较远的14个党群服务工作站,轮流值班,线下接待群众,全年365天无休,将基层治理、基层服务落实到市民家门口。

二是成形阶段。2020年7月,重庆市璧山区发布《重庆市璧山区"网长制"试点工作实施方案》,将"号""群""圈"划分为若干个网格单元,每个网格单元设置一名"网长",并由此深入探索线上线下"双网格化"基层治理试点。实现线上线下治理融合并行,形成群众反映问题渠道通畅、有人回应、迅速解决的良好局面。璧泉街道在璧山区率先建成一体化治理智治平台,形成数据共享、管理优化、治理提效的基层治理平台。N社区实行多端并联线上交办,通过建立"智慧璧泉"微信公众号、公众信息网、工作App、管理后台,关联街道、社区、网格与群众,形成群众意见诉求、任务的"线上+线下"网格。同时,推动网格长、网格员广泛进群、主动建群,实现"建圈入群",通过宣传引导、解决诉求、风险预警"三步走",实现双网格治理效果最优化,为破解长期存在的社会参与难、群防群治难等问题提供了解决方案。

三是完善阶段。2023年,重庆市发布的《关于加强党建统领建设现代化网格治理体系的指导意见》指出，推进党建统领双网共治是璧山区深入贯彻习近平总书记关于加强基层治理的重要论述的创新举措，是落实市委"党建统领基层智治"要求的有形抓手。N 社区重塑网格、纵贯到底，完善"双网"治理基本构架。坚持多网合一，合理设置楼栋楼层微网格、村民小组网格和企业、学校、医院等专属网格，系统整合党建、政法综治、应急管理等各类网格，形成"上面千条线、下面一张网"格局。坚持一格一组，把支部建在网格上，实现"一个网格、一个支部、一座堡垒"。坚持一格一群，全覆盖建立网格服务群，确保为群众服务 24 小时在线。坚持一格一团，建好"1+3+N"团队，配齐配强网格长、网格员等工作力量，用好民警、矛盾纠纷调解员、社区医生等群体，充分发挥团队的强大力量。领导干部要全员参与、主动作为，带头下沉网格，部门、镇街干部全部进网入格，并在所居住小区网格"双报到"，调动群众积极参与自治，引导社会各方力量参与共治，通过"格"中微治理带动基层大治理。

二　N 社区"双网格化"治理的实践经验

（一）党建统领"双网"共治

近年来，N 社区严格落实城市基层党建工作有关部署和要求，坚持把网格化治理贯穿城市基层党建工作的全过程，探索出一条党建统领"双网"共治的基层治理创新之路，形成了上下联动、条块结合、横向共建、多方参与的基层治理格局。

1. 创新党建统领机制

N 社区积极响应重庆市和璧山区相关指导精神，将党建统领作为社区治理的核心，深入推进"党建扎桩·治理结网"工作。社区党委紧紧围绕"党建统领，抓党建核心、抓队伍关键、抓为民根本"的思路，不断深化和创新街道社区党建工作，着力提升服务居民群众的质量和能力。

一方面，推动支部在网格覆盖。坚持"街道党委—社区党组织—网格

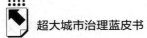
党支部—党员责任区"四级联动、一体推进，把基层党建作为一条主线，党建统领基层治理服务各项工作，按照300~500户划分网格，并建立网格党组织，N社区党委下设24个党支部，共有党员212名。以社区党委为党建领导核心，建立24个网格，严格执行"三会一课""四议两公开"制度，定期开展组织生活会，充分调动党员积极性和主动性，增强党组织凝聚力和吸引力。

另一方面，推动力量在网格集结。优化配置"1+3+N"网格工作力量："1"即建强一个核心——充分发挥基层党组织核心力量，坚持党对一切工作的领导；"3"即凝聚"三支力量"——积极整合社区民警、社区干部、社区网格员三支基层力量，在党组织领导下开展网格管理各项工作；"N"即提供多项服务——围绕各项民生工作，为居民提供各种服务，不断提升居民群众获得感、幸福感、安全感。比选社区干部、社区骨干党员担任网格长，通过社区干部下沉一批、符合条件转岗一批、公开选拔招录一批的方式，配备专职网格员，同步配备兼职网格员、网格指导员，确保网格全覆盖。同时，选聘退休干部和小区党支部书记担任网格员导师，健全结对联系、党员进网入格、网格吹哨、部门报到问题联动解决等办法，使基层工作由过去"上面千条线、基层一根针"变为"上面千条线、基层一张网"，从而实现精准化治理、精细化服务。

2.一核多元融合共治

N社区坚持"一核多元融合共治"的社会治理思路，将党建统领作为社区治理的核心，通过整合周边社会组织、公共单位、企业等不同类型党组织的资源，深入推进一核多元融合共治工作。以社区党组织为核心，深化各领域党组织互联互动。目前参与N社区"双网格化"治理的主体有四种类型：第一类是政府组织，代表包括基层政府、社区党组织、居委会和"双报到"单位；第二类是市场组织，以物业公司为代表；第三类是社会组织，包括自发成立的社区群众组织，其形成与兴趣爱好、公共参与度等特点相关；第四类是居民群体，同时也是社区自治力量的支持者和社区公共服务的享受者。每类主体在一核多元融合共治中充分发挥着不同的作用。

N 社区党支部通过整合社区志愿服务力量，联合医疗机构、教育机构以及其他社会团体和企业单位的资源，社区结合新时代文明实践站、养老互助站等服务阵地，共同推动服务下沉到网格，包括社区养老、垃圾分类、知识宣讲、政策宣传等服务。这些举措聚焦群众需求，针对性强，旨在将服务工作做到群众心坎上，努力营造"群众主动参与、社会共同治理"的幸福新景象。党组织的强中心逻辑有助于连接政府、企事业单位和社区自治组织，打破各方之间的信息壁垒和资源壁垒，构建"共建共治共享"的社区发展格局。

（二）精细管理"双网"精治

N 社区通过线上线下端对端对接，形成"横向收集—纵向处理—基层化解"的精细处理闭环。运用"虚拟网格"和"实体网格"并举的手段，实现"线上服务+线下治理"并行的格局。"双网"精治的基层治理运行机制是"全域覆盖、上下联动、精准到位、运行高效"，可以有效提升基层服务能力和服务质量。

1.创新网格运行机制

N 社区采取"收集—研判—交办—核实—反馈—考核"六步闭环处置工作机制，对各类事件分类处理。第一类是网格员一方面线下落实日常巡查制度，另一方面线上从网格微信群、网格信息平台收集居民疑问和困难，针对居民咨询、问询等日常类信息要及时解决，由网格员现场收集处理，登记备案，并按一定的流程进行交办结案。第二类是网格员无法自行处理的问题或协调类事件，应由网格员收集，并立即上报社区网格团队，由社区网格团队负责统筹辖区内的部门、单位、社会组织等团体，对问题事件进行部署和安排，以确保事件上报后能够得到妥善处理。第三类是将社区层面难以解决的问题上报至相关部门，特别是一些重点类信息和突发性事件，比如供水、供电等民生事项，由社区网格团队通过平台向街道指挥中心上报事件。随后，街道指挥中心协调相关部门，召开民情分析会进行专题研判。如果发现问题在街道层面无法解决，立即上报至区级职能部门进行求助协调，并及时跟进，以确保事件按照流程进行结案并反馈。在整个流程处理中，线上线下形成了良好互动，能够及时化解矛盾纠纷。也正是这份细致和熟练，让"网"更加全面，也让社区治理更好地向精细化方向迈进。

2. 培育专业网格力量

第一，健全"选、育、管、用"全链条管理体系，着力打造一支组织严密、素质过硬、群众满意的基层网格员队伍。

一是择优公正"选"，严把选聘关键环节。注重能力素质考察，将优秀的品行、高度的责任心及良好的服务意识，作为网格员选拔的重要指标，采取笔试、面试方式加大对外招考，参照执行公务员体检、政审标准，确保所用人员立得住岗位、经得起考验。注重优化结构层次，建立专职网格员信息化档案和专业人才库，实现"一人一档"管理，有效聚集各方专业型人才。

二是精准多元"育"，抓实培养体系建设。一方面，搭建多维培训机制，制定培训计划，定期为网格员"充电赋能"。组建特色网格培训班，聘用兼职教师，常态开展政治理论及综合业务培训，累计举办"网格大讲堂"11期，开展岗前培训4批次。另一方面，加强岗位实践锻炼。区网格协调指挥中心采取"一月一主题"调度，积极推动网格管理向网格服务转型，让力量在网格聚集、服务在网格升级、事情在网格解决。

三是从严用心"管"，优化履职保障机制。一方面，规范工作职责。健全网格事项清单机制，细化7大类22项网格事项，为专职网格员量身定制一部手机、一个蓝背心、一个笔记本、一个工作证、一个水壶和一个手提包等"六个一"民情包，切实提升身份辨识度、增强社会认可度，按照"采集上报、核实立案、指挥派遣、处理反馈、核查结案、考核评价"的步骤有序处理网格事项。另一方面，优化考核管理。建立"平时考核+年度考核+群众满意度考核"有机结合的考评体系，在岗位聘任、评奖评优中，根据网格员考核等次，运用"优先推荐""一票否决"机制。

四是探索创新"用"，搭建晋升成长平台。首先，打通职业晋升通道。建立网格员直补社区工作者晋升机制，即当社区工作者缺额时，面向聘任制网格员定向招聘予以补充，目前已有3名优秀网格员就地转岗社区工作者。

其次，强化激励引导。注重从符合条件的优秀专职网格员中发展中共党员，目前，已有 10 人被列为党员发展对象或入党积极分子。最后，注重典型宣传。坚持示范引领作用，全方位宣传具体工作中涌现的先进人物、典型事迹，全面展现网格员的职业风采和良好形象。

第二，明确网格员工作职责，将"协助开展网络综合治理工作，进'圈'入'群'，在网格微信群、业主微信群、QQ 群等力所能及回应群众关心的热点难点问题"纳入《网格员任务清单》，推动网格员线上线下身份合二为一，实现既管网下，又管网上。

社区网格员在线下重点负责搜集群众心声，在线上则通过"智慧璧泉"信息系统或者 QQ 群、微信群等及时收集居民在社区群里反映的诉求和问题，在平台上以图、文、视频、音频等形式上报并转办相关部门，搭建起问题逐级反馈的渠道，满足不同居民的需求。相较于之前的社区网格化治理，"双网"共治更加强调运用大数据、人工智能等新技术新手段，打造全区智慧指挥调度平台，加快数据归集共享，有效解决基层群众问题。网格员要通过"智慧璧泉"信息系统移动终端，做到"基础信息不漏项、社情民意不滞后、问题隐患全掌控"。

第三，建立管理考核制度。N 社区网格员考核由社区负责组织，内容主要包含基本工作要求、"智慧璧泉"信息系统使用情况和奖惩事项等。网格员每月考核经费为 600 元，其中 300 元为倒扣分考核经费，每月考核得分基准为 100 分，实行倒扣分制度，网格员每扣 1 分扣发考核经费 20 元，扣完为止（事假扣发金额累计计算），另外 300 元为奖励考核经费（完成一条奖励 10 元，300 元封顶）。网格员可通过每日登录"智慧璧泉"信息系统的次数、信息录入、事件采集、事件办结、群众评价等情况以及任务完成情况统计积分，年终时进行评比，评选出"璧泉街道十佳网格员"，每人奖励 1000 元。如果网格内发生可防性治安或刑事案件、矛盾纠纷激化导致非正常死亡或民转刑案件、重点人员严重漏管失控甚至违法犯罪等情况的，直接取消网格员评先评优资格，并在综治考核总成绩中扣分。此外，对年度考核定为不合格的网格员实行劝退制度。

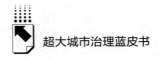
（三）数字赋能"双网"智治

1. 搭建数字化信息平台

重庆市璧泉街道建立"智慧璧泉"信息系统，实行多端并联线上交办，该系统由"智慧璧泉"微信公众号、公众信息网、手机 App 管理端、管理后台四部分组成，通过衔接街道、基层社区和社会基础网格，建立三级联运服务体系，实现网格化管理和基层社会综合"数据对接共享"治理工作融合开展，关联街道、社区、网格与群众，形成群众意见诉求、任务的"线上+线下"网格"收集、交办、督办、评价"的闭环机制，确保件件有着落、事事有回音。

为了实现群众诉求"一路通"，N 社区提供了包括"智慧璧泉"微信公众号在内的多种便捷方式供居民主动上报矛盾纠纷、安全隐患和民生诉求。一旦在公众号平台收集到问题线索，将及时分流至相关部门，督促线下处置化解。经过核实之后，及时在线反馈问题处置的进度和结果，真正做到让群众少跑腿，让问题得到有效解决。

N 社区坚持网上网下一体化理念，探索"双网格化"治理路径，构建上下联动、全域覆盖、务实高效的"互联网+基层治理"模式，打通联系群众、服务群众的通道。截至 2023 年 10 月，"智慧璧泉"信息系统共受理各类事项 22406 件，已办结 20613 件，正在办理 1793 件，办结率高达 92%，群众满意度达 98%以上。

2. 构建数字治理体系

2023 年 2 月，重庆市加强基层治理推动平安重庆建设大会暨市委政法工作会议提出了党建统领"一中心四板块一网格"的基层智治体系架构。一中心即基层治理指挥中心，在镇街层面建立统一的基层治理指挥中心，进行实体化运作；四板块分为党建统领、经济生态、平安法治、公共服务等四个方面；一网格是指配备专职网格员，拟订网格事项清单，确定网格运行规则。

N 社区推进"一中心四板块一网格"基层智治体系建设工作，建立了

"一中心"全时值守、快速反应,"四板块"全链协同、联动增效,"一网格"全科服务、精准治理的工作格局,从而实现了高效能基层治理。目前基本构建起基层治理一体化大数据网络,做到一屏掌控、一键调度。以改革推动、数字赋能为指引,打造全科型、服务型、共治型、数智型的新型网格,全面夯实基层治理现代化基石。

(四)居民参与"双网"自治

依托社区居民发现事件信息,组织居民协商处置相关网格事件,是 N 社区居民参与"双网"自治的重要方式。N 社区高度重视居民对社区治理的参与度,主要通过打造议事机制、搭建活动平台、建立积分机制等方式引导居民积极参与、合理表达、集体决策,从而将居民自我管理、自我服务、自我教育、自我监督的自治图景植根社区。

1. 打造议事机制

由党支部引领、网格员牵头、居民商议、多方共议的"三级院坝会",不拘形式、不设主席台、不准备讲话材料、不扣帽子、不定会议时间、不限制人数多少,干部与群众围坐一起,召开一场解决实际问题的院坝会。按照有关要求,区领导每年至少参加乡村、小区、厂区院坝会各 1 次,区级部门负责人根据业务范畴每季度至少参加院坝会 1 次,镇街领导每月至少参加院坝会 1 次,村(社区)党组织书记每月至少参加院坝会 2 次,院坝长每月至少组织召开院坝会 1 次。通过专题协调、议事协商等运作机制,聚焦网格内部小事,实现居民自治。

N 社区依托"三级院坝会"收集居民意见建议,每年明确小区十件大事,成功摘牌多年重大消防隐患,新建补建各类便民设施,聚力解决居民急难愁盼问题。对于一些临时性事件,发挥信息化作用,通过微信群组等及时提醒或开展线上协商议事,既保障居民知情权、参与度,也保障时效性,及时摸清实情、把握民意、找准问题。

2. 搭建活动平台

N 社区充分利用网格资源,依托社区社会组织等平台,广泛开展公共治理类、公益志愿类、精神文化类等活动。例如"百姓大舞台·'璧'定更精彩"群众文化活动、"全民阅读，好书共享"读书推广活动、"生活方式与健康"宣讲活动、"维修路灯添光明，照亮小区暖人心"活动、高血压志愿服务活动、文化进万家文艺演出活动等。鼓励和支持社区居民自发组建各类文化体育团体，开展群众喜欢的各项活动，激发居民参与社区治理的积极性。

3.建立积分机制

N社区整合人居环境整治、新时代文明实践等网格积分体系，建立"积分银行""积分商城"，激发群众自治活力。社区居民深度融入网格治理工作，其参与志愿服务、协助问题解决等可获得相应积分，此举大大提高了居民参与志愿服务的积极性。建立"暖心积分管理平台"作为科技赋能推进"积分制"工作开展的亮点，内含小程序端和网页端两种渠道。小程序端作为居民参与渠道，下设积分规则、积分登记、积分兑换、积分查询等功能窗口，集成申报、审核和兑换等系列功能，能够做到"居民能参加、参加有回报、回报可兑换"。网页端作为街道、社区和小区的管理平台，可完成积分规则合理发布、志愿活动有序开展、居民数据批量导入等工作，能够做到"家家有档案、档案可管理、过程可审查"。

小区积分按照"基础积分+贡献积分"共细化6大类28项，用基础积分作为规范小区居民言行的标尺，同时通过贡献积分、红黑榜标识两种典型方式，引导小区居民善治善为。此外，该社区还探索建立"订制积分"，通过"暖心积分"系统中"微心愿"模块订制"微心愿"，小区其他居民可以对接满足心愿，进而赚取专属积分。

三 N社区"双网格化"治理的优化路径

N社区通过党建统领"双网"共治、精细管理"双网"精治、数字赋能"双网"智治、居民参与"双网"自治等举措推动社区"双网格化"治理，使得党群关系更加密切、社区服务持续优化、治理效率显著提高、居民参与明显提升。当然，目前还是存在一些不足之处，如社会组织参与广度和深度不足、条块部门缺乏有效配合、网格信息化平台建设不完善、"数字鸿沟"难以跨越等。进一步优化社区"双网格化"治理，未来尚需在以下方面持续发力。

（一）培育社会组织力量，推进多元协同共治

1.培育社会组织专业力量

第一，加强顶层设计。建立健全社区社会组织培育机制，建立科学的支持体系，完善经费支持、活动场所、登记备案等方面的制度保障，促进社区社会组织健康发展。第二，优化平台建设。建立多层级孵化基地，为社区社会组织提供办公场所、设备和经费等基础硬件保障。加强能力建设、人才培养、管理咨询等方面的全流程服务，为组织的长远发展保驾护航。第三，明确孵化重点。针对不同的发展阶段和现实约束，因地制宜明确重点，以开发、引导和提升等多种策略实现社区社会组织发展与民众需求的真正匹配。

2.完善社会组织参与途径

第一，搭建社会组织参与社区"双网格化"治理的制度化平台。努力培育积极健康的社区文化，创造丰富多彩的社区文化环境；加强志愿者队伍建设，营造志愿服务的良好社区氛围；加强纵向横向联系，拓展社区治理反馈渠道，更好解决居民利益诉求。第二，促进社会组织参与社区公共服务供给。通过赋权增能，激发社会组织内生潜能，引导社会组织密切关注基层社区治理需求，助力其在专业化服务、社区居民组织、福利服务和教育培训等方面提供优质服务。

（二）理清"条块"关系，促进社区精细治理

1.统一权责标准

第一，优化政府职责体系，建立合理的政府行为界限。厘清街道与下沉单位的有关职能，查明当前工作中出现的职责交叉、边界不清之处，并建立相应的责任机制，确保社区"双网格化"治理依法、有序、高效运转。第

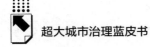
二，优化条块统合路径，充分发挥"条"在垂直管理方面的专业化职能、"块"在属地管理方面的综合性职能，确保社区"双网格化"治理中出现的问题既"看得见"又"管得着"。①

2. 强化部门监管

在完善"双网格化"治理考评机制的基础上，扩展绩效考评对象，从网格员个人扩展到职能部门，对网格事务涉及的所有职能部门进行考核。其一，搭建信息平台，健全奖惩制度，完善考评内容和标准，建立健全考核过程与结果公示制度。其二，强化对各职能部门的监管，加强反腐力度。其三，通过 QQ 群、微信群、微信公众号等多种方式，建立公众监督网络。

（三）强化数字技术赋能，提升社区智治水平

社区"双网格化"治理强调"线上虚拟网格"和"线下实体网格"并举，注重利用信息技术赋能治理行为，推动"智慧治理"与传统治理相融合，② 解决基层治理中的"数据烟囱"问题。③

1. 加快网格治理技术革新

第一，加大资金投入。通过财税政策来拓宽资金筹集渠道，充分利用社会资本的杠杆效应，从体制、法规等方面采取措施对专项资金进行有效监督，确保专款专用。第二，制定网格治理迭代技术标准。为社区配备现代办公设备，便于信息录入和上报；保证设备运行速度，加快信息汇总和处置速度，提高工作效率；确保平台高效对接和稳定运行。网格指挥中心的技术设备需具备出色的集成和运算性能，以保持系统的稳定运行。第三，建立信息共享平台。以社区为基础，对已有的智慧社区建设成果进行整合、消化和迁移升级，构建社区智能信息系统，推动跨部门数据的实时流通与融合共享。

① 参见彭勃、刘旭《破解基层治理的协同难题：数字化平台的条块统合路径》，《理论与改革》2022 年第 5 期。

② 参见郁建兴、黄飚《整体智治：公共治理创新与信息技术革命互动融合》，《人民周刊》2020 年第 12 期。

③ 参见周俊《以整体智治消除基层"数据烟囱"》，《国家治理》2020 年第 30 期。

2. 加强数字人才队伍建设

第一，通过社会招聘、校园招聘等多种途径，引进社区网格化治理所需数字人才。第二，通过制度建设、内部培训、与科研院所合作等方式对接智慧治理的需要，完善数字人才培育与评价制度。第三，建立完善相关保障机制，鼓励现有人才队伍自主参与相关培训，不断提高数字化治理能力。

（四）支持"老有所为"，增强社区自治力量

1. 开展老年数字素养教育

第一，加强社区教育。可以借鉴广州市智慧社区建设的经验，在社区设立教育平台，提供包括老年大学、技能培训、智能技术使用等相关远程教育资源。在此基础上，将社区教育延伸至家庭网络，鼓励家庭成员采用恰当方式助力老年人数字技术使用的意识培养和能力提升。第二，优化传统服务。对于不愿意或不能利用智能设备的老人，继续保留、优化纸质通知、上门服务等传统方式，确保治理"温度"。

2. 打造老龄友好参与环境

第一，搭建参与平台，拓宽老年人参与社区"双网格化"治理的渠道。第二，完善激励机制，增强老年人参与社区"双网格化"治理的持续性。可以通过积分兑换、通报表彰等方式，在物质、精神两方面对其参与贡献予以肯定和回馈。第三，强化家庭支持，为老年人参与社区"双网格化"治理营造更好氛围。

B.21
合川区社会治理共治中心
"共治"激活"自治"实践

张彩华 彭月秀*

摘 要： 打造共建共治共享的社会治理格局，要求社会治理方式由主要靠政府管理向多元主体参与共治转变，社会治理的逻辑向"以社会自治为主场、政府等多元主体合作共治为保障"转变。然而，当前社会治理呈现日益复杂化和专业化的趋势，包括社会力量在内的多元主体需要具备参与社会治理的意愿、能力和资源，才能形成"有效的"治理格局。针对当前社会力量参与治理的资源分散、合力不强、渠道不畅，难以有效发挥自治效能、难以撬动社会成员发挥自治效能的现实困境，重庆市合川区探索建立社会治理共治中心平台，通过专业化运营，政企社合力聚合、孵化社会组织，通过赋能社会、匹配需求、对接资源，以社会力量赋能社会自治，通过"共治"激活"自治"之路推动社会治理提质增效。

关键词： 社会治理 多元主体 社会自治 共治中心 社会力量

习近平总书记在党的二十大报告中强调，要"健全共建共治共享的社会治理制度，提升社会治理效能"，"建设人人有责、人人尽责、人人享有

---

* 张彩华，西南政法大学政治与公共管理学院副教授，管理学博士，研究方向为社会治理、政府管理与创新。彭月秀，西南政法大学政治与公共管理学院硕士研究生，研究方向为社会治理、应急管理。

的社会治理共同体",并提出"人民城市人民建、人民城市为人民"的理念。① 这表明人民群众是城市建设和社会治理的核心主体,必须坚持以人民为中心的发展思想,让人民成为城市建设的主角。为了实现城市的美好和人民的幸福生活,必须建立稳定、高效的社会治理体系,以共治共管、共建共享为抓手,引导社会力量参与城市建设和社会治理。通过充分调动人民群众的积极性、主动性和创造性,推动居民自我管理、自我服务、自我教育,形成多元共治、协同发展的良好局面,打造共建共治共享的社会治理共同体,使城市成为人民安居乐业的美好家园。然而,激发人民群众的主体性并非易事。重庆市合川区通过搭建社会治理共治中心平台,汇聚了政府部门、社会组织、群团组织、志愿者、市场主体和居民群众等多元主体。通过引导和保障社会力量参与治理,带动部分群众参与,激活居民自治,合川区为激发人民群众的主体性提供了可借鉴的路径。

一 现实背景：多元主体力量分散，社会治理遇困境

重庆市合川区自 2019 年起构建三级综治中心,该中心以网格化服务管理为基础、以信息化为支撑、以智能化为手段,实现辖区内各相关部门与综治中心资源整合、信息共享、协调一致,形成"矛盾纠纷联调、社会治安联防、突发事件联处、重点问题联治、重点人员联管、基层平安联创"的工作格局。综治中心以"行政力量"为主导,其核心任务是推动平安建设和社会治安综合治理工作,以防范风险、化解矛盾、维护稳定为主要任务;在依托基层网格的基础上,形成了"综治中心+网格化+智能化+社会化"社会治理体系,基层社会治理取得显著成效。但现行机制仍面临治理效能与多元诉求不匹配的结构性矛盾:一方面,综治中心过度聚焦治安兜底功能,难以回应群众对高品质生活的治理期待;另一方面,政府、社会组织、市民及

---

① 参见习近平《高举中国特色社会主义伟大旗帜　为全面建设社会主义现代化国家而团结奋斗——在中国共产党第二十次全国代表大会上的报告》,人民出版社,2022,第 54、32 页。

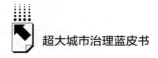

企业等多元主体呈现"碎片化"参与状态，跨部门协同壁垒、社会组织供需错配、市民参与惰性等问题交织，导致治理力量难以凝聚。社会治理主要面临以下困境。

（一）政府部门：统筹效能受制于跨部门协同壁垒

千头万绪的社会治理，仅凭政府"一己之力"难免捉襟见肘，急需加快建设共建共治共享的社会治理共同体，充分调动和发挥多元主体合作共治的积极性和主动性，激发治理活力，提高治理效能。在合川区的社会治理实践中，政府部门承担着统筹全域社会治理的重任，但在跨部门协同共治方面却面临着诸多挑战。主要问题包括：一是部门职责划分不清晰，权责边界模糊，导致政府职能部门除承担行政管理和公共管理事务外，还须处理额外服务性工作；二是行政事务繁杂且部分治理领域专业性强，使政府部门在应对复杂问题时力不从心；三是部门间缺乏有效的信息共享和协调机制，难以形成协同共治合力。这些问题不仅影响了治理效率，也制约了社会治理体系的进一步完善。警情分流中的不足便是一个典型。其初衷是通过合理分流警情，让公安部门专注于紧急警务，但在合川区的实际操作中，群众习惯性拨打110报警，造成大量非警务类警情如市场监管、环境保护、社会保障等问题仍由公安机关初步处理，增加了警力负担，降低了警务效率。这反映出政府部门间信息共享和协调机制的不足，其他部门和社会服务机构在处理非警务类警情时存在响应不及时、处理不到位等问题，导致群众对警情分流机制缺乏信任，依然依赖公安机关解决问题。警情分流改革中出现的问题反映了政府部门间信息共享和协调机制的重要性。只有加强机制建设、推动多方参与，才能真正实现警情分流的目标，提高社会治理的效率和水平。

（二）社会组织：专业能力遭遇供需错配与信任瓶颈

社会组织作为社会治理的重要力量，通常专注于特定领域的治理问题，拥有丰富的治理经验和创新方法。在合川区社会治理中，社会组织作为重要力量，虽具备丰富的治理经验和创新方法，但面临活跃度有限、难以施展治理能力的困境，主要体现在社会组织数量与政府购买服务需求不匹配以及政府对社会组织的认知和信任度不足两大问题上。一方面，合川区社会组织数量与政府服务需求不成正比。2023 年，合川区共有 560 多家社会组织，但其中 100 多家未开展活动且未进行年检，活跃组织数量有限。[①] 特别是心理健康、矛盾纠纷调解等专业性强的治理类社会组织不足，难以满足政府多样化需求。许多社会组织因资金、场地、人员等问题难以为继。另一方面，政府部门对社会组织的认知和信任度不足。由于缺乏有效对接平台，部分政府部门在采购服务时，更倾向于选择有合作经验或知名度高的组织，忽视有潜力的初创组织，这导致这些组织在争取项目时有可能会受挫，其专业社工和志愿者团队无法得到充分发挥。这种局面限制了社会组织在社会治理中的作用发挥。

（三）市民：被动接受管理惯性阻碍共治活力

市民作为社会治理的主体之一，其参与意识和能力的不足也是合川区社会治理面临的一大困境。市民习惯于被动接受管理，缺乏主动参与治理的意识，更多地扮演"旁观者"角色，这种现象在社区事务中尤为突出。许多市民认为社区事务是政府或相关机构的责任，与己无关，导致参与社会治理的积极性不高。这种局面不仅影响了社会治理的民主性和有效性，也制约了市民自身的发展。市民作为社会治理的主体之一，其参与意识和能力的不足是合川区社会治理面临的一大挑战。尽管"政府主导"模式在过去发挥了重要作用，但也造成市民长期依赖政府管理，缺乏主动参与治理的动力。在合川区，参与社区自治的群体主要集中在退休老年人、热心公益的居民和社区志愿者。他们因闲暇时间较多、社区归属感强，愿意积极参与社区活动，如组织文艺演出、开展志愿服务和参与社区决策等，为社区注入了活力。然而，一些年轻人、上班族等由于工作繁忙、生活节奏快，参与度较低。以垃圾分类为例，尽管他们对社区环境和垃圾分类议题有诉求，但缺乏参与解决的意愿和时间，导致分类投放准确率不高，社区环境治理和垃圾分类回收工

---

① 数据来源于合川区民政局调研报告。

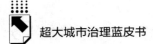

作进展缓慢。垃圾分类，这是一项需要全民参与的工作，不仅关乎城市环境的美观与整洁，更关系到资源的循环利用和可持续发展。从"攻坚战"到"持久战"，垃圾分类需要每一位市民的共同努力，需要政府、社区、物业和居民形成合力，让市民真正参与进来，才能营造宜居、和谐、美丽的社区环境。

（四）其他力量：资源碎片化制约治理效能

除了政府部门、社会组织和市民之外，合川区还存在许多其他社会力量，如企业、志愿者团队、学术机构等。然而，这些力量在参与社会治理时往往呈现出分散游离或不活跃的状态，导致其参与社会治理的收效甚微。具体来看，企业参与社会治理多局限于自身业务领域，缺乏与其他力量的协同合作。例如，房地产企业可能关注社区建设和环境保护，但很少涉及更广泛的社会治理议题。志愿者团队因缺乏统一管理和协调，存在活动重复、资源浪费的情况。比如，多个志愿者团队可能在同一社区开展相似的志愿服务，未能形成互补和协同。学术机构虽具备提供智力支持和政策建议的优势，但其研究成果常因与合川区实际需求脱节而难以落地。例如，一些社会学或公共管理领域的研究未能充分考虑当地情况，导致在政策制定或项目实施中无法有效应用。为解决这些问题，合川区需建立有效的组织和协调机制，加强各方沟通与协作，同时提升这些社会力量自身的能力水平。只有如此，才能充分发挥它们在社会治理中的作用，推动社会治理体系的完善和发展。

二　创新探索：打造协同阵地，"搭台牵线"聚合力

党的二十大报告提出，"健全共建共治共享的社会治理制度，提升社会治理效能"①。针对群团、社会组织、社工、志愿者、企业、市民等社会力

---

① 习近平：《高举中国特色社会主义伟大旗帜　为全面建设社会主义现代化国家而团结奋斗——在中国共产党第二十次全国代表大会上的报告》，人民出版社，2022，第54页。

量参与社会治理渠道不畅、资源分散、合力不强，以及政企社治理供需对接不畅问题，合川区深入贯彻落实党的二十大精神和全市加强基层治理推动平安重庆建设大会暨市委政法工作会议精神，着力建体系、搭平台、汇资源、聚合力，于 2020 年着手共建共治工作，2022 年建立重庆市首个以社会组织为枢纽的"社会治理共治中心"平台，积极引导社会力量参与社会治理，推动社会治理主体由一元向多元转变，手段由单一向多重转变，内容由单薄向丰富转变，激活更广大主体参与社会治理的积极性，有效提升了社会治理的效能和质量。

（一）打造协同阵地，高标准建好"舞台"

合川区按照"党建统领、政府兴办、专业运营、部门参与、社会协同、群众受益"的工作思路，探索建立社会治理共治中心。该中心占地 1922 平方米，内设社会组织孵化中心、社工志愿者实践中心、市民参与社会治理中心、企业服务社会中心、群团组织联络中心五个分中心，设置展示区、策划区、孵化区等多个功能区，主要负责社会力量参与社会治理的政策研究、发展谋划、项目研发等工作。

在运营模式上，区委政法委牵头，组织团区委、区工商联、区民政局、区教委等相关部门成立工作专班，并引入合川区平安志愿者联合会进行现场运营。该平台为多元主体参与社会治理提供阵地支持和智力支撑：一是提供免费办公场地，降低社会工作服务组织的经费支出；二是定期邀请专家开展培训，并与民政局联动进行社会组织年检培训；三是给予资源和资金支持，助力社会工作服务组织发展；四是提供展示和宣传平台，提升其公信力和影响力。

（二）坚持高位统筹，高水平管好"舞台"

一是党建聚力。坚持党建统领，将社会力量吸纳为党委和政府抓治理、保平安、促发展的重要组成部分。共治中心成立社会组织综合党委，下设 69 个党支部，有党员 405 名。按照建设新时代"红岩先锋"变革型组织要

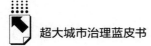

求，建强党组织"神经末梢"，打造学习型、开放型、创新型、服务型、效能型社会组织综合党委，切实提升党建统领社会组织能力。坚持区委统筹与区域层级联动相结合，区级层面实施"党建统领·赶考亮卷"行动，开展社会治理创新攻坚，全域发动社会力量参与社会治理；街道层面完善"大工委"工作机制，建立以街道党工委为核心，驻辖区单位党组织、非公企业和社会组织党组织以及社区党组织为支撑的党建联合体，充分发挥区域统筹优势；社区层面做强"大党委"工作体系，建立社区内各党组织之间党建联抓、事务联议、治理联动、服务联推、文化联建"五联共建"机制，保持党的政治引领全域覆盖、不留死角。

二是制度先行。建立平台登记审批、准出准入、孵化培育、组织评估、信息交流、考核激励、资金监管等 15 项工作制度，确保中心高质量、高水平、高效率运转。以区委、区政府名义在全市率先出台《合川区引导社会力量参与社会治理实施意见》，明确群团、社会组织、企业、社工、志愿者等社会力量在社会治理中的职责任务及参与的渠道平台，建立培育发展、激励评价、购买服务、人才培养等机制，配套党建带群建、企业社会责任评估、社会组织孵化培育等系列文件，同时纳入平安建设（综合治理）目标考核，形成具有合川特色的"1+N+1"（即"1"个核心意见，"N"个配套机制文件，"1"个考核保障）的政策体系，为社会力量参与社会治理提供制度支撑。

三是机制保障。为确保合川区社会治理共治中心平台高效、有序运行，充分发挥其在社会治理中的积极作用，平台建立了"54863"工作机制，涵盖五个围绕、四个计划、八项职能、六项机制和三大保障，为平台的良性运转提供全方位、多层次的支撑。第一，"五个围绕"明确工作核心方向，围绕全局工作、围绕党建破题、围绕服务中心、围绕优化环境、围绕"四个服务"，统一规划社会组织发展方向。第二，"四个计划"助力社会组织发展，实施社区社会组织培育发展计划、社区社会组织能力提升计划、社区社会组织作用发挥计划、社区社会组织规范管理计划。第三，"八项职能"细化工作内容范畴，从政策研究、孵化培育、项目研发、资源链接、指导培训、项目管理、宣传推广、党建发展等方面明确工作内容。第四,"六项机制"确保工作协同高效,建立联席会议机制、资源整合机制、项目实施机制、科学评估机制、服务保障机制、资金监管机制。第五,"三大保障"夯实平台运行基础,做好资金保障、队伍保障、制度保障三大工作。

(三)立足中心功能定位,高质量用好"舞台"

第一,活化利用平台的五大中心,激活社会治理的"社会活力"。合川区创新建立以社会组织为枢纽的社会治理共治中心,并立足中心功能定位,实施"摸清治理需求、集约治理资源、策划治理项目、打造治理品牌、展示治理成效"五步策略,依托城乡社区、网格和三级社会工作服务体系,充分发挥社会治理共治中心五个分中心作用,有效策动合川区主要群团组织、社会组织、爱心企业、社工志愿者、市民群众等社会力量有序参与社会治理,让社会治理秩序与活力融合共生,推动形成共建共治共享的社会治理新格局。社会组织孵化中心将社会组织孵化与基层社会治理相结合,重点培育心理健康、专业调处、治保维稳类社会组织,解决社区治理堵点难点问题。社工志愿者实践中心积极探索社区、社会组织、社工、社区志愿者、社会慈善资源"五社联动"工作机制,加快完善三级社会工作服务体系,推动社工参与社会治理,让社工志愿者有了坚强后盾。市民参与社会治理中心为市民自觉参与营造浓厚氛围,打造洛阳溪社区、瑞山路社区、沙坪社区三个社区示范点,凸显"进圈入群""五支便民服务队""搭建社区共建共治平台打造四心家园"治理品牌。企业服务社会中心引导企业积极参与社会治理,强化企业的社会责任担当,发挥民营经济参与社会治理的积极性。群团组织联络中心积极推动群团组织资源共享、优势互补、项目合建,广泛凝聚社会力量参与社会治理。

第二,注重项目合建、打破部门协作困局,提高资源利用率。统筹区法院、区检察院、区委政法委、团区委、区法学会、区教委、区公安局、区民政局、区司法局等部门及镇街资源力量,跨行业、跨部门策划实施"法润少年""未成年人保护和犯罪预防"等项目,节省了工作时间、整合了工作

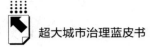
资源，提升了工作效能。比如，通过"莎姐守未"专项行动重点任务（未成年人保护、预防未成年人犯罪等），围绕未成年人成长过程中面临的六大风险隐患（违法犯罪、心理健康、家庭成长、校园安全、社会环境、网络安全），策划了全链条闭环式未成年人保护和预防犯罪项目，从引入社会工作专业力量入手，以"政府购买+志愿服务"的形式，政社合力组织实施普法、管控、矫治、帮教、关爱等活动。

第三，依托社会力量解决社会治理难题、激活社区自治力量。一是构建多方参与平台与机制，增强信息流通效率，促进问题快速响应与解决。例如，洛阳溪社区推行"进圈入群·双网联动"工作法，整合线上线下资源，动员党员干部、群众、物业等多方力量参与社会治理。二是深入挖掘社区内部志愿服务资源，以居民需求为导向开展服务，增强居民归属感和幸福感。如瑞山路社区成立五支便民服务小队，针对单体楼院环境差、治安乱、纠纷多等问题，提供精准有效的服务。三是强化社区党组织引领作用。沙坪社区发挥大党委核心作用，整合社会力量，搭建共建共治平台，引导居民自治协商解决社区问题，激发居民参与热情和自治能力，实现从被动管理到主动参与的转变。四是动员社区外部社会力量，推动跨领域多元合作，丰富治理资源。如共治中心双槐分中心通过"个私协"载体，引导个体工商户参与社区治理，为社区治理注入新活力。

三 实践成效：激发内驱力，变"独角戏"为"大合唱"

合川区通过社会治理共治中心，让社会力量拧成了"一股绳"，改变了以往社会力量无意识参与、无渠道参与、无能力参与的散沙状态，明显提升社会组织工作效能；通过激活社会力量的内在驱动力及广大人民群众的参与热情，唤醒其主人翁意识，促使社会力量积极走到前台，各展所长，共同助力社会治理，推动形成构建共建共治共享的社会治理新格局。目前，共治中心在探索建成 3 个社区示范点基础上，打造了双槐镇镇级社会治理共治中心，以充分发挥三个作用为着力点，推动建设双槐镇共治体系，实现三级社会治理共治中心三级体系建设。其社会治理成效如下。

一是群团联动显身手。合川区通过群团联动，充分发挥群团组织在社会治理中的"枢纽"作用，广泛调动各方力量参与，形成了多领域、多层次的社会治理格局，惠及群众超 10 万人。区总工会发挥基层工会组织作用，调动职工参与企业民主管理，建立工会劳动争议调解机制，畅通职工利益表达渠道，协助行政部门构建和谐劳动关系，打造"职工之家"特色品牌，为职工提供权益维护和劳资纠纷调解服务。团区委通过主管的社会组织和社工组织，引导青年力量投身社会治理，推动青年社会组织参与社区共治。利用"青少年之家"、青年人才驿站等平台，开展青少年思想政治教育、安全自护教育、权益维护和就业创业服务等工作。区妇联面向妇女儿童群体，发挥巾帼志愿服务队等社会组织作用，依托妇女儿童之家和婚调委，引导妇女参与基层社会治理，满足其在纠纷化解、权益保护、救助等方面的需求，促进妇女及其家庭问题的有效解决。区法学会立足社会热点难点问题，组织开展以"预防青少年违法犯罪研究""社会心理问题研究""重大事项社会稳定风险评估问题研究""土地流转问题研究"等为主题的 15 期法学论坛，为社会治理提供智力支持。区工商联以所属行业商会为纽带，引导企业参与社会治理，发挥企业在社会治理中的积极作用。通过以上举措，工青妇及法学会等群团组织集众家之力，联合打造了"职工之家""青少年之家""巾帼志愿服务队""法学论坛"等特色品牌，广泛开展送法律、送文艺、送服务、送实惠等活动，推动社会治理精细化、多元化发展，有效提升了群众的获得感和幸福感。

二是社会协同优结构。成立区级社会组织综合党委，实施社会组织孵化培育工程，孵化培育专业调处、治保维稳、心理服务类社会组织 40 余个，社区社会组织 616 个，通过政府购买服务、公益创投等形式承接 100 余项社会治理项目，受益群众达 15 万人。在社会组织孵化中心的引导下，培育了三好社工、知心社工、嘉涪同心社工等组织，成为社会力量参与合川区社会治理的一支不可忽视的力量。三好社工组织主要是为精神病患者提供服务，知心社工组织主要是为残疾人困难家庭提供帮扶，而嘉涪同心社工组织，主

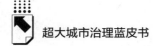

要是与区民政局、区妇联、团区委等合作，开展青苗守护者——儿童青少年社会工作服务，守望相助——老年人、家庭社会工作服务，微家治理——社区综合社会工作服务。

三是企业反哺促共赢。合川区针对企业参与社会治理缺乏共建通道、理念不强、主动性不够等问题，充分发挥区工商联、区经济信息委等主管部门作用，引导企业积极参与社会治理，履行社会责任。通过区总商会和行业商会，鼓励企业以成立基金会、公益慈善组织、职工志愿者队伍等形式，开展捐赠、救助、养老、助学、隐患排查、治安巡逻等公益活动，同时对内维护生产安全、培养行业自律。2022年疫情防控期间，全区爱心企业累计捐款捐物465万元，减免租金402万元，在乡村振兴和乡村治理方面实行一对一结对帮扶，有效实现企业对社会治理的"市场赋能"和"公益赋能"，推动企业与社会的共赢发展。

四是志愿服务增动能。合川区志愿服务队伍不断壮大，形成了多层次、多领域的志愿服务体系。全区现有专业志愿服务支队14支、特色志愿服务队30支、新时代文明实践志愿服务队500余支。志愿者依托新时代文明实践阵地，常态化开展活动3.5万余场次，服务群众40余万人次。通过实施"一镇一品"计划，打造了双凤镇"平安大嫂"、双槐镇善行服务团、燕窝镇燕小二巡逻队等30支特色队伍，畅通治理微循环，显著提升了市民的社会责任意识、规则意识和奉献意识。

五是群众参与固基本。合川区深化"红细胞·微治理"工程，线上线下结合，推动群众广泛参与社会治理。线下建立"邻聚里""黄葛夜话""民情茶室"等民主协商议事平台，线上搭建"云端网格"，发动群众、物业、商户等"进圈入群"。通过打造洛阳溪社区、瑞山路社区、沙坪社区等共建共治共享示范点，形成可复制推广的经验。同时，广泛推行社会治理积分制管理，鼓励群众参与邻里守望、环境整治、见义勇为等项目获取积分，全面提高群众参与积极性，筑牢城乡社区治理根基。

六是破除体制壁垒。合川区通过改革，进一步完善了社会力量参与社会治理的体制机制。政府部门逐渐摆脱"单中心"治理思维，更加认同、信任并支持社会力量，将更多事务性和公共服务职能转移给有经验的社会组织和社工机构。据当地社会组织反映，其承接的政府购买服务数量比以前增加了20%左右，社会力量参与社会治理的信心和决心显著增强。①

七是提升能力水平。一方面，社会组织通过共治中心平台，在组织建设、管理制度、人才培养、资源链接等方面的能力大幅提升，更加聚焦主业，打造特色品牌，赢得党委、政府信任。另一方面，基层社区借助社会力量为群众提供专业化、差异化服务，赢得群众认可，同时减轻了自身工作负担，实现了政府与社会力量的良性合作，推动社会治理能力整体提升。

四 结语

综治与共治在社会治理中各有侧重。传统综治中心以行政力量为主，重在管理，主要推动平安建设和治安治理；而合川区社会治理共治中心则强调社会力量的参与，重在服务，通过引入多元社会力量，形成了"共治"激活"自治"的新模式。这一模式有效解决了社会力量参与渠道不畅、资源分散、合力不足等问题，同时提升了社会力量的能力，激发了市民的参与活力，推动了共建共治共享的社会治理新格局。社会力量的参与不仅有助于政府在社会治理中实现角色转换，减轻社会动员压力，提高动员效果，还能增进不同群体间的了解与信任，凝聚社会力量，提升社会成员的幸福感。合川区的这一实践为其他地区提供了重要借鉴，也为社会治理现代化作出了贡献。未来，共治中心应进一步完善平台功能，建立分中心与政府职能部门、社区、居民等主体的联系与协作机制，推动社会力量专业化水平提升，赋能需求主体，实现理想中的共建共治共享社会治理新格局。

---

① 数据来源于合川区社会治理共治中心现场调研。

B.22
数智赋能县域城市治理创新
探索与实践：以石柱县为例

简　敏　吴坤燕*

摘　要： 近年来，石柱县深化数智赋能，将群众路线与数字技术深度融合，以智治手段优化县域治理样态、完善县域治理模式、提升县域治理效能，既有实现"整体性"的协同手段，也有实现"智慧性"的智治平台，为破解超大城市治理中的"城乡二元困境"提供了解决方案，成为超大城市城乡融合治理创新与打造基层"矛盾终结地"实践探索的典型样板。本报告分析了数智驱动县域整体智治的具体路径与实践成效，依托党建统领、平台建设、智治人才，探寻超大城市治理现代化视域下县域协同力、智慧力、驱动力的"治理密码"，创新"数字智治"推进"县域善治"的"治理之道"。

关键词： 超大城市治理　整体智治　县域数字治理

　　近年来，互联网、大数据、云计算、人工智能、区块链等技术不断发展，引领人类社会走向数字时代，传统的基层社会治理方式也在数字化浪潮中与时俱进，在不断创新中转型升级。数字时代的基层治理转型，关键在于如何使用数智技术为基层治理赋能。统筹推进乡镇（街道）和城乡社区治理，是实现国家治理体系和治理能力现代化的基础工程，做好规划建设、整

---

　　* 简敏，西南政法大学二级教授，城市治理与发展研究院研究员，研究方向为社会稳定与危机管理、青年政治社会化等；吴坤燕，西南政法大学政治学硕士研究生，研究方向为城市信访工作法治化。

合数据资源、扩展应用场景，加强基层智慧治理能力建设，是实现基层治理体系和治理能力现代化的题中之义。

县域作为我国经济发展和社会治理的基本单元，是实现新型城镇化和乡村振兴的关键载体。当前，我国县域多存在"任务全面、责任重大、资源有限"的基层治理难题，亟须转变治理方式，推动治理流程再造和模式优化，提升县域治理的科学化、精细化、智能化水平。

2024年4月，习近平总书记在重庆考察时强调："重庆是我国辖区面积和人口规模最大的城市，要深入践行人民城市理念，积极探索超大城市现代化治理新路子。加快智慧城市建设步伐，构建城市运行和治理智能中枢，建立健全'大综合一体化'城市综合治理体制机制，让城市治理更智能、更高效、更精准。"① 重庆作为集大城市、大农村、大山区、大库区于一体的超大城市，城乡区域差异较大、协调发展任务繁重，要实现更高水平的平安建设，必须准确把握基本的市情、区情、县情。县域涵盖城镇与乡村，是承上启下、沟通条块、连接城乡的枢纽，是实现新型城镇化和城乡融合的关键载体，必须探索出一条适合本土特色的县域基层社会治理之路。

重庆市石柱土家族自治县于2019年成功脱贫，实现了从国家级贫困县到全面脱贫的历史性跨越，其发展历程不仅是脱贫攻坚的典范样本，更蕴含着超大城市治理现代化视域下的深层启示。作为连接城乡发展的关键节点，石柱县以数字化治理重构基层服务网络，打造智治平台服务乡村振兴和矛盾纠纷化解，这种以县域为支点的系统性变革为破解超大城市治理中的"城乡二元困境"提供了实践方案。本报告以石柱为典型案例进行成效分析和经验总结，以期提炼出可推广的经验，为超大城市现代化治理中实现城乡融合发展提供参考路径，助力超大城市在治理进程中更好地协调城乡关系，实现基层治理现代化的稳步发展。

---

① 《进一步全面深化改革开放 不断谱写中国式现代化重庆篇章》，《人民日报》2024年4月25日，第1版。

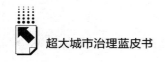
一 石柱县概况：国家级贫困县转型的鲜活样本

（一）转型背景

石柱县地处重庆大山深处、三峡库区腹心，是集民族地区、三峡库区、革命老区、武陵山集中连片特困地区于一体的特殊县份，辖区面积 3014.09 平方公里，辖 3 个街道、17 个镇、13 个乡，户籍人口 54.18 万人，常住人口 38.82 万人，有土家族、汉族、苗族、独龙族等 29 个民族。① 2014 年，按照贫困标准线精准识别出贫困村 85 个、贫困户 15758 户 54908 人，农村贫困发生率高达 12.7%，贫困面广、贫困程度深、脱贫难度大。

2019 年 4 月 15 日，习近平总书记到重庆市石柱土家族自治县中益乡华溪村视察调研，并于 4 月 16 日在重庆主持召开"两不愁三保障"突出问题座谈会。2019 年 4 月底，石柱县以零漏评、零错退、群众认可度 97.91% 的良好成效，一举摘掉国家级贫困县"帽子"，全县累计实现 85 个贫困村、17541 户、63101 人脱贫。② 2019 年 10 月中旬，石柱县荣获 2019 年全国脱贫攻坚奖组织创新奖。2021 年 2 月，石柱县委荣获全国脱贫攻坚先进集体称号。

但随着脱贫攻坚工作的深入开展，各类矛盾纠纷和信访等社会治理问题也随之增多。石柱县委和县政府立足大山区、大农村、大库区实际，牵头开展基层治理创新实践，针对偏远农村地区大山深处，秉承"以和为贵"的传统文化，坚持"政治德治法治自治智治"五治融合和"共建共治共享"原则，探索创立而成"贵和群众工作法+乡村数智化防控"的基层社会治理模式，是偏远农村地区、大山深处坚持和发展新时代"枫桥经验"的创新

---

① 数据来源于石柱县统计局《2023 年国民经济和社会发展统计公报》。
② 数据来源于石柱县农业农村委员会《石柱县农业农村现代化"十四五"规划（2021～2025 年）》。

实践。这一经验方法在实际运行的过程中，与数字重庆建设大局下"141"①基层智治体系构建相契合，聚焦数字重庆建设"三项核心绩效"②，把握时间节点、锐意攻坚突破、唯实争先创优，打造了一批具有当地辨识度的实用实战标志性成果。

（二）转型成效

1.经济发展保持强劲势头

2024 年，是深入实施"十四五"规划目标任务的关键之年，也是石柱土家族自治县成立 40 周年。这一年，石柱县生产总值实现历史性"跨越赶超"，从 2021 年的 186.54 亿元大幅增长至 2024 年的 290.26 亿元，全市排位提升 3 个位次、渝东南排位提升 2 个位次，扭转了长期全市排位倒数第 3、渝东南排位倒数第 1 的局面。此外，产业环境持续向好，固定资产投资逆势增长，在全国全市投资增长放缓的大背景下，投资总额突破 150 亿元大关，增速达到 18.3%，位列全市第 3 位、渝东南第 1 位，为"十五五"期间经济社会发展积蓄了强劲动能。③

2.乡村振兴模式全国推广

重庆市石柱县坚持党的领导，整合全县优势资源，激发企业发展潜能，持续优化营商环境，率先在全国走出"万企兴万村"助力乡村振兴的新路子，成功构建起政府规划引领、企业负责市场运营、群众广泛参与的三方协同发展模式。开展"万企兴万村"行动以来，累计吸引 1183 家民营企业实施产业振兴项目 1296 个，274 家企业扩大了公司规模，10 家企业获评"万企兴万村"行动优秀民营企业，95% 的村集体年收入超 10 万元，中益乡华溪村获评全国首批农村集体经济发展村级典型案例，3.8 万户群众实现户均

---

① 即"一中心四板块一网格"："1"指每个镇街均建立 1 个基层治理指挥中心，"4"指聚焦镇街主要职能，构建党的建设、经济发展、民生服务、平安法治 4 个板块；第 2 个"1"指村（社区）网络。
② 即核心业务梳理、数据归集和"一件事"。
③ 数据来源于 2025 年石柱县人民政府工作报告。

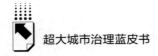
增收 1.9 万元。① 桥头镇"五联五共"打造文旅融合新样板经验获市委主要领导肯定性批示，陶然居瓦屋小镇项目入选全国"万企兴万村"行动第一批优秀案例，广袤农村展现出业兴、村强、民富的生机活力。

3. 基层治理成效显著提升

2019 年以来，石柱县公安局坚持以人民为中心的发展思想，秉持"贵和尚中""以和为贵"的传统理念，牵头探索出适用于偏远山区的基层治理方法——"贵和工作法"，努力实现"和在事前、和在当地、和在心里"，聚焦矛盾化解、服务平安法治、助力乡村振兴，是新时代"枫桥经验"的生动实践。石柱县围绕"1361"② 整体构架，构建形成全县推进数字重庆建设的领导体系、目标体系和工作推进体系。一体化智能化公共数据平台建设稳步推进，数字化城市运行和治理中心建设全面提速，"141"基层智治体系建成运行，核心业务数据实现全覆盖，数据归集率达到 99.4%。"民呼我为"应用办理满意率达到 92.8%，满意率居全市第 3 位、渝东南第 1 位。③

2019~2024 年，全县 242 个村（社区）实现贵和工作室全面覆盖，打造贵和工作队 242 支，成功创建 1 个全国乡村治理示范乡、1 个全国乡村治理示范村、3 个全国民主法治示范村、1 个"枫桥式公安派出所"，群众安全感和满意度指数分别达 99.8%、97.26%。2024 年，"贵和工作法"入选全国新时代"枫桥经验"优秀案例，基层安全"十户互助"联防联控机制获市委主要领导肯定性批示并在全市推广，桥头镇党建引领乡村治理入选中央社会工作部、农业农村部典型案例。④

---

① 数据来源于 2025 年石柱县人民政府工作报告。
② 即"数字重庆"整体构架："1"即一体化智能化公共数据平台，"3"即"三级数字化城市运行和治理中心"，"6"即数字党建、数字政务、数字经济、数字社会、数字文化、数字法治六大应用系统，第二个"1"即一体化基层智治体系。
③ 数据来源于 2025 年石柱县人民政府工作报告。
④ 数据来源于 2025 年石柱县人民政府工作报告。

二 整体智治：超大城市治理现代化视域数智赋能县域治理的"石柱经验"

石柱县将"大数据+智能化"与新时代"枫桥经验"相融合，首创群众路线与数字技术深度融合的"贵和工作法"，以智治手段优化县域治理样态、完善县域治理模式、提升县域治理效能，探索出一条以数智驱动县域治理现代化的新路子，不仅有实现"整体性"的协同手段，也有实现"智慧性"的智治平台。"贵和工作法"是基层整体智治的生动案例，与数字重庆建设以及县域治理现代化的战略大局相契合。

（一）搭建数字基础平台，打造县域社会治理的特色应用

2018 年，在中央政策引导、市级相关部门的统一部署下，石柱县到浙江枫桥、山东临沂、北京亦庄和重庆南岸等地学习"枫桥经验"的实践做法，并结合本区域自然、社会的实际，将"大数据+智能化"与"枫桥经验"相融合，研发了"平安乡村·智惠农家"系统，打造了适配当地治理需要的整体智治平台。

"平安乡村·智惠农家"智治系统先后参展 2018 北京国际安博会、2019 重庆智博会，荣获 2019 年全市公安改革创新大赛二等奖、2020 全国政法智能化建设十大创新案例奖。2020 年 11 月该系统获评公安部"智慧公安我先行"全国公安基层技术革新奖优秀奖，被纳入重庆公安民生警务 2020 年 10 件实事之一，并推广到全市 17 个深度贫困乡镇。基于基层治理的数字化、智慧化要求，"平安乡村·智惠农家"系统从整体性思维出发，对县域范围内日常性事务与突发性事务进行处理干预，推动县域治理的整体掌控与精准治理相结合，有效应对基层科层制体制下带来的碎片化张力。

日常性事务智能化办理。通过"平安乡村·智惠农家"App 功能，所有工作人员可实现移动办公，实地查看辖区所有监控，接收群众求助和有关工作反馈。通过智治平台智能要素功能模块，在 33 个乡镇（街道）接入感

知设备 22.7 万余个，结合实际选用 AI 智能算法 57 个，部署加载算法摄像头 273 个，AI 预警推送事件 2315 件次，以科技赋能基层治理。AI 算法镇街开通率 97.7%，排全市第五、渝东南第一。① "四网防控"（四网指天网、地网、人网、互联网）是按照社会治安防控体系要求和应急处置的"三同步工作原则"（依法处置、舆论引导、社会面管控）而研发的立体化、智能化防控网，主要用于服务公安实战、平安乡村建设。从"天、地、人、互"四个维度对社会治安全方位、全天候、全地域、全过程管控，四网同屏，一屏四展，巡查监控，真正实现了立体化、智能化、整体化的防控，依托智慧化手段打造了基层整体智治的实践样板。

突发性事件精准化处理。石柱县建立了安全隐患和风险排查研判机制和会议制度，及时对发现的各类问题进行汇总和处理。在基层实践中，"平安乡村·智惠农家"系统分层级和权限，吸纳在职党员、外卖骑手等 6600 余人参与"贵和"治理，通过运用智治 App，参与社区服务等方式，进一步充实"贵和"工作力量。干部群众志愿者等参与人员均可通过"平安乡村·智惠农家"手机 App 系统收集民意、交办事务、上传安全隐患、录制现场视频等，均可通过该系统反馈意见、提交诉求、线索举报等，在实现乡村智能化移动办公的同时，拓展了民意收集渠道，实现了发动群众参与社会治理的功能。群众及时对自己家和身边的各种安全隐患和风险进行上报，家长、院落长、网格长、村长、派出所所长、乡长分别根据自身的职责范围逐级处置销号，各层级收集、发现、处置的安全隐患和风险问题通过大数据汇总分析，实时形成预警和提醒，就能及时早做准备，防患于未然。

（二）深化发展"枫桥经验"，谱写县域治理的善治新篇章

"枫桥经验"是 20 世纪 60 年代初浙江省枫桥镇基层干群创造的"发动和依靠群众，坚持矛盾不上交，就地解决，实现捕人少，治安好"的管理方式。60 多年来，"枫桥经验"历久弥新，从"一镇之计"到基层社会治

---

① 数据来源于石柱县综治中心实地调研所得。

理的"一国之策"，在理论与实践上都展现出永不褪色的时代价值，不仅是基层矛盾纠纷化解的范本，也是党领导人民推进国家治理体系和治理能力现代化的生动实践。习近平总书记在党的二十大报告中特别指出，要"在社会基层坚持和发展新时代'枫桥经验'，完善正确处理新形势下人民内部矛盾机制，及时把矛盾纠纷化解在基层、化解在萌芽状态"①。石柱县根植于"贵和尚中"的传统文化理念，结合本地区"大城市、大农村、大山区、大库区"的实际，顺应数字化转型的时代发展机遇，将"数智技术"与"枫桥经验"深度结合，树立"贵和"理念，研究"致和"方法，实现"和谐"目标，为乡村发展添"智"提"质"，"智绘"乡村振兴新画卷，是新时代"枫桥经验"的创新运用。

根植传统文化源流。中华优秀传统文化是中华民族的"根"和"魂"，面对当前复杂的国际国内形势，基层社会治理导入和融入中华优秀传统文化，是坚定文化自信、创新基层社会治理的必然要求。石柱县是集老、少、边、穷、库于一体的山区民族县，曾是国家级贫困县，基层治理情况复杂、难度较大。"贵和工作法"是基层干部在基层治理实践中总结出来的工作经验，是自下而上生长和挖掘提炼的工作方法，深刻贯彻了"从群众中来，到群众中去"的工作原则。在基层县域实践中，石柱县突出"贵和"传统文化道德，以"民为先、和为贵，情为民、法为底"为理念，坚持以人民为中心的发展思想，聚焦重大风险防范化解和矛盾纠纷排查化解，解决好群众急、难、愁、盼的实际困难和问题，健全自治、法治、德治相结合的乡村治理体系，促进人心和善，态度和易，家庭和睦，人际和顺，社会和谐，真正做到基层矛盾纠纷的"一站式接收、一揽子调处、全链条解决"，切实将习近平总书记亲临中益乡考察调研时"要维护和谐稳定，建设美丽乡村"的殷殷嘱托落到实处。2021～2024 年，石柱县运用"贵和工作法"化解矛盾纠纷 5.8 万余件，成功率达 97.2%，为全县经济社会高质量发展营造了稳

---

① 习近平：《高举中国特色社会主义伟大旗帜 为全面建设社会主义现代化国家而团结奋斗——在中国共产党第二十次全国代表大会上的报告》，《人民日报》2022 年 10 月 26 日，第 1 版。

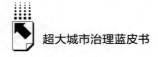
定的社会环境。①

契合乡村振兴大局。党的十九大首次提出乡村振兴战略，并明确了产业兴旺、生态宜居、乡风文明、治理有效、生活富裕的总要求。② 县域作为沟通城市、连接乡村的基础单元，在加速新型城镇化建设以及推动乡村全方位振兴进程中，有着极为关键的作用。因此，要全面推进乡村振兴应与县域高质量发展同步谋划、同步部署、同步落实，充分发挥县域在城乡融合发展中的区位优势和桥梁纽带作用，构建以县城为中心、乡镇为重点、农村为基础的城乡发展格局，在县域经济社会高质量发展"一盘棋"中汇聚更多改革动力和创新活力，带动乡村实现全面振兴。石柱县通过"科技+脚板"双向发力，坚持管理服务"两手抓"，不断拓展智治应用场域，按照数字重庆"一地创新，全市推广"的目标，谋划了"民宿监管一件事"，推广运用民宿登记系统 App 与小程序，实现住客信息扫描登记、住宿数据智能统计，于 2024 年 1 月通过市级论证审核进入区县"一本账"。坚持全县"一盘棋"，统筹规划数字产业发展，立足区域特色资源禀赋，积极开发在线预订、导航等功能，拓展农旅产品销售渠道，带动本地羊肚菌、大湾民宿等10 余类农旅产品"飞"上"云端"，助农增收 600 余万元，描绘"数字富民"新图景。③

（三）整体联通治理资源，完善县域治理的智治格局

自 20 世纪 90 年代整体性治理理论兴起以来，英国、新西兰、澳大利亚等国家先后将这一理论应用于本国的政府改革实践当中，在西方诸多发达国家的公共服务改革进程中，构建完善"整体政府"已逐渐演变为一种较为

---

① 参见张华《着力打造基层"矛盾终结地"》，法治网，http：//www. legaldaily. com. cn/commentary/content/2025-01/13/content_ 9115856. html，最后访问日期：2025 年 1 月 13 日。
② 参见习近平《决胜全面建成小康社会 夺取新时代中国特色社会主义伟大胜利》，《人民日报》2017 年 10 月 18 日，第 1 版。
③ 参见张华《着力打造基层"矛盾终结地"》，法治网，http：//www. legaldaily. com. cn/commentary/content/2025-01/13/content_ 9115856. html，最后访问日期：2025 年 1 月 13 日。

普遍的追求与诉求。① 与西方不同，在中国治理的特殊场域下，在中国共产党的领导下，整体性治理不仅仅是基层社会的治理方略，更逐渐形成了具有中国特色、中国智慧、中国经验的整体性治理体制。

党建引领的网格治理。中国共产党领导是中国特色社会主义最本质的特征，党是最高政治领导力量。"整体智治"是社会治理数字化改革推进的总体目标，随着"整体智治"时代的到来，公共治理的有效性进一步提升，数字政府、整体政府和社会共治的形态下，坚持和加强党的全面领导，发挥党的领导核心作用，才能应对改革过程中严峻的挑战、完成更为艰巨的任务。石柱县积极发挥"头雁领航"效应，不断夯实基层战斗堡垒，持续开展软弱涣散基层党组织整顿，选优配强村（社区）党支部书记，全县242个村（社区）书记、主任"一肩挑"超九成，"两委"成员年龄、学历实现"一降一升"。按照"属地管理、规模适度、标准统一、无缝覆盖、动态调整"原则，优化网格划分，深化线上线下"双网格"联动风险化解机制，充分发挥"贵和"网格员"前哨""探头"作用，广泛发动群防群治力量，2024年累计排查协处矛盾纠纷9904件，化解率99.37%，推动问题隐患、矛盾纠纷尽早发现于网格、及时化解于网格、及早防患于网格。② 充分发挥基层党组织战斗堡垒作用、党员干部示范引领作用，实行乡镇（街道）领导班子包村联户、村（社区）"两委"成员入户走访机制，开展党员联系农户、党员户挂牌、设岗定责、志愿服务等活动，及时发现研究解决基层党建、社会治理、生产生活等问题，带头示范、带动群众全面参与乡村治理，实现基层智治的"党建扎桩、治理结网"。全覆盖式建立网格党组织805个，推动党组织引领在一线延伸。按照"1+3+N"③、"1+2+N"④的模式，配备专职网格员805名，推动水、电、气、讯等公共服务力量下沉网格，协

---

① 参见史云贵、周荃《整体性治理：梳理、反思与趋势》，《天津行政学院学报》2014年第5期。
② 数据来源于石柱县综治中心实地调研所得。
③ 即社区网格治理模式：网格长+专职网格员、兼职网格员、网格指导员+N种力量。
④ 即村网格治理模式：网格长+兼职网格员、网格指导员+N种力量。

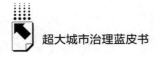

同联动处置网格事件 300 余件。①

五治融合的多元协同。党的十八大以来，特别是党的十九届四中全会以来，以习近平同志为核心的党中央围绕国家治理现代化，提出了一系列新理念新思想新战略，其中蕴含的国家治理方式现代化的新要求，主要体现为"五治"——政治引领、自治强基、法治保障、德治教化、智治支撑。石柱县政府在贯彻落实党中央政策基础上不断探索创新，以整体性治理为指引，在"贵和工作法"的运用过程中逐步形成"五治融合"的治理新格局。一是坚持政治引领，建立党员联系户—党小组联系院落、村（社区）—"两委"成员联系网格—乡镇（街道）领导班子联系村（社区）的四级基层党建格局，致力于将基层党组织打造成引领基层治理工作、发挥强大战斗力的坚强堡垒。二是鼓励自治强基，通过推行积分制管理、制定"村规民约"、策动治安积极分子和志愿者组建蜜蜂巡逻队自治组织等方式进一步健全基层群众自治机制，打造人人参与、人人尽责、人人共享的基层治理共同体。三是夯实法治保障，"贵和工作法"充分发挥法治对德治的保障和促进作用，通过多种形式的法治宣传教育促进"以法隆德"，不断提升基层群众法治观念和法律素养，养成办事依法、遇事找法、解决问题用法、化解矛盾靠法的良好习惯。四是秉持德治教化，把弘扬"贵和尚中、善解能容、厚德载物、和而不同"的中华优秀传统文化融入基层治理，注重在基层把乡贤、孝道、公德理念融入社会治理，培育乡风文明、树立道德模范，形成人人讲道德、重修养、促和谐的社会氛围。五是培育智治支撑，一方面通过运用智能化平台与法院、信访、司法等相关系统互联实现远程接访、远程调解助力矛盾纠纷化解；另一方面通过自主研发的"平安乡村·智惠农家"系统建立了乡村治理指挥中心，完善风险隐患的排查和预警、网络舆情实时引导、民意收集反馈等机制。

---

① 数据来源于石柱县综治中心实地调研所得。

三　提质增效：超大城市治理现代化视域数智赋能县域治理路径探讨

在社会数字化转型纵深推进的大背景下，数字化建设成为培育和重塑县域发展模式、产业模式和治理模式，实现县域高质量发展的重要路径。透视"石柱经验"，结合当前县域治理现代化的基本逻辑，本报告从党建统领、平台建设、智治人才三方面提出具体路径，以期提高县域社会治理协同力、智慧力、驱动力，推进国家治理体系和治理能力现代化，助力新时代下超大城市治理的现代化进程。

（一）以"党建统领"为理念，提升县域社会治理协同力

整体性治理是中国共产党治国理政的一种整体性思路，这一理念源自其作为使命型政党的根本属性，以及矢志实现共产主义的政党目标，基于此，党对国家治理展开全面统筹与整体谋划，形成具有全局性的战略布局。① 习近平总书记在党的二十大报告中强调："坚持大抓基层的鲜明导向……把基层党组织建设成为有效实现党的领导的坚强战斗堡垒。"② 当前，数字化时代的到来催生了党建统领智治格局的构建，以数智驱动县域治理，要突出党组织的主心骨作用，以高质量推进党建统领基层智治。

第一，要夯实组织基础。在推进基层智治的过程中，要把好政治方向，始终坚持县级党委的统领作用，充分发挥基层党组织战斗堡垒作用，持续筑牢织密"横向到边、纵向到底、上下贯通、执行有力"的组织体系，推动党建统领与基层智治深度融合、同频共振。深化"多网合一、一网统筹"

① 参见周兴妍《整体性治理：一种"中国之治"的分析视角》，《云南行政学院学报》2021年第6期。

② 习近平：《高举中国特色社会主义伟大旗帜　为全面建设社会主义现代化国家而团结奋斗——在中国共产党第二十次全国代表大会上的报告》，《人民日报》2022年10月26日，第1版。

的工作理念，细化"区（县）—街道（乡镇）—社区（村）—网格"的体系架构，以组织建设保障党建领治，以体系联动促进网格精治，实现"党建扎桩，治理结网"。

第二，要强化责任落实。要抓实责任，成立以党建为核心引领的基层智慧治理专题组，清晰界定各成员单位的职责边界与分工协作，切实把责任落实到人、具体到事，实现责任的深度细化与有效执行。明确目标任务、压实各方责任、迅速响应并解决推进过程中的关键难点与挑战，构建多层级、多维度的责任体系与责任链条，确保责任层层传递、环环相扣，形成上下联动、紧密衔接的责任网络，确保整体智治战略能够深入基层、扎实落地，有效发挥党建在推动基层治理现代化进程中的核心引领作用。

第三，要协同多元主体。健全完善基层社会治理组织领导体系和工作运行机制，推动重心下移、力量下沉，把更多资源、服务、管理向一线倾斜，有效调动基层各主体参与基层智治的积极性、主动性和创造性，实现"一核多元"的基层治理共同体。要坚持以人民为中心的发展思想，走好新时代群众路线，聚焦"共建共治共享"做文章，实现党的组织、力量和工作全覆盖，做到总揽全局而非包揽一切、协调各方而非替代各方，确保各类社会治理主体有序协同、形成合力，共绘基层治理"同心圆"，共下基层治理"一盘棋"。

（二）以"平台建设"为基础，赋能县域社会治理保障力

习近平总书记强调："基层强则国家强，基层安则天下安，必须抓好基层治理现代化这项基础性工作。"[1] 党的二十大报告作出"完善网格化管理、精细化服务、信息化支撑的基层治理平台"[2] 的重要部署。在数字化浪潮的推动下，构建一个可视化、智能化、智慧化且广泛覆盖的县域治理"智慧

---

[1] 《习近平关于城市工作论述摘编》，中央文献出版社，2023，第 161 页。

[2] 习近平：《高举中国特色社会主义伟大旗帜 为全面建设社会主义现代化国家而团结奋斗——在中国共产党第二十次全国代表大会上的报告》，《人民日报》2022 年 10 月 26 日，第 1 版。

城市中枢"，已成为推动县域治理现代化进程中的核心策略。

第一，要完善数字基础设施建设。县域应根据地方发展特征加速推动县城构建智能绿色、安全可靠的前瞻性数字基础设施，推动网络运营商加快5G网络、千兆光网在农村地区的全区域覆盖、全领域覆盖、全场景覆盖，提供低延迟、高速度、高宽带的网络。县域要重点建立数据中枢及数据运用平台，积极促进县域内部数据的整合以及县域间的数据流通，致力于打造融合县城与乡村的数据中心一体化架构。通过系统性地完善数字基础设施，确保县城和周边乡村的数据生产、采集、加工、传输与交易等环节的高效畅通，推动其向市场化方向迈进，进而缩小城乡之间的数字鸿沟，为更好发挥数据资源作用、更好促进县域发展奠定坚实基础。

第二，要打造基层智治平台。立足县域实际，构建集法治宣传、法律服务、矛盾纠纷化解、执法监督等功能于一体的数字法治综合平台，整合司法、行政、公安等多部门数据资源，打破信息孤岛，实现跨部门数据共享与业务协同。通过统一标准体系、统一技术平台集中管理信息数据，对县域社会治理中的各类数据进行深度挖掘与分析，为政府决策提供科学依据。整合智慧城市中地理信息、视频资源、物联网资源、大数据资源的统一管理与调用，为各类专业政务信息化应用系统的开发提供通用组件和公共支撑能力，实现跨地区、跨层级、跨部门"三跨融合"的信息共享和协同办公。

第三，要提升基层智慧治理能力。在全县范围内全面统筹优化，致力于打造覆盖全域的"一张网"架构。秉持"横向到边、纵向到底"的要求，持续推进部门业务整合，切实增强全县"一张网"在服务层面的支撑效能。按照县委部署要求，以党建引领城市基层治理能力为抓手，深化"三基建设"，建设集党宣党建、政务服务、经济建设、综合治理、民生服务等多板块、多领域于一体的基层综合服务信息系统，实现"多网融合、相互连通"。通过这一系统，全力推动县乡村三级基层服务全覆盖，打通联系服务群众的"最后一百米"距离，实现"一张网格到基层"，建设"有呼必应"的基层治理综合信息系统。

（三）以"智治人才"为内核，夯实县域社会治理驱动力

人才是富国之本、兴邦大计。习近平总书记在党的二十大报告中强调，必须坚持"人才是第一资源"，深入实施"人才强国战略"，坚持"人才引领驱动"。[①] 县域是城乡融合发展的重要切入点，也是实施乡村振兴战略的主战场，人才振兴则是乡村振兴的基础。夯实人才队伍，培养智治人才，是提升基层智治质效，推进乡村振兴的关键抓手。

第一，要精准引进智治人才。积极与企业界建立紧密联系，深入一线开展详尽的市场调研，深入了解县域主导产业对数字化高端人才的迫切需求，由核心组织单位牵头，依据企业提供的详尽人才需求蓝图，精心绘制"引才导航图"，实现人才资源与产业升级需求的无缝对接。制定人才引进优惠政策，提供住房解决方案、优化随迁子女教育资源配置以及实施税收优惠政策等，吸引、激励数字技术人才投身基层建设。

第二，要全面培育智治人才。首先要加大教育投入，以提升教育质量为核心，持续加大数字教育领域的投资力度，优化教育资源的配置结构，提升教育机构的教学水平与师资力量，为数字人才的培养奠定坚实的教育基石。同时，注重职业技能培训的开展，以增强人才的实战能力，根据县域数字发展的实际需求，定期举办数字技能培训活动，着重实战操作与案例分析，全面提升人才的数字素养与实践能力。此外，强化产学研协同联动机制，锚定关键领域，积极促进企业与高校、科研院所以及当地职业院校开展全方位深层次合作，共同致力于数字技术研发与专业人才培养，全力构建产学研用深度融合、协同共进的全新发展态势。

第三，要充分利用智治人才。搭建数字经济领域的人才运用平台，实现人才与企业需求的精准匹配，进而优化人才在县域范围内的流动与配置。为激发创造潜能，应制定并实施创新创业的激励政策，为数字人才提供创新创

[①] 习近平：《高举中国特色社会主义伟大旗帜 为全面建设社会主义现代化国家而团结奋斗——在中国共产党第二十次全国代表大会上的报告》，《人民日报》2022 年 10 月 26 日，第 1 版。

业的机会与平台，鼓励他们勇于创新、敢于实践，从而为数字经济的发展注入新的活力。此外，还需进一步推进"两回两带"①工程，开展返乡创业的系列服务行动。在推动产业升级方面，引导数字人才将先进的数字技术应用于各个产业领域，以推动传统产业的数字化升级和新兴产业的创新发展，从而提升县域经济的核心竞争力。

四 结语

在数字化浪潮的推动下，整体智治作为一种新型治理理念，正逐步成为新时代基层治理的重要发展方向。②它以整体性治理为价值引领，以智慧治理为技术手段，融合了基层治理的整体性与智慧性，构建了一种超越传统治理模式的新型治理体系。本报告以重庆市石柱县为例，分析了石柱县在重庆探索超大城市治理现代化路径的新征程上，如何整合资源、提升基层智慧治理水平，实现基层治理"整体性"与"智慧性"的兼具，力求探索出基层推进实现"整体智治"的有效路径，为基层治理提质增效提供有益参考。

"贵和工作法"作为新时代"枫桥经验"的创新探索，将数字技术与群众路线深度结合，走出了一条独具特色的基层社会治理之路。石柱县依据自身地域特点，深度践行预防在前、调解优先、情理法融合、就地解决的治理理念，扎根乡土，做好"第二个结合"，契合中国式现代化的时代背景，逐步形成了一套具有地方特色的治理体系，在超大城市城乡融合治理创新中打造了基层"矛盾终结地"的实践样板，为其他地区提供了可借鉴、可推广的成功经验。

---

① 即回乡就业、回乡创业、带头致富、带领群众致富。
② 参见邵力、刘洋《整体智治：基层数字治理的空间重构》，《哈尔滨工业大学学报》（社会科学版）2024 年第 5 期。

附　录
2024年全国超大城市治理大事记

1月

1日　广州市第十六届人民代表大会常务委员会公布《广州市历史文化名城保护条例》。该条例的公布旨在更好地保护和传承城市的悠久历史和丰富文化。

同日　广州市第十六届人民代表大会常务委员会公布《广州市消防规定》。

同日　广州市第十六届人民代表大会常务委员会公布《广州市城市轨道交通管理条例》。该条例为保障和促进城市轨道交通事业的健康发展奠定了坚实的法律基础。

同日　广州市第十六届人民代表大会常务委员会公布《广州市公共休闲场地安全管理规定》。该规定的出台，旨在进一步加强和规范广州市公共休闲场地的安全管理，确保市民在休闲娱乐时的人身安全。

3日　天津市人民政府办公厅印发《天津市质量攻关管理办法》。

4日　深圳市人民政府办公厅发布《关于优化调整稳就业政策措施全力促发展惠民生的通知》。具体措施包括加大对小微企业和个体工商户的扶持力度，鼓励企业扩大就业规模，提高就业质量，以及加强职业技能培训等，为深圳市的就业市场注入新的活力。

5日　广州市城市管理和综合执法局印发《广州市城市生活垃圾经营性

清扫、收集、运输和处理服务行政许可实施办法》。

6 日　上海市人民政府发布《上海市森林管理规定》（沪府令 9 号）。该规定的发布标志着上海市在森林资源管理方面迈出了新的一步。

15 日　武汉市人民政府办公厅印发《武汉市深化"中国快递示范城市"建设实施方案》。

17 日　东莞市人民政府办公室印发《东莞市城市轨道交通运营突发事件应急预案》。

19 日　深圳市人民政府办公厅发布《关于印发深圳市鼓励跨国公司设立总部企业办法（修订版）的通知》。

23 日　重庆市人民政府印发《2024 年全市安全生产与防灾减灾救灾工作要点》。

25 日　武汉市人民政府办公厅印发《武汉市推进算力基础设施及应用产业高质量发展行动方案（2024~2025 年）》。

26 日　广州市人民政府发布《广州市公共厕所管理办法》。该管理办法的出台旨在规范和提升广州市公共厕所的管理与服务水平，同时改善城市环境卫生状况。

30 日　重庆市发布《中共重庆市委　重庆市人民政府关于学习运用"千村示范、万村整治"工程经验加快建设巴渝和美乡村扎实推进乡村全面振兴的实施意见》。意见提出加快建设巴渝和美乡村总体要求和三十七条详细实施内容，扎实推进乡村全面振兴，因地制宜，确保乡村发展更加均衡、和谐。

同日　广州市人民政府发布《广州市公共信用信息管理规定》。该规定的出台旨在通过规范公共信用信息的收集、处理和使用，进一步加强社会信用体系的建设，提升城市治理水平，促进社会和谐稳定。

同日　东莞市人民政府办公室印发《东莞市质量强市建设实施方案》。通过一系列具体措施，包括加强质量基础设施建设、优化质量发展环境、提升产业质量水平等，东莞市将致力于质量强市建设，为市民提供更高品质的生活和工作环境。

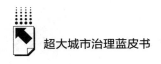

2月

1 日　广州市第十六届人民代表大会常务委员会公布《广州市公共场所外语标识管理规定》。

5 日　上海市人民政府批复《上海市水网建设规划》。该规划的出台旨在进一步优化城市的水网系统，以满足日益增长的城市发展需求和居民生活质量的提高。

6 日　上海市人民政府印发修订后的《上海市户籍人户分离人员居住登记办法》。该办法对居住登记的具体要求、申请流程、审核标准以及相关的法律责任等方面进行了细化和更新，以适应城市发展的新需求和人口管理的新挑战。

同日　广州市住房和城乡建设局发布《广州市住房和城乡建设局关于进一步加强城市基础设施配套费征收管理的通知（修订）》。该通知从征收范围、征收管理、征收标准、计算方法、征收程序、补缴与退还、减免管理等方面明确了加强城市基础设施配套费征收管理的有关事项。

7 日　杭州市发布《杭州市民政局　杭州市商务局　杭州市市场监督管理局发布关于推动社区食堂建设的指导意见》。

同日　北京市人民政府办公厅印发《推进美丽北京建设　持续深入打好污染防治攻坚战 2024 年行动计划》。

20 日　上海市人民政府批复《上海市应急管理局 2024 年度应急管理综合行政执法计划》。

22 日　成都市人民政府印发《成都市加快打造国际消费中心城市实施方案》。方案明确了成都市建设国际消费中心城市的目标、任务和保障措施，涵盖了商业、文化、旅游、体育等多个领域。

23 日　深圳市人民政府印发《深圳市非深户籍人员子女接受义务教育管理办法》。

26 日　东莞市人民政府办公室印发《关于加快推动社会信用体系建设

高质量发展促进信用服务实体经济的实施方案的通知》。

29 日　深圳市人民政府发布《深圳市禁止使用高排放非道路移动机械区域通告》。该通告的发布旨在进一步减少非道路移动机械污染物排放、更好地保障市民健康。

同日　成都市人民政府办公厅印发《成都市城市防洪规划（2021 — 2035）》。

3月

4 日　北京市商务局印发《北京市传统商业设施更新导则》。该导则将为传统商业设施的改造提供有力支持，助力北京市商业环境的持续优化。

6 日　天津市西青区人民政府李七庄街道办事处发布《李七庄街道市容市貌环境卫生综合整治工作方案》。方案中明确了整治的重点区域、具体措施、责任分工以及时间安排，确保整治工作能够有序、高效地推进。

8 日　杭州市人民政府办公厅印发《杭州市社区嵌入式服务设施建设工程实施方案》。通过实施嵌入式服务设施建设，杭州市将进一步完善社区服务体系，满足居民多样化、多层次的服务需求。

29 日　中共北京市委办公厅、北京市人民政府办公厅印发《关于深化生态文明实践推动首都花园城市建设的意见》。该意见要求，加强系统领导、强化首都功能、增强超大城市韧性、主动建立相应监督机制、完善全民参与机制等。

4月

1 日　北京市通州区科学技术委员会印发《通州区创新伙伴计划实施方案》。

2 日　广州市城市管理和综合执法局印发《广州市餐饮场所推广使用管道燃气优惠奖补政策的实施方案》的通知。

8 日 广州市人民政府发布《广州市旧村庄旧厂房旧城镇改造实施办法》。该办法详细阐述了改造的原则、程序、补偿安置标准以及监管措施，以确保改造工作的顺利进行，同时保障相关权益人的合法权益。

17 日 上海市人民政府印发修订后的《关于切实改善本市农民生活居住条件和乡村风貌 进一步推进农民相对集中居住的若干意见》。该意见包括关于农民住房建设、基础设施建设、公共服务配套等方面的具体措施和政策导向，旨在促进城乡一体化发展，加快美丽乡村建设步伐。

22 日 北京市丰台区人民政府印发《北京市丰台区生态文明建设规划（2023—2035 年）》。

23 日 中共中央总书记、国家主席、中央军委主席习近平在重庆市数字化城市运行和治理中心考察。习近平指出，治理体系和治理能力现代化是中国式现代化的应有之义。强化数字赋能、推进城市治理现代化，要科学规划建设大数据平台和网络系统，强化联合指挥和各方协同，切实提高执行力。城市治理涉及方方面面，首要的是以"时时放心不下"的责任感，做好预案、精准管控、快速反应，有效处置各类事态，确保城市安全有序运行。

25 日 中共重庆市委召开全市领导干部会议，传达学习贯彻习近平总书记在新时代推动西部大开发座谈会和视察重庆的重要讲话重要指示精神。会议指出要在积极探索超大城市现代化治理新路子上谱写新篇章，扎实推动数字赋能超大城市治理体制机制变革重塑，加快打造安全韧性、精准精确、共建共治共享的人民城市建设和治理新范例。

27 日 深圳市人民政府办公厅印发《关于积极稳步推进城中村改造实现高质量发展的实施意见》。

5月

1 日 广州市第十六届人民代表大会常务委员会公布《广州市城中村改造条例》。该条例旨在通过规范化、法治化的手段，推动城中村的改造升级，提升居民的生活环境和质量。

同日　广州市第十六届人民代表大会常务委员会公布《广州市物业小区电动汽车充电设施建设管理规定》。

15日　深圳市人民政府办公厅印发《关于建立深圳市健康影响评估制度的实施意见》。

6月

2日　武汉市人民政府办公厅发布《关于加快推动生态资源优势转化为绿色发展优势的实施意见》。

5~7日　"2024新型智慧城市建设成果博览会"于广州琶洲举行，展会以"数字经济赋能，洞见未来城市"为主题，是国内领先的智慧城市领域行业创新盛会。

12日　2024深圳设计周分会场星展场活动之"设计解决城市治理难题"主题研讨会在龙华未来城市展览馆举行。研讨会主旨为高水平推进深圳世界一流"设计之都"建设，进一步落实2024深圳设计周"设计让生活更美好"的主题理念。

14日　深圳市召开推进城市治理体系和治理能力现代化座谈会，深入学习贯彻习近平总书记关于基层治理的重要论述和对广东、深圳系列重要讲话重要指示精神，贯彻落实党中央决策部署，落实省委部署要求，研究安排下一步工作。

15日　成都市人民政府办公厅发布《成都市城市规划管理技术规定（2024）》。其中涵盖了城市规划的基本原则、土地利用、建筑高度、容积率、绿地率等方面的具体要求，为成都市的城市建设和发展提供了有力的法规支撑。

18日　西南政法大学成立城市治理与发展研究院，举办首届超大城市现代化治理高端论坛，举行城市治理与发展智库揭牌仪式和城市治理与发展研究院学术委员聘任仪式。

25日　成都市人民政府发布《成都市综合型现代流通战略支点城市建

设方案》。该方案聚焦于打造综合型现代流通战略支点城市，提出了包括物流基础设施建设、供应链优化、流通技术创新、商贸流通体系升级等多个方面的具体措施。

27 日 重庆市人民政府办公厅印发《重庆市自然灾害救助应急预案》。

同日 成都市人民政府办公厅印发《成都市突发事件能源供应保障应急预案（试行）》。

29 日 由深圳大学主办，深圳大学社会科学部、深圳大学政府管理学院、深圳大学全球特大型城市治理研究院联合北京大学城市治理研究院、北京大学中国政治学研究中心承办的 2024 深大湾区学术研讨会分会——第三届"中国特大型城市治理"学术研讨会在深圳大学丽湖校区顺利举办，来自内地和港澳高校 50 余位专家学者参加会议。

30 日 成都市人民政府办公厅发布《成都市城市燃气管道"带病运行"问题专项治理实施方案》。方案详细规划了治理目标、治理范围、治理措施、责任分工以及时间安排等关键要素，为成都市的燃气管道安全管理提供了有力的政策指导。

7月

2 日 上海市人民政府发布《上海市人民政府关于深化环境影响评价与排污许可制度改革的实施意见》。意见明确了环境影响评价与排污许可制度改革的具体措施、目标以及实施路径，为上海市的生态环境保护工作注入了新的动力。

18 日 重庆市人民政府办公厅发布《重庆市林长制办法》。办法详细阐述了林长制的组织架构、工作职责、监督考核以及保障措施等内容，为重庆市的林业资源管理和生态保护提供了坚实的制度保障。

25 日 第七届智慧城市大会暨首届白云智慧城市高质量发展现场会在广州市白云区举办。会议旨在探索城市智慧的运营、管理、服务之道，为智慧城市高质量发展贡献力量。

8月

1日 中共北京市委、北京市人民政府发布《关于全面建设美丽北京加快推进人与自然和谐共生的现代化的实施意见》。实施意见将为北京市的美丽建设提供有力支撑，助力实现人与自然和谐共生的现代化目标。

同日 东莞市人民政府办公室印发《东莞市历史文化名城、名镇、名村保护管理规定》《东莞市历史文化街区保护管理办法》《东莞市历史建筑保护管理办法》。

8日 广州市城市管理综合执法局召开2024年广州市加强城市管理"社区绣花"行动和"门前三包"各方行动业务培训暨城市品质提升工作推进会。

9日 第十六届人民代表大会常务委员会公布修改后的《广州市物业管理条例》。修改内容涵盖了物业管理的多个方面，如业主大会的召开程序、物业服务企业的职责与监督、物业专项维修资金的使用管理等。

同日 深圳市委副书记、市长、市城市规划委员会主任覃伟中主持召开深圳市城市规划委员会2024年第一次会议。会议就如何加大城市规划的执行力度，确保规划方案的有效实施进行了深入探讨。

28日 广州市城市治理和综合执法局印发《广州市城市管理和综合执法减免责清单》的通知。

29~30日 上海召开城市治理共同体与各民族互嵌共融研讨会，探讨推进新时代党的民族工作高质量发展的新经验新举措，促进各民族广泛交往交流交融。

9月

12日 广州市"百千万工程"指挥部办公室和广州市镇街全域服务治理工作领导小组办公室指导、广州市城市服务运营协会主办的"第三届城市之光·广州市镇街全域服务治理成果分享与经验交流"活动在广州保利世贸博览会馆 5 号馆举行。

21 日 重庆市人民政府办公厅印发《重庆市推动低空空域管理改革促进低空经济高质量发展行动方案（2024—2027 年）》。

25 日 东莞市人民政府印发《关于深化拓空间改革 有序推进城市更新的实施意见》。意见详细阐述了城市更新的目标、原则、重点任务以及政策措施，强调了要坚持规划引领，注重生态保护，优化土地利用，促进产业升级，同时保障市民的合法权益，提升城市生活品质。

27 日 重庆市人民政府办公厅印发《重庆市未来产业培育行动计划（2024~2027 年）》。

10月

12 日 广州市第十六届人民代表大会常务委员会公布《广州市绣花式城市治理规定》。规定提出要注重城市文化的保护与传承，让城市在快速发展的同时，保留独特的文化韵味。

21 日 杭州市人民政府办公厅印发《杭州市历史文化名城保护条例实施细则》。

25 日 武汉市发展和改革委员会召开专题会议研究城市数字治理工作，会议指出，推进城市数字化转型、智慧化发展，是面向未来构筑城市竞争新优势的关键之举，也是推动城市治理体系和治理能力现代化的必然要求。

11月

1 日 上海市城市管理行政执法局、上海市城市管理行政执法研究会举办 2024 上海国际城市与建筑博览会系列活动之"城管执法与高质量发展"研讨会。

2 日 武汉城市治理国际研讨会在 2024 武汉"设计日"活动主会场民

众乐园举行，来自国内外的十多位顶尖专家、学者聚集一堂，分享城市转型发展中的治理经验，探寻城市治理新路，为新时代的城市治理贡献智慧。

15 日　深圳市召开"AI 赋能社会治理暨可持续发展论坛"，该论坛以"人工智能技术在可持续发展领域的应用与创新"为主题，聚焦人工智能、数字化技术在可持续发展领域的应用与创新。

16 日　上海市住房和城乡建设管理委员会、徐汇区人民政府举办 2024"上海—东京"中日城市管理精细化研讨会。

22 日　杭州市人民政府发布《关于杭州留下老街历史风貌区保护规划（2024—2035 年）的批复》。规划注重保留老街的历史风貌和特色，同时结合现代城市功能需求，实现历史与现代的和谐共生。

同日　上海市社区发展研究会、上海大学社会学院、上海大学基层治理创新研究中心举办"城市治理数字化转型：前沿理论与实践"学术年会暨 2024 年会员代表大会。

25 日　上海市人民政府发布《上海市城市管理综合行政执法条例实施办法》。该办法旨在进一步加强上海市城市管理综合行政执法工作，规范执法行为，提升执法效能。

12月

13 日　广州市城市治理和综合执法局印发《广州市生活垃圾源头减量和分类激励办法》。

14 日　天津市河北区政府召开"提升城市治理现代化水平工作会议"。全面落实习近平总书记关于城市工作的重要论述和视察天津重要讲话精神。

同日　2024 城市文明发展学术年会（UCDF2024）"科技文明与未来城市发展"在深圳市五洲宾馆举行。

21 日　西南政法大学、中共重庆市渝中区委、重庆市渝中区人民政府、重庆市城市建设投资（集团）有限公司联合主办超大城市现代化治理论坛。

23 日　东莞市人民政府办公室发布《东莞市儿童友好城市建设管理办

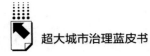

法》。该办法旨在推动东莞市儿童友好城市的建设与发展，涵盖了儿童友好城市建设的规划、实施、监督及评估等多个环节。

28 日 "健全城市规划体系、推动城市高质量发展"规划研讨会在杭州市举办。

30 日 上海市人民政府印发《上海市深入实施以人为本的新型城镇化战略五年行动计划的实施方案》。

Abstract

Modern governance of megacities is an important proposition in the modernization of the national governance system and governance capacity. In April 2024, President Xi Jinping, during his inspection tour in Chongqing, emphasized the need to actively explore new approaches for the modern governance of megacities. This has sparked interest among both academic and practical circles in exploring the methodological framework for the modern governance of megacities. This report, grounded in the basic explorations of Chongqing's modern governance of a megacity, looks at the governance practices of megacities across the country, constructing a narrative structure that integrates the main report, thematic reports, case studies, and chronology. It aims to analyze and organize the key aspects of modern governance of megacities, striving to create an innovative landscape of governance innovation in megacities.

This report follows the analytical logic of "general-to-specific" and from "whole" to "part." At the general report level, the study focuses on megacities as the analytical field, aiming to construct a new system of efficient and intelligent governance. It addresses key issues in the construction of this new system from aspects such as governance capabilities, governance elements, and digital applications, and then proposes optimization strategies from dimensions like governance mindset, governance structure, technological empowerment, and institutional innovation. At the specialized report level, the study begins with a detailed description of the governance process in ten major Chinese cities, focusing on important urban governance topics such as innovative legislation, urban renewal and resilient governance, integrated urban-rural development, micro-governance in cities, high-quality living service circles within 15 minutes, city image building, and low-altitude economic development. It outlines a practical logic and development roadmap centered around Chongqing. At the case study level, the study delves into typical cases of Chongqing's exploration of modern governance in megacities, dissecting micro-practices in the central urban area and surrounding cities. It promotes innovative approaches in urban governance, including the construction of tidal markets, market-oriented reforms in urban parks, the development of friendly communities, and the growth of community canteens. This showcases grassroots explorations and responsibilities in the modern governance of megacities. Additionally, at the chronology level, this report summarizes significant events in the development of major cities nationwide in 2024, covering areas such as institutional construction, mechanism exploration, and platform building, comprehensively illustrating the basic process and action plan for the modern governance of megacities.

In summary, the modern governance of megacities encompasses both the basic procedures of urban governance and the space for autonomous exploration and practice. This report aims to showcase innovative explorations in the modern governance of megacities, continuously refining the theoretical, discursive, and evaluative systems of megacity governance from an expansive perspective. It serves to construct a self-reliant knowledge system for Chinese urban governance, thereby promoting high-quality development in the modern governance of megacities.

Keywords: Megacity; New System of Efficient and Intelligent Governance; Creative Legislation; Urban Micro-governance; Urban Renewal; Integrated Development of Urban and Rural Areas; Urban Space Governance; Urban Friendly Community

Contents

I General Report

Abstract: In the era of digital intelligence, a smart and efficient governance system for mega cities will inevitably rely on high-tech, revolve around people's needs, and build a new pattern of mega city governance that integrates human, machine, and material through technological empowerment and data empowerment. In practice, it is necessary to balance urban governance needs and governance capabilities, reshape governance elements and systems, match governance technology with digital applications, balance governance efficiency with digital security, and adjust governance tasks and grassroots pressures. We should optimize governance thinking around the needs of the people, promote the co-governance pattern with the guidance of party building, update urban services with technological empowerment, ensure digital security with closed-loop management, adjust the pressure on cadres through institutional reform, and build a new governance system for super-large and megacities.

Keywords: Urban Governance; Digital Government; Governance Requirements and Capabilities; Urban Governance System; Super-large and Mega City

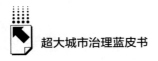
II   Special Report

B.2   The Governance Process and Development Trends of

Megacities in China   *Zhou Zhenchao*, *Zhang Xilin* / 024

Abstract: In the exploration of transforming urban governance models, ten megacities including Beijing, Shanghai, Chongqing, Tianjin, Chengdu, Hangzhou, Guangzhou, Shenzhen, Wuhan, and Dongguan have achieved remarkable practical results. These achievements are mainly reflected in the following aspects: Firstly, through the leadership of the Party building, innovative governance at the grassroots level of megacities has been realized; Secondly, guided by the concept of a people's city, a refined and people-oriented urban management system has been constructed; Thirdly, adhering to the concept of coordinated and integrated development, the coordinated development of megacities has been promoted; Additionally, by implementing the smart city strategy, the construction of smart cities and the transformation of digital government have been advanced; At the same time, by building resilient cities, the safety, resilience, and social stability of megacities have been ensured; The rule of law in the governance of megacities has been achieved; Finally, by actively promoting the integration of urban and rural areas, the coordinated development of regions has been facilitated.

Keywords: Megacity Governance; People's City; Smart City; City Governance Model

B.3   The Exploration of Innovative Legislation for Urban

Governance in Chongqing

Zhang Zhen, *Liao Lyuyou and Gao Rui* / 044

Abstract: Innovative legislation for urban governance is an important approach to promoting urban development. Urban governance innovative legislation should adhere to the principles of innovation, urbanity, governance, and legality. It should create systematic laws, precise laws, meticulous laws, agile laws, digital laws, and laws concerning people's livelihood. Chongqing has practiced urban governance innovative legislation quite well. It has conducted good explorations in urban governance through the dual-drive of "technology + organization", regional joint legislation on intangible cultural heritage, and regulation of emerging technologies. Its experience is worthy of promotion and reference. The key to the success of urban governance innovative legislation lies in upholding the leadership of the Party, profoundly practicing the concept of "people-oriented cities", and ensuring the agile response to social demands.

Keywords: Creative Legislation; Urban Governance; Rule of Law in City Administration; People－Centric City; Chongqing Governance Model

B.4   The Basic Information and Implementation Effects
        of "Doing One Thing Efficiently" in Municipal Governance
        —*A Visual Analysis Based on Literature and Cases from*
        2014 to 2024

Guo Chunfu, Wang Xueyuan and Ma Yuan / 063

Abstract: The reform of "Doing One Thing Efficiently" is an important governance method for the digital transformation of urban government services and the construction of a high-efficiency service-oriented government. Using CiteSpace and NVivo analysis tools to visually analyze of the "Efficient Doing One Thing" reform in the past 11 years, and grasp the hot spots and research contents of the reform of the "Doing one thing Efficiently" reform. By systematically combing the basic information and research trends of the reform of "Doing One Thing Efficiently," it is found that the reform of "Doing One Thing Efficiently" has made good progress in the field of reform, regional distribution, subject level and

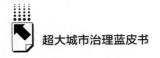
realization mode. However, in practice, it still faces practical difficulties such as inconsistent implementation standards, poor business coordination and data sharing barriers. It is necessary to further optimize and improve from the aspects of strengthening the integrated implementation standards, gathering multi-span collaborative efforts, promoting system integration and data sharing.

Keywords: Doing One Thing Efficiently; Urban Government Services; Digital Transformation; High-quality Development; Coordination and Optimization of Urban Government Affairs

B.5   Urban Renewal and the Construction and Exploration of Resilience Governance Safety Systems   *Qi Quansong* / 083

Abstract: Against the backdrop of increasingly severe global climate change and resource scarcity, the development of a low-carbon economy has emerged as a crucial strategic direction for sustainable urban development. However, in the face of risks such as natural disasters and economic fluctuations, a city's resilience directly influences its stability and the safeguarding of social welfare. This report focuses on enhancing urban resilience and effectively addressing risk challenges within the framework of a low-carbon economy. It evaluates the resilience levels and risk profiles of cities in Region B, constructs a model for improving urban resilience and responding to risks, predicts urban resilience levels effectively, and provides decision support for risk response. Furthermore, based on the requirements of low-carbon economic development, it proposes targeted policy recommendations to optimize urban resilience enhancement and risk response capabilities under a low-carbon economic model.

Keywords: Low-carbon Economy; Coupling Coordination; Resilience Enhancement; Safety System

B.6   Urban Practice and Reform of Urban and Rural Integration
and High-quality Development in Chongqing

Liu Yingjun / 099

Abstract: Counties are the main battlefields for promoting the integrated development of urban and rural areas in megacities, coordinating the new urbanization and the comprehensive revitalization of rural areas. In recent years, Chongqing has accelerated the urbanization construction with counties as an important carrier, and guided the industrial, population and resource factors to gather in district counties and central towns with comparative advantages. The pilot of "Small county with big capacity" focuses on "rejuvenating the city with production", realizing "gathering people with city", and continuously enhancing the agglomeration radiation capacity of district and county seat; The "Rural Vitalization through Township Empowerment" pilot connects the "city end and village end", promotes the village "town prosperity" in the countryside, and guides the small towns with regional advantages and industrial basis to cultivate and develop characteristic professional function towns according to local conditions; The comprehensive reform of "strong village and rich people" focuses on the development and expansion of the new rural collective economy, and systematically integrates to promote the "unified seven reforms" and accelerate the realization of "strong village" and "rich people". Chongqing has coordinated the reform of small counties and big cities, strong towns and villages, and strong villages and rich people, which provides a useful reference for exploring the practical path of urban-rural integration development in megacities.

Keywords: Megacity; Urban and Rural Integrated Development; Small County with Big Capacity; Rural Vitalization Through Township Empowerment; Strengthen the Village and Enrich the People

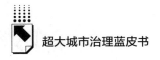
B . 7　Digital Connectivity and Relationship Decentralization：The
　　　Operational Logic of the Grassroots Law Enforcement
　　　Community in Megacities

Liu Yuanhe / 114

Abstract：As the reform of integrated law enforcement at the township and
street level progresses in depth, the operation of the grassroots law enforcement
community has emerged as a new focus of attention. Starting from the perspective
of embedding theory, an analytical framework with dual embedding of structure
and relationship is constructed to dissect the operation of the law enforcement
community in D Street, Chongqing. The study reveals that focusing on enhancing
the law enforcement capacity at the township level through law enforcement
assistance, operating the law enforcement forces at the township level in a block-
based fashion, conducting group-style law enforcement under the coordination of
the street-level authorities, and seamlessly transferring law enforcement cases with
on-site supervision constitute the fundamental operation approaches of the
township-level-led grassroots law enforcement community. Digital connectivity
establishes a network structure of direct contact among law enforcement agencies,
and the relationship sinking enables the potential of this network structure to be
unleashed. Both are unified in the operational practice of the township law
enforcement community. These findings not only enrich the theoretical cognition
regarding the operation of grassroots law enforcement communities but also, to a
certain extent, reconcile the theoretical tension between structural embedding and
relational embedding：Under the premise that digital connectivity fills "structural
holes", Intimate relationships facilitate the reduction of redundant information and
promote efficient coordination.

Keywords：the Grassroots Law Enforcement Community；Node Connectivity；
Township Coordination；Digital Connectivity；Relationship Sinking

B.8 Analysis on the Urban Small and Micro Space Layout

and Functional Settings in Chongqing Metroplis

Xiao Junfei ∕ 132

Abstract: Behind the achievements in the governance of megacities after large-scale demolition and construction, there is also a concentrated reflection of the inefficient layout and lack of governance in urban small and micro spaces layout and functional settings. The trend of megacity construction has undergone a significant transformation, shifting from large-scale demolition and construction driven by urban expansion to a refined, economical, small-scale, and curved development model. The governance of small and micro spaces, as a new direction for urban construction in the new era, is of great significance to the economic and social development of cities. Combining with the practice of urban small and micro space governance in Chongqing, optimizing the layout and functional settings of small and micro spaces with good quality in the urban core is becoming the main focus of megacity governance, and helps to improve urban construction and people's life quality, and serves the grand strategy of "comprehensive integration" and people's livelihood through urban small and micro space governance.

Keywords: Small and Micro Space; Space Layout; Functional Settings; Governance of Megacities

B.9 Practical Exploration of Building the 15-Minute High-Quality

Life Service Circle in Urban Communities

Jiang Qi ∕ 145

Abstract: The "15-Minute High-Quality Life Service Circle" concept first took shape in cities like Shanghai through local pilot projects. After phased trials and accumulated experience, it is now being systematically implemented nationwide. Its development addresses critical urban challenges: worsening urban issues, rising

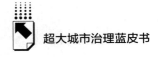
diverse demands, communities evolving into key governance units, outdated spatial-functional layouts, and urgent resource-demand balance. Guided by these contextual drivers, the implementation of the 15-Minute High-Quality Life Service Circle must adhere to four cardinal principles: people-centered planning, context-specific strategies, integration of new development concepts, and active public participation. These principles inform the following implementation framework: First, conduct precise needs assessments through data analytics to inform evidence-based spatial planning. Second, mobilize intra-community assets to establish shared-service mechanisms. Third, encourage social capital participation and guide the realization of value co-creation. Fourth, deploy digital platforms for intelligent service and real-time governance. Fifth, strengthen resident participation and establish a participatory mechanism.

Keywords: 15-Minute Life Service Circle; Community Planning; Grassroots Governance; High Quality Life

B.10 Data Analysis of Chongqing Citizen Image Portray and Promote on A Short Video Platform

Li Chunnan, Zhu Xinyue and Li Minjia / 158

Abstract: As a typical representative of China's megacities, the dissemination of Chongqing's citizen image has opened a new window for shaping the city brand. This report focuses on the communication characteristics of Chongqing's citizen image short videos, obtains sample data from Douyin short video platform through Python data crawling technology, and adopts the content analysis method to reveal the current situation of the communication of Chongqing's citizen image and its characteristic labels. Based on the results of empirical analysis, this report proposes optimization strategies for Chongqing's citizen image from three dimensions: government-led, cultural excavation, and image integration, which provides theoretical references and practical guidance for the communication of the city's image in the new media era.

Keywords: Citizen Image; City Image; Douyin Short Video

B.11 Practices and Transformations in Megacity Governance

Development Driven by the Low-Altitude Economy

Wang Jizhou, Pan Jiling / 176

Abstract: This paper focuses on the application of the low-altitude economy in megacity governance and its profound transformative implications. While low-altitude technologies have been widely adopted across multiple domains of urban governance, the more critical aspect lies in how the low-altitude economy drives innovation in governance mechanisms and conceptual frameworks. As the low-altitude economy continues to evolve, it will fundamentally reshape our understanding of urban spatial distribution, thereby triggering a paradigm shift in megacity governance. However, the rapid growth of this sector also faces challenges such as lagging regulatory mechanisms, data security risks, and public acceptance issues.

Keywords: Low-altitude Economy; Megacities; Governance; Drones

B.12 The Practice of "Five Co-Governance" in Urban

Communities Under All-for-One Tourism Development

Jin Ying, Li Si / 188

Abstract: Under the development of all-for-one tourism, the pace of tourists has spread from traditional scenic spots to urban daily life spaces, which has brought challenges to urban communities in terms of life order, living environment, culture and customs. The root cause is that the deep embeddedness brought about by global tourism has changed the functional setting of traditional

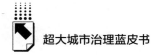
urban communities, and the embedding of tourists and tourism-related operators has broken the personnel composition of traditional urban communities, which has also made it difficult to maintain the traditional balance of interests and its rules among more complex and diverse subjects. To find a balance between tourism development and community harmony, it is necessary to re-understand the main composition of urban communities under the embedding of tourism and create a governance pattern of conspiracy, co-construction, co-governance, co-evaluation and sharing under the empowerment of institutional innovation and technology, to jointly respond to the new challenges of tourism development to urban community governance.

Keywords: Tourism Development; Community Governance; Co-governance and Sharing; Multiple Subjects

B. 13   Perfecting Approaches for Guiding the High-quality Development of Megacities Through Planning　　*Liu Ze* / 203

Abstract: Planning, as a blueprint and strategic guide for urban development, is of great significance in leading the high-quality development of mega cities. At present, Chongqing is facing prominent problems such as the lack of effective participation of citizens in the planning process, the failure to scientifically coordinate economic development, human development, and ecological protection in planning, the failure to effectively grasp the relationship between the past, present, and future of the city, the failure to balance the relationship between urban development and urban safety, and the lack of effective implementation of planning. Based on this, this article proposes practical measures to enhance citizen participation in planning formulation. Planning should scientifically coordinate economic development, human development, and ecological protection, effectively grasp the relationship between the past, present, and future, promote the deep integration of urban development and urban safety, and ensure that a blue map is drawn to the end.

B . 14 Innovative Practices and Path Exploration of Grassroots
Deliberative Democracy to Promote Megacities Governance

Zhou Jieling / 214

Abstract: Innovating urban community governance is key to exploring the modernization path of mega-cities. The governance problems of mega-cities need to be solved by the concept and method of deliberative democracy, and a large number of innovative practices of grassroots deliberative democracy can also help promote the good governance of mega-cities. This article focuses on the deliberative practice cases of the third and fourth batches of "National Experimental Zones for Community Governance and Service Innovation" in mega-cities, summarizing the innovative practices of these experimental zones in terms of deliberative subjects, deliberative platforms, and the construction of deliberative mechanisms. Furthermore, it proposes three aspects to optimize the governance of megacities through grassroots deliberative democracy: rationalizing the relationship between multiple entities, clarifying the content of deliberative topics, and improving the construction of deliberative mechanisms.

Keywords: Megacities; Grassroots; Deliberative Democracy

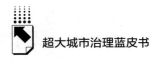

III   Case Report

B.15   Transformation and Institutional Innovation in Urban
Public Space Governance： A Case Study of the
"Tidal Vending Zones" in Nanchuan District

Lei Yancun, *Chen Jie* / 229

Abstract： Under the context of new urbanization, balancing urban governance order with livelihood demands has become a central proposition in public space governance. Taking the innovative practice of "tidal vending zones" in Nanchuan District, Chongqing as a case study, this paper employs spatial production theory and social governance innovation theory to analyze its threefold breakthrough pathways beyond traditional rigid governance models. These include： constructing a spatiotemporal flexible planning system, establishing a collaborative governance network of "government guidance, market collaboration, and social participation" and developing a digital governance platform. This model reconstructs informal economic spaces through inclusive governance concepts, forming an integrated governance framework that coordinates order maintenance, economic vitality, and spatial quality enhancement. Its institutional innovations manifest in： resolving institutional vacuums through legal frameworks that clarify rights and responsibilities, reshaping governance processes through technological empowerment, and balancing commercial development with livelihood security through public interest-oriented mechanisms. The research demonstrates that modernizing urban public space governance requires legal clarification of jurisdictional boundaries, technology-driven restructuring of governance workflows, and multi-stakeholder collaboration to preserve public welfare attributes. This provides replicable institutional innovation paradigms for similar cities.

Keywords： Urban Public Space；Tidal Vending Zones；Governance Modernization；Vendor Self-governance；Digital Governance

Abstract: In recent years, China has prioritized grassroots governance as
foundational to advancing the modernization of its national governance system and
capacity, achieving phased results. Urban work-unit communities, being specific
practices of grassroots governance at the community level, hold undeniable
significance. However, with development, the original governance advantages of
these communities have faded, leaving behind grassroots governance challenges that
are disconnected from the times. Chongqing, in recent years, has actively explored
new paths for modernizing governance in megacities, with its bureaucratic reform
philosophy providing a "vehicle and bridge" for the transformation of work-unit
community governance. This study focuses on Minzhu Village Community—the
only work-unit community inspected by General Secretary Xi Jinping during his
visit to Chongqing. Through field research and other methodologies, it elaborates
on the case, summarizes existing achievements, and distills a governance
transformation path for work-unit communities in megacities: the "Six-in-One"
grassroots governance reform approach. This framework encompasses six
dimensions: fundamental principles, target systems, operational frameworks,
feedback mechanisms, foundational support, and evaluation models, aiming to
offer theoretical and practical references for broader application.

Keywords: Grassroots Governance; Megacity; Modernization of Governance
Capacity; Work-Unit Communities

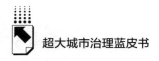

超大城市治理蓝皮书

B.17 Innovative Exploration of the Market-oriented Reform

of Urban Parks in Liangjiang New Area　　*Kan Yanqiu* / 264

Abstract: The market-oriented reform of urban parks is an important practice for promoting innovation in the supply of urban public services. It is of great significance for improving the operational efficiency of parks, optimizing resource allocation, and enhancing the vitality of urban public spaces. In recent years, Liangjiang New Area has actively explored this area by introducing market mechanisms, optimizing governance models, and improving policy systems, gradually forming a development path that emphasizes both market-oriented operations and public service. In response to issues such as the singularity of park operations, heavy fiscal burdens, and insufficient participation of social capital, Liangjiang New Area has revitalized existing assets, introduced diverse business formats, and optimized the collaborative governance model between government and enterprises. These efforts provide new ideas for the market-oriented reform of urban parks. Based on the practical experience of Liangjiang New Area, this report deeply analyzes the effectiveness of the market-oriented reform of urban parks. It distills lessons learned from five dimensions: policy support, market mechanisms, government-enterprise collaboration, refined management, and service orientation. The aim is to offer references for other regions to advance the market-oriented reform of urban parks.

Keywords: Urban Parks; Park Marketization; Urban Functional Space; Urban Public Space

B.18 Age-Friendly and Child-Inclusive City Community

Development in Shapingba District　　*He Zhifei* / 280

Abstract: In order to meet the challenges of aging population and fewer children in China, and the low level of community functions, the public service supply of "seniors and Children" is crucial. Therefore, it is of great significance that the construction and development of Age-Friendly and Child-Inclusive City Community. Chongqing adheres to the principle of comprehensive efforts and collective action in the construction of Age-Friendly and Child-Inclusive City Community, continuously creating a warm and recognizable Age-Friendly and Child-Inclusive City atmosphere, and forming some typical representative elderly friendly city communities and child friendly city communities, such as Tuwan Street and Zhongxin Bay Community in Shapingba District. The development of Age-Friendly and Child-Inclusive city communities faces difficulties and challenges, requiring collaborative efforts from the government, social sectors, market entities, and residents to jointly promote its construction and development.

Keywords: "Elderly and Children"; Age-Friendly City Community; Child-Friendly City Community

B. 19 Exploration of Modest-Profit Sustainable Development Mode of Community Elderly Canteens in Jiulongpo District

Liu Yunxiang, Wang Yuqing / 293

Abstract: Community elderly canteens, as a welfare-oriented livelihood project, aim to address the "dining difficulties" faced by senior citizens. However, the current operational challenges of these canteens stem from the inherent conflict between public welfare and profitability. Jiulongpo District adheres to a public welfare development philosophy while pursuing market-oriented and socialized strategies, adopting a modest-profit sustainable model. By leveraging existing resources, the district has established an initial elderly dining assistance network, implemented innovative incentive mechanisms, and used minimal fiscal investments to stimulate market-driven growth. Through setting service benchmarks, guiding canteens toward integrated development models, enhancing management and service standards, and advancing intelligent and standardized practices, the district has

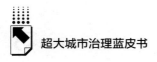

preliminarily achieved sustainable operations for community elderly canteens.

Keywords: Community Elderly Canteens; Elderly Dining Assistance Service; Public Welfare; Profitability

B.20　The Exploration and Practice of "Dual Grid" Governance

　　　　in N Community, Bishan District, Chongqing

Zhou YuanYuan, Zhang Limei / 305

Abstract: N Community in Bishan District, Chongqing, has advanced its "dual grid" governance through a series of measures, including Party-building guidance for co-governance, refined management for precision governance, digital empowerment for smart governance, and resident participation for self-governance. These efforts have strengthened Party-community ties, continuously optimized community services, significantly improved governance efficiency, and enhanced resident engagement. However, challenges remain in areas such as the depth of social organization participation, inter-departmental coordination, the development of grid-based information platforms, and digital literacy among the elderly. Further exploration of diversified optimization approaches is needed in the future.

Keywords: "Dual Grid" Governance; Community Governance; Party-building Guidance

B.21　The Social Governance Practice of "Co-governance" Activating

　　　　"Self-governance": Example of Co-governance Center

　　　　in Hechuan District, Chongqing Municipality

Zhang Caihua, Peng Yuexiu / 318

Abstract: With the increasingly complex development trend of current social governance, it requires multiple stakeholders, including social forces, to have the willingness, ability, and resources to participate in social governance to form an "effective" governance pattern. The Social Governance Co-governance Center platform has been established in Hechuan District, Chongqing, to solve the dilemmas faced by social forces in participating in governance, such as scattered resources, insufficient synergy, poor channels, ineffectiveness of social members to participate in self-governance. Through professional operation, it integrates the forces of the government, enterprises, and society, incubates and cultivates social organizations. By empowering society, accurately matching demands, and effectively connecting resources, it empowers social self-governance with social forces and explores a new path of social governance that "activates self-governance through co-governance", thus promoting the improvement of the quality and efficiency of social governance.

Keywords: Social Governance; Multiple Stakeholders; Social Self-governance; Co-governance Center; Social Forces

B.22 Digital Intelligence Empowering Innovative Exploration and Practice in County-Level Urban Governance:

A Case Study of Shizhu County　　*Jian Min, Wu Kunyan* / 330

Abstract: In recent years, the shizhu county has deepened the empowerment of digital intelligence, integrating the mass line with digital technologies. Through intelligent governance measures, it has optimized governance patterns, improved governance models, and enhanced governance efficiency at the county level. This approach combines synergistic tools to achieve holistic governance with intelligent platforms to realize smart governance, providing solutions to the "urban-rural dichotomy" in megacity governance. It has emerged as a pioneering model for innovating integrated urban-rural governance in megacities and building grassroots "conflict resolution hubs." This study analyzes

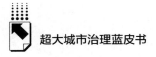
the concrete pathways and practical outcomes of digital-intelligence-driven holistic governance at the county level. By leveraging Party-building leadership, platform development, and talent cultivation in intelligent governance, it explores the "governance code" of county-level collaborative capacity, intelligent capacity, and driving forces under the vision of modernizing megacity governance, ultimately innovating a "governance philosophy" that advances "virtuous county-level governance" through "digital-intelligent governance."

Keywords: Megacity Governance; Integrated Intelligent Governance; County-Level Digital Governance

社会科学文献出版社

皮 书

智库成果出版与传播平台

✦ 皮书定义 ✦

皮书是对中国与世界发展状况和热点问题进行年度监测，以专业的角度、专家的视野和实证研究方法，针对某一领域或区域现状与发展态势展开分析和预测，具备前沿性、原创性、实证性、连续性、时效性等特点的公开出版物，由一系列权威研究报告组成。

✦ 皮书作者 ✦

皮书系列报告作者以国内外一流研究机构、知名高校等重点智库的研究人员为主，多为相关领域一流专家学者，他们的观点代表了当下学界对中国与世界的现实和未来最高水平的解读与分析。

✦ 皮书荣誉 ✦

皮书作为中国社会科学院基础理论研究与应用对策研究融合发展的代表性成果，不仅是哲学社会科学工作者服务中国特色社会主义现代化建设的重要成果，更是助力中国特色新型智库建设、构建中国特色哲学社会科学"三大体系"的重要平台。皮书系列先后被列入"十二五""十三五""十四五"时期国家重点出版物出版专项规划项目；自2013年起，重点皮书被列入中国社会科学院国家哲学社会科学创新工程项目。

皮书网

（网址：www.pishu.cn）

发布皮书研创资讯，传播皮书精彩内容
引领皮书出版潮流，打造皮书服务平台

栏目设置

◆ **关于皮书**

何谓皮书、皮书分类、皮书大事记、
皮书荣誉、皮书出版第一人、皮书编辑部

◆ **最新资讯**

通知公告、新闻动态、媒体聚焦、
网站专题、视频直播、下载专区

◆ **皮书研创**

皮书规范、皮书出版、
皮书研究、研创团队

◆ **皮书评奖评价**

指标体系、皮书评价、皮书评奖

所获荣誉

◆ 2008 年、2011 年、2014 年，皮书网均
在全国新闻出版业网站荣誉评选中获得
"最具商业价值网站"称号；

◆ 2012 年，获得"出版业网站百强"称号。

网库合一

2014 年，皮书网与皮书数据库端口合
一，实现资源共享，搭建智库成果融合创
新平台。

皮书网

"皮书说"
微信公众号

权威报告·连续出版·独家资源

皮书数据库
ANNUAL REPORT(YEARBOOK)
DATABASE

分析解读当下中国发展变迁的高端智库平台

所获荣誉

- 2022年，入选技术赋能"新闻+"推荐案例
- 2020年，入选全国新闻出版深度融合发展创新案例
- 2019年，入选国家新闻出版署数字出版精品遴选推荐计划
- 2016年，入选"十三五"国家重点电子出版物出版规划骨干工程
- 2013年，荣获"中国出版政府奖·网络出版物奖"提名奖

皮书数据库

"社科数托邦"
微信公众号

成为用户

　　登录网址www.pishu.com.cn访问皮书数据库网站或下载皮书数据库APP，通过手机号码验证或邮箱验证即可成为皮书数据库用户。

用户福利

- 已注册用户购书后可免费获赠100元皮书数据库充值卡。刮开充值卡涂层获取充值密码，登录并进入"会员中心"—"在线充值"—"充值卡充值"，充值成功即可购买和查看数据库内容。
- 用户福利最终解释权归社会科学文献出版社所有。

数据库服务热线：010-59367265
数据库服务QQ：2475522410
数据库服务邮箱：database@ssap.cn
图书销售热线：010-59367070/7028
图书服务QQ：1265056568
图书服务邮箱：duzhe@ssap.cn

社会科学文献出版社 皮书系列
SOCIAL SCIENCES ACADEMIC PRESS (CHINA)

卡号：825488137849
密码：

S 基本子库
SUB DATABASE

中国社会发展数据库（下设 12 个专题子库）

紧扣人口、政治、外交、法律、教育、医疗卫生、资源环境等 12 个社会发展领域的前沿和热点，全面整合专业著作、智库报告、学术资讯、调研数据等类型资源，帮助用户追踪中国社会发展动态、研究社会发展战略与政策、了解社会热点问题、分析社会发展趋势。

中国经济发展数据库（下设 12 专题子库）

内容涵盖宏观经济、产业经济、工业经济、农业经济、财政金融、房地产经济、城市经济、商业贸易等 12 个重点经济领域，为把握经济运行态势、洞察经济发展规律、研判经济发展趋势、进行经济调控决策提供参考和依据。

中国行业发展数据库（下设 17 个专题子库）

以中国国民经济行业分类为依据，覆盖金融业、旅游业、交通运输业、能源矿产业、制造业等 100 多个行业，跟踪分析国民经济相关行业市场运行状况和政策导向，汇集行业发展前沿资讯，为投资、从业及各种经济决策提供理论支撑和实践指导。

中国区域发展数据库（下设 4 个专题子库）

对中国特定区域内的经济、社会、文化等领域现状与发展情况进行深度分析和预测，涉及省级行政区、城市群、城市、农村等不同维度，研究层级至县及县以下行政区，为学者研究地方经济社会宏观态势、经验模式、发展案例提供支撑，为地方政府决策提供参考。

中国文化传媒数据库（下设 18 个专题子库）

内容覆盖文化产业、新闻传播、电影娱乐、文学艺术、群众文化、图书情报等 18 个重点研究领域，聚焦文化传媒领域发展前沿、热点话题、行业实践，服务用户的教学科研、文化投资、企业规划等需要。

世界经济与国际关系数据库（下设 6 个专题子库）

整合世界经济、国际政治、世界文化与科技、全球性问题、国际组织与国际法、区域研究 6 大领域研究成果，对世界经济形势、国际形势进行连续性深度分析，对年度热点问题进行专题解读，为研判全球发展趋势提供事实和数据支持。

法律声明

　　"皮书系列"（含蓝皮书、绿皮书、黄皮书）之品牌由社会科学文献出版社最早使用并持续至今，现已被中国图书行业所熟知。"皮书系列"的相关商标已在国家商标管理部门商标局注册，包括但不限于 LOGO（ ![logo] ）、皮书、Pishu、经济蓝皮书、社会蓝皮书等。"皮书系列"图书的注册商标专用权及封面设计、版式设计的著作权均为社会科学文献出版社所有。未经社会科学文献出版社书面授权许可，任何使用与"皮书系列"图书注册商标、封面设计、版式设计相同或者近似的文字、图形或其组合的行为均系侵权行为。

　　经作者授权，本书的专有出版权及信息网络传播权等为社会科学文献出版社享有。未经社会科学文献出版社书面授权许可，任何就本书内容的复制、发行或以数字形式进行网络传播的行为均系侵权行为。

　　社会科学文献出版社将通过法律途径追究上述侵权行为的法律责任，维护自身合法权益。

　　欢迎社会各界人士对侵犯社会科学文献出版社上述权利的侵权行为进行举报。电话：010-59367121，电子邮箱：fawubu@ssap.cn。

社会科学文献出版社